개정판

2025

거름이

누리과정

⑤ 자연탐구

하수혜 거름이

누리과정

⑤ 자연탐구

희 망

성실하게 뚜벅뚜벅 자신의 길을 가는 사람들에게만
보이는 그 별의 이름은 희망입니다.

지금도 어디선가 자신의 자리에서
묵묵히 책장을 넘기고 있을 선생님들이

자신들의 별을 찾아
그 빛을 나누어 주는 시간이 오기를 간절히 바랍니다.

아무리 어려워도 희망을 다 써버린 때는 없습니다.

우리가 견뎌내야 하는 시간들에
혹 어둠이 오더라도
맘도 몸도 다치지 않고
어울려 다독여 가며
세상의 밤을 밝히고
서로의 마음을 따뜻하게 어루만져 줄 수 있는 우리이기를.

- by 하수혜

차례

	CHECK 1	CHECK 2	CHECK 3
Ⅰ. 수와 연산			
UNIT01 수감각			
UNIT02 수인식			
UNIT03 수개념의 발달단계			
UNIT04 수세기			
UNIT05 수표상			
UNIT06 수의 관계			
UNIT07 연산			
Ⅱ. 공간과 도형(기하)			
UNIT08 공간개념			
UNIT09 공간개념의 발달과정			
UNIT10 공간능력			
UNIT11 공간개념 지도방법			
UNIT12 도형개념의 내용			
UNIT13 도형개념의 발달			
UNIT14 도형개념 지도방법			
Ⅲ. 측정			
UNIT15 측정의 내용–비교하기			
UNIT16 측정의 내용–순서짓기(서열화)			
UNIT17 측정개념			
UNIT18 측정개념 발달			
UNIT19 물체 특성별 측정하기 및 지도방법			
Ⅳ. 규칙성(패턴)			
UNIT20 규칙성(패턴) 개념			
UNIT21 규칙성(패턴) 개념의 발달			
UNIT22 규칙성(패턴)의 유형			
UNIT23 패턴활동의 제시 순서			
UNIT24 규칙성의 지도방법			
Ⅴ. 자료의 수집과 분석(결과 나타내기)			
UNIT25 자료의 수집과 분석의 개념			
UNIT26 분류하기			
UNIT27 자료 분석			
UNIT28 확률적 사고			

하수혜 거름이
누리과정
⑤ 자연탐구

SESSION

01

유아
수학교육

I 수와 연산

UNIT 01 수감각

KEYWORD # 즉지하기

1 수감각

*가감승제
수에 관한 덧셈·뺄셈·곱셈·나눗셈의 네 종류 계산법으로 사칙계산이라고도 한다.

개념	• 수감각(number sense)은 수에 대한 직관적인 능력으로 수의 의미를 파악하고 수의 관계를 이해하는 능력을 말한다(NCTM, 2000). 수감각이 뛰어난 사람은 수를 잘 이해하며 생활 속에서 수를 의미 있게 잘 활용할 수 있다(McIntosh & Reys, 1992). 　- 수감각 발달은 주위 환경 내에서 추상적 개념인 '수'의 존재를 알고 수가 가진 다양한 의미를 발견하는 것에서 시작하여 일정한 규칙에 따라 *가감승제(加減乘除)에 이르는 연산능력까지의 발달을 의미한다. • 수감각이란 수에 대한 친숙함과 직관을 의미한다(김숙령, 2011). • 수감각이란 수 및 수(들) 간의 관계성에 대한 직관(intuition)을 의미한다. 　- 수감각은 수, 수의 크기 및 그 수에 해당하는 실제 양과의 관계에 대한 직관으로, 이러한 직관을 하는 과정에서 수행되는 일종의 조작(operation)까지 포함된다. 　예 7이 5보다 많다는 것처럼 수의 상대적인 크기 혹은 '더 많은'과 같이 수의 관계성에 대해 대략 막연하게 아는 것이다. • 수감각은 유아수학교육의 핵심적인 개념이며, 눈대중으로 어림하는 능력이나 일대일 대응 능력이 초기 수감각에 해당된다(Epstein, 2014). 수감각에는 일상생활에서 수와 연산을 효율적으로 사용하는 능력, 수와 관련하여 융통성 있고 창조적인 방법을 개발하는 능력, 그리고 오류를 감지하여 결과를 합리적으로 인식하는 능력 등이 포함된다. NCTM(1989)에서는 수감각에 대해 수의 의미 이해, 수들 간의 다양한 관계 인식, 수의 상대적인 크기 인식, 수에 대한 유연한 사고능력이라고 정의하고 있다. • 인간은 기본적인 수감각을 갖고 태어난다. 수감각이란 숫자를 읽고(예 삼이야), 숫자를 쓰고(시각-운동), 수와 그 수가 지칭하는 물체를 짝지을 수 있고(기수), 숫자가 얼마나 큰지 직관적으로 느낄 수 있고(예 25는 50보다 10과 더 가까워), 수를 사용해서 논리적으로 추측할 수 있으며(예 이 병에는 과자 100개가 안 들어가), 세지 않고 눈으로 보거나 머릿속으로 부분-전체 관계를 이해하는 것(예 나는 구두가 2짝이고, 신발이 4짝 있어) 등과 같이 여러 가지 상호 관련된 복잡한 개념들의 집합이다(Smith, 1997). • 수감각은 복잡하고 장기간에 걸쳐 서서히 발달되는 것이지만, 교수를 통해 증진될 수 있다. 　- 수감각은 유아가 단기간에 획득할 수 있는 개념이 아니며, 유아가 수감각을 가졌다고 해서 항상 옳고 확신을 가지고 반응할 수 있는 것은 아니다.
필요성	수에 대한 감각이 발달한 유아는 수의 의미를 잘 이해하고 수의 관계를 발달시키며, 상대적으로 큰 수와 수 조작을 인식하고, 문제해결을 위해 주변 환경에서 능동적으로 참조물을 찾을 수 있다(NCTM, 1989).

MEMO

수감각의 발달 (Resnick, 1989)	① 수가 가지고 있는 다양한 의미를 이해할 수 있다. – 기수적 의미와 서수적 의미를 포함한 수의 다양한 의미를 이해한다. 예 딸기 3개 혹은 자신이 가지고 있는 로봇 장난감 3개에서 숫자 3은 기수 의미를 가지고 있지만, 앞에서 세 번째나 자신이 앉은 자리에서 세 번째에서의 3은 서수적 의미를 지니고 있다는 것을 이해한다. ② 수의 관계를 이해할 수 있다. 예 3은 2보다 크고 4보다는 작은 수라는 것, 4는 2+2로 이루어진 것 등을 이해한다. ③ 수의 상대적 크기를 이해할 수 있다. 예 4는 3보다 크지만 7보다는 작은 수라는 것을 이해할 수 있다. ④ 수의 연산, 즉 더하기와 빼기를 이해할 수 있다. 예 사탕이 3개 있었는데 엄마가 1개를 더 주었을 때에는 가지고 있던 3개에 하나를 더하고, 사탕 3개에서 2개를 먹었을 때에는 3개에서 2개를 빼야 하는 것을 이해한다. ⑤ 이러한 수를 일상생활에서 다양하게 사용할 수 있다. 예 내가 살고 있는 아파트가 몇 동 몇 호인지, 엄마 휴대전화번호가 어떻게 되는지, 등원할 때 타는 등원버스가 몇 호 차량인지를 말하는 등 생활 속에서의 다양한 수를 이해한다.
유아의 수감각 발달	• 전조작기 유아들은 수단어 획득, 수세기 원리의 이해, 수세기 전략의 사용, 간단한 더하기와 빼기 문제해결 등과 관련된 수능력을 획득할 수 있으며, 또한 주변 환경의 수학적 상황을 통해 나름대로 수학적 지식을 구성할 수 있다. • 대부분의 유아들은 3세 이후부터 언어를 통한 의사소통이 활발해지고, 정보 탐색과 조작이 능숙해지며, 또래와 함께하는 놀이나 탐색이 가능해지므로 다양하고 복잡한 수 관련 활동을 할 수 있게 된다.

3세의 수능력	• 3세 유아들은 수단어 세기를 1부터 10까지 할 수 있으며, 1부터 5까지의 물체 집합을 일대일 대응할 수 있다. • 기수의 원리를 점차 이해하여 마지막으로 센 수단어가 물체의 전체 양임을 이해하게 된다(예 하나, 둘, 셋 ➡ 세 개). • '많다, 적다'와 같은 수량을 인식할 수 있으며, 처음과 마지막을 이해하고 관련 어휘를 사용할 수 있다. • 하나를 덜어내거나 더하는 상황을 인식하고 행동할 수 있으며, 3개 정도의 물체는 세어 보지 않고도 3개임을 즉시 파악할 수 있다.
4세의 수능력	• 4세 유아들은 자발적으로 수단어 세기를 즐기며, 30까지는 연속적으로 셀 수 있다. • 수단어 세기 경험을 통해 하나부터 아홉까지 반복되는 규칙을 점차 이해하게 된다. • 수단어 세기를 할 때 하나가 아닌 수부터도 셀 수 있게 되어(예 둘, 셋, 넷, …) 계속 세기가 가능할 뿐만 아니라 5에서 거꾸로 세어 내려갈 수도 있다. • 물체는 10개 정도 셀 수 있으며, 1개부터 5개까지의 물체는 세지 않고도 몇 개인지를 파악할 수 있는 즉지능력이 발달한다. • 숫자를 인식하여 숫자의 의미를 알게 되고, 1부터 5까지의 두 집합의 양을 비교하기 위해 수세기, 짝짓기 등의 방법을 사용할 수 있으며, '더 많다, 적다, 같다' 등의 어휘를 사용할 수 있다. • 순서나 위치를 나타내는 서수의 의미도 점차 알게 되어 '첫 번째~다섯 번째'를 이해하고 관련 어휘를 사용할 수 있게 된다. • 간단한 더하기와 빼기를 구체물을 사용하여 해결할 수 있으며, 10개까지의 수량을 두 사람에게 동등하게 나누어 줄 수도 있다.

MEMO

	5세의 수능력	• 5세 유아들은 1부터 100까지의 수단어 체계를 이해할 수 있다. • 수단어 세기에서 하나부터 아홉까지 반복되는 단위 목록(⑩ 십일, 십이, 십삼)과 10단위 이름의 생성 단서(⑩ 이십, 삼십, 사십 …)를 활용하여 100까지는 아니지만 10단위 수들을 셀 수 있게 된다. • 1부터 10까지의 숫자를 쓸 수 있고, 1부터 10까지 두 집합의 양을 비교하기 위해 수세기, 짝짓기 등을 사용할 수 있다. • '첫 번째~열 번째'의 서수를 이해하고 관련 어휘를 사용할 수 있다. • 계속 세기, 거꾸로 세기, 묶어세기 등과 같은 다양한 수세기 전략이 가능하고, 이를 더하기와 빼기에 활용하여 언어로 나타내는 수연산 문제를 해결할 수 있다. • 10까지의 수를 가르거나 모을 수 있으며, '5씩 또는 10씩' 묶거나 20까지의 물체를 2~5개의 묶음으로 나눌 수도 있다.

	지도방법	• 유아의 수감각을 발달시키기 위해서는 구체물을 통해 직접 경험해 보아야 한다.
		  － 수감각은 유아기부터 생활 속에서 수가 활용되는 다양한 상황을 경험하면서 자연스럽게 발달한다.
		• 유아기에는 수에 대한 감각을 기르는 것이 무엇보다 중요하므로 생활 속에서 구체적이며 유의미한 경험을 바탕으로 수가 활용되는 다양한 상황을 경험하고 수가 가지는 의미를 이해할 수 있도록 도와주어야 한다.
		  － 수감각을 길러 주기 위해서는 수에 대한 의미와 수들 간의 관계에 대한 감각을 높여 주고, 생활 속에서 수를 인식할 수 있는 능력과 수표상에 대한 이해를 도와주어야 한다.

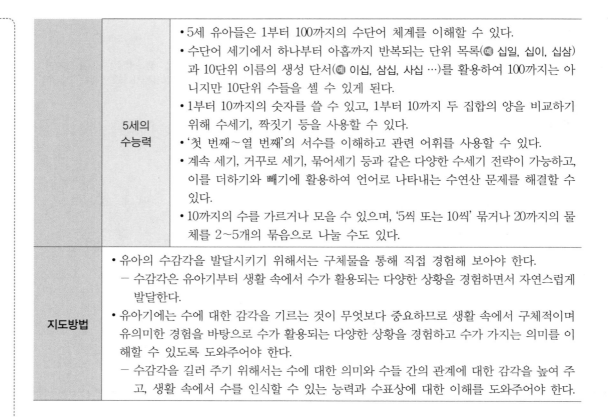

2 즉지하기

개념 및 정의	• '즉지하기'(subitizing)란 수량에 대한 지각적인 인식으로, 수량을 세지 않고 즉각적으로 지각하는 것을 말한다(Clements, 2004).
	  ⑩ 평가 방법: 흰 종이에 검은색 점이 그려진 카드를 3초간 보여준 뒤 카드를 덮고 유아에게 몇 개의 점이 있었는지 물어보는 활동을 통해 즉지하기를 할 수 있는지 평가한다.
	• 직관적 수세기(또는 즉지하기)는 일일이 사물의 수를 세지 않고 그 수를 헤아리는 신속한 과정을 말한다.
	• '즉지'는 세지 않고 한눈에 얼마인지 파악하는 것으로, 즉지하기는 적은 수의 물체가 있을 때 수세기 없이 수를 즉각적으로 인식하고 구별하는 능력을 말한다.
	  － 언어적 수세기가 불가능한 영아의 경우에도 즉지하기가 가능하다고 알려져 있으며, 즉지하기는 수세기에 앞서 나타나는 것으로 유아의 수학능력 발달에 도움을 준다(Starkey & Cooper, 1995).
	• 즉지하기란 수를 이해하기 위해 필요한 기본적인 기술로서 물체를 보자마자 몇 개인지를 인지하여 알아채는 것이다.
	  － 이는 수개념과 연산능력의 발달에 도움이 되며, 기하 및 공간능력의 발달과도 밀접한 관련이 있다(Clements, 1999).
	• 즉지하기는 3세는 3개 정도, 4세는 5개 정도의 물체를 즉지하며, 5세는 6개까지의 물체 수를 즉지할 수 있다.
	  － 아주 어린 영아도 2~3개 정도의 사물은 세지 않고 눈으로만 보고서 그 수량을 인지할 수 있다.

MEMO

즉지하기는 지각적 즉지하기(perceptual subitizing)와 개념적 즉지하기(conceptual subitizing)로 구분할 수 있다(Sarama & Clements, 2009).

유형		
	지각적 즉지하기	• 수세기와 같은 수학적 과정 없이 지각적으로 물체의 수를 인식하는 것이다. • 정신적 또는 수학적 과정을 사용하지 않고 직관적으로 수를 인식하는 것이다.

	개념적 즉지하기	• 그룹화, 패턴화 등의 수학적 과정을 사용하여 수를 인식하는 것이다.
		  – 개념적 즉지하기를 위해서는 큰 집합의 물체를 2~4개 단위로 묶고, 자료의 배열 형태에 따라 작은 단위를 합산할 수 있어야 한다.
		
		• 시각적으로 패턴을 만들고 묶어세기와 같은 책략을 사용하여 수량을 인식하는 것이다.
		  – 사물을 보고 재빨리 개념적으로 즉지하여 정신적 이미지를 만들어보는 경험은 수개념뿐만 아니라 기하개념의 발달에도 도움이 되며, 이는 공간적 배열이나 나열된 항목의 수에 따라 그 난이도가 결정된다.
		  – 직사각형보다는 직선, 직선보다는 원형, 원형보다는 혼합형으로 배열되었을 때, 개념적 즉지하기가 더 어렵다.
		  – 여러 개의 물체를 제시하면서 공간적 배열을 다양한 형태로 제공한다면 유아가 개념적 즉지하기를 할 때 자신만의 즉지하기 책략을 활용할 수 있을 것이다.

지각적 즉지하기   개념적 즉지하기
(7=1+5+1 또는 2+3+2)

직사각형 ➡ 직선 ➡ 원형 ➡ 혼합형

🔶 개념적 즉지하기에 영향을 미치는 공간적 배열

어림하기

• 수량 어림하기는 유아기부터 경험하게 되는 중요한 수의 관계로서 정확한 실제 값을 구하는 것이 아니라 합리적인 추측으로 실제의 값에 가까운 값을 결정하는 것이다.
• 어림하기는 무작정 수를 추측하는 것이 아니라 실제 값에 가까운 타당한 값을 추정하는 것이다.
  – 타당한 값이란 참조가 되는 수나 양을 활용하여 추측함을 의미한다.

UNIT 02 수인식

KEYWORD # 집합수, 순서수, 이름수

1 수인식

- 수인식하기는 일상생활에서 수가 상징성을 지니고 특정한 형태로 표상되며(숫자), 쓰여지는 상황과 맥락에 따라 의미가 달라짐을 이해하는 것이다.
- 수인식은 여러 상황에서 사용된 수를 사용 맥락에 따라 의미를 적절하게 파악하는 것으로서 다양한 맥락에서 사용된 수의 의미를 적합하게 선별하여 이해하는 것을 말한다.
- 수인식은 일상생활 속에서 활용되는 수의 여러 가지 의미를 이해하는 것이다.

2 수의 의미

1) 여러 학자들의 수의 의미

(1) 일상생활 속에서 자연수가 사용되는 다양한 상황

> 유아는 상황에 따라 집합수, 순서수, 이름수의 의미로 각기 다르게 수를 사용하는데, 일상에서 주로 경험하는 수는 *자연수(natural number)이다.

＊자연수
수의 발생과 동시에 존재했다고 여기는 수이며, 1, 2, 3, 4, 5와 같이 1부터 시작하여 1씩 커지는 양의 정수를 말한다.

집합수	어느 집합에 속하는 원소의 수를 통해 개수나 양을 나타내는 것으로, 사물의 수를 세고 수량을 알아볼 때 사용한다. 例 우리 반 친구가 모두 몇 명인지 세어본다.
순서수	첫째, 둘째, 셋째와 같이 차례를 나타내는 수로, 기준에 따라 그 위치가 상대적이다. 例 은행, 주민센터 등에서 발급받는 순서표가 대표적인 예이다.
이름수	사물의 이름 대신 수를 사용해서 명명하는 것을 의미한다. 例 운동선수의 등번호, 휴대전화번호 등이 대표적인 예이다.

(2) 수의 의미에 대한 이해(수의 다양한 맥락) - 퓨슨과 홀(Fuson & Hall, 1983)

- 유아들이 일상생활 속에서 다양하게 활용되는 수의 여러 가지 의미를 이해하는 것이다.
  - 수는 우리 생활 주변에서 자주 사용되는데, 맥락에 따라 다양한 의미를 지니고 있다. 수인식은 이러한 상황에서 수의 사용 맥락에 따라 의미를 적절하게 파악하는 것으로, 다양한 맥락에서 사용된 수의 의미를 적합하게 선별하여 이해하는 것을 말한다.
  - 유아들은 일상생활 속에서 수가 활용되는 다양한 상황을 경험하게 되는데, 만 2~3세경에는 다양한 맥락에서 수가 사용된다는 사실을 인식하지 못하다가 경험이 많아지면 같은 수일지라도 사용 맥락에 따라 의미가 다르다는 것을 점차적으로 알게 된다(Fuson & Hall, 1983). 따라서 유아에게 생활 속에서 수를 경험할 다양한 기회를 제공할 필요가 있다.

- 수의 의미에 대한 이해란 똑같은 수라도 사용되는 맥락에 따라 달라짐을 알고, 각 맥락에 따른 의미를 이해하는 것을 말한다.
  - 예 똑같은 수 5도 경우에 따라서 5개의 구체물, 5cm의 길이, 번호 5번, 5번째 순서 등을 의미한다.
- 퓨슨과 홀(Fuson & Hall, 1983)은 수가 사용되는 맥락을 기수, 측정, 임의, 수세기, 서수로 나누어 설명하였다.

수세기 맥락 (counting context)	• 수이름과 실제 사물을 대응시키면서 수를 사용하는 것으로, 물체를 수로 전환하는 맥락이다. 즉 수이름과 사물을 관계 짓는 것이며, 수를 사용하는 기본적인 목적으로 수를 사용하는 것이다. – 이때 유아는 수이름을 말하면서 손으로 대상을 가리키거나(손가락을 사용하거나) 고개를 끄덕이는 등 대응을 위해 다양한 방법을 사용하지만, 겹쳐세기나 건너뛰기 등의 실수를 하기도 한다. 　예 유아가 계단을 오르면서 "하나, 둘, 셋"하며 계단의 수를 세는 것이다.
기수 맥락 (cardinal context)	• 주어진 물체가 모두 몇 개인지를 알아내기 위해서 수를 사용하는 맥락이다. 즉 마지막에 센 숫자의 이름이 사물의 전체 수량을 의미하는 것을 아는 것이다. – 이러한 목적으로 수를 사용하였다면, 유아는 한 집합의 마지막 사물에 적용된 수의 이름이 전체 수량을 나타낸 것을 이미 알고 있는 것이다. 　예 접시 위에 사과가 다섯 쪽이 있었다면 유아가 "하나, 둘, 셋"하고 세어 마지막에 "다섯"이라고 말한 뒤 사과의 개수가 총 다섯 개임을 아는 것을 의미한다. • '집합수, 모두수'라고 불리기도 한다.
서수 맥락 (ordinal context)	• 한 집합 안에서 사물의 상대적인 위치나 순서를 알기 위해 수를 사용하는 맥락이다. – 이름의 순서, 키의 순서, 번호표의 순서가 이에 해당한다. 　예 줄의 세 번째에 서 있는 유아가 맨 앞부터 자기 위치까지 "하나, 둘, 셋"하고 세는 것이다. • '순서수'로 불리기도 한다.
임의 맥락 (non–numerical context)	• 대상을 명명하려는 목적으로 수이름이 사용되는 맥락이다. – 운동선수의 번호, 전화번호, 자동차 등록번호, 버스 번호, 아파트 동·호수가 이에 해당된다. 　예 자기가 타고 온 등원버스를 유아가 가리키며 "2호차예요"라고 말하는 것이다. • '이름수'라고 불리기도 한다.
측정 맥락 (measure context)	• 연속적인 양을 재기 위해 단위로서 수가 사용된 맥락이다. – 이때 사용된 수는 측정수로서, 길이·시간·거리·부피·면적 등을 측정한 값이다. – 측정 맥락에서 수를 이해하기 위해 유아는 자신이 재고자 하는 사물의 특성에 맞는 측정단위와 측정도구에 대하여 정확한 이해가 필요하다. 　예 유아가 자신의 몸무게를 재고 "내 몸무게는 14kg이야"라고 말하는 것이다.

(3) 일상생활에서 수의 의미와 활용 - 터키와 뉴만(Turkey & Newman, 1988)

> Turkey와 Newman(1988)은 일상생활에서 수의 기수적 의미나 계산이 포함되지 않는 활용 상황을 위치, 순서, 신분, 어림셈의 의미로 구분하여 설명하였다.

수의 위치적 의미	극장이나 경기장의 좌석 번호, 집 주소, 빌딩의 사무실 번호 등은 수의 위치적 의미로 활용되는 예이다. 예 아파트 주소가 1동 604호이면 첫 번째 건물의 6층 4번째 집을 의미한다.
수의 순서적 의미	종합병원이나 은행, 우체국의 대기표는 수의 순서적 의미로 활용되는 예이다. 예 내 번호표가 237번이고 지금 235번 번호표를 가진 사람이 서비스를 받고 있으면 다음 그다음이 자신이 서비스를 받을 차례임을 의미한다.
수의 명목적 의미	• 시내버스 번호, 상품의 모델 번호, TV채널 등은 신원이나 정보를 나타내는 의미로 활용되는 예이다. – 이 경우에는 수 자체에 임의의 성격을 부여하여 다양한 정보를 숫자로 나타내게 되며, 거의 모든 상품에 사용하고 있는 바코드도 이를 활용한 것이다.
수의 연속적 의미	• 연속적 특성을 가진 물체에 수를 부여하여 활용하는 것이다. – 체중, 키, 온도, 시간 등은 연속적 특성을 가지고 있으며, 수를 부여함으로써 유용하게 활용할 수 있다. 예 유치원에서 키를 잰 후 친구와 나의 키를 비교해 보며 수의 비교와 함께 '크다, 작다' 등의 비교 어휘를 사용할 수 있다.

(4) 수의 의미 - 권민균 등(2017)

> • 유아들은 일상생활 속에서의 경험을 통해 수가 활용되는 여러 상황을 겪음으로써 수가 갖는 다양한 의미를 이해하게 되는데, 이는 수개념 발달에 중요한 역할을 한다.
> – 수는 수세기, 순서짓기, 명명하기 등과 같은 다양한 목적을 위해 사용된다.

다양한 수의 의미	수세기	• 수세기를 위한 수는 제시된 물체나 사물의 수를 세고 그 수량을 헤아리기 위한 것이다. – 계산기, 자, 저울, 주사위 등에 사용된 수
	순서짓기	• 순서짓기를 위한 수는 집합 안에 있는 물체의 상대적 위치를 나타내기 위해 사용되는 것이다. – 달력, 대기표, 게임순서, 요리활동표 순서, 엘리베이터 층수 등에 있는 수
	명명하기	• 명명하기는 명칭 대신 수를 사용하여 사물의 이름을 나타내기 위한 것이다. – 전화번호, 시내버스 번호, 차량번호, 운동선수 번호 등에 사용된 수

2) 지도방법

- 유아가 일상생활 속에서 구체적인 목적을 통해 수를 인식하고 사용하는 경험을 제공한다.
  - 수와 양을 연결할 수 있는 활동을 제공하여 숫자가 양을 나타낸다는 것을 이해하도록 돕는다.
    - 예 나이만큼 주머니에 콩 넣기, 주어진 숫자만큼 간식 접시 채우기
  - 도미노나 주사위와 같이 수량을 연결하는 교육 자료를 사용하여 순서대로 찾고 분류하고 정리해 볼 수 있도록 한다.
    - 예 주사위 돌려 게임 순서 정하기, 순서대로 도미노 쌓기
- 수를 인식하기 위해서는 숫자의 모양이 서로 다르다는 것을 알고, 숫자를 구별할 수 있도록 숫자인식에 대한 이해가 필요하다. 즉 숫자를 시각적으로 변별하고 수이름을 말하며 이에 해당하는 수의 양이 얼마인지 알아야 한다.
  - 예 5라는 숫자의 명칭을 말하고 그 숫자가 어떤 사물 다섯 개를 나타낸다는 것을 이해하는 것이다. 만 4세 이전의 유아들은 수이름을 말하고 숫자의 모양을 인식하더라도 그 수가 나타내는 수의 양을 이해 못할 수도 있다. 따라서 수인식을 위해서는 이러한 사항을 고려하여 지도해야 한다.
  - 일상생활의 다양한 맥락 속에서 수를 발견하고 활용(조작)해 본다.
    - 예 TV리모콘, 계산기, 전화기 등에서 숫자를 발견하고 조작하여 화면에 나타나는 숫자를 확인해 보는 것 또는 유아의 나이만큼 케이크에 생일 초를 꽂아 보는 것이 여기에 속한다.
  - 유아 자신과 관련된 숫자를 여러 가지 방법(말하기, 쓰기, 만들기, 신체 활동 등)으로 표현해 보도록 한다.
    - 예 집 전화번호, 나이, 생일 등을 말하거나 쓰기, 몸으로 숫자 표현하기 등이 있다.
  - 숫자카드, 끼우기 블록, 숫자모양, 바둑알, 수인식 교구 등 다양한 자료와 교구를 사용하도록 한다.

UNIT 03 수개념의 발달단계

1 피아제(Piaget, 1952)

개념	• 유아기 수개념의 획득은 분류, 서열화, 일대일 대응을 바탕으로 동등성을 이해할 수 있는 능력이 먼저 이루어져야 가능하며, 이것은 학습을 통해 습득될 수 있다. • 수개념의 획득은 수의 보존개념에 대한 이해를 의미하며, 흔히 수의 보존개념 과제의 성공 여부가 수개념이 획득되었는지에 대한 판단 기준이 되어 왔다. 　- 수의 보존개념이란 지각적 변형이나 이동에도 불구하고 그 양은 유지되는 것을 말한다. 　- 따라서 수개념의 획득은 물체의 수량에 대해 정확하게 추리할 수 있는 능력인 '양의 보존'에 대한 이해가 가능한 것이라고 볼 수 있다. • 수의 보존개념을 중심으로 살펴본 유아의 수개념의 발달과정(피아제의 수 보존능력 발달단계)은 다음과 같다.

1단계 **총체적** **비교 단계**	• 일대일 대응을 할 수 없으며, 물체의 공간적 배열 형태에 근거해서 집합의 크기를 비교하는 단계이다. • 4세경(만 2세경)의 영유아는 두 집단의 수를 비교할 때 일대일 대응을 하지 못하며, 물체가 차지하는 공간이나 길이에 대한 지각적 비교를 기초로 판단하는 등 두드러진 특징에만 관심을 갖는다. ▲ 유아의 반응 : 아래 줄이 더 많다.
2단계 **직관적** **단계**	• 일대일 대응을 할 수 있지만 지속시간이 짧고(지속적이지 않고), 집합의 크기를 공간적 배열 형태에 따라 시각에 의존하는 직관적 판단에 의해 결정하는 단계이다. ▲ 동일한 수의 흰색 바둑돌과 검정 바둑돌을 보여주면, 유아는 그 숫자가 동일하다고 인식함 ▲ 그 후, 검정 바둑돌을 길게 배열한 뒤, "흰 바둑돌과 검정 바둑돌의 수가 같니?"하고 물으면 유아는 검정 바둑돌이 더 길기 때문에 검정 바둑돌이 더 많다고 이야기함 • 일대일 대응이 가능하지만, 두 물체의 수가 같아도 두 줄로 배열한 물체 사이의 간격이 다르면 물체의 수가 다르다고 생각한다. 즉 직관적·시각적 판단에 의해 이해하는 단계이다. – 아래에 제시된 예에 대해 '두 줄이 다르다'라고 하였다가 일대일 대응을 해 본 후 '두 줄이 같다'는 것을 이해한다. ▲ 유아의 반응 : 일대일 대응을 해 보니 두 줄이 같다.
3단계 **조작적** **단계**	• 일대일 대응이 지속 가능하므로 물체의 공간적 배열 형태가 바뀌어도 집합의 크기가 동등하다는 것(물체의 수는 변하지 않는다는 것)을 인식하는 논리적 사고 단계이다. – 직관에 의존하지 않고 사물의 공간적 배열을 고려하여 두 집단의 사물의 양에 대한 비교가 가능하다. • 일대일 대응을 하며 직관적·시각적 판단에 더 이상 의존하지 않고 논리적으로 생각하는 단계이다. 즉 물체의 공간적 배열이 바뀌어도 물체의 수는 변하지 않음을 인식하고 그 이유도 설명할 수 있다. ▲ 유아의 반응 : 두 줄이 같다.

일대일 대응에 대한 원리(일대일 대응 지도 시 고려사항) — Smith(1997)

- 일대일 대응(one to one correspondence)은 수세기에 중요한 기초개념으로, 수를 셀 때 일정한 순서로 수를 부여하여 물체 하나에 수단어를 하나씩만 대응함으로써 모둠과 다른 모둠 간의 수가 같다는 것을 이해하게 하는 것이다.
- 일대일 대응은 물체 하나에 다른 물체 하나를 짝지어봄으로써 한 집단이 다른 집단과 수가 같다는 것을 이해하는 것이다.
  - 일대일 대응에서 어린 유아가 흔히 하는 실수는 한 물체를 중복해서 세기, 빠트리고 세기, 하나의 수이름을 두 개의 물체에 중복해서 배치하기 또는 두 가지 과정을 완전하게 협응시키지 못하기 등이다.
  - 유아교사는 수를 헤아리는 사람이 어떤 물체도 뛰어넘어서는 안 되며, 같은 숫자를 여러 번 사용하지 않도록 지도하여야 한다.
- 일대일 대응을 지도할 때에는 다음과 같은 사항들을 고려하여 난이도를 조절한다(Charlesworth, 2000; Smith, 1997).
  ① 대응할 물체의 지각적 속성(그림 ⓐ)
    - 같은 물체 대응보다 외현적 특성이 다른 사물들을 짝짓기가 더 쉽다.
    - 이는 일대일 대응해야 할 사물이 시각적으로 잘 드러나기 때문이다.
  ② 대응할 물체의 개수(그림 ⓑ)
    - 처음에는 5개 이내(영아는 3개 이내)의 사물을 제시하여 차츰 그 수를 늘려가도록 한다.
    - 물체가 많을수록 일대일 대응을 어려워하며, 대응할 물체를 빠트렸을 시 확인하기 어렵기 때문이다.
  ③ 대응할 물체의 개수 일치 여부(그림 ⓒ)
    - 대응해야 할 사물들의 개수가 같을 때 대응하기를 더 쉽게 한다.
    - 한 집단의 수가 더 많아 일대일 대응에서 짝을 지은 사물이 남는다면, 나머지 사물의 짝을 찾아야만 이 과제가 끝난다고 생각하기 때문이다.
  ④ 대응할 물체들의 연결 여부(그림 ⓓ)
    - 대응할 물체들이 서로 연결되어 있는 경우 일대일 대응이 더 쉽다.
    - 사물들이 연결되어 있을 때 일대일 대응이 제대로 되었는지를 시각적으로 확인할 수 있기 때문이다. 즉 물리적 근접성이 판단을 더 쉽게 하도록 해 주며, 따라서 초기에는 대응할 사물들을 서로 붙이거나 선을 긋게 하는 것이 대응하기가 쉽다.

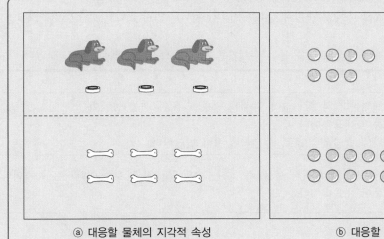
ⓐ 대응할 물체의 지각적 속성

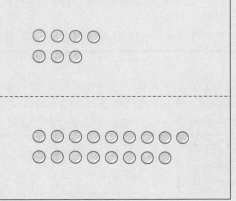
ⓑ 대응할 물체의 개수

ⓒ 대응할 물체의 개수 일치 여부   ⓓ 대응할 물체들의 연결 여부

출처 : Smith(1997)

◈ 일대일 대응의 원리

2 Gelman(겔만)

• 겔만(R. Gelman)은 수의 조작적 관계를 다룰 수 있는 수 추리능력은 수량적 관계를 추상화하는 능력이
  전제되어야 한다고 보았다.
  - 즉 전조작기 유아들의 경우 위치적 배열의 변화에도 불구하고 그 양의 동등성에는 변화가 없다는
    수 추리적 관계의 이해 자체는 미흡하지만 물체의 수량화에 대한 이해는 가능하다고 보았고, 수세
    기는 수의 구체적 표상을 돕고 추후 추리적 사고의 기초가 되므로 이와 관련된 교육이 이루어져야
    한다고 하였다.
  - 따라서 유아기에는 수의 구체적 표상을 돕는 수세기를 중점적으로 다루어야 한다고 보았다.

수 추상능력 (number abstraction)	• 수량을 물체의 특성과 상관없이 수량적 관계로 추상화하는 능력이다. • 수세기 활동이 대표적이다. • 수 추상능력의 발달을 기초로 수 추리능력이 발달한다.
수 추리능력 (number reasoning)	• 동등성, 위치 변형의 무관성 등을 포함하는 수의 조작적 관계를 이해하는 능력이다. • 수 보존활동이 대표적이다.

UNIT 04 수세기

KEYWORD # 합리적 세기, 수세기의 원리(일대일 대응의 원리, 안정된 순서의 원리, 기수의 원리, 추상화의 원리, 순서 무관의 원리)

- 수세기는 수의 순서를 차례대로 말하는 것으로, 비연속적인 물체의 수량을 파악하기 위한 수량화 과정이다.
  - 수세기는 유아가 획득하는 최초의 형식적인 계산체계로서, 물체의 양을 측정할 때 지각적 판단에 의존하지 않고 전체에 대한 양적 판단을 가능케 하는 기초적인 역할을 담당한다.
- 수세기는 말로세기와 물체세기로 나누어지는데, 유아들은 암기한 수단어를 나열하는 말로세기에서 점차 물체와 명칭을 일대일 대응시켜 세는 물체세기로 발달해 간다.

한국어의 수단어

- 한자 수단어에서는 '십, 이십, 삼십, …'과 같이 십의 자리 수단어의 생성 규칙을 찾아내기 쉽다. 반면 고유 수단어에서는 십의 자리에 해당되는 '열, 스물, 서른, 마흔, …' 등의 수단어에 규칙성이 없어 기계적으로 암기해야 하는 어려움이 있다.
- 수단어는 2세 전후에 획득되기 시작하여 초등학교 저학년 시기까지 장기간에 걸쳐 획득이 이루어진다. 그러나 유아에게 있어 수단어 획득은 쉽지 않은데, 이는 수단어의 특성상 끊임없이 반복하여 정확한 순서로 이를 말해야 하기 때문이다.
- 따라서 수단어는 실제 수세기에 사용하기에 앞서 단어에 익숙해질 수 있는 기회를 주는 것이 중요한데, 동요와 같이 자연스러운 맥락을 통해 경험하도록 하는 것이 적절하다. 이때 두 가지 수단어 체계를 분리해서 가르치기보다는 함께 알려주는 것이 효과적이다(홍혜경, 1993).
- 유형

한자 수단어	중국이나 일본의 수 체계처럼 완벽하게 규칙적인 홑자리 수와 십의 자리 수의 결합에 의해 수이름을 명명하는 것이다. 예 일, 이, 삼, 사, 오, …, 십일, 십이, 십삼, …
고유 수단어	기수와 서수로 나누어지며 불규칙적인 십의 자리수의 이름으로 이루어져 있다. 예 하나, 둘, 셋, 넷, …, 열, 스물, …

🏠 수세기의 발달

2~3세	4세	5세	6세	7세
←		말로세기		→
1-10	1-30	1-100		1-1000
←		물체세기		→
1-4	1-10	1-20	1-100	
	←	거꾸로 세기		→
	5부터 1까지	10부터 1까지	20부터 1까지	
		←	뛰어 세기	→
		10, 20, 30, …	5, 10, 15, … 2, 4, 6, 8, 10, …	3, 6, 9, … 4, 8, 12, …

출처 : 「Engaging Young Children in Mathematics : Standards for Early Children in Mathematics Education」, pp. 26-28, by D. H. Clements, J. Sarama, & A. DiBiase, 2003

1 말로세기(구술세기, oral counting), 기계적 수세기(rote counting)

개념	• 기억에 의한 수단어를 말하는 것으로 암송하여 말로만 세는 것을 말한다. 즉 수의 의미를 이해하지 못하고 단순히 수단어 명칭을 순서지어 차례로 나열하는 것이다. 　– 수를 어느 정도 암송한다고 해도 사물에 하나씩 대입하여 차례로 짚지 못한다. • 관습적으로 정해진 수의 순서를 차례대로 무조건 암기하여 수를 세는 것을 의미한다. 　– 수개념의 이해라기보다는 언어적 학습의 결과라고 볼 수 있지만, 추후 일대일 대응 개념과 결부되면서 물체세기가 될 수 있다는 점에서 수세기의 중요한 단계로 인식되고 있다(Smith, 1997). 　– 말로세기는 직접적으로 수량을 세는 것은 아니지만, 영아가 수의 명칭과 순서를 연습하는 과정으로 이후에 물체세기(물체를 직접 세어 보는 경험)로 발전할 수 있는 토대가 된다(Gelman & Gallistel, 1978).
발달과정	• 말로세기는 매우 어린 시기부터 시작되기 때문에 2세경의 영아에게서도 찾아볼 수 있다. 처음에는 수단어의 순서를 외우는 것으로 시작되는데, 초기에는 수단어의 순서가 여러 개의 단어들이 모여서 이루어진 것임을 알지 못한다. 　– "하나둘셋"을 하나의 단어로 생각한다. ➡ 다음 단계로 수단어 순서는 각기 다른 소리를 가지는 일련의 단어들이 모인 것임을 인식하게 된다. ➡ 마지막 단계가 되면 10까지의 수를 빠지지 않고 셀 수 있다.

2 물체세기(object counting), 합리적 수세기(rational counting)

개념	• 수단어와 물체를 연결지어 수를 세는 것이다. • 수이름과 물체를 정확하게 일대일 대응시켜가며 수를 세는 것을 의미한다. 　– 유아가 물체를 정확하게 세기 위해서는 일대일 대응의 원리, 안정된 순서의 원리, 기수의 원리, 추상화의 원리, 순서 무관의 원리와 같은 다섯 가지 수세기 원리를 이해해야 한다(Gelman & Gallistel, 1978). 　– 이에 교사는 유아가 물체세기를 할 때 보이는 오류를 잘 관찰하여 유아들이 이러한 원리를 이해하고 수세기에 적용할 수 있도록 다양한 기회를 제공할 필요가 있다.
발달과정	• 보통 3, 4세 유아들은 물체를 손가락으로 한 개 한 개 짚어가면서 세는 것을 어려워한다. 유아가 수단어 순서를 차례대로 외울 수 있고 한 번에 하나의 물체만을 지적할 수는 있어도 두 가지 기술을 통합하는 것은 쉽지 않다. 　– 그 이유는 아직 세지 않은 물체를 지적하면서 동시에 수단어의 순서를 기억해 내야 하기 때문이다. 　– 유치원 시기의 유아들도 센 것과 세지 않은 것을 구별해서 수세기를 해야 하는 물체세기를 어려워한다. • 유아가 물체세기를 하기 위해 필요한 지식 　– 수단어의 순서를 안다. 　– 한 집합의 물체 한 개 한 개에 수세기 단어 하나하나를 대응한다. 　– 물체세기를 할 때, 계속해서 세면서 센 것과 세지 않은 것을 구별한다.

유아들이 수세기를 하기 위해서는 수세기의 원리를 이해하여야 한다.

수세기의 원리 [Gelman & Gallistel / Gelman & Greeno (1989)]	일대일 대응의 원리 (one to one principle)	• 일대일 대응의 원리란 물체의 개수를 셀 때 하나의 물체에는 하나의 수이름(수단어)이 부여(대응)되어야 한다는 원리이다. • **분할하기와 수단어 부여하기** 　– 이 원리를 적용하려면 센 것과 세지 않은 것을 '분할하기'와 각 물체에 '수단어 부여하기'라는 두 과정의 대응(협응)이 필요하다. 　– 세는 행동과 수단어를 말하는 행동이 1:1로 대응해 진행되어야 한다. • **대응 전략** 　– 사물을 일렬로 나열하여 시각적으로 세기 편할 수 있도록 돕는다. 　– '센 물체를 한쪽으로 옮겨 놓는 전략'은 센 부분과 셀 부분의 구분을 돕는다. 　– 손가락으로 가리키며 세는 방법인 '지적하기'가 있으며, 이는 각 항목에 수단어 부여를 명확히 하도록 도울 수 있다.
	안정된 순서의 원리 (stable order principle)	• 안정된 순서의 원리란 물체들을 세기 위해 사용되는 수단어는 반복 가능하고 안정된 순서로 사용되어야 한다는 것으로서, 관습적으로 사용되는 수단어의 배열 순서대로 안정되게 나열할 수 있어야 한다는 원리이다. 　– 수세기 과정에 사용되는 수이름을 순서화하고, 그 순서는 고정불변해야 한다. 　– 수단어는 사회적인 지식으로 습득할 수 있는 개념으로서, 안정된 순서로 수를 세기 위해서는 연습이 필요하다. 　📝 수단어를 획득했다 할지라도 하나, 셋, 둘, 다섯, 넷이 아니라, 관습적인 방식인 하나, 둘, 셋, 넷, 다섯 등의 정확한 순서로 나열할 수 있어야 한다. • 수이름을 순서대로 암기하여 말할 수 있는 것이다. 　– 유아가 수세기를 할 때 수단어는 늘 같은 순서로 사용됨을 이해하는 것이다.
	기수의 원리 (cardinal principle)	• 기수의 원리란 물체의 집합을 셀 때 마지막 사물에 적용된 수단어가 전체 수량을 의미한다는 원리이다. 　– 마지막 수단어는 그 항목에 대응되는 수단어일 뿐만 아니라, 전체 수량을 표상하는 특정 수의 이름을 의미한다는 것도 이해해야 한다. 　– 이 원리는 앞의 일대일 대응과 안정된 순서의 원리를 획득한 후에 습득할 수 있는 원리이다. • **기수의 원리가 습득되지 못한 유아** 　– 5개의 물체를 순서대로 모두 세고서도 몇 개냐고 물으면 모른다고 하거나 물체를 다시 세는 모습을 보인다.
	추상화의 원리 (abstraction principle)	• 추상화의 원리란 수를 셀 때 구체물뿐만 아니라 경험이나 사건, 혹은 서로 다른 종류로 구성된 집합의 사물도 수세기를 할 수 있다는 것이다. • 이 원리는 형태가 있는 물체만 셀 수 있는 것이 아니라 날짜, 사건, 경험한 일 등 형태가 없는 추상적인 것도 셀 수 있음을 이해하는 것이다. 　📝 유아가 날씨판을 보고 "이번 주는 비가 한 번 왔어"라고 말하는 것은 경험한 것을 수세기한 것이다. • **추상화의 원리가 습득되지 못한 유아** 　– 하나의 접시에 별 모양 3개와 하트 모양 5개를 놓아두고 모두 몇 개냐고 물었을 때 8개라고 답하는 것이 아니라 3개와 5개라고 답하는 실수를 범하거나, 동물원에 몇 번 가보았냐는 질문에 어제 갔었다고 대답하기도 한다.

순서 무관의 원리	• 순서 무관의 원리란 한 집합의 사물을 셀 때 그 순서와 방향은 수량과는 무관하다는 원리이다. 　— 3세 유아들의 경우 이 수세기 원리를 설명하지는 못하지만, 이에 대한 원리를 상당 부분 이해하고 있다(Gelman, 1980). 　— 배열된 사물이 모두 세어지되 각각 단 한 번씩 세어지는 한, 왼쪽에서 오른쪽으로 세거나 위에서 아래로 세는 등 그 순서는 어느 방향이어도 무관하며, 순서와 관계없이 똑같은 개수를 나타낸다는 것을 이해하는 것이다. 　— 순서 무관의 원리를 이해할 때, 유아들은 수이름이 임의로 정해진 것이므로 세어지는 사물의 내재적인 속성이라기보다는 일시적인 명칭이라는 인식을 가질 수 있다.

물체세기 시 발생 가능한 오류 − Benigno & Ellis(2004)

말로세기보다 훨씬 복잡한 과제이므로 유아는 물체세기를 할 때 다양한 오류를 범한다.
① 중복세기(multiple counting) : 한 개의 물체를 한 번 이상 센다.
② 빠뜨리고 세기(skip counting) : 수이름을 빠뜨리면서 수세기를 한다(예 1, 2, 3, 5).
③ 틀린 순서로 세기(misorder) : 순서가 틀리게 수를 센다(예 1, 2, 5, 3).
④ 끝없이 세기(failure to stop) : 제시된 항목의 수를 넘어 이미 센 것을 또 센다.
⑤ 빠트리고 세기(skip item) : 제시된 물체 중에서 몇 개를 빠트리고 센다.
⑥ 세다 멈추기(stop early) : 아직 세지 않은 물체가 있는 상태에서 중간에 세기를 멈춘다.

(지도방법)
물체세기 시 오류를 줄이기 위한 방안으로 물체를 한 줄로 배열해 놓고 세기, 센 것과 세지 않은 것을 구별하기 위해 물체를 옮겨가며 세기, 손으로 집어가며 세기 등이 활용될 수 있다.

3 큰 수세기

개념	• 유아들은 일상생활 속에서 큰 수를 자연스럽게 경험하면서 큰 수에 관심을 갖게 되고, 이를 세어보게 되며, 그 의미를 알고자 한다. 　예 백 원, 천 원, 만 원과 같은 돈의 단위, 50세나 100세와 같은 나이 등에 대한 이야기를 듣게 되고, 그 숫자의 크기가 얼마나 되는지 궁금해한다. • 큰 수에 대한 이해는 작은 수들을 다루면서 경험한 수들 간의 관계를 큰 수에 연결하면서 이루어질 수 있다. 　— 그러나, 이러한 전이가 자동적으로 일어나는 것은 아니므로 적절한 지도와 더불어 큰 수를 다루어 볼 수 있는 기회가 제공되어야 한다. • 또한 큰 수세기를 하기 위해서는 수의 배열이나 구성체계에 대한 이해가 필요하다. 　— 이러한 개념이 부족한 유아는 '삼십일'을 소리나는 대로 '301'이라고 쓰는 오류를 보이기도 한다.

지도방법	• 10 이상의 큰 수를 이해하기 위해서는 1~9까지의 수단어가 10 이상의 수에도 반복적으로 사용된다는 것을 알 필요가 있다. 또한 자신이 세고 있는 물체를 5 또는 10단위로 묶어 셀 수 있다는 것을 이해해야 한다. 　－ 큰 수를 이해하기 위해서는 십진법의 기본단위인 10씩 묶어 세어보는 것이 매우 중요하다. 　　🅔 32를 나타내기 위하여 10단위 블록 3개와 낱개 블록 2개를 사용하는 것이 낱개 블록만 32개를 사용하는 것보다 10진법과 자릿값에 대해 훨씬 쉽게 이해할 수 있다. • 또한 주판을 이용해서도 자릿값 개념 습득이 가능하다. • 얼마까지 세었나 잊지 않기 위해서는 세기표(正, ////)로 기록한다. • 구체물을 일정한 개수로 묶어서 세어 간다(skip counting). 　－ 둘 또는 다섯씩 묶어서 세어봄으로써 곱셈(2단 또는 5단)의 기초를 경험한다. • 구체물을 이용하여 큰 수를 다양한 방법으로 배열해 본다. 　－ 큰 수를 같은 양으로 나누는 경험은 나누기나 분수 학습의 기초가 된다.

4 수세기의 지도방법

• 유아들이 정확하게 수를 세기 위해서는 이미 센 물체를 다시 세지 않도록, 아직 세지 않은 물체와 이미 센 물체를 구분하여 기억하고 있어야 한다. 교사는 유아의 수세기 능력 발달에 도움을 주기 위해서 다양한 경험과 활동을 제공해 주어야 한다.
　① 수량을 셀 때 이미 센 것과 세지 않은 것을 구분하기 쉽도록 책략을 사용하도록 한다.
　　－ 얼음틀을 이용하여 한 칸에 물체를 한 개씩 놓으며 세어보기
　　－ 종이의 한가운데 세로줄을 그어 한쪽에는 세어야 할 물체들을 모아 놓고, 센 물체는 세로줄의 반대편으로 옮겨놓기
　　－ 마지막으로 센 것이 전체 수량이라는 '기수 개념'의 이해를 돕기 위해 마지막에 센 단어를 한 번 더 크게 말하여 그것이 전체 수량을 의미하는 것임을 이해하도록 돕기
　② 교사는 일상생활에서 자연스럽게 수를 셀 수 있는 상황과 환경을 만들어 주고, 이때 적절한 발문을 하도록 한다.
　　－ 유치원 입구에서 우리 교실까지 몇 걸음에 올 수 있는지 세어보기
　　－ 이번 달 날씨를 체크하여 맑은 날, 흐린 날, 비 온 날 세어보기
　　－ 쌓기놀이 영역에 있는 친구들의 수 세어보기
　③ 다양한 상황에서 수단어와 적합한 수단어 어휘를 사용하여 수세기를 해보도록 한다.
　　－ 1~10까지 순서대로 세기에 적합한 동요를 선정하여, 전체 유아가 함께 불러보기
　　－ '몇 개, 몇 명, 몇 줄' 등 각 상황에 적합한 수단어 어휘를 사용하여 물체 세어보기
• 유아들의 수세기를 효과적으로 지도하기 위한 방안들은 다음과 같다.
　－ 노래, 율동, 손유희 등을 활용하여 수세기를 할 수 있는 다양한 기회를 제공한다.
　　🅔 '열 작은 아이' 같은 노래를 손으로 숫자를 꼽으면서 불러본다.
　－ 주사위를 활용한 게임 등을 통해 주사위에 나온 숫자만큼 말을 이동하면서 수를 세어볼 수 있는 기회를 제공한다.
　－ 고유 수단어와 한자 수단어를 동시에 알아볼 수 있는 노래를 불러본다.
　　🅔 '일은 랄랄라 하나이고요, 이는 랄랄라 둘이고요~'와 같은 노래를 불러본다.

- 일대일 대응 원리의 이해를 돕기 위해 물체의 수량을 셀 때 손가락으로 물체를 하나씩 가리키면서 세어보게 하거나, 센 물체를 다른 쪽으로 옮기면서 세어보게 한다. 그림에 있는 물체를 셀 때에는 센 물체에 동그라미나 막대 표시를 하면서 세어보게 한다.
- 물체를 셀 때 고정된 물체를 세도록 하는 것보다 옮겨놓을 수 있는 물체를 제시하는 것이 효과적이다.
- 기수의 원리 이해를 돕기 위해서는 마지막에 센 수단어를 크게 말해보게 한다.
  ◉ 4개의 물체를 하나, 둘, 셋, 넷이라고 셀 때 '넷'을 크게 말하게 한다.
- 물체를 제시할 때 불규칙적인 모양으로 제시하기보다는 규칙적으로 나란히 배열한다.
- 큰 수세기를 할 때는 5개나 10개씩 묶어 놓은 후 세어보게 하거나, 표시(正, ////)를 하면서 세어보게 한다.

참고

수세기

기계적 세기	• 기억에 의존하여 기계적으로 수를 세는 것이다. • 숫자의 이름을 암기하여 순서대로 말할 수 있는 것이다. • 수의 의미를 이해하지 못하고, 단순히 수단어 명칭을 차례로 나열하는 것이다. 　- 사물을 하나씩 수이름과 대응시키는 것이 아니므로 같은 사물을 중복해서 세거나 건너뛰며 세는 실수를 할 수 있다.
합리적 세기	• 수이름을 사물과 하나씩 대응하면서 순서대로 말할 수 있는 것이다. 　- 눈, 손, 기억의 협응 능력이 필요하므로 4~5세가 되어야 가능하다. 　- 수를 외워서 세는 것, 수단어와 사물을 대응하는 것의 이중적인 과제수행이 필요하다.
동등성 이해의 세기	• 지각에 더는 의존하지 않고 수의 불변 논리를 이해하고 세는 것이다. 　- 처음부터 세거나 끝에서부터 세더라도 불변함을 이해한다. • 물체의 배열에 상관없이 수를 세고, 일대일 대응의 관계를 성립시킨다.

UNIT 05 수표상(수개념 표상)

• 수표상은 유아가 수개념에 대한 이해를 물체, 손가락, 자신만의 그림 또는 기호로 표시하거나 숫자와 수단어 등과 같은 다양한 방법으로 나타내는 것을 의미한다. 즉 수표상이란 수학적 개념에 대한 유아의 이해를 숫자(기호)나 언어를 통해 조직화하고 재구성하는 것을 의미한다.
  - 유아가 숫자를 완전히 이해하려면 숫자의 모양과 이름을 인식하고 숫자와 그에 해당하는 물체의 양을 연결할 수 있어야 한다.
  - 이를 위해 유아는 숫자의 모양을 시각적으로 변별하고 그 이름을 기억해야 하는데, 유아는 비슷하게 생긴 숫자인 6과 9, 2와 5, 3과 8을 혼동하는 경우가 많다. 또한 숫자를 쓰려면 눈과 손의 협응력, 소근육 능력, 시각적 변별력, 좌우 변별력, 개폐 개념이 획득되어야 한다.
• 유아의 수표상 능력은 영상적 표상, 언어적 표상, 숫자나 기호 등의 상징적 표상 순으로 발달한다.

1 숫자인식

개념	• 숫자인식이란 *숫자의 모양이 서로 다르다는 것을 알고, 숫자를 시각적으로 분별하여 그 이름을 기억하며, 숫자와 그에 해당하는 물체의 양을 연결하는 것이다.
	  ─ 즉 숫자인식은 숫자의 모양과 이름 인식, 그리고 숫자와 수량의 관계 짓기가 모두 관련되는 과정이다.
	  ─ 따라서 그림책에서 특정 페이지를 찾아보는 것과 같이 유아로 하여금 의미 있는 맥락에서 숫자를 접하도록 환경을 제공하여 숫자가 양을 나타낸다는 것을 인식하도록 하는 것이 중요하다.
	• 숫자읽기가 가능하려면 유아는 각 숫자에 대해 시각적 이미지를 구성할 수 있어야 한다.
	  ─ 시각적 이미지의 구성은 숫자 6의 지팡이 같은 부분과 고리 같은 부분들을 인식하고, 지팡이 부분의 아래쪽에 고리 같은 부분을 붙이는 것처럼 각 부분들이 어떻게 전체를 만드는지에 대한 지식으로써 부분─전체 관계를 인식해야 한다. 이러한 두 지식 중 한 가지라도 부족하면 2와 5 또는 6처럼 같은 부분을 공유하는 숫자들을 구별하는 데 어려움을 느낀다(Baroody & Coslick, 1998).

지도방법	• 숫자를 인식하려면 시지각 능력뿐만 아니라 형태를 변별하기 위한 기하개념이 필요하다. 특히 숫자 중 6과 9, 1과 7, 2와 5, 3과 8 등은 변별하기 어려우므로 '2는 오리 모양, 8은 눈사람 모양' 등 각 숫자 형태의 특징을 언어적 단서로 표현하는 활동을 통해 유아의 숫자 인식을 도울 수 있다.
	• 교사는 유아가 아래와 같은 다양한 활동을 하는 가운데 자연스럽게 숫자를 인식하도록 도울 수 있다.
	  ─ 숫자와 관련된 노래부르기
	  ─ 숫자카드를 사용하여 활동하기
	    ㉠ 숫자 짝짓기, 숫자 순서대로 놓기, 수이름대로 숫자 놓기 등
	  ─ 그림책 속에 숨어 있는 숫자 찾기
	  ─ 몸으로 숫자 만들어 보기
	  ─ 아빠, 엄마가 되어 핸드폰으로 번호를 누르고 서로 통화하는 역할극 하기
	  ─ 잡지에서 숫자를 오려 꾸미기
	  ─ 책에서 해당되는 페이지 찾아보기

2 숫자쓰기

개념	• 숫자쓰기를 배우는 것은 숫자읽기를 배우는 것보다 더 어렵다.
	  ─ 10 이하의 숫자는 기계적 암송이나 학습으로도 쉽게 읽을 수 있지만, 숫자를 따라 쓰는 것은 소근육 발달은 물론 손과 눈의 협응력, 좌우 변별 및 개폐 개념이 형성된 후에야 가능하다. 또한 숫자쓰기에는 정신적 이미지와 더불어 *운동적 계획이 포함된다(Baroody, 2004).
	  ─ 정신적 이미지가 정확해도 운동적 계획이 불완전할 경우에는 수를 보면서도 쓰기 어려워하거나 거꾸로 쓰는 결과가 나타난다.
	  ─ 이와 같이 초기 숫자쓰기 단계에서의 유아는 흔히 숫자를 거꾸로 쓰고 획순이 틀리거나 다른 숫자로 바꿔 쓰는 오류를 보인다. 그러나 시간이 지나면 이는 저절로 고쳐지며, 교사가 성급하게 오류를 교정하려고 하면 오히려 역효과가 발생할 수 있다.

*숫자
수는 생각되어지는 것, 즉 아이디어(idea)에 해당하고, 숫자는 이러한 아이디어에 대한 이름이나 상징을 말하므로, 수와 숫자는 개념이 다르다.

*운동적 계획 (motor plan)
어디에서 시작할지(시작할 곳), 어떤 방향으로 진행할지(진행 방향), 어떻게 방향을 바꿀지(방향 바꾸기), 어디서 멈출지(멈추는 곳) 등을 계획하는 것을 말한다.
㉠ 숫자 6을 쓰기 위한 계획은 오른쪽 위에서 시작하여 왼쪽으로 약간 튀어나오게 지팡이를 그리고, 오른쪽으로 가면서 고리를 만드는 것이다.

	• 유아는 숫자를 쓰기 전에 먼저 숫자의 의미를 이해해야 한다. 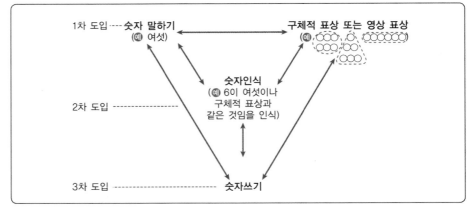 ❧ **숫자쓰기를 가르치는 시점**(Baroody & Coslick, 1998)
발달단계	• 유아의 수개념 표상 능력 발달단계(홍혜경, 1999) – 그림 표상(영상적 표상) ➡ 언어(적) 표상 ➡ 숫자나 기호 표상(상징적 표상) 능력 순으로 발달한다고 하였다. – 유아의 연령별 수개념 표상유형의 발달에서 3세 유아는 대체로 수량적 관계를 표상할 수 없고, 4세 유아는 그림 표상은 가능하지만 숫자나 언어 표상은 매우 미흡한 편이다. 5세 유아는 대체로 언어와 숫자 표상의 획득 과정에 있으며, 일부 6세 유아들은 언어와 숫자 표상에 여전히 어려움을 가지고 있다.
	<table><tr><td>3~4세경</td><td>수개념에 대한 그림 표상 능력 획득</td></tr><tr><td>4~6세경</td><td>언어적 표상 능력 획득</td></tr><tr><td>5~6세경</td><td>숫자나 기호의 표상 능력 획득</td></tr></table>
지도방법	• 종이에 숫자쓰기를 바로 지도하기보다는 대근육과 감각을 이용하여 숫자의 형태를 인식하도록 돕는다. 예 온몸 또는 손가락을 이용하여 숫자쓰기, 쌀이나 모래 위에 손가락으로 숫자쓰기 • 다른 영역의 활동과 통합하여 숫자쓰기 경험을 제공한다. 예 부르는 숫자만큼 걷기, 줄이나 병뚜껑, 수수깡으로 숫자 만들기, 색종이나 씨앗으로 숫자 모자이크하기 등 • 다양한 자료(모래, 끈, 지오보드, 찰흙 등)를 활용하여 숫자쓰기 기회를 제공한다. • 유아가 숫자를 쓰려는 의도를 보일 때 적극 칭찬하고, 정확하게 쓰지 못할 때에도 수용적인 태도를 보인다. • 바둑판 공책에 쓰기나 점선 따라 쓰기는 발달적으로 적합하지 않고 흥미를 저하시키므로 학습지 위주의 숫자쓰기 방법은 삼가는 것이 좋다. – 따라서 교사는 유아가 숫자의 의미를 모르는 상태에서 기계적으로 숫자를 쓰게 하는 것은 무의미함을 인식하고 숫자쓰기의 학습 시점을 결정하면서 지도해야 한다.

MEMO

지도 지침 [Schultz, Colarusso & Strawder- man(1989)]	• 숫자쓰기 작업은 대·소근육 및 눈·손의 협응 발달이 요구되므로, 이에 대한 준비 능력을 갖추기 이전에 쓰기 지도를 시작하여 신체적 발달의 미숙으로 인한 좌절이나 실패를 경험하지 않도록 배려하는 것이 중요하다. - 바람직한 숫자쓰기 활동 : 대근육 활동에서 점차 소근육을 사용하는 활동으로 전환한다. 　📌 공중 숫자쓰기, 밀가루 반죽, 모루, 손가락 따라 그리기 등 • 자유로운 숫자쓰기를 익힌 후 숫자쓰기 활동을 제공해야 한다. - 처음부터 점선으로 그려진 숫자를 베껴 쓰게 하거나 줄 친 종이에 쓰도록 지도하는 것은 유아에게 세심한 근육의 조절과 협응을 요구하므로 가급적 지양해야 한다. • 잘못 쓴 숫자를 쉽게 지울 수 있거나 쉽게 써지는 필기도구 등을 마련해야 한다. - 자신의 실수를 교정하기 쉽기 때문에 자신이 잘못 쓴 결과에 대한 좌절을 줄일 수 있다. 　📌 모래 상자, 매직과 칠판, 연한 심 등 • 교사나 부모의 지나친 관심이나 지도는 오히려 부적절한 결과를 초래할 수 있다. - 유아의 숫자쓰기는 잘못 쓰는 경우가 흔하며, 이러한 쓰기 행동은 점차 유아 스스로 교정하게 된다(Payne & Huinker, 1993).

UNIT 06 수의 관계

• 유아들은 일상생활 속에서 수집합들이 서로 크고 작음을 비교하거나 부분과 전체로 나누어 생각할 수 있는 것과 같이 수의 관계에 대해 다양한 경험과 이해를 하기 시작한다. 이러한 수의 관계에 대한 이해는 추후에 더하기, 빼기, 곱하기, 나누기와 같은 연산을 하는 데 필수적인 개념이 된다는 점에서 중요한 의미를 갖는다(Charleworth, 2000).
• 수의 관계에 대한 이해는 두 수의 크기 비교하기, 부분과 전체의 관계와 같은 내용을 포함한다.

1 집합의 크기 비교 : 더 많은 / 더 적은

개념 및 특징	• 유아는 수의 수량적 의미를 이해하게 되면서 어느 것이 더 많고 적은지 혹은 같은지를 비교하는 것에 흥미를 보인다. - 두 물체의 양이 시각적으로 두드러진 차이가 있는 경우(📌 1과 10), 유아는 직관적으로 두 수의 크기를 비교할 수 있다. - 차이가 크지 않은 두 물체의 양(📌 6과 8)은 일대일 대응하기 혹은 수세기를 활용하여 두 수의 크기를 비교한다. • 눈으로 두 수의 크기를 비교하는 시각적 비교하기는 만 3세부터 가능하다. - 만 3세가 되면 수의 크기 '4' 범위 내에서 동일한 물체의 크기(📌 방울토마토 2개와 3개)를 시각적으로 비교하는 것이 가능해진다. - 만 4세가 되면 유사성이 없는 두 물체의 크기(📌 방울토마토 3개와 구슬 2개)를 시각적으로 비교할 수 있으며, 시각적 비교하기 외에도 일대일 대응하기 전략을 사용한 비교하기가 가능하다.

		– 만 4세부터 수세기를 통한 비교하기가 가능하며, 만 4세에는 수의 크기 '5' 범위 내에서, 만 5세가 되면 '10' 범위 내에서 수세기를 통한 비교가 가능하다. • 처음에 유아들은 1개 있는 물체와 여러 개가 있는 물체의 집합들 간에 많고 적음을 구별하거나, 두 물체의 집합의 수가 크게 차이가 나는 경우, 쉽게 많고 적음을 비교해 낸다. – 또한 시각적으로 확연히 구별이 되는 집합들의 많고 적음을 쉽게 분간해 낸다. – 그러나 점차 만 5세가 되어가면서 유아들은 시각적으로 구별이 잘 되지 않는 집합의 물체들이라 할지라도 일대일 대응을 해보면서 어느 집합이 더 많고 적은지를 비교하거나, 물체들의 수를 직접 세어봄으로써 집합의 크기를 비교하게 된다.
두 수의 크기 비교하기 전략	시각적 비교하기	• 시각적 비교하기는 시각적으로 두 수의 크기 차이가 큰 경우에 주로 활용하는 방법이다. – 처음에는 두 수의 크기 차이가 큰 경우를 중심으로 유아가 '더 많고/더 적은'의 관계를 탐색하게 하며, 점차 두 수의 크기 차이가 작은 두 수를 비교하고 그 관계를 이해하게 한다.
	일대일 대응하기와 수세기	• '일대일 대응하기'는 두 집합의 물체를 하나씩 대응하여 두 수의 크기를 비교하는 것이며, '수세기'는 두 집합의 물체를 세어 수량을 파악함으로써 두 수의 크기를 비교하는 것이다. 예 게임을 할 때, 두 팀의 인원이 같은지를 확인하기 위해 두 줄로 서서 악수하며 두 팀의 인원을 비교해 볼 수 있다. – 일대일 대응이나 수세기로 비교하기를 할 때, 처음에는 모양, 크기가 유사한 두 집합의 크기를 비교하고, 점차 속성(예 모양, 크기, 색 등)이 다른 두 집합의 크기를 비교하도록 한다. – 크기, 모양, 색이 다른 나뭇잎의 수를 비교하는 과정에서 두 수의 크기 비교하기에 있어 중요하지 않은 속성(예 크기, 색 등)에 영향을 받지 않도록 유의한다.
지도방법 (교육부, 2008)		• 처음에는 두 집합의 크기가 크지 않으면서 차이가 많이 나는 것을 제시하고, 점차 집합의 크기는 커지면서 두 집합의 차이가 많이 나지 않는 것을 비교해 볼 수 있도록 한다. 예 초기에는 1과 4, 점차 3과 8, 7과 9인 집합의 비교와 같이 집합의 크기가 커지면서 집합 간의 차이는 줄어드는 사례들을 점진적으로 제시한다. • 수단어를 이해한 유아들에게는 두 집합 간의 크기를 비교할 때 일대일 대응 및 수세기를 활용하도록 격려한다. • 두 집합 간의 차이를 크게 하여 수량의 크기 비교를 시각적으로 쉽게 알 수 있도록 하며, 점차 두 집합 간의 차이가 작은 집합들의 크기를 비교하도록 한다. • 유아에게 하나의 집합을 제시하고 같은 크기의 집합, 하나가 더 많은 집합, 2개가 더 많은 집합 등 비교할 수 있는 집합을 만들어 보게 하여 서로 비교하도록 한다.

MEMO

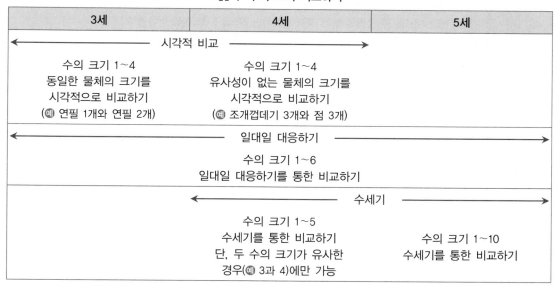

두 수의 크기 비교하기

3세	4세	5세
←	시각적 비교	→
수의 크기 1~4 동일한 물체의 크기를 시각적으로 비교하기 (예 연필 1개와 연필 2개)	수의 크기 1~4 유사성이 없는 물체의 크기를 시각적으로 비교하기 (예 조개껍데기 3개와 점 3개)	
←	일대일 대응하기	→
	수의 크기 1~6 일대일 대응하기를 통한 비교하기	
	← 수세기	→
	수의 크기 1~5 수세기를 통한 비교하기 단, 두 수의 크기가 유사한 경우(예 3과 4)에만 가능	수의 크기 1~10 수세기를 통한 비교하기

출처: 「Early childhood mathematics Education Research : Learning Trajectories for young children」, pp. 95-96, by J. Sarama & D. H. Clements, 2009

2 부분과 전체의 관계

개념	<ul><li>수의 부분과 전체의 개념은 온전한 한 사물이 여러 조각으로 나눠질 수 있고 이런 조각들이 다시 모여 하나로 합쳐질 수 있다는 개념으로, 이것은 더하기, 빼기, 곱하기, 나누기 등 고차원적 수개념 학습발달 및 사고의 논리적 발달을 도와준다. 　- 수의 부분과 전체의 관계는 유아가 전체(특정 수)를 여러 개의 부분으로 조합해 보는 경험을 함으로써 발달시킬 수 있다.</li><li>전체는 여러 부분으로 나누어질 수 있고(가르기), 여러 부분들은 모여 전체를 이룰 수 있음(모으기)을 의미한다. 　- 유아들이 수의 부분과 전체를 이해하기 위해서는 하나의 수가 2개 이상의 수로 나누어질 수 있고, 여러 수가 모여 하나의 큰 수가 될 수 있음을 이해할 필요가 있다. 　- 또한 부분들의 크기나 양은 일정하지 않을 수 있음을 인식하기 시작하며, 전체를 구성하는 부분들의 크기가 일정하지 않은 경우와 일정한 경우 등에 상관없이 전체는 변하지 않는 성질을 가지고 있다는 것을 알게 된다. 　　예 즉 유아는 부분과 전체의 관계에서 팔, 다리, 머리 등으로 구성된 우리의 몸처럼 전체를 구성하는 부분들의 크기가 일정하지 않은 경우 혹은 귤, 피자처럼 일정한 크기의 부분들이 모여 전체를 구성하는 경우와 상관없이 전체는 변하지 않는 성질을 가지고 있다는 것을 이해하게 된다. 　- 부분과 전체의 관계는 특정 수를 일정한 하위 수의 조합들로 탐색하도록 할 수 있다. 10 이하의 작은 수를 여러 하위 부분으로 나누어 보는 경험을 통해 6은 5와 1, 4와 2, 3과 3 그리고 2+2+2, 2+3+1 등과 같이 하위 수의 조합으로 이루어질 수 있음을 이해하게 된다. 　- 더하기 빼기의 기초가 되는 것으로, 초등학교 1학년 과정에서 가르기와 모으기 개념으로 매우 중요하게 다루고 있다.</li></ul>

MEMO

<table>
<tr>
<td rowspan="2"></td>
<td>
<ul>
<li>곱하기와 나누기의 개념을 이해하는 데 기초가 된다.</li>
</ul>
예 6개의 사탕을 두 명이 나누어 먹기 위해서는 3개와 3개로 나누어야 한다.
<ul>
<li>또한 부분과 전체의 관계는 분수 개념을 이해하는 데 기초가 된다.
<ul>
<li>분수는 전체의 한 부분으로 유아들은 전체가 여러 개의 부분으로 나뉠 수 있다는 경험을 토대로 분수에 대한 기초개념을 형성할 수 있다.</li>
<li>따라서 전체를 여러 부분으로 나누어 보고 이를 다시 합쳐 볼 수 있는 경험을 다양하게 제공해 주는 것이 필요하다.</li>
</ul>
</li>
</ul>
예 간식으로 빵 3개를 하루 동안 나누어 먹는 방법을 생각하거나, 사과 하나를 2명의 친구와는 반으로 나눠 먹고 3명의 친구와는 세 쪽으로 나누어 먹는 것처럼 전체가 부분으로 나누어질 수 있음을 경험한다. 또한 여러 조각으로 나누어져 있는 피자를 함께 어울려 먹어 봄으로써 피자 한 판이 여러 조각으로 나누어져 있음을 알고 그 조각들이 모여 피자 한 판을 이룬다는 것을 알 수 있다.
</td>
</tr>
<tr>
<td>
<ul>
<li>전체를 다른 개수로 나누어보는 활동은 더하기와 빼기 개념을 이해하는 데 도움이 된다.</li>
<li>전체를 같은 개수로 나누어보는 활동은 곱하기와 나누기를 이해하는 데 도움이 된다.</li>
</ul>
</td>
</tr>
<tr>
<td>지도방법</td>
<td>
<ul>
<li>유아들은 10까지의 작은 수를 다양한 구체물을 사용하여 부분과 전체의 관계로 탐색하는 기회를 가질 필요가 있다(보건복지부, 2009).</li>
<li>영유아가 부분과 전체를 이해하도록 돕기 위하여 전체를 가지고 부분으로 나누어 보거나, 부분을 모아 다시 전체를 만드는 경험을 제공할 수 있도록 교사는 구체적 실물이나 이미지, 실제 속에서 개념 이해를 위해 지도할 필요가 있다.</li>
<li>유아기에 부분과 전체의 개념을 형성하기 위해서는 구체물을 부분과 전체로 나누어 보며 관계를 자연스럽게 이해하도록 하는 것이 중요하다.</li>
</ul>
① 개념의 이해
<ul>
<li>여러 가지 색깔이나 모양의 물체를 활용해 전체 수를 색이나 모양별로 나누어 보거나, 모두 모아서 전체의 수를 세어보게 한다.</li>
<li>일상생활 맥락에서 부분과 전체를 나누어 보도록 한다.</li>
</ul>
예 2명 이상의 친구와 색종이 수를 똑같이 나누거나, 모둠 친구들과 같이 간식시간에 나온 방울 토마토를 똑같이 나누어 먹는 등의 경험을 통해 부분과 전체에 대한 개념을 형성하도록 돕는다.
<ul>
<li>다양한 부분으로 구성되어 있지만 집합의 전체 수가 동일한 예를 제시해 줌으로써 유아가 부분과 전체의 관계를 이해하도록 격려한다.</li>
</ul>
예 피자를 다양한 방법으로 나누어 보고, 하나의 피자 안에 몇 조각이 있는지 등을 이야기해 보면서 부분과 전체의 관계를 이해할 수 있다.
② 5와 10의 관계
<ul>
<li>대부분의 유아는 '5'를 세는 원리에 익숙하며, 구체물을 셀 때 손가락을 사용한다. 5는 유아가 수를 헤아릴 때 흔히 사용하는 손가락 숫자로 5가 두 개 모이면 10이 되며, 10은 곧 십진법의 기본이 되는 중요한 수이다.</li>
<li>유아가 5와 10을 기준으로 수 사이의 관계를 이해하도록 돕기 위해 5칸 혹은 10칸으로 구성된 숫자판을 사용하여 다양한 수를 만들어 보는 것이 도움이 된다(Van de Walle, 1988).</li>
</ul>
예 앞의 숫자 '4'와 '8' 각각을 5 혹은 10 숫자판에 놓아보는 활동을 통해 숫자 4는 5보다 1이 작으며, 숫자 8은 숫자 5보다 3이 큰 혹은 숫자 10보다 2가 작은 개념을 이해하게 된다.
</td>
</tr>
</table>

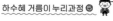

- 교사는 일상생활(구체적인 상황)에서 부분 및 전체와 관련된 어휘를 사용하여 상호작용함으로써 유아가 부분과 전체에 대한 개념을 가질 수 있도록 한다.
  - 예 "우리 반 전체는 모두 몇 명이니? 그중 반만 먼저 동극을 하고, 나머지 반은 두 번째로 하자."
  - 예 "전체가 다 색종이를 가졌니?", "전체가 다 앉을 수 있겠니?"
  - 예 "○○이는 블록영역에 있는 블록을 전부 다 사용하여 기차를 만들었구나!"
  - 예 "견학을 갈 때 친구들 일부는 첫 번째 차에 타고, 일부는 두 번째 차에 타고 갈 거야. 우리 친구들은 모두 두 차에 나누어 타게 될 거야."
  - 예 "○○이는 우유를 전부 마셨고, △△이는 우유를 약간 남기겠구나!"
- 유아들이 나누고 쪼갤 수 있는 교구인 속성 블록이나 레고를 제공한다.
  - 유아들의 세분화 작업을 통해 자르거나 나누는 것을 스스로 경험할 수 있다.
- 10칸 판과 수세기돌, 칠교판처럼 부분과 전체의 관계를 눈으로 볼 수 있는 교구를 제시하여 부분 혹은 부분과 부분으로 전체를 만들어 보는 경험을 하도록 돕는다.
- 일상생활에서 부분을 합하여 전체로, 전체를 나누어 부분이 되도록 하는 경험을 제공한다.
  - 종이나 점토 등 연속적인 양을 분할할 때뿐만 아니라 과자나 색종이 등 비연속적인 양을 분할할 때에도 모두 적용해 볼 수 있도록 계획하고, 다양한 상황에서 반복적으로 경험하게 하는 것이 필요하다.
  - 예 "점토를 여러 개의 조각으로 나눠보자", "다시 하나의 덩어리로 합쳐보자."
- 곱하기와 나누기의 기초가 되는 부분과 전체 경험을 제공한다.
  - 예 "과자 4개를 두 사람이 똑같은 수로 나눠 먹으려면 어떻게 나누어야 할까?"
  - 예 "4개의 과자를 두 명이 먹는다면 과자를 두 개씩 먹을 수 있겠구나."
- 분수 개념의 기초가 되는 부분과 전체 경험을 제공한다.
  - 예 "사과를 똑같은 크기 4조각으로 잘라보자. 4조각 중에 하나만 줄래?"
  - 예 "너는 사과 4조각 중에 몇 조각을 가졌니?"

3 수량 어림하기

개념	<ul><li>수량 어림하기는 유아기부터 경험하게 되는 중요한 수의 관계로 정확한 실제 값을 구하는 것이 아니라 합리적인 추측을 통해 실제에 가까운 값을 결정하는 것이다. - 만 4~5세 유아들은 5, 10, 20처럼 특정 참조수가 주어진다면 수량 어림하기가 가능하다 (Baroody & Gatzke, 1991). - 만 5세 유아들은 제시된 두 개의 집합 중에서 주어진 참조수에 어느 집합이 가까운지 어림할 수 있다(Sowder, 1989).</li><li>어림하기는 무작정 수를 추측하는 것이 아니라 실제 값에 가까운 타당한 값을 추정하는 것이다. - 타당한 값이란 참조가 되는 수나 양을 활용하여 추측함을 의미한다.</li></ul>
중요성	<ul><li>수량 어림하기는 20세기에 들어 중요성이 증대되었는데, 이는 기존의 수학이 정확한 답을 산출하는 것을 강조하였으나, 최근에는 계산기, 컴퓨터가 복잡한 계산을 대신하기 때문에 더 이상 연필과 종이로 정확한 계산을 하는 것이 불필요해졌고, 대신 일상생활에서 근삿값을 추론할 수 있는 어림셈 능력이 많이 필요해졌기 때문이다. - 어림하기에 대한 유아들의 초기 반응은 매우 다양하고 실제 수량과 동떨어지는 어림하기가 이루어지기도 하지만, 그 경험이 증가함에 따라 합리적인 범위 내에서 어림하기가 이루어지게 된다.</li></ul>

UNIT 07 연산

KEYWORD # 더하기, 덜어내기

1 더하기 및 빼기

- 연산이란 수를 더하고 빼는 것으로서, 더하기란 사물을 합했을 때 수량이 몇 개가 되는지, 빼기는 사물을 뺐을 때 수량이 몇 개 남았는지 이해하는 것이다.
  - 유아들은 일상생활 속에서 비형식적인 연산능력이 요구되는 상황을 경험하게 된다.
    - 예 쿠키가 5개 있었는데 동생이 2개를 먹었다면 몇 개의 쿠키가 남는지, 풍선이 1개 있었는데 친구가 풍선을 2개 더 주었다면 내가 가진 풍선은 모두 몇 개가 되는지와 같은 문제상황이다.
- 유아기에는 일상생활 속에서 구체물로 수량을 더하고 빼 보는 경험을 통해 연산개념을 자연스럽게 형성하는 것이 바람직하다. 즉 숫자와 기호로 표현된 덧셈과 뺄셈 형식의 수학학습지가 아닌 사물의 수량을 더하고 빼 보는 구체적인 경험을 통해 연산개념을 형성하는 것이 바람직하다.
  - 왜냐하면 유아들은 이러한 수학적 기호의 의미를 정확하게 이해하기 어려울 뿐만 아니라 유아기에는 비형식적인 수학교육이 발달적으로 좀 더 적합하기 때문이다.
  - 어린 유아들은 사물을 더하거나 뺄 때 구체물을 활용하거나, 이를 사용할 수 없을 경우 자신의 손가락 등을 활용하여 더하거나 빼기를 한다. 유아는 점차 머릿속으로 사물을 더하거나 뺄 수 있게 되며, 연령이 증가함에 따라 더하기와 빼기 상황에서 자기 나름의 다양한 전략을 만들어 사용하기도 하는데, 이러한 전략은 수세기를 할 수 있게 되면서 발달하게 된다.
- 더하기와 빼기는 수개념을 이해하는 데 중요한 연산능력으로 초등학교 교육과정에서 매우 강조되고 있음에 비해, 유아교육과정에서는 구체물을 가지고 더하고 빼는 경험을 해보는 정도로 다루어지고 있다.
  - 이는 학원 및 학습지 중심의 유아수학교육이 기계적인 계산만을 강조하는 현실에 대한 우려와 함께, 수의 보존개념이 없는 등 유아의 가역성의 미성숙으로 인해 더하기나 빼기를 할 수 없다는 피아제의 이론에 기인한다.
  - 그러나 다음과 같이 초등학교 입학하기 전부터 유아는 자연스럽게 더하기와 빼기 현상을 관찰하게 된다.
    - 예 은행에 저축하면 돈이 더해진다.
    - 예 TV 리모컨의 채널 버튼을 누른 횟수만큼 채널의 번호가 커진다.
    - 예 물건을 사고 거스름돈을 받는다.
    - 예 엘리베이터를 타고 내려오면서 숫자가 줄어드는 것을 관찰한다.
- 따라서 유치원과 초등학교의 연계 측면에서 볼 때 유아기에도 연산에 대해 충분한 사전 경험을 하는 것이 필요하다.
  - 또한 최근의 연구들은 유아도 실제적 상황하에서 적은 수의 더하기와 빼기 문제를 해결하고 나름대로의 책략을 사용함을 밝히고 있다. 유아의 더하기 책략 발달을 보면 초기 단계는 구체적 물체의 전부 세기이며, 이후 손가락 또는 다른 대체물 세기로의 전환 과정을 거쳐 마지막으로 다양한 정신적 수세기 책략이 나타난다.
  - 이러한 과정을 거쳐 최종에는 '10이 되는 수의 결합'에 대한 지식을 이용하여 7+5의 경우 5를 3과 2로 분리하여 7+3으로 10을 만들고, 여기에다 다시 남은 2를 더하여 11, 12를 만드는 암산 기술을 보이게 된다.

참고 😊

피가수와 가수 / 피감수와 감수

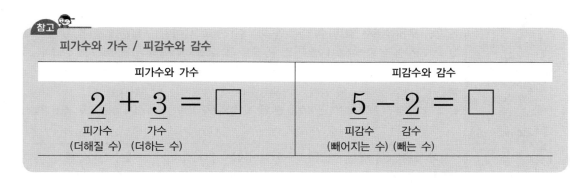

피가수와 가수	피감수와 감수
2 + 3 = □ 피가수 가수 (더해질 수) (더하는 수)	5 - 2 = □ 피감수 감수 (빼어지는 수) (빼는 수)

(1) 더하기 전략

모두 세기 (counting-all)	두 집합의 물체를 모두 세어서 해결하는 것으로, 가장 먼저 나타나는 일반적인 세기 전략이다. 예 질문 : (사과 2개와 배 3개를 제시하며) 모두 몇 개니? 답 : 1, 2, 3, 4, 5 모두 5개요.

손가락으로
세기
(finger
counting)
	• 구체적인 물체가 주어지지 않을 경우 손가락을 사용하여 덧셈을 해결하는 것이다.
	  − 손가락을 사용한 세기 전략은 정신적인 수세기 책략으로 전환하는 중간 과정에서 나타나고, 일상적 문제해결의 주요 전략으로 사용된다.
	  예 질문 : (구체물을 제시하지 않고) 사과 2개와 배 3개는 모두 몇 개니?
	  답 : (손가락으로 세면서) 5개요.

정신적 세기	'첫 수부터 이어세기'나 '큰 수부터 이어세기'와 같은 정신적 수세기 전략은 더해지는 수의 양을 기억할 수 있는 능력이 요구된다.	
	첫 수부터 이어세기 (counting on from first number)	더해지는 수(피가수)를 첫째 수에 이어 그 다음부터 계속 이어서 세는 방법이다. 예 '2+3'의 경우, 둘 다음부터 계속 세어 답(셋, 넷, 다섯)을 내는 방법이다.
	큰 수부터 계속 세기 (counting on from larger number)	더해지는 두 수 중에서 큰 수 다음부터 세는 방법이다. 예 '2+3'인 경우, 2와 3 중 큰 수인 3에서 시작하여 작은 수를 계속 세는(넷, 다섯) 방법이다.

(2) 빼기 전략

• '덜어내기'와 '감수에서 피감수까지 더해 가기'는 구체물을 이용한 뺄셈이고 '세어 오르기'와 '거꾸로 세기'는 구체물이 없는 정신적인 수세기이므로 유아들이 어려움을 겪을 수 있다.
  − 따라서 유아가 구체적이고 조작적인 경험을 통해 더하고 감하는 수량의 변화를 충분히 경험하고 이해할 수 있도록 지도하는 것이 필요하다.

덜어내기 (separating from)		제시된 구체물에서 빼는 수(감수)만큼을 덜어놓고 나머지 구체물을 센다. 예 '5-2'인 경우, 공 5개에서 2개를 뺀 뒤, 남은 공 3개를 하나씩(하나, 둘, 셋) 세는 방법이다.
감수에서 피감수까지 더해가기 (adding-on)		빼는 수(감수)로부터 빼어지는 수(피감수)까지 더해가는 방법이다. 예 '5-2'인 경우, 공 5개에서 공 2개를 뺀 뒤, 셋부터 계속 세어서 다섯까지 남은 공을 세는 방법이다.
정신적 세기	세어 오르기 (세어 올라가기, counting up)	빼는 수(감수)에서 빼어지는 수(피감수)까지 세어 올라간다. 예 '5-2'인 경우 3(하나, 세어 오르기), 4(둘, 세어 오르기), 5(셋, 세어 오르기)로 세어 올라가서 3임을 알게 된다.
	거꾸로 세기 (거꾸로 세어 내려가기, counting down)	• 빼어지는 수(피감수)에서 빼는 수(감수)까지 거꾸로 세어 내려간다. 　- 수단어 나열 순서를 거꾸로 짚어가야 하는 어려움뿐만 아니라 세는 수단어의 수를 기억(예 4, 3, 2 이렇게 수단어가 셋이다 ➡ 그러므로 답은 3이다)해야 하기 때문에 가장 어려운 책략이다. 예 '5-2'인 경우, 5, 4(하나, 거꾸로 세기), 3(둘, 거꾸로 세기), 2(셋, 거꾸로 세기)로 거꾸로 세어 내려가서 3임을 알게 된다.

(3) **지도방법**

지도방법	• 일상생활의 구체적 상황을 통해 수량을 비교하여 더하고 덜어내는(빼는) 경험을 하도록 한다. 　예 등장인물이 5명인데 유아가 3명이면 몇 명이 더 있어야 하는가? 　예 테이블에 4명의 친구가 있는데 주스를 6잔 가져왔다면 몇 잔을 돌려줘야 하나요? • 학습지 위주의 연산문제 풀기는 지양한다. 　- 학습지보다는 움직이는 구체물을 이용하여 문제를 제시한다. • 구체물을 이용하고 답이 너무 큰 수가 되지 않도록 한다. 　- 유아의 발달 수준에 따라 답을 5 또는 10 이하로 제한한다. • 더하기와 빼기 책략의 사용을 장려한다. 　- 거꾸로 세기를 전혀 못하거나, 하더라도 정확하게 하지 못하는 유아에게는 주머니에 공을 5개 넣고, 3개를 꺼내면서 "5-3"이라고 말한 후 주머니에 공이 몇 개 남았을지 묻는 등 거꾸로 세는 시범을 보여주는 것이 좋다. • 더하기, 빼기 상황에서 교사가 책략을 사용하여 문제를 해결하는 모습을 보여준다. 　예 파랑팀은 열 명이고, 빨강팀은 일곱 명이네. 파랑팀은 빨강팀보다 몇 명 더 많니? 빨강팀이 일곱이니까, 여덟, 아홉, 열, 세 명 더 많구나.

2 곱하기 및 나누기

(1) 곱하기 전략

곱하기	• 곱하기는 '자동차 바퀴가 4개인데, 만약 자동차 3대가 있다면 자동차의 바퀴는 모두 몇 개일까?'와 같이 똑같은 수로 몇 개의 묶음을 만든 후 전체 수량을 알아보거나 물건의 수를 묶음으로 셀 때 만나는 개념이다.
	  - 이러한 곱하기 문제를 해결하기 위해 유아는 이 상황이 4와 3을 더하거나 빼는 상황과 맥락이 다름을 인식해야 한다.
	  - '씩'이나 '묶음'과 같은 어휘도 이해해야 한다.
	• 곱하기와 나누기는 모두 물체의 수, 묶음 내 수, 묶음의 수라는 세 가지 수 간의 관계에 대한 개념이다(Anghileri, 1997; NCTM, 2000).
	
	   │곱하기와 나누기에 내재된 세 가지 수세기│
	   • 물체 수세기: 물건에 해당하는 수의 이름 말하기
	   • 묶음 내 수세기: 모든 묶음 안에 동일한 수의 물건이 있음을 감독하는 수세기
	   • 묶음 수세기: 묶음의 수세기
	   물체 수세기: 1, 2, 3, 4, 5, 6, 7, 8, 9, 10, 11, 12 ......
	   묶음 내 수세기: 1, 2, 3, 4 1, 2, 3, 4 1, 2, 3, 4 ......
	   묶음 수세기: 1 2 3
	
	  - 곱하기 문제해결의 과정은 묶음 내 수와 묶음의 수를 구체물로 유형화하여, 그 수를 모두 세는 방법에서 시작된다. 이후 뛰어세기(skip count)와 리듬감 있게 수세기에 익숙해지면, 유아는 뛰어세기와 리듬감 있게 세기를 곱하기 문제에 활용하기도 한다 (Anghileri, 1997).
	  - 한 묶음 안에서 수를 리듬감 있게 세어서, 즉 3개씩 묶음을 이룬다면, 1, 2, 3, 4, 5, 6, …과 같이 3, 6을 강조하면서 머리를 끄덕이는 등의 신체적인 움직임을 사용하기도 한다. 이때 강조하는 숫자의 수를 기억해야 한다.
	  - 유아들은 곱하기에 포함된 세 가지 수세기를 기억해야 하는 짐을 덜기 위해 구체물, 손가락(한 손으로 수를 세고, 다른 한 손으로 묶음의 수를 세는 방법), 리듬, 끄덕임 등을 활용한다(Anghileri, 1997).
	  - 유아의 곱하기에 대한 개념적 이해를 돕기 위해 구체물을 이용하여 묶음을 만들고, 묶음 내의 수와 전체 묶음들의 수, 그리고 그 수들 간의 관계를 생각해 볼 수 있는 경험으로 '오리 2마리에게 신발을 만들어 주려면 신발은 모두 몇 개(쪽)가 필요할 까?'와 같은 문제를 제시하도록 한다. 이러한 문제는 유아들로 하여금 곱하기 문제를 해결하고 자신의 해결방법을 추론하며 의사소통할 수 있는 기회를 제공한다. 또한 '씩', '묶음' 등의 어휘에 친숙해질 수 있도록 하고, 둘씩, 셋씩, 다섯씩, 열씩 묶어세기의 기회를 제공하도록 한다.

묶어세기 전략	• 유아들은 큰 수를 다양한 상황에서 다루기 위해 수를 여러 단위로 묶어 세어보는 활동을 해 볼 필요가 있다.
	  - 수세기가 약한 유아들은 이미 하나씩 세기보다는 둘씩 또는 다섯 씩 묶어세기(skip counting)를 할 수 있으며, 묶어세기가 효율적인 세기 전략임을 이해하고 있다.
	  - 유아의 수세기 전략 중 둘씩, 셋씩, 다섯씩 묶어세기는 곱셈학습의 기초가 된다.

(2) 나누기

나누기		• 나누기는 물체의 집합을 하위 집합으로 나누거나 피자와 같은 연속적인 양을 똑같은 크기의 부분으로 나누는 과정으로, 이것은 나누기와 분수의 개념적 기초가 된다. ⑩ 두 유아가 10개의 과자를 나누어 먹거나, 피자나 사과와 같은 덩어리(연속적인 양)를 나누어 먹는 것과 같은 나누기는 유아들이 일상생활에서 흔히 경험하는 과정이다. • 나누기는 등분제(divvy-up)와 포함제(measure-out)의 두 가지 유형으로 분류될 수 있다 (Baroody, 2004). – 두 유형을 구별하기 위해 유아는 '3으로 나누는', '셋이서 공유하는', '3등분하는'과 같은 어휘 간의 미묘한 차이를 이해해야 한다(Anghileri, 1997). – 여러 연구를 종합해 보았을 때, 나누기 역시 유아기에 경험할 수 있는 주요 수학개념이라고 할 수 있다. 물론 ×, ÷와 같은 상징을 이용한 문제가 아니라 이야기형 문제로 제시되어야 하며, 문제해결을 위해 언제든지 구체물을 사용할 수 있어야 한다. ⑩ '6개의 과자를 친구 3명이 나누어 먹으려면 어떻게 해야 하지?'와 같은 등분제 문제와 '한 대에 2명씩 탈 수 있는 자동차를 10명이 모두 타려면 자동차가 몇 대나 필요하지?'와 같은 포함제의 두 가지 맥락 모두를 경험하도록 돕고, '3으로 나누는', '셋이서 공유하는', '3개씩 나누는', '3등분하는'과 같은 어휘와 친숙해지도록 도울 수 있다.
유형	**등분제**	• 문제상황: '12개의 사과를 3명이 나누어 먹으려면 몇 개씩 먹어야 할까?' • 만 5세의 해결 전략 – 등분제의 경우 전체의 수를 세고 1대1 방식으로 물체가 없어질 때까지 나누어 주고 한 묶음 내의 수를 세는 방법을 사용한다. – 간혹 물체의 수가 많을 경우, 다대1 방식으로 나누어 주기도 한다.
	포함제	• 문제상황: '12개의 사과를 상자에 담으려고 하는데, 상자 하나에는 3개를 담을 수 있다. 그러면 상자는 모두 몇 개가 필요할까?' • 만 5세의 해결 전략 – 포함제의 경우 전체 수를 세고 물체가 없어질 때까지 정해진 묶음 내 수(내연량)만큼으로 묶음을 만들고 그렇게 해서 만들어진 묶음의 수를 세는 방법이나, 전체의 수에서 묶음 내 수(내연량)만큼을 반복해서 빼나가는 방법을 사용한다(Baroody & Coslick, 1998).

참고

덤핑 전략 및 중복 전략

덤핑 전략	양의 동일 여부에는 관심 없이 마구 집어주는 전략이다.
중복 전략	한 사람에게 하나씩 주고 다시 하나씩 반복해서 분배하는 전략이다.

3 분수

개념	• 연속적인 양(덩어리)을 똑같이 나누기 위해 똑같은 부분으로 나누는 것은 분수의 이해를 위한 기초가 된다(Hunting & Davis, 1991). ㅡ 유아기에 분수 이해를 위해 필요한 세 가지 개념(아래의 ①~③)과 분수 상징, 분수 연산을 반드시 교육해야 하는 것은 아니지만, 과자 나누기와 같은 일상적 경험을 통해 '똑같이 나누기'라는 개념을 익히고, '반', '3쪽 중에 1쪽'과 같은 나누기나 분수에 관련된 어휘의 의미를 이해하도록 도울 수 있다(NCTM, 2000; Roberts, 2003).
분수 이해를 위해 알아야 하는 내용	① 하나의 전체가 여러 개의 부분들로 나누어질 수 있고, 나누어진 것이 공평해야 함을 이해해야 한다. ▲ 사과 한 개가 8개의 조각으로 나뉘었고 각 조각의 크기가 같음 ② 나누어지는 부분(피제수)의 크기는 동일한데 나누는 부분의 수(제수)가 증가하면 각 부분의 크기는 작아지는 반비례 관계라는 점을 이해해야 한다. ▲ 사과 한 개가 2개로 나뉠 때와 4개로 나뉠 때 크기가 달라짐 ③ 사과 반 개 크기 3개는 사과 전체 1개와 반 개짜리 한 개와 같은(1과 $\frac{1}{2}$은 3개의 $\frac{1}{2}$) 분수적 동량성(fractional equivalents)도 이해해야 한다. ▲ 분수적 동량성(fractional equivalents)은 분수의 표상이 다르지만 실제로 같은 양인 관계를 의미$\left(1과\ \frac{1}{2}=3개의\ \frac{1}{2}=6개의\ \frac{1}{4}\right)$

Ⅱ 공간과 도형(기하)

- 기하학(Geometry)은 공간에 대한 이해 및 공간 안의 물체나 동작들의 관계를 다루는 수학의 주요 분야이다.
- 유아수학교육과 관련하여 기하는 위치, 방향, 거리 등의 공간에 관한 '위상 기하'와 여러 가지 모양의 평면도형이나 입체도형을 다루는 '유클리드 기하' 등 크게 2가지로 나누어 볼 수 있다.
  - 일반적으로 기하는 유클리드 기하를 의미해 왔으며, 위상 기하는 19세기경에서야 대두된 새로운 개념이다.
  - 그러나 수학이라는 학문의 역사에서 유클리드 기하가 먼저 등장한 것과는 반대로 유아는 위상 기하의 개념을 먼저 이해한 이후에도 많은 시간이 경과되어야 유클리드 기하 개념이 발달하게 된다.
    - 예 유아는 삼각형, 사각형, 원 등을 구별하기 전에 물체끼리 얼마나 가까운지 또는 멀리 있는지, 어떤 부분이 서로 분리되어 있는지 또는 붙어 있는지, 선이 열려 있는지 또는 막혀 있는지 등을 이해하게 된다.
- 유아는 공간 안에서 움직이고, 살아가기 위해 공간을 알아야 하며, 공간을 끊임없이 탐색하기 때문에 유아들이 공간과 도형, 즉 기하를 학습하는 것은 필수이다. 공간과 도형은 구체적으로 물체의 특성이나 공간 간의 관계를 다루므로 유아에게 구체물을 사용하여 직접 조작해 보도록 하는 것은 직관적 이해를 돕는 데 유용하다.
  - 공간의 내용에는 위치, 방향, 거리, 공간적 관계 등이 포함되어 있다 : 위치, 방향, 거리와 관련하여 유아들이 공간적 관계를 이해하고 공간능력을 키우기 위해서는 근접, 분리, 열림과 닫힘, 순서, 이동과 대칭 등과 같은 공간개념을 이해해야 한다(교육과학기술부·보건복지부, 2013; 한유미, 2013).
  - 도형의 내용에는 도형의 변형 및 대칭의 변형적 관계(도형이나 사물의 위치가 이동 혹은 회전하거나 대칭이 되어도 모양이나 크기가 변화하지 않는다는 것을 이해)와 고정된 형태, 크기, 변의 수, 모서리의 수 등의 형태적 관계가 포함된다.

MEMO

UNIT 08 공간개념 – 공간개념의 내용, 공간의 내용, 공간개념을 위한 교육 내용, 공간적 관계

🏠 위치와 방향 개념의 발달

2~3세	4세	5세	6세	7세
위, 아래, 넘어, 옆, 다음, 사이와 같은 용어를 이해하고 사용				
	◄─────── 공간에 대한 이해의 표상 ───────►			
	놀잇감으로 교실 지도 제작 (상대적 위치 고려)		친숙한 공간에 대한 지도 제작	

출처 : 「Engaging Young Children in Mathematics : Standards for Early Children in Mathematics Education」, p. 47, by D. H. Clements, J. Sarama. & A. DiBiase, 2003

• 공간의 내용은 위치, 방향, 거리 등과 관련된 것으로 근접성, 분리, 개폐−경계, 순서 등의 공간적 관계에 대한 것과 함께, 도형이나 사물의 위치가 이동되거나 회전, 대칭이 되어도 모양이나 크기가 변화하지 않는 것을 이해하는 도형의 변환과 대칭이 포함된다.
• 위치와 방향을 이해하기 위해서는 근접, 분리, 개폐−경계 및 순서와 같은 위상학적 공간개념을 이해해야 한다(Smith, 2012).
  − 이들 4가지 요소는 유아기 공간적 경험의 토대가 된다.

근접성 (근접)	• 위치, 방향 및 거리와 관련하여 가깝고 먼 것을 인식하고 구별하는 것이다. • 근접성은 최초로 나타나는 위상학적 개념으로 가깝고 먼 것 등 물체의 위치에 대한 인식을 나타낸다. 　− 유아는 자신을 중심으로 가깝고 먼 것을 인식하는 단계에서, 상대방의 관점에서 거리를 비교하는 것이 가능해지는 단계를 지나, 마지막으로 제3자의 관점에서 가깝고 먼 거리를 비교하는 것이 가능해진다. 　　📷 지후(자기 관점에서 공간 인식) : 노란색 나비모양 미끄럼틀은 나한테서 가장 가까이에 있어요. 　　📷 유진(타인의 관점에서 공간 인식) : 지후는 흔들말에서 멀리 떨어져 있어요. 　− 따라서 일과 중 내가 어디에 있는지, 다른 사람은 어디에 있는지, 나에게서 가장 가까이 (멀리) 있는 물체가 무엇인지 등을 설명하도록 하는 것은 유아의 근접 개념에 대한 이해에 도움이 된다.
분리	• 분리 개념은 한 물체에 다른 물체가 붙어 있는지 떨어져 있는지를 이해하는 것이다. 또한 여러 조각으로 구성된 사물의 전체를 보는 능력으로 공간적 연관성을 인식하는 것이다. • 개별 부분이 모여 전체가 이루어진다는 개념으로 사물과 사물 사이의 관계성을 의미한다. 　📷 자동차 전체는 본체와 바퀴로 구성되어 있고, 블록 조각이 모여 유아가 만든 집 전체가 됨을 이해하는 것이다. 　분리는 하나의 사물과 다른 사물을 구분할 수 있어야 하므로 경계에 대한 인식과 관련이 있다(Smith, 2012). 즉 도로를 경계로 한 쪽에는 집, 다른 쪽에는 상점으로 구분됨을 인식하는 것이다. 　따라서 길게 그은 선을 기준으로 이쪽, 다른 쪽으로 움직여보는 활동을 통해 분리를 경험할 기회를 주는 것이 필요하다.

개폐-경계	• 개폐-경계는 모양을 구별하기 전에 그 모양이 열려 있는지 또는 닫혀 있는지를 이해하는 것이다. − 폐곡선에는 안과 밖의 개념이 존재한다. 유아가 안과 밖의 개념을 이해하기 위해서는 먼저 '열려 있다/닫혀 있다'의 개념을 파악해야 한다. − 또한 닫혀 있는 모양, 즉 폐곡선을 통해 유아들은 안과 밖, 경계의 개념을 이해하게 된다.	
순서	• 사물이 놓인 순서 혹은 사건이 일어나는 순서이다. − 순서는 사물의 앞과 뒤, 옆, 다음, 사이, 좌, 우, 위, 아래 등의 개념을 포함한다. 　⑩ '파란색 블록이 있고, 그 옆에 노란 가위, 제일 뒤에 초록색 공'이 차례대로 있는 것, 줄 서 있는 유아들 중 '제일 앞부터 뒤', '뒤에서 시작하여 제일 앞' 등	
도형의 변환과 대칭	이동	• 이동은 물체의 모양과 크기는 변하지 않고 옮기기, 뒤집기, 돌리기를 하여 위치만 바꾸어 놓는 것을 말한다. − 옮기기: 도형이나 물체를 일정한 방향으로 일정한 거리만큼 (밀어서) 이동하는 것이다. − 뒤집기: 대칭축을 중심으로 반으로 접어서 반대방향으로 이동하는 것이다. − 돌리기: 일정한 각도만큼 회전시키는 것이다. − 유아들은 처음에는 옮기기, 뒤집기, 돌리기를 한 후 변화된 위치를 관찰하고 이러한 공간적 변화를 이해하게 되지만, 점차 물체를 움직이기 전에 미리 변화를 예측해 볼 수 있게 된다.
	대칭	• 대칭은 사물을 반으로 자르거나 접었을 때 두 개의 반쪽이 서로 일치하는 것을 말한다. − 유아들은 자연스럽게 도형의 대칭을 경험한다. 사람이나 집 그림을 반만 그리고 그림의 끝 부분에 거울을 대면 완성된 그림을 볼 수 있으며, 또 다른 방법은 하나의 도형을 두 개의 도형으로 잘라보거나 대칭선을 따라 접어 보는 것이다. − 유아는 미술활동을 하다가 대칭을 발견하기도 하지만, 쌓기 영역에서 블록을 가지고 구성물을 만드는 가운데에서도 구성물의 균형과 대칭을 탐색할 수 있다.

UNIT 09 공간개념의 발달과정

1 리드와 패터슨(Read & Patterson, 1980), 클레멘츠(Clements, 2004)

8~24개월	8개월 이전의 영아는 자신의 시야 안에 들어오는 물체만 인식할 뿐 사물과 공간의 관계는 인식하지 못한다.	
	8~12개월	가지고 있던 물체가 사라지면, 그 물체를 찾으려고 시도한다. ◉ 가지고 놀던 공이 사라졌을 때 공을 찾으려고 두리번거린다.
	12~18개월	공간 안에서 자신의 위치를 이해하고, 물체들 간의 관계를 인식한다. ◉ 자신이 방 안이나 밖에 있음을 이해한다. 공은 책상 위에 있음을 인식한다.
	18~24개월	가지고 있던 물체가 사라지면 그 경로를 정신적으로 추적하여 찾아낸다(사라진 경로를 상상으로 그려 위치를 추척할 수 있다). ◉ 공이 소파 밑으로 굴러가면 소파 반대쪽으로 가서 찾아낸다.
만 2~4세	• 이 시기 유아들은 사물을 다른 곳으로 이동시켜도 여전히 모양과 크기가 같다는 것을 이해하지 못하기 때문에, 사물이 다른 측면에서 어떻게 보일지 이해하기는 어렵다. • 아울러 모양, 크기, 방향, 형태에 대한 개념의 발달은 이루어지지 않지만, 근접, 개폐, 분리, 안과 밖, 순서와 같은 위상학적 개념을 습득하기 시작한다. – 따라서 이 시기의 유아는 사람의 형태를 완전하게 그리지는 못해도 얼굴 안에 눈, 코, 입을 그리고, 얼굴(머리)에 팔과 다리를 붙여서 두족화를 그리는 것을 볼 수 있다.	

만 4~7세	• 이 시기 유아들은 사물을 다른 사물과 관련지어 생각한다.
	  – 초기에는 자기중심적으로 물체들의 공간적 관계를 이해하다가 점차 물체와 물체 간의 관계를 고려하게 된다.
	  – 유아는 정리하고 모이는 시간에 자리의 넓고 좁음에 대해 대화를 나누면서, 누가 누구의 옆에 앉았는지를 공간적으로 파악하게 된다. 또한 그림을 그리면서도 안과 밖, 나무 옆의 집, 나무와 나무 사이 등을 고려하기 시작한다. 그러나 여전히 사물의 상태적인 크기나 서로 간의 거리를 고려하지는 못한다.	

2 피아제 & 인헬더(Piaget & Ingelder, 1956 · 1967)

4세 이전	• 안과 밖, 열리고 닫혀있는 것, 떨어지거나 붙어있는 것에 대한 개념을 학습하기 시작한다.
	  – 그러나 유아가 관찰한 사물을 그림으로 표현하도록 하면 크기나 방향의 속성을 고려하지 못해 머리와 몸의 크기를 거의 비슷하게 그려 놓거나, 옆이나 위 또는 아래쪽에서 본 그림은 표현하지 못한다.
	• 피아제는 유아가 안과 밖, 열림과 닫힘, 근접, 분리, 순서와 같은 위상학적 기하를 가장 먼저 이해한다고 하였다.
	  – 위상학적 관점에서는 사물이 고정된 형태를 가지도록 요구하지 않는다. 즉 수축이나 확장 등의 변형에 의해 변화하지 않는 특성을 가지고 있다.

4~7세	• 사물과 사물 간의 공간관계(위치, 방향, 거리)를 인식하기 시작한다. 유아들은 처음에 공간에 있는 사물들을 보고 단순히 나열하는 방법으로 사물 간의 공간관계를 표현한다. ⑩ 찍은 사진을 보고 사물이 어디 있는지 물어보면 "나무가 있어요. 공이 있어요. 강아지가 있어요"라고 말한다. • 그러나 점차 사물 간의 위치, 방향, 거리를 고려하여 표현할 수 있게 된다. 이때 자신의 관점에서 사물 간의 공간관계를 잘 나타낼 수 있으며, 이후 타인의 관점에서도 사물 간의 공간관계를 표현할 수 있게 된다. ⑩ '나는 책상 앞에 앉아 있다. 내 옆에는 피아노가 있다'와 같이 사물의 위치를 자신의 관점에서 표현하다가 점차 '수민이 앞에 피아노가 있고 수민이 옆에 선생님이 앉아 있다'와 같이 타인의 관점에서도 사물의 위치를 표현할 수 있게 된다.

UNIT 10 공간능력

KEYWORD # 델 그란데, 공간방향화, 공간시각화, 자기중심적 표상, 지표중심적 표상

1 공간능력을 구성하기 위한 공간개념 내용(공간능력의 구성체계-Del Grande, 1990)

눈-운동 협응
(eye-motor coordination)
	• 시각적(눈)으로 관찰한 것과 신체의 움직임을 결합하는 능력이다.
	  - 일상생활에서 신체 움직임은 공간에 대한 이해와 밀접한 관계가 있다.
	  - 유아가 그림을 선대로 자르기 위해서는 눈으로 선을 관찰하고, 손으로는 선을 따라 가위의 방향을 움직일 수 있어야 한다.
	  - 길에서 다른 사람과 서로 부딪히지 않고 지나가기 위해서는 상대방의 움직임을 시각적으로 파악하여 내 몸을 움직일 수 있어야 하며, 공을 차기 위해서도 공이 오는 방향을 쳐다보고 발을 공에 맞춰 찰 수 있어야 한다.
	  - 이와 같이 거의 모든 활동에서 눈과 신체 운동의 협응 작업이 요구된다.
	  ⑩ 점과 점 이어 형태 만들기, 선 따라 그리기, 그림이나 도형 색칠하기, 단추 끼우기, 가위질하기, 양말 신기, 지도 보고 길 찾아가기, 미로 찾기, 장애물 경주 등

형태-바탕 지각
(figure-ground perception)
	• 바탕이 있는 그림에서 특정한 형태를 찾아 인지하는 능력이다.
	  - 유아가 특정한 도형에 주의를 집중하면 그 도형을 둘러싸고 있는 외부 환경인 배경을 무시하게 되고, 관계없는 시각적 자극에 주의를 빼앗기지 않는다.
	• 배경 속에서 특정 형상을 찾아 인식하는 능력으로, 배경이 되는 것과 중요한 정보가 되는 형태를 구분하는 것을 말한다.
	  - 이를 위해 유아는 중요한 의미를 갖는 형태에 주의를 집중해야 하고, 배경으로 주어지는 불필요한 외부의 자극에 주의를 기울이지 않아야 한다.
	  ⑩ 숨은 그림 찾기, 미완성 도형 완성하기(칠교), 2개의 그림에서 다른 부분 찾기, 부분 그림 완성하기, 조각을 이어 형태 만들기(탱그램, 패턴블록 활동), 닮은 점과 다른 점 찾기 등을 들 수 있다.

지각적 항상성 (perceptual constancy)	• 물체를 보는 위치나 각도에 따라 그 물체의 모양이나 크기가 달라 보일지라도 실제로는 크기가 동일함을 인식하는 능력이다. 예 책을 보는 위치에 따라 평행사변형으로 보일 수 있지만 여전히 직사각형 모양이라는 것을 인식하고 있는 것, 혹은 멀리 있는 야구공이 작게 보이지만 가까이 있는 야구공과 같은 크기로 지각하는 것이다. − 이러한 능력을 촉진할 수 있는 활동으로는 크기는 다르지만 모양이 같은 것 찾기, 크기에 따라 물체 순서짓기, 위치와 방향이 바뀌었을 때 같은 모양 찾기 등이 있다.
공간 내 위치 지각 (공간 내에서의 위치 지각, position-in-space perception)	• 유아 자신과 대상물의 관계, 사물과 다른 사물 간의 관계를 인식하는 능력을 말한다. − 자신을 중심으로 물체가 회전하거나 뒤집힌 이미지를 변별하고, 자신을 중심으로 물체를 전/후, 좌/우, 상/하에서 지각할 수 있는 것이다. − 유아들이 글씨나 숫자를 쓸 때 반전현상이 나타나는 것은 이러한 공간 내 위치 지각 능력이 충분히 발달하지 않았기 때문이다. 예 거울의 상 만들기, 도형의 대칭이동이나 회전하기, 사물의 위치 변화하기, 문자나 숫자의 형태 구별하기 등이 있다.
공간관계의 지각 (perception of spatial relationship)	둘 또는 그 이상의 대상을 유아가 자신과 연관하여 생각하거나 대상들끼리 서로 관련지어 볼 수 있는 능력이며, 과제에 따라 공간 내 위치지각과 유사한 성격을 띤다. 예 주어진 그림에 따라 블록쌓기, 목적지로 가는 최단 거리 찾기, 도형을 뒤집거나 거꾸로 해서 패턴 만들기 등이 있다.
시각적 변별 (visual discrimination)	위치와 무관하게 물체들 간의 차이점을 구별하고 유사점을 인식하는 것으로 분류하기를 할 때 필수적인 능력이다. 예 동일한 한 쌍의 물체를 확인하기, 여러 개의 대상 중에서 같지 않은 하나 찾기, 여러 개의 대상 중에서 서로 같은 것 찾기 등이 있다.
시각적 기억 (visual memory)	• 짧은 시간에 물체를 보고 눈앞에서 사물이 사라진 후에도 물체를 회상할 수 있는 능력이다. • 일정 시간 동안 눈으로 본 물체가 사라진 이후에도 기억할 수 있는 능력을 말한다. 예 주어진 그림 안에 있는 물체 기억하기, 교사가 제시한 못 판(지오보드, geo-board)을 본 후 자신의 못 판에 그대로 만들기 등이 있다.

2 공간 인식(공간에 관한 인식)

> 클레멘츠는 공간능력 중 주요 능력으로, 3차원 공간에서 다른 물체들 간의 위치 관계를 이해하고 조작하는 공간적 오리엔테이션(spatial orientation)과 2차원·3차원 물체의 상을 머릿속에 떠올려 움직임을 수행하고 이해하는 공간적 시각화와 상(spatial visualization and imagery)을 제시하였다.

(1) 공간 방향화(공간적 방향화, 공간적 오리엔테이션)

개념		• 공간적 방향화는 공간 안에서 다른 위치 간의 관계를 이해하고 조작하는 것으로, 유아는 자신이 어디에 있으며, 주변 환경에 어떻게 둘러싸여 있는지를 아는 것이다. 　ー 영유아는 3차원 공간 내에서 방향을 이해하기 위해 자기중심적 표상, 지표물 중심적 표상, 객관중심적 표상의 발달과정을 거친다(Sigler, 1998). • 공간적 방향화는 위치를 파악하고 목적지까지 갈 수 있는 능력, 즉 공간에서 위치들 간의 관계를 이해하고 조작할 수 있는 능력이다.
발달과정 [시글러 (Sigler), 후덴로처와 뉴콤 (Huttenlocher & Newcomb, 1984)]	자기중심적 표상 (egocentric representation)	• 자기 자신과 관련지어(자신을 중심으로) 위치를 이해하는 것이다. 　ー '내 앞에', '내 뒤에' 등과 같이 자신의 몸을 중심으로 위, 아래, 앞, 뒤의 공간적 관계를 이해한다. 　예 "내 앞에 있어요"와 같은 방법으로 위치를 표현한다. 　ー 상대방의 입장에서 위치 관계를 생각하지 못하기 때문에 나타나는 현상이다.
	지표중심적 표상 (landmark -based representation)	• 주변에서 지표가 되는 물체를 활용하여 위치를 이해하는 것이다. • 주변 환경에 있는 어떤 물체를 지표로 삼아 공간을 인식하는 것이다. 　ー 큰 건물이나 주변의 특징적인 물체를 지표로 위치를 나타내며, 이때 지표물이 없어지면 위치를 잃기도 한다. 　예 "주유소 옆 건물이야"와 같은 방법으로 위치를 표현한다. 　ー 9개월경 영아 : 엄마를 지표물로 활용하기 시작한다. 　ー 1세경의 유아 : 목표에 가까이 있는 물체만을 활용한다. 　ー 2~3세경의 유아 : 먼 지표물도 사용할 수 있게 되지만, 자신의 위치가 달라지면 어려움을 겪는다(자신이 움직이면 위치를 잃어버리기도 한다). 　ー 5세 정도의 유아 : 자신의 위치에 의존하는 경향이 줄어들면서 여러 지표물을 활용할 수 있게 된다.
	객관중심적 표상 (allocentric representation)	• 주위 환경에 있는 목표물을 객관적이고 추상적인 체계에 따라 나타내는 것이다(주위 환경에 있는 목표물을 객관적인 참조 체계와 관련지어 나타내는 것이다). 　ー 유아는 물체의 위치를 지도와 같은 객관적인 참조의 추상적 체계에 관련지어 생각할 수 있게 되고, 점차 머릿속으로 주변 상황을 지도와 같은 체계로 조작할 수 있게 되면서 정신적 지도(mental map)를 형성하게 된다.

― 지도가 공간상의 물체의 위치를 나타내는 것을 이해하고, 주변에 있는 물체를 사용하여 간단하게 지도를 구성할 수 있다.

| 지도(Map) 활동 |
• 유아에게는 지도 활동이 어렵다고 생각하는 경우도 많지만, 주변에서부터 시작되는 지도 활동은 유아가 가장 흥미를 느낄 수 있는 일이기도 하며, 이는 자신의 주변을 능동적으로 탐색할 수 있는 기회를 제공해 준다.
  ― 지도 활동을 제시할 때에는 교실이나 놀이터, 유아의 집이나 방, 집에서 유치원에 오는 길 등 유아에게 친숙한 장소를 대상으로 시작해야 한다.
  ― 처음에는 3차원의 입체물 탐색과 공간관계의 활동으로부터 시작해서 3차원과 2차원의 공간 및 물체와의 연결, 2차원의 공간과 물체에 관련된 활동으로 이어져야 한다.
  ― 우선 모형을 이용하여 실물 세계를 배열해 보고, 그 다음에는 물체의 배열을 그림으로 그리며, 그 다음에는 공항을 작은 비행기로 나타내는 것처럼 아이콘을 이용하는 지도를 사용하고, 그리고는 추상적 상징을 사용할 수 있다.
• 유아에게 실시할 수 있는 지도 활동의 예
  ― 유치원을 입체적으로 만든 미니 모형에 있는 물체를 실제 유치원에서 찾아보기
  ― 입체 재료로 교실 만들기
  ― 사진을 이용하여 실제 공간을 재구성하기
  ― 놀이터를 그림으로 표현해보기
  ― 기호 만들기
  ― 보물지도로 보물찾기 : 만 5~6세경에는 유치원 바깥놀이터에 보물을 숨긴 후 지도에 표상하고, 지도를 보고 보물을 찾을 수도 있게 된다. 보물을 숨기는 위치를 바꿀 때 지도 위의 표시가 어떻게 달라지는지 생각해 볼 기회를 제공하면 유아는 실제 물체의 위치와 표상 사이의 관계를 경험할 수 있다.
  ― 상징을 이용하여 그림지도 만들기
  ― 집에서 유치원 오는 길을 지도로 그리기

MEMO

(2) 공간시각화(공간적 시각화, spatial visualization) – Casey, Kersy & Young(2004)

🏠 공간시각화의 발달

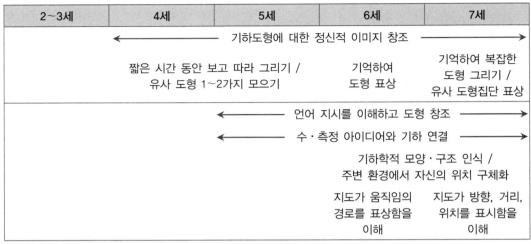

2~3세	4세	5세	6세	7세
	← 기하도형에 대한 정신적 이미지 창조 →			
	짧은 시간 동안 보고 따라 그리기 / 유사 도형 1~2가지 모으기		기억하여 도형 표상	기억하여 복잡한 도형 그리기 / 유사 도형집단 표상
		← 언어 지시를 이해하고 도형 창조 →		
		← 수·측정 아이디어와 기하 연결 →		
			기하학적 모양·구조 인식 / 주변 환경에서 자신의 위치 구체화	
			지도가 움직임의 경로를 표상함을 이해	지도가 방향, 거리, 위치를 표시함을 이해

출처: 「Engaging Young Children in Mathematics : Standards for Early Children in Mathematics Education」, p. 49, by D. H. Clements, J. Sarama, & A. DiBiase, 2003

개념	• 공간적 시각화는 2·3차원적 공간에서 물체가 이동하거나 변형되는 과정을 머릿속 이미지로 표상하여 그 변환을 이해하는 능력이다. 메 3차원 공간을 머릿속에 그려내고, 2차원의 그림으로 표현하는 표상 능력이다. • 공간적 시각화는 이미지를 생성하고 조작할 수 있는 능력으로, 2차원 및 3차원 대상의 가상적인 움직임을 이해하고 실행하는 것을 말한다. 즉 주어진 대상이나 공간 정보를 마음속으로 조작하여 대상을 회전, 재배열 또는 조합하여 머릿속에 가시화할 수 있는 표상 능력이다. • 공간적 시각화는 문제를 해결하기 위해 정신적으로 이미지를 조작하고 변형하는 사고 능력(Casey, Kersy & Young, 2004)으로, 2·3차원 물체의 가상적 움직임을 이해하고 실행하는 것이다. - 즉 정신적 심상을 만들고 이에 대한 질문에 답하기 위해 정신적으로 검토하며 변형하는 능력이다. 물체나 공간 정보를 마음속으로 조작해 대상을 회전, 재배열, 조합하여 머릿속에서 가시화할 수 있는 것이다. | 심상의 수준 | ① 심상의 첫 번째 수준: 정적 심상이며, 정신적으로 재창조될 수 있지만 변형할 수 없다. ② 심상의 두 번째 수준: 역동적 심상이며, 심상의 변형이 가능하다. 　메 한 모양의 심상(책과 같은 심상)을 다른 장소에 정신적으로 옮기고(책이 맞는지 보기 위해서 책장과 같은 곳으로 이동), 수학적 문제해결 과정에서도 한 모양의 심상을 다른 것의 모양과 비교하기 위해 정신적으로 움직이고 회전하게 된다. • 피아제는 초등학교 저학년까지의 유아들 대부분이 역동적인 심상의 움직임을 수행할 수 없다고 주장했지만(Piaget & Inheldeer, 1967), 유아들도 초보적인 변형이 가능한 것으로 나타났다(Clements, 2004).

공간시각화를 위해 필요한 과정	촉감-운동 감각 경험	• 신체를 움직이거나 도형을 만지고 조작하는 운동감각을 통해 공간관계를 이해하는 경험이다. – 탱그램이나 패턴블록과 같은 모양 조각의 형태를 감각으로 느끼고 형태를 구성하는 경험은 공간시각화에 중요하다. – 처음에는 도형 조각으로 여러 형태를 구성해 보고, 다음에는 퍼즐과 같이 윤곽선이 있는 틀 안에 도형 조각을 활용해 형태를 맞추기 위한 방법을 찾아볼 수 있다. 이때 교사가 몇 개 도형만 채우고 나머지를 비워두면 유아가 형태를 맞추는 데 도움이 된다. – 이와 같이 촉감-운동감각적인 활동을 하면 물체에 대한 구체적인 조작과 정신적 조작이 동시에 이루어진다.
	형태 인지와 기억	• 물체의 형태를 인식하고 기억하여 그리거나 표상하는 경험이다. – 패턴블록과 같은 기본 형태를 보고 기억하여 그리거나 표상하는 것은 의미 있는 경험이 된다. – 이 과정에서 패턴블록의 배치를 다시 확인하거나 유아끼리 함께 구성하는 것도 도움이 된다. 중요한 것은 모양을 기억하여 상상하는 것과 유아가 자신들이 본 것에 대해 서로 이야기하는 것이다.
	정신적 조작	• 물체의 움직임을 머릿속으로 상상해 보는 것이다. – "(원기둥을 보고) 이 원기둥의 가운데를 자르면 어떤 모양이 될까?"와 같은 질문을 통해 유아는 도형을 정신적으로 변형하는 것을 배울 수 있다. – 놀이상황이나 에피소드, 간단한 동화와 같이 이야기가 있으면 유아가 이미지를 상상하는 데 도움이 된다.

UNIT 11 공간개념 지도방법

• 다양한 공간적 관점에서 사물을 관찰하거나 표현할 기회를 제공한다.
  - **예** 인형을 앞, 뒤, 위, 아래에서 관찰하기, 인형을 관찰한 후 그림으로 표현하기, 블록을 다양한 방향에서 사진으로 찍어 보고 다양한 관점에 대해 생각해 보기, 블록 사진을 보고 블록의 어떤 방향에서 찍은 것인지 찾기
• 공간에서 방향과 위치를 추적하는 경험을 하게 한다.
  - **예** 동네를 한 바퀴 돌고 지나온 길을 그려보기, '곰 사냥을 떠나자'와 같이 공간과 방향의 내용이 포함된 동화책을 읽고 동극활동하기
• 교사가 일상생활에서(의미 있는 상황에서) 공간개념과 관련된 용어들을 자주 사용한다.
  – 위치: 위/아래, 앞/뒤, 사이, 다음, 맨 위, 바닥에
  – 이동: 여기서 저기로, 구부러진, 앞으로, 옆으로
  – 분리: 붙어 있는, 떨어져 있는
  – 근접: 가까이, 멀리
  – 개폐: 열린, 닫힌

- 특정 장소를 찾아가는 방법을 설명해 보게 함으로써 공간개념을 표현하도록 한다.
  - 예 유치원에서 집에 가는 길, 우리 집에서 친구 집으로 가는 길을 말로 표현하기
- 다양한 사물이 포함되어 있는 그림이나 사진 등을 활용하고 공간개념 관련 용어를 사용하여 수수께끼 놀이를 해본다.
  - 예 명화 '고흐의 방'을 보면서 '창문의 오른쪽에 있는 것', '침대의 위에 있는 것' 등과 같이 한 명이 수수께끼를 내면 다른 유아가 맞추기 게임하기
- 공간적 관계를 이해하기 위해 교실 및 유치원의 배치도, 우리 동네 지도 등을 그려보도록 한다.
- 하나의 물체를 다양한 자세와 위치에서 보고 차이점을 설명해 보게 한다.
  - 예 운동장에 상자를 놓고 그네, 현관, 미끄럼틀에서 볼 때 크기와 모양의 차이에 대해 이야기 나누기, 나무를 서서 / 누워서 / 거꾸로 / 가까이서 / 멀리서 보고 차이점에 대해 이야기 나누기
- 놀이나 게임을 통해 공간과 관련된 개념들을 활용해 보도록 한다.
  - 예 원 안에 주머니 던지기를 하여 원의 안, 밖, 경계 등 어디에 떨어졌는지 확인해 보기, 블록으로 문이 있는 집을 만들어 문으로 들어가고 나오면서 개폐의 개념을 인식하기, 교사가 제시한 위치와 거리에 있는 물건(책상 위에 있는 상자, 창문과 가장 가까이에 있는 공) 찾아오는 게임하기
- 2차원과 3차원으로 시각화하는 경험을 제공한다.
  - 예 자신이 블록으로 만든 작품을 그림으로 표상하기, 설명서를 보고 블록 만들기 등 다양한 방법을 활용해 2차원과 3차원으로 시각화하는 경험을 제공하기, 만들고 싶은 구조물의 설계도를 그린 후 블록으로 만들기, 자신의 블록 작품을 사진으로 찍은 후 사진을 보고 다시 블록으로 구성하기
- 지도 활동을 제공한다.
  - ─ 교실의 지도 또는 주변 지역의 단순한 지도를 읽거나 이를 보고 찾아가는 활동하기
  - ─ 친숙한 장소와 위치를 시각화하고 이를 그려보며 지도를 만드는 활동 제공하기
  - ─ 우리 동네 지도 만들기 활동하기
- '빠른 심상 활동(quick image)'을 함께 한다.
  - 예 교사가 지오보드 판에 물체를 만든 후 유아에게 잠깐 동안만 보여주고, 유아는 머릿속으로 심상을 떠올려 자신의 지오보드 판에 물체를 똑같이 만드는 활동해 보기
- 유아의 공간개념 발달을 위한 고려사항[교육과학기술부·보건복지부(2013)]
  - ─ 유아가 자신을 기준으로 다양한 공간적 어휘를 사용하여 물체의 위치를 말하고 인식하도록 한다.
    - 예 '나의 앞/뒤/옆/위/아래'와 같이 자신을 기준으로 공간 내에서 사물의 위치를 말한다.
  - ─ 위치와 방향을 여러 가지 방법으로 나타내 보도록 한다. 즉 유아에게 친숙한 장소의 공간 구성을 블록이나 구체물로 나타내거나 그림으로 그려서 표현하도록 한다.
    - 예 만 4~5세경에는 우리 교실, 우리 동네 등 친숙한 장소까지의 경로를 인식하여 간단한 지도를 만들면서 공간 관계를 알 수 있도록 한다.

MEMO

UNIT 12 도형개념의 내용

KEYWORD # 돌리기, 뒤집기

- 도형이란 점-선-면-입체, 또는 이들의 집합으로 이루어진 것으로, 자연과 인간이 만든 세계를 나타내고 묘사하며 이해하는 출발점이 될 수 있다(NCTM, 2000).
  - 우리 주변의 모든 물체가 도형을 기초로 한 형태로 이루어져 있기 때문에 과자 상자를 열 때, 공으로 놀이할 때와 같은 일상 경험에서 유아는 기하도형에 대한 직관적이고 암묵적인 지식을 구축한다(Clements & Sarama, 2009; NCTM, 2000).
  - 도형에 대한 유아의 경험은 3차원 입체, 2차원 평면, 도형의 합성과 분할을 포함하여 이루어진다.
- 유아가 도형의 속성을 인식하고 보이는 반응은 시각적인 반응과 속성적인 반응이 있으므로(Clements 외, 1999), 유아가 도형의 시각적인 특징뿐만 아니라 속성적 특징을 주목하고 표현할 수 있도록 교육할 필요가 있다.

시각적인 반응	- 주변 사물의 형태를 참조하여 보이는 반응으로서, 모양의 형태를 종이나 허공에 그리면서 '~처럼 생겨서'라고 표현하는 것이다. - 유아는 도형을 인식할 때 대부분 시각적 수준에 해당하며, 부분적으로 속성을 기술하는 수준을 보이기도 한다. 유아는 변이나 도형의 구성요소를 생각하지 않고 전체적인 외관에 따라 도형을 인식하며, 일상생활 속에서 비형식적으로 형성된 시각적 원형을 가지고 있는 것이다. - 시각화 수준의 유아는 닮음(resemblance)에 기초하여 기하학적 추론을 하는 것이다. 따라서 교실에서 도형을 제공할 때 정형화된 형태가 아닌 다양한 모양의 도형을 자주 보여 주어야 한다.
속성적인 반응	기하학적인 요소나 모양의 속성을 이해하여 보이는 반응으로서, 삼각형의 모양을 설명할 때 "선이 3개예요" 또는 "뾰족한 점이 3개예요"라고 표현하는 것이다.

1 기본 도형의 인식 : 입체도형, 평면도형

(1) 입체도형

🏠 입체도형에 대한 인식의 발달

2~3세	4세	5세	6세	7세
← 명명, 기술, 비교, 종류별 분류 →				
입체도형을 활용한 놀이 (블록으로 쌓기놀이)		입체도형 구성, 명명, 기술	입체도형의 명명, 기술, 비교, 분류	
		← 입체도형의 부분 인식 →		
		입체도형의 면 구분/세기	도형의 면, 각 구분/세기	구성요소, 속성을 기초로 도형 구분 ('사각뿔에서 옆면 4개는 삼각형')
		← 입체도형 각 면의 평면도형 구분/기술 →		
		일상적 경험을 기초로 입체도형의 각 면 구분	입체도형 각 면에서의 평면도형 구분/기술	

출처 : 『Engaging Young Children in Mathematics : Standards for Early Children in Mathematics Education』, p. 45, by D. H. Clements, J. Sarama, & A. DiBiase, 2003

개념	• 입체도형은 일상의 사물을 다루는 동안 학습할 수 있다. 유아 주변의 사물들은 3차원의 입체물로 이루어져 있으며, 주변 사물과의 상호작용을 통해 입체도형에 대하여 비형식적으로 이해하게 된다. 🖾 점토를 가지고 노는 유아들은 구와 긴 원기둥을 만들기도 하고, 블록 놀이를 하면서 원기둥과 정육면체의 차이를 발견하기도 한다. • 입체도형에서 시작한 형태 인식은 입체도형의 부분인 평면도형에 대한 인식과 연결되어 만 5세경에는 "평평한 면이 4개야"와 같이 입체도형의 기본 속성을 인식하고 표현하는 형태로 발전한다. – 유아기에 가장 먼저 소개할 수 있는 입체도형은 유아가 일상생활에서 많이 경험하는 구, 원기둥, 직육면체(정육면체 포함)이다. – 입체도형에 대한 인식의 발달과정에는 일상에서 이루어지는 입체도형의 물리적 특성에 대한 인식과 비교, 분류, 입체도형과 평면도형의 관계 인식 등이 필요하다.

입체도형에 대한 인식의 발달과정	입체도형의 물리적 특성 인식과 비교	• 유아의 입체도형에 대한 이해는 그 물리적 특성을 인식하고 비교하는 데서 시작된다. – 공, 원뿔 모양의 모자, 상자와 같은 여러 입체도형을 찾아보고 충분히 탐색하는 과정이 중요하다. 이는 쌓을 수 있는 것, 굴러가는 것 등을 직관적으로 경험하며 도형의 성질을 인식하게 되기 때문이며, 이 과정에서 유아가 인식한 것을 이야기해 보는 것도 도움이 된다. 🖾 "이것은 둥글다. 그것은 바닥이 평평하다" 등으로 표현하는 것이다. – 기본 입체도형의 공통점과 차이점을 비교해 볼 기회도 필요하다. 이때 위, 아래, 옆 등 여러 방향과 위치에서 입체도형을 탐색한 후, 이들 사이의 공통점과 차이점을 비교하여 설명해볼 수 있도록 한다.

MEMO

	입체도형의 분류	• 입체도형의 이해를 돕기 위해서는 기본 입체도형을 경험한 후 유아가 생각하는 준거에 따라 도형을 분류해 보는 경험이 중요하다(Reys, Lindquist, Lambdin & Smith, 2009). 📝 어떤 유아는 뾰족한 점(꼭짓점)이 없기 때문에 B와 C를 묶고, A는 이에 속하지 않는다고 할 수 있다. 다른 유아는 A와 C는 높이가 같기 때문에 B가 속하지 않는 것으로 분류할 수도 있다. – 이는 유아가 시각적인 인식에서 벗어나 도형의 속성을 이해하는 과정에서 필요한 경험이다. 따라서 유아가 자신만의 근거를 가지고 분류하고, 그 근거를 설명하도록 격려한다. 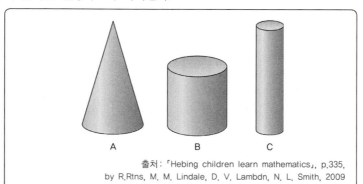 출처 : 『Hebing children learn mathematics』, p.335, by R.Rtns, M. M. Lindale, D. V. Lambdn, N. L. Smith, 2009
	입체도형과 평면도형의 관계 인식	• 입체도형이 여러 면의 평면도형으로 이루어져 있음을 이해하는 것은 기하학적 사고 발달에서 중요한 부분이다. 이는 입체도형의 속성뿐만 아니라 평면도형을 이해하는 데 기초가 되기 때문이다. – 따라서 블록에 물감을 묻혀 찍거나 여러 방향에서 입체도형을 따라 그려보는 것 등의 경험이 필요하다. – 점차 6개의 면(📝 상자, 서적), 2개의 면(📝 캔) 및 0개의 면(📝 공)과 같이 입체도형의 면 수를 세어보고 같은 면의 개수를 가진 물체들을 모아 보도록 한다. 이러한 과정을 기초로 각 면의 모양과 같은 모양을 주변에서 찾아보도록 하면 입체도형의 특성을 인식하고 입체도형과 평면도형의 관계를 이해하는 데 도움이 된다.
입체도형 그리기 표상 능력 발달단계		• 유아의 입체표상 능력은 블록으로 만든 기하학적 구조물을 보고 자신의 공간적 이해를 그림으로 표상해 보게 함으로써 알 수 있다. – 홍혜경(2001)은 유아의 입체도형 그리기 표상 능력이 6가지 수준으로 발달한다고 밝혔다.
	1수준	3, 4세경으로 긁적거리기나 동그라미 형태로 표상하는 수준이다.
	2수준	평면의 기하학적 형태로만 표상하는 수준에 해당된다.
	3수준	4~6세경으로 평면의 기하학적 표상과 위치적 관계를 표상하는 수준이다.
	4수준	평면의 기하학적 표상과 근접관계 표상이 가능한 수준이다.
	5수준	측면적 관계를 기하학적 구조물로 표상할 수 있다.
	6수준	입체적 형태로 표상할 수는 없으나 평면적 형태로는 기하학적 구조물을 표상할 수 있는 것으로 밝혀졌다.

• Mitchelmore(1980)는 초등학생을 대상으로 한 기하학적 입체물 그리기 작업 연구에서 4, 5세 유아가 평면도식기와 공간도식기에 해당하는 것으로 나타났다.
 – 즉 입체도형을 그릴 때 유아는 도형을 정면이나 평면에서 본 것처럼 한 면만 표현했고, 숨겨진 면들을 포함하여 여러 면을 나타내지만 여러 면들 간의 관계를 하나의 시각에서 통합하여 표현하지 못하는 것으로 나타났다.

입체도형 표상단계

단계	그림			
	직육면체	원기둥	피라미드	정육면체
1				
2				
3A				
3B				
4				

◈ 기하 입체물 그리기

1단계 평면도식기 (plane schematic)	• 한 면에서 본 것처럼 표상하는 수준이다. • 단지 단면만 그리는 수준이다.
2단계 공간도식기 (solid schematic)	• 가려진 면들을 도형에 나타내는 수준이다. • 여러 면이 나타나지만 깊이를 표현하지 못하는 수준이다.
3단계 전사실기 (pre-realistic)	• 기저선을 중심으로 깊이를 표현하는 단계이다. • 깊이를 표현하지만 눈에 보이는 면만 표현하는 수준이다.

4단계 사실기 (realistic)	• 평행적인 면을 평면에 나타내고 깊이를 나타내는 단계이다. • 영상적 깊이가 나타나는 수준이다.
지도방법	• 유아교육기관에서는 평면도형에 앞서 유아가 일상에서 쉽게 경험하는 입체도형을 먼저 제시하는 것이 바람직하다(NCTM, 2000). • 유아가 기본 입체도형을 탐색하고, 인식하며, 분류하고, 표상할 기회를 제공한다 (Clements & Sarama, 2009). • 활동을 하는 과정에서 유아가 입체도형의 이름을 인식하는 것보다는 손으로 만지고 굴려 보는 등 도형의 특성을 감각적으로 경험하는 데 초점을 두고 지도한다.

⑵ 평면도형

🏠 평면도형에 대한 인식의 발달

2~3세	4세	5세	6세	7세
◄──────────────── 평면도형을 인식하고 이름 붙이기 ────────────────►				
같은 도형 모으기	도형 인식 / 이름 붙이기 (원, 삼각형, 정사각형)	원, 삼각형, 정사각형 등의 이름 인식 방향과 크기 변화에 관계없이 도형의 형태 변별하기		
		반원, 사다리꼴 등 기본 도형 외 다양한 도형의 이름과 형태 인식하기		
	◄──────── 시각화하기, 기술하기, 그리기, 표상하기 ────────►			
	도형과 유사하게 만들고 기술	도형과 유사하게 그리거나 만들고 기술	정확하게 만들고, 그리고, 묘사하고, 시각화	
	◄──────────── 범주에 따른 평면도형 분류 ────────────►			
	비형식적으로 도형의 이름 사용	도형의 이름에 따라 분류·모으기		도형 속성에 기초한 세부 도형 분류

출처: 「Engaging Young Children in Mathematics : Standards for Early Children in Mathematics Education」, p. 44~45, by D. H. Clements, J. Sarama & A. DiBiase, 2003

개념	• 유아는 원, 삼각형, 직사각형, 정사각형 등 평면도형에 대한 많은 지식을 가지고 있다. - 만 3~4세 유아는 일상에서 보는 기본 평면도형을 인식·구분하여 '동그라미', '세모', '네모'와 같이 이름을 붙이고, 기본 도형의 형태를 유사하게 그릴 수 있다. - 만 5세경이 되면 도형의 크기나 방향 변화에도 같은 도형임을 알고, 각 기본 도형의 가장 대표적인 형태(시각적 원형) 외에도 다양한 형태를 인식할 수 있다 (Clements & Battista, 1992; Clements, 2003). 　⑩ 정삼각형 외에 직각삼각형, 예각삼각형, 둔각삼각형 등도 삼각형임을 아는 것이다. 대부분 눈으로 보이는 형태를 단서로 인식하는 수준이지만, 만 4세 이후에는 도형에 대해 탐색하고 자신이 알게 되는 것을 시각화하거나 기술하고 표상하면서 평면도형에 대한 이해를 확장해 간다.

— 그런데 교사들은 평면도형에 대한 교육적 접근에 있어 주로 도형의 이름을 묻고 확인하는 형태로 상호작용하는 경우가 많으므로 유아가 이미 알고 있는 것을 반복하도록 지도하는 경향이 있다.

— 따라서 유아의 평면도형에 대한 인식수준을 이해하고, 이를 기초로 도형에 대한 인식을 향상시킬 수 있는 새로운 경험을 제공할 필요가 있다.

| 평면도형에 대한 인식의 발달과정 | 평면도형의 인식 | • 평면도형에 대한 이해는 각 평면도형의 형태 인식으로부터 시작하며, 이를 위해 평면도형 각 종류별로 다양한 예를 경험할 기회가 필요하다.
예 아래의 a~f와 같이 여러 가지 도형을 제시하고, '어떤 것이 삼각형이라고 생각하는지', '왜 삼각형이라고 생각하는지' 등을 사고해 보게 한다.
— 유아는 삼각형의 여러 형태를 경험하면서 '삼각형에 속하는 것'과 '삼각형이 아닌 것'을 직관적으로 구분하고, 자신이 삼각형이라고 생각하는 이유를 설명할 수 있다.
— 이와 같은 과정은 유아가 도형의 특성을 이해하고 추상화하는 데 도움이 된다.
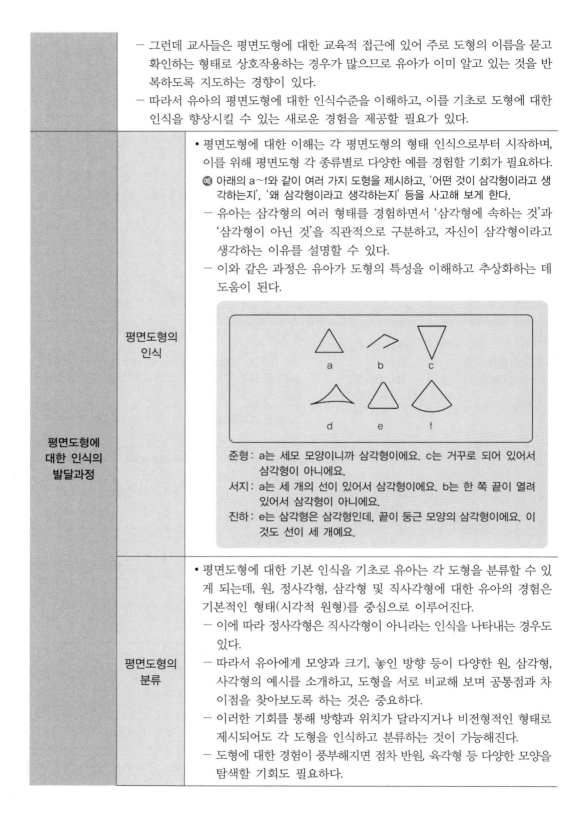
준형: a는 세모 모양이니까 삼각형이에요. c는 거꾸로 되어 있어서 삼각형이 아니에요.
서지: a는 세 개의 선이 있어서 삼각형이에요. b는 한 쪽 끝이 열려 있어서 삼각형이 아니에요.
진하: e는 삼각형은 삼각형인데, 끝이 둥근 모양의 삼각형이에요. 이것도 선이 세 개예요. |
| | 평면도형의 분류 | • 평면도형에 대한 기본 인식을 기초로 유아는 각 도형을 분류할 수 있게 되는데, 원, 정사각형, 삼각형 및 직사각형에 대한 유아의 경험은 기본적인 형태(시각적 원형)를 중심으로 이루어진다.
— 이에 따라 정사각형은 직사각형이 아니라는 인식을 나타내는 경우도 있다.
— 따라서 유아에게 모양과 크기, 놓인 방향 등이 다양한 원, 삼각형, 사각형의 예시를 소개하고, 도형을 서로 비교해 보며 공통점과 차이점을 찾아보도록 하는 것은 중요하다.
— 이러한 기회를 통해 방향과 위치가 달라지거나 비전형적인 형태로 제시되어도 각 도형을 인식하고 분류하는 것이 가능해진다.
— 도형에 대한 경험이 풍부해지면 점차 반원, 육각형 등 다양한 모양을 탐색할 기회도 필요하다. |

MEMO

	평면도형의 표상	• 평면도형의 인식과 표상은 함께 이루어질 수 있으며, 초기에는 대략 비슷한 형태로 표상하다가 점차 정확하고 구체적인 표상이 가능해진다. 유아가 인식한 평면도형을 여러 방식으로 시각화하는 것은 의미 있는 경험이 된다. 📄 신체로 도형의 모양을 표현하거나 종이에 그려보는 것, 빨대나 모루 등으로 만드는 것 또는 다양한 매체와 방법으로 도형을 표상하는 경험은 도형의 속성을 이해하는 데 중요하다.

2 도형의 변환과 대칭

도형의 변환		• 도형의 변환에는 옮기기, 뒤집기, 돌리기가 있다. • 이는 물체의 위치 이동을 의미하며, 공간의 변동이 있어도 모양과 크기 및 각도는 변하지 않는 특징이 있다. 　- 유아의 기하학적 변환에 대한 이해는 밀기(slide), 뒤집기(flip), 돌리기(rotation) 순으로 나타난다. 　- 대부분의 유아는 먼저 옮기기, 뒤집기를 할 수 있고, 과제가 쉽고 방향적 단서가 제공되면 만 4~5세경 돌리기를 할 수 있다.
	옮기기 (이동, 밀기, slide)	돌리거나 뒤집지 않고 일정한 방향으로 일정한 거리만큼 그대로 움직여서 위치만 변화시키는 것이다.
	뒤집기 (flip)	도형을 다양한 각도로 회전하는 것이고, 위아래 방향이든 좌우방향이든 대칭축을 중심으로 도형의 앞뒤 면을 바꾸는 것이다.
	돌리기 (turn)	도형을 다양한 각도로 회전하는 것이며, 일상생활에서 흔히 경험할 수 있다.
도형의 대칭		• 어떤 형태를 겹쳤을 때 접히는 양면이 일치하는 것으로 형태적 균형이 완벽하게 되는 것이다. 　- 유아는 비대칭모양보다 대칭모양을 더 선호하며 더 정확하게 변별하고 더 잘 기억한다. 　- 특히 상하대칭보다는 좌우대칭이 먼저 발달한다. • 어린 유아들도 대칭에 대한 직관적인 생각을 가지고 있으며, 미술활동이나 구조물을 만들 때 대칭을 가진 결과물을 창조하므로 대칭과 관련된 다양한 활동을 제공하는 것이 좋다. 　- 미술활동에서 데칼코마니 기법은 대칭개념을 이해하는 데 효과적이며, 도형의 절반을 보여 주면서 어떤 도형인지 추측 혹은 나머지 반쪽을 그려보게 하거나, 또는 나비, 하트 모양 등을 반으로 접어 자르면서 대칭을 직관적으로 경험하게 할 수 있다.
	선대칭 수직대칭	수직선을 중심으로 좌우가 일치하는 것을 수직대칭이라고 한다.
	선대칭 수평대칭	수평선을 중심으로 상하가 일치하는 것을 수평대칭이라고 한다.
	회전대칭	어느 지점에 대칭선을 두어도 모두 일치하는 공과 같은 것을 말하며, 대부분 회전대칭을 가장 늦게 습득한다(Genkins, 1975).

합동	• 합동은 두 도형이 놓인 위치나 방향이 달라도 모양과 크기가 같은 것을 의미한다. — 어린 영유아들은 합동을 지각적으로 판단하지만, 만 4세경 유아는 합동을 확증하기 위해 가장자리를 맞춰보는 전략(edge matching strategy)을 사용하기도 하고, 만 5~6세 유아는 겹쳐놓기 전략(superposition strategy)을 사용하기 시작한다(Clements, 1998). — 합동을 이해하도록 돕기 위해 합동이거나 약간 다른 도형을 여러 개 제공한 후, 이 중 같은 도형 찾기 게임을 할 수 있다. 지오보드에 도형을 만들고 이를 다른 지오보드나 지오종이에 그대로 복사해 볼 수 있으며, 두 명의 유아가 짝이 되어 번갈아 가며 한 사람은 모양을 만들고 한 사람은 따라 만드는 게임을 할 수 있다.

3 도형의 합성과 분할(조합과 분해)

🏠 합성과 분할의 발달

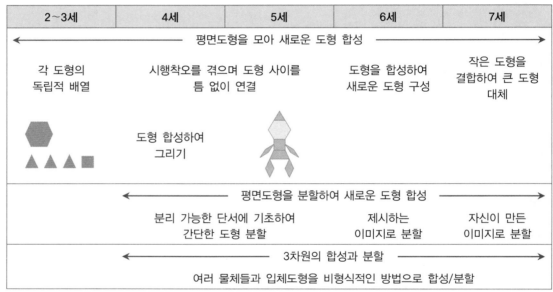

2~3세	4세	5세	6세	7세
←		평면도형을 모아 새로운 도형 합성		→
각 도형의 독립적 배열	시행착오를 겪으며 도형 사이를 틈 없이 연결		도형을 합성하여 새로운 도형 구성	작은 도형을 결합하여 큰 도형 대체
	도형 합성하여 그리기			
	←	평면도형을 분할하여 새로운 도형 합성		→
	분리 가능한 단서에 기초하여 간단한 도형 분할		제시하는 이미지로 분할	자신이 만든 이미지로 분할
←		3차원의 합성과 분할		→
		여러 물체들과 입체도형을 비형식적인 방법으로 합성/분할		

출처 : 「Engaging Young Children in Mathematics : Standards for Early Children in Mathematics Education」, p. 46~47, by D. H. Clements, J. Sarama & A. DiBiase, 2003

개념	• 도형의 합성과 분할은 하나의 도형을 둘 이상으로 나누거나 여러 개의 도형을 서로 붙임으로써 새로운 도형을 만들어 내는 것을 말하며, 이러한 활동으로는 도형의 결합, 조합 또는 분해 등이 있다. — 만 2~3세경에는 평면도형을 독립적으로 배열하며 놀이하다가 만 4세경이 되면 도형을 결합하여 새로운 형태(예 자동차, 동물 등)를 그리고 만드는 것이 가능해진다(Cross et al., 2009). — 유아는 색종이를 접거나 자르며 분할을 경험하는데, 만 4세경에는 분리할 수 있는 단서를 활용하다가 만 5세 이후가 되면 점차 특정 형태를 염두에 두고 분할하는 것이 가능해진다. — 한편 입체도형의 합성과 분할은 쌓기놀이나 미술놀이를 하는 가운데 비형식적인 놀이 형태로 이루어지는 경우가 많다. — 유아는 도형을 합하고 나누며 도형의 합동, 대칭, 변형과 같은 이동하기를 자연스럽게 경험하게 된다.

MEMO

발달과정

- 영아는 도형에 대한 이미지와 감각을 형성하는 것이 중요하므로 촉감을 이용한 감각운동적 경험을 통해 도형을 이해하게 한다.
  - 도형의 둘레를 손가락으로 따라가 보기, 감각상자 속의 도형 중에서 같은 것 찾아보기, 도형을 보지 않고 만져 보며 어떤 모양인지 설명하거나 그려 보기, 주변에서 여러 도형 찾아보기, 교실 바닥에 그려진 도형 위를 따라 걷기, 도형 그리기, 도형 색칠하기, 지오보드 위에 도형 만들기, 도형 접기나 자르기 등 여러 활동을 제공한다.
- 유아들은 3차원 공간에서 생활하므로 입체 형태에 친숙한 것은 사실이지만, 이 모양들을 설명하고, 인식하며, 분류하기 위해서는 입체를 구성하는 면들의 모양에 주목해야 한다.
  - 교사는 유아가 주변 여러 물체의 모양을 살펴보고, 모양에 따라 특성을 인식할 수 있게 도와야 한다.
    - 예 '굴러가는 것과 굴러가지 않는 것', '쌓을 수 있는 것과 쌓을 수 없는 것'과 같은 특성을 탐색해 보도록 한다. 또한 교사는 유아로 하여금 종이 위에 입체도형의 한 면을 대고 따라 그려 보거나 물체의 한 면 찍어 보기 등의 활동을 통해 입체도형과 평면도형을 연결할 수 있는 기회를 제공한다 (이정욱 · 유연화, 2012).
- 유아는 원 ➡ 사각형 ➡ 삼각형의 순으로 도형을 인식한다. 따라서 처음부터 여러 도형을 소개하기보다는 원, 다음에는 사각형 등 한 가지 도형을 식별하는 것으로 시작하고, 점차 다른 모양을 소개한다.
  - 도형을 소개할 때에는 꼭짓점, 각, 면 등 핵심적인 속성에 주목하게 하되, 삼각형, 사각형과 같은 형식적 명칭을 강조하기보다는 세모, 네모 등 유아가 친근해 하는 이름으로 이해시키는 것이 좋다(한유미, 2013).
  - 또한 정사각형, 직사각형 등의 정형화된 도형 외에 다양한 사각형의 형태에 노출되므로 사각형의 기초적 이해를 도울 수 있도록 한다.
- 유아가 입체도형의 특성을 이해하고 입체도형과 평면도형을 연결하여 사고하도록 돕는다.
  - 3차원의 한 면이 2차원의 도형이고, 2차원의 형태가 모여서 3차원의 형태를 구성한다는 것을 알 수 있도록 돕는 활동을 한다(예 육면체인 과자 상자는 다양한 모양의 네모가 이어져 만들어진다).
  - 이를 위해 입체도형을 이용하여 다양한 실험하기, 입체도형의 한 면을 대고 그리거나 OHP 위에 입체도형의 한 면만 비추어 보기 등의 경험을 제공할 수 있다(NAEYC & NCTM, 2002).
  - 또한 유아에게 실제 사물이 어떻게 형성되는지를 알려주기 위해 각 부분 간의 관계를 탐색하고, 이를 그림이나 도형으로 나타내는 방법을 경험해 보도록 한다(황의명 외, 2013).
- 교사는 유아가 도형에 대한 사고를 하도록 하기 위해 다음과 같은 질문을 할 수 있다.
  - 예 이전에 이 모양을 어디에서 보았니?, 이것은 모양이 어떻게 같니? 무엇이 다르니?, 왜 이것은 타원 모양이 아니니? 원은 어떻게 만들까?, 내가 이 모양을 돌리면 어떻게 될까?, 내가 이것을 뒤집으면 어떻게 될까?, 이 삼각형을 이용해서 어떤 그림을 그릴 수 있니?, 네가 블록으로 만든 집의 모양에 대해 이야기해 줄래?
- 도형을 나누고 합해 보며 결과를 예측하는 능력에 초점을 두어야 하며, 이를 위한 질문은 다음과 같다.
  - 예 어떤 모양이 사용되었니?, 반으로 접으면 어떤 모양이 될까?, 그 모양들로 다른 형태를 만들 수 있을까?
  - 이러한 질문을 통해 유아가 도형을 부분으로 나누거나 합하는 경우의 결과를 생각하고 예측하며 자신의 생각을 구체화하는 데 기여할 수 있다(홍혜경, 2010).

	• 일상의 경험을 통해 도형을 자주 접하고 활용할 수 있는 기회를 제공한다. 　— 유치원 주변과 교실에서 여러 모양을 찾아보거나, 실외놀이터에서 물구나무 서기, 회전 그네 타기 등을 하면서 도형의 변환과 대칭에 대해 알아볼 수도 있다. 　— 아울러 주변 자연물이나 교실에서 대칭인 것을 찾아볼 수 있고, 미술활동 시간에 데칼코마니나 색종이 접기를 통해 대칭의 원리를 알아볼 수도 있다. 　— 이렇게 다양한 일상의 경험을 놓치지 않고 교사가 언어적으로 상호작용한다면 유아는 다양한 수학적 경험을 하게 된다.
입체도형의 합성과 분할	• 여러 물체들과 입체도형을 비형식적 방법으로 합성하고 분할하여 형태 구성 • 초기에는 블록을 옮기고 놓아 수평 구조를 만들고, 벽과 같은 수직 구조를 형성하며, 점차 여러 방향으로 도형을 합성하고 안과 밖을 구분하여 형태를 구성한다(Cross et al., 2009; Sarama & Clements, 2009). 　— 설계도 등을 활용하여 어떠한 형태로 합성할지에 대한 사전 계획을 세우면 합성 후의 형태를 예측할 수 있어 공간관계 이해에 도움이 된다.
평면도형의 합성과 분할	• 평면도형 간 뒤집기, 이동을 반복하여 완성된 형태 구성 • 초기에는 평면도형 간 또는 평면도형 각 부분의 특징과 형태에 대한 기하학적 관계를 이해하지 못해 시행착오를 경험하지만, 유아는 뒤집기나 이동을 반복하는 가운데 하나의 완성된 형태를 구성할 수 있다. 　— 이는 필요한 도형을 선택하거나 버리는 전략을 사용하는 것과 관련이 있다(Clement et al., 2003). 　— 이와 같은 경험이 많아지면 유아는 도형을 합성할 때 측면의 길이뿐만 아니라 각을 고려할 수 있게 된다. 　— 교사는 색종이나 탱그램, 모양퍼즐 등을 제공하여 유아가 평면도형의 조각을 나누고 합쳐 형태를 완성하는 경험을 할 수 있도록 도울 필요가 있다.

UNIT 13 도형개념의 발달

KEYWORD # 반 힐레(시각적 인식수준, 기술적·분석적 인식수준), 클레멘츠와 사라마(기술적 수준)

시각적 원형의 의미	• 유아들은 복잡하거나 변형된 도형을 인식하는 것을 어려워하는데, 이는 도형을 인식할 때 시각적 원형(visual prototypes)을 가지고 있기 때문이다. • 아울러 방향(orientation)보다는 기울기(skewness), 비대칭(lack of symmetry), 비율 등에 크게 영향을 받는 등 도형에 대한 고정관념을 가지고 있다. 　— 유아들은 '벌어진' 둔각삼각형, '위쪽에 꼭짓점이 없는' 삼각형을 삼각형으로 인식하지 않으며, 너무 얇거나 넓지 않은 사각형은 사각형이 아닌 것으로 인식했다. 　— 이러한 고정화된 시각적 원형은 정형화된 형태의 도형만을 제시하는 문화적 요인에 의해 영향을 받은 것이다.

1 피아제(Piaget)

| 1단계
2세 6개월
~ 4세	• 이 시기의 영유아는 유클리드 기하학적(세모, 네모) 모양이 아니라 일상생활에서 친숙한 물체(예 숟가락 등)를 인식한다. – 형태의 추상이 시작되지만, 유클리드 기하학적이라기보다는 위상기하학적으로 인식된다. – 3세 이전에는 아무렇게나 낙서하고 목적 없이 그리다가 3세경이 되면 확실한 모양을 잡기 시작하지만, 변의 길이, 각도, 크기, 변의 수 등은 무시된다. 예 원과 삼각형은 폐곡선일 뿐 구별하지 못한다.
2단계
4~6세	• 4세쯤 되면 곡선으로 된 형태와 직선으로 된 형태를 구별할 수 있지만, 여전히 정사각형과 직사각형 또는 원과 타원을 구별하지 못한다. 5세 전후 무렵에는 도형의 각, 원과 타원을 구별하고 정사각형과 직사각형의 차이를 알게 된다. – 하지만 삼각형에 선이 1개 증가하여 사각형이 된다거나 원이 둘로 나뉘면 반원이 된다는 것은 인식하지 못한다. 마름모와 사다리꼴의 차이를 발견하지만 아직도 복잡한 도형의 표상에는 어려움이 있다.
3단계
6~7세	6~7세가 되면 나치의 상징 기호와 같이 복잡한 형태도 구별할 수 있으며, 통합적으로 그림을 그리고 재구성하는 등 도형을 다양한 방법으로 이해하기 시작한다.

2 반 힐레(Van Hiele)

반 힐레는 기하학적 사고 특징을 5개의 위계적 수준으로 제시하였다. 이 중 유아에서 초등학교 저학년 시기에는 수준 0과 수준 1로 발달된다고 보았다.

| 0단계
시각화 수준
(visual level)	• 취학 전 유아들 대부분이 이 단계에 속하며, 이들은 총체적 느낌으로 도형을 인식하고 이름을 말할 수 있다. 즉 전체(시각적 총체)로서 도형을 지각하며 비슷한 도형끼리 짝을 짓거나 도형의 이름을 말할 수 있는 단계이다. – 4~5세 유아들은 한 세트의 네모를 만들어 놓고, 자신들이 만든 네모들이 모두 비슷하게 생겨서 모아 놓았다고 하거나 혹은 '문 같은 모양'이기 때문에 모두 같이 놓았다고 말한다. • 이 시기는 외형적인 전체적 형태를 토대로 도형을 지각하고, 비슷한 도형끼리 짝짓기를 하거나 도형의 이름을 말할 수 있다. 그러나 이 시기의 유아들은 도형의 속성에 관심을 기울이지 않는다. – 유아들은 시각적·촉각적으로 동그라미, 세모, 네모 등의 모양을 인식할 뿐(시각적 원형의 사용), 선의 수나 면, 각도 등에 대해서는 고려하지 않는다. – 따라서 이 수준에서는 구체물을 통한 조작적 탐색을 하도록 하여, 모양 인식·변별·변형 등의 활동을 할 수 있다.

1단계 기술적/분석적 수준 (descriptive/ analytic level)	• 발달 수준이 높은 유아들과 초등학교 저학년 아동들이 이 단계에 속하며, 이들은 모양을 전체로 받아들이는 수준을 넘어서 도형의 속성에 초점을 맞춘다(Shaw & Blake, 1998). 즉 이들은 도형의 면, 변, 각의 수 등의 속성을 인식하고 설명한다. 　─ 사각형의 특징을 "사각형은 선이 4개 있어요. 뾰족한 곳(점)이 4개예요. 점도 4개로 똑같아요."라고 설명할 수 있다. • 그러나 도형 사이의 관계를 인식하기 어려워 정사각형이 4개의 선을 가지고 있지만 직사각형으로 분류되는지는 이해하지 못한다. • 이 시기의 유아는 도형의 성질과 특성을 인식하고 설명할 수 있으며, 관찰과 직접 조작을 통해 도형의 성질을 표현하고 특정 성질에 따라 도형을 분류할 수도 있다. 그러나 도형 사이의 관계는 인식하지 못한다.
2수준 관계적/추상적 인식수준 (비형식적 연역 수준)	• 여러 가지 도형이 가진 공통점과 차이점을 비교하고, 같은 특성을 가진 도형이 속한 집단을 찾아보거나 같은 특성을 가진 도형끼리 모을 수 있다. 　예 정사각형과 직사각형을 비교하여 선과 점이 같은 개수라는 공통점과 선 길이의 차이점 등을 발견하고, 사각형에 속해있다는 것을 안다. • 도형의 분류가 가능하며 관계를 구성할 수 있다. • 논리적인 결론을 이끌어 내고, 간단하고 논리적인 증거에 따를 수 있다. • 대상과 수단 : 성질과 명제
3수준 형식적 연역 수준	• 원칙과 법칙에 근거해 증거를 만들어 낸다. 　예 피타고라스 • 관계에 대해 형식적 논쟁을 한다(중·고등 수준의 기하). • 대상과 수단 : 명제와 논리
4수준 엄밀한 수학적 수준	• 수학자들의 수준이다. • 원칙적 시스템을 정교화하고 비교하는 일이 포함된다. • 대상과 수단 : 논리

반 힐레의 교수 · 학습단계

1단계 질의/안내 단계	• 교사와 학생 사이의 대화를 통해서 새로운 학습 주제를 소개한다. • 관찰이 이루어지고, 질문이 제기되며, 이 수준에 맞는 어휘를 도입한다. • 목표 ① 교사는 학생들이 그 주제에 대하여 갖고 있는 사전지식이 무엇인지를 파악하는 것이다. ② 학생들은 앞으로 학습할 방향이 무엇인가를 배운다.
2단계 안내된 탐구 단계	• 교사는 학생들이 탐구할 활동을 의도적으로 계열화하여 학생이 새로운 학습 주제의 특징에 친숙해지도록 과제를 제시한다. • 학생은 교사가 제시하는 자료를 사용해 능동적으로 참여하여 학습 주제를 탐구하고, 탐구분야 의 구조를 파악한다. • 이때 교사는 학생의 행동을 적절한 탐구로 이끌면서 학생의 활동을 지시한다. • 활동은 학생들에게 이 수준의 구조를 점진적으로 나타나게 해야 하므로 자료는 구체적인 반 응을 하도록 고안된 짧은 과제여야 한다.
3단계 발전/명료화 단계	• 학생들은 그들의 사전 경험을 기초로 하여 관찰해 온 구조에 관해 자신의 견해를 표현하고, 관계체계를 형성하기 시작한다. • 교사는 학생들에게 정확하고 적절한 언어를 사용할 것을 촉구하는 것 외에는 개입을 최소로 한다. • 교사의 개입이 최소인 상태에서 학생들은 자신들이 관찰한 주제에 대한 자신의 개념을 형성 하고, 구성된 개념을 표현한다. • 안내된 탐구단계에서 익숙해진 새로운 과제를 표현하는 활동을 통해 그것을 명확히 하며, 전 문적인 용어를 학습한다.
4단계 자유탐구 단계	• 안내된 탐구 단계에서의 단일 과제와는 달리 문제해결적 성격을 갖는, 보다 복잡한 과제에 도전하게 된다(실제 적용을 위해 복잡한 문제 던져주기). • 학생은 여러 가지 해결방법을 찾아봄으로써 그 주제 내에서 가장 중요한 구조, 관계를 지각하고, 이러한 관계가 어떻게 적용되는지 인식하게 된다.
5단계 통합 단계	• 학생들은 대상과 관계들에 대한 새로운 관계망을 개관하기 위하여 학습한 것을 반성해 보고 요약한다. • 교사는 학생이 탐구한 활동을 반성하고 명료하게 정리할 수 있도록 전체적인 개관을 제시하 여 학생들이 배운 내용을 통합하는 데 도움을 준다. • 알았던 내용을 정리하는 단계이므로 새로운 것을 전혀 포함하지 않는 것이 중요하다.

3 클레멘츠(Clements, 2004)

• 클레멘츠는 반 힐레가 제시한 수준 0의 시기에 있는 유아도 시각적 이해뿐만 아니라 그 모양을 명명
하고 속성에 대해 말할 수 있음을 밝혔고, 이를 수준 1로 보면서 기하학적 이해 수준을 새롭게 제시
했다.

• 클레멘츠는 유아기에도 도형의 속성을 이해하고 언어적으로 설명하는 것이 나타나므로, 유아수학
교육에서 도형의 특성을 탐색하고 언어화해 보는 경험이 주어져야 한다고 보았다.

1수준	• 시각적 수준에서 모양을 인식할 뿐만 아니라, 완전하지는 않지만 모양의 특성이나 성질을 설명할 수 있다. – 영아는 곡선도형과 직선도형이 다르다는 정도는 인식하지만 직선도형 중에서 삼각형, 사각형 등의 도형 간의 차이 또는 곡선도형 중에서 다양한 도형 간의 차이는 구별하지 못한다. – 즉, 타원형과 삼각형이 다르다는 것은 구별하지만, 삼각형과 사각형의 차이점은 구별하지 못한다. – 따라서 도형 간의 차이점을 명확하게 구별하지 못한다고 할 수 있으며, 3세 이하의 영아는 대부분 이 단계에 속한다(나귀옥·김경희, 2012).
2수준	• 도형에 대해 말로 설명할 수 있고, 부분적으로 도형에 대한 추상적 지식이 나타난다(황의명 외, 2013). • 이 수준의 유아는 도형의 속성에 근거해서 도형을 변별하기보다는 도형에 대한 일반적이고 전체적인 인상에 따라 도형을 판별하고 그 이름을 말한다. – 즉 '3개의 각' 또는 '3개의 변'이라는 도형의 특성에 주목하여 도형을 구별하는 것이 아니라, 자신의 일상생활에서 자주 보아 왔던 삼각형 또는 사각형 모양과 유사한 것으로 구별하는 등 도형의 시각적 원형에 근거하여 도형을 구별한다. 예 시각적 원형을 사용하여 '상자같이 생겼으니까 사각형 또는 네모 모양'이라고 도형을 설명한다. – 이들은 흔히 두 변이 이등변이고 밑변이 수평으로 이루어진 모양은 삼각형이라고 하지만, 꼭짓점이 아래로 향해 있거나(역삼각형) 너무 뾰족하여 흔히 보는 삼각형과 다르게 생긴 것은 삼각형이 아니라고 한다. • 대부분의 유아는 이 단계에 속한다(나귀옥·김경희, 2012).
3수준	• 도형에 대한 추리적 관계를 포함하는 추상적 지식을 사용하므로(황의명 외, 2013), 삼각형은 '세 변을 가진 도형'이라는 것을 안다. – 그러나 이 수준의 유아는 동일한 유형의 도형들 간의 차이나 관계는 알지 못한다. 예 직사각형과 정사각형의 속성을 인지하고 기술할 수는 있지만, 정사각형이 직사각형의 특정 부류라는 것은 알지 못하며, 6세 유아와 초등학교 저학년 아동이 이 단계에 속한다(나귀옥·김경희, 2012).

4 클레멘츠 & 사라마(Clements & Sarama, 2000)

전인식적 수준 (prerecognition level)	• 가장 초보적인 이해 수준으로 유아는 도형의 형태를 지각하지만, 여러 도형 중에서는 그 형태를 구별하지 못한다. • 유아는 도형을 본 후 이를 재구성할 수 있는 적절한 시각적 이미지들을 형성하는 지각적인 능력이 부족하기 때문에 도형 간의 차이점을 명확하게 구분하지 못한다. • 간혹 유아들이 곡선도형과 직선도형이 다르다는 정도는 인식하여도 직선도형 내에서 삼각형, 사각형 등 도형 간의 차이 혹은 곡선도형 내에서의 다양한 도형 간의 차이는 구별하지 못한다. – 즉 타원형과 삼각형이 다르다는 것은 구별하지만, 삼각형과 사각형의 차이점은 구별할 수 없다. 따라서 도형 간의 차이점을 명확하게 구별하지 못한다고 할 수 있다. • 3세 이하의 유아는 대부분 이 단계에 속한다.

------------ MEMO

시각적 수준 **(visual level)**	• 전체적인 시각적 외양을 토대로 도형을 인식하는 수준이다. • 이 수준의 유아는 도형의 속성에 근거하여 변별하기보다는 도형에 대한 일반적이고 전체적인 모양으로 인식하고 판별한다. 　– 즉 '3개의 변', '4개의 각'이라는 도형의 특성을 의식하고 주목하여 도형을 구별하는 것이 아니라, 자신이 일상생활 속에서 자주 보았던 모양과 비슷한 것, 도형의 시각적 원형을 사용하여 도형을 설명한다. 　　예 시각적 원형을 사용하여 '상자같이 생겼으니까 사각형 혹은 네모 모양'이라고 도형을 설명한다. 　– 이들은 흔히 두 변이 이등변이고 밑변이 수평으로 이루어진 모양은 삼각형이라고 하지만, 꼭짓점이 아래로 향해 있거나 너무 뾰족하여 흔히 보는 삼각형과 다르게 생긴 것은 삼각형이 아니라고 한다.
기술적 수준 **(descriptive level)**	• 이 수준에서는 도형의 속성을 기준으로 도형을 인식하고 판단하며, 도형의 속성을 기술할 수도 있다. • 시각적으로 지각되는 모양을 분석함으로써 도형의 속성에 대해 알게 된다. 　예 시각적 수준에서 삼각형은 '세 변을 가진 도형'이라는 것을 알게 된다. • 그러나 동일한 유형의 도형들 간 차이나 관계에 대해서는 알지 못한다. 　– 정사각형과 직사각형의 속성을 인식하고 설명할 수는 있지만, 이들 간의 관계는 인식하지 못한다. • 기술적 수준의 유아는 도형의 성질을 표현하고 특정 성질에 따라 도형을 모으거나 분류할 수 있다.

5 도형의 조합과 분해 발달단계

(1) **도형의 조합과 분해 발달단계 – 클레멘츠(Clements, 2004)**

> 도형의 조합과 분해에 관한 여러 연구들을 개관해 보면 다음 단계와 같은 발달적 계열을 보인다 (Clements, 2004).

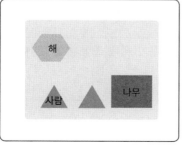

◈ 전조합 단계

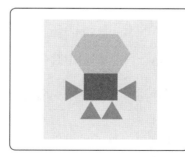

◈ 조각 모으기 단계

MEMO

전조합 (pre-composer) 단계	• 특정한 큰 모양을 나타내기 위하여 여러 개의 도형을 결합할 수 없고, 각각의 모양을 나타내기 위하여 별개의 도형을 사용한다. ⑩ 사람을 나타내기 위하여 하나의 도형을 사용하고, 나무를 나타내기 위하여 또 다른 도형을 사용한다. • 2~3세 유아들이 이 단계에 해당한다.
조각 모으기 (piece assembler) 단계	• 전조합 단계와 유사하지만 그림을 만들기 위하여 도형을 연결한다. – 다리 하나를 나타내기 위하여 도형 1개를 사용하고 다른 부분을 나타내기 위하여 또 다른 도형을 사용하는 것처럼 각각의 도형은 고유한 역할을 나타내기 위하여 사용된다. • 4~5세 유아들이 이 단계에 해당한다.
그림 만들기 (picture maker) 단계	• 하나의 모양을 나타내기 위하여 여러 개의 도형을 연결하여 사용한다. ⑩ 3개의 사각형을 연결하여 다리 하나를 만들어 낸다. 그러나 새로운 형태의 도형 모양을 예견하지는 못하고 시행착오를 거쳐 구성한다. • 5~6세가 되면 이 단계에 도달한다.

(2) 도형 합성 수준

전-합성자 (pre-composer)	하나의 모양을 나타내기 위하여 하나의 도형만을 사용하며, 도형을 모아놓기를 거부하거나 도형을 붙여놓지 못한다.
조각 조립자 (piece assembler)	• 도형을 연결하고 도형을 전체로 인식하지만, 도형들 간의 관계 또는 도형의 부분들 간의 관계는 인식하지 못한다. • 이때 각각의 도형은 고유한 역할을 나타내기 위해 사용되나, 뒤집기와 돌리기를 제한적으로 사용한다.
그림 제작자 (picture maker)	• 그림을 맞추기 위해 도형을 연결하며, 하나의 역할을 나타내기 위해 여러 개의 도형을 연결해서 사용한다. • 그러나 도형의 연결 결과를 예측하지 못하고, 변의 길이와 같은 단순한 기하학적 속성만을 고려하여 시행착오를 거쳐 구성한다. • 뒤집기와 돌리기를 사용한다.
도형 합성자 (shape composer)	• 의도와 기대를 갖고 새로운 형태를 만들기 위해 도형을 합성한다. • 길이와 각도를 고려하여 도형을 선택한다. • 혼합도형의 형태가 발달한다.
대치 합성자 (substirurion composer)	도형 간의 대치 관계를 인식·사용한다.

(3) 도형 분할 수준

전-분할자 (pre- decomposer)	도형의 분할을 거부하거나 원래 도형 그대로 놓는다.
조각 분할자 (piece decomposer)	도형을 2~3조각으로 나누고 대치하여 분할하기가 나타나기 시작하나, 대체적으로 1~2가지의 방법으로만 분할이 가능하다.
중복 분할자 (repeating decomposer)	시행착오를 통해 도형을 다른 도형으로 분할하고 대치해 놓을 수 있으나, 2~3가지의 방법을 중복 사용하여 분할을 나타낸다.
도형 분할자 (shape decomposer)	의도성과 기대성을 갖고 도형의 분할을 할 수 있으며, 가능한 모든 경우를 찾을 수 있고 중복된 분할은 없다.

UNIT 14 도형개념 지도방법

도형인식
지도 활동
	• 어린 유아는 촉감을 이용한 감각운동적 경험으로 도형에 대한 이미지와 감각을 형성하는 것이 중요하다.
	   - 도형을 보지 않고 만져만 보고 어떤 모양인지를 설명하거나, 그려 보기, 주변에서 여러 도형 찾아보기, 바닥에 그려진 도형 위를 따라 걷기, 지오보드 위에 도형 만들어 보기, 도형 색칠하기 등의 활동을 제공한다.
	• 유아들은 3차원 공간에서 생활하므로 입체를 구성하고 있는 면들의 모양에 주목해야 한다.
	   - 교사는 유아가 주변에서 여러 사물의 모양을 관찰하고 모양의 속성을 인식할 수 있도록 한다. 주변에서 굴러가는 것과 굴러가지 않는 것 찾기, 종이 위에 입체도형의 한 면을 대고 따라 그려 보거나 한 면을 찍어보는 것 등의 활동을 통해 입체와 평면도형을 연결할 수 있도록 지도한다.
	• 기하도형을 접하는 초기 단계에서는 도형 자체의 이름보다는 모양에 대한 속성을 이해하는 것이 중요하므로 유아에게 도형을 인식시키고 설명할 때 처음에는 친숙한 용어를 사용하고 점차 정확한 용어를 소개한다.
	   - 이때 유아가 사용하는 다양한 기하학적 용어를 개방적으로 수용해 주는 것이 바람직하다.
	     예 평행사변형을 '찌그러진 네모'라고 하거나 직삼각형을 '고깔모자 세모'라고 말할 수 있다.
	• 유아에게 도형을 소개할 때에는 각 도형의 예(example)와 예가 아닌 것(nonexample)을 함께 제공하여 특정 도형의 범주에 속하는지 아닌지를 생각할 수 있는 기회를 갖게 하면서 도형의 속성을 탐색하도록 한다.

	• 도형에 대한 인식 능력은 하루 일과를 통해 자연스럽게 길러준다.
	  − 지시적 용어(이것, 저것)보다 구체적 용어를 사용한다.
	    예 "물건을 저기에 두자"보다는 "동그란 쟁반에 원뿔 모자를 얹어서 네모 탁자에 올려 두자"라고 한다.
	• 주변 환경에서 여러 가지 모양을 찾아보게 한다.
	• 물체뿐만 아니라 물체의 형태적 특성을 생각하게 한다.
	  − 수수께끼: 유아에게 문제를 만들게 하면 흥미를 가지고 더욱 적극적으로 참여할 수 있다.
	• 다양한 모양을 자유롭게 만들어 보게 한다.
	  − 핑거페인팅을 이용한 모양 만들기, 별모양 및 하트모양을 종이에 찍어 꾸미기 등
	• 모양 구별하기 및 분류하기 경험을 제공한다.
	  − 같은 모양끼리 짝짓기 또는 분류하기, 도형 도미노 만들기
	  − 종이에 인쇄된 도형 모양 위에 그 도형과 같은 모양의 물건 올려놓기
	  유의점 영유아는 원, 사각형, 직사각형, 삼각형의 순으로 도형을 인식하게 되며, 처음부터 여러 도형을 소개하기보다는 한 가지씩 알려주되, 입체도형보다 평면도형을 먼저 소개하는 것이 바람직하다.

도형의
변환과 대칭
	• 일상생활 속에서도 도형의 변환 및 대칭을 발견하게 한다.
	  − 신체 회전 또는 회전 물체 타보기: 변환 중 돌리기에 대한 이해 촉진
	  − 주변 자연물이나 교실에서 대칭인 것 찾아보기
	• 유아의 이해 수준에 맞추어 활동의 난이도를 조절한다.
	  − 단면 퍼즐: 퍼즐 조각을 옮기고 주변 형태에 맞추어 조각의 방향도 돌려보아야 하지만, 조각의 뒷면에 그림이 없으므로 뒤집기를 할 필요는 없다.
	  − 양면 퍼즐: 옮기기와 돌리기뿐만 아니라 뒤집기도 해야 하므로 단면 퍼즐보다 어렵다.
	• 미술활동을 통해 대칭의 원리와 아름다움을 느끼게 한다.
	  − 데칼코마니
	  − 색종이 접기
	  − 대칭인 미술 작품 감상하기
	• 대칭을 이해하기 위해 절반의 모양으로 전체 모양을 추측하게 한다.
	  − 절반만 보고(예 반 원) 어떤 도형인지 말하기(동그라미)
	  − 절반만 보고(예 반 원) 나머지 반쪽을 채워 그리기

도형의
합성과 분할
지도 시
유의사항
	• 지도 시 가장 중요한 것은 유아에게 여러 가지 해결책이 다양하게 있을 수 있다는 유연한 사고와 함께 스스로 자유롭게 문제를 해결해 나갈 수 있도록 격려하는 것이다.
	  − 패턴의 합성으로 새로운 모양을 만드는 과정에서 유아는 패턴블록을 부를 때 도형 이름 대신 색깔로 말하는 경우가 있는데, 도형의 이름에 따라 블록을 인식하고 명명하도록 지도하여야 한다.
	  − 일과를 통해 도형의 합성과 분할을 경험하게 한다.
	    예 도형 합성의 예로 큰 쟁반이 없을 때 작은 쟁반을 두 개 연결하여 사용하고, 도형 분할의 예로 피자나 케이크를 자를 때 조각된 모양이나 나눠진 개수를 보면서 분할과 합성에 관심을 갖게 하는 것을 들 수 있다.
	  − 유아의 이해 수준에 맞추어 활동의 난이도를 조절한다.
	    예 도형의 윤곽선을 모두 제시 ➡ 그림 없이 상상하거나 실물 사진을 보고 합성하기
	  − 수개념을 적용하여 도형의 합성과 분할 개념을 경험하게 한다.
	    예 사각형에 필요한 삼각형의 수를 추산하고, 도형의 종류별 사용 수 비교하기 등

MEMO

- 일과를 통해 도형의 합성과 분할을 경험하게 한다.
  - 피자나 케이크를 자를 때 조각 모양이나 개수에 관심을 갖게 한다.
  - 큰 책상이 없을 때 작은 책상을 두 개 연결하면 됨을 보여준다.
- 유아의 이해 수준에 맞추어 활동의 난이도를 조절한다.
  - 예시 그림에 도형의 윤곽선 모두 제시하기
  - 예시 그림에 도형의 윤곽선 부분적으로 제시하기
  - 예시 그림에 도형의 윤곽선 없이 전체적인 모양만 제시하기
  - 도형 예시 그림 없이 상상하거나 실물 사진을 보고 합성하기
- 도형의 합성과 분할 시 수개념을 적용한다.
  - ~을 만들기 위해 필요한 도형의 수 예측하기
  - ~을 채우기 위해 사용한 도형의 수세기
  - 도형 종류별로 사용한 수 비교하기

III 측정

UNIT 15 **측정의 내용** – 비교하기(comparison)

KEYWORD # 비교하기의 유형, 단순서열, 이중서열

개념	• 비교하기는 두 개의 물체를 어떤 속성에 따라 관계짓는 것으로 순서짓기보다 먼저 발달하며, 이후 순서를 지을 수 있는 능력의 기초가 된다.
	  – 비교하기를 위해서는 비교의 기준이 되는 속성이 있어야 하며, 영유아가 흔히 비교 기준으로 사용하는 속성은 길이(긴/짧은), 크기(큰/작은), 무게(무거운/가벼운), 속도(빠른/느린), 높이(높은/낮은) 등이다.
	  – 비교하기는 주로 두 물체의 속성을 시각적으로 관찰했을 때 나타난다.
	• **전조작기 초기의 유아**
	  – 전조작기 초기의 유아는 보존개념이 형성되지 않아서 두 물체를 비교할 때 주로 지각에 의존한 직관적 측정을 한다.
	  – 길이가 같은 두 개의 연필을 비교할 때 연필 양쪽 끝을 살피지 못하고, 한쪽 끝만 보고 판단하여 아래 연필이 위 연필보다 길다고 말하는 것이다.
	
	◈ **지각에 의존한 길이의 비교**

비교 유형은 연령에 따라 3세에는 직관적 비교 중심, 4세에는 직접비교 중심, 5세에는 간접비교를 활용한 측정이 나타나게 된다.

유형 (Reys, Suydam & Lindquist, 1994)	시각적 비교	• 물체의 크기 차이가 두드러져 지각적 요소만으로 비교가 가능한 경우이다. – 영아들에게도 길이나 크기의 차이가 많이 나는 사물을 비교하도록 제시하여 '두 물건 중 어느 것이 더 클까(더 길까)?'와 같은 질문으로 시각적 비교의 기회를 제공할 수 있다.

	직접적 비교	• 물체의 크기 간의 차이를 파악하기 위해 두 물체를 나란히 놓거나, 한 물체를 다른 물체 위에 겹쳐 놓는 방법 등을 사용하여 그 차이를 비교하는 경우를 말한다.
		  – 유아들에게 두 개 이상의 물체를 제시하고 두 물체 중 어느 것이 더 긴지, 큰지, 무거운지를 알아보도록 하여 길이, 넓이, 부피, 무게를 비교하도록 지원할 수 있다.
		    예 우리 반에서 누구의 발자국이 제일 클까?, 어떤 것이 더 길까?, 6살이 5살보다 키가 클까?, 사과와 오렌지 중 어느 것이 더 무거울까? 등
		  – 이러한 경험을 통해 유아들은 '~보다 작은, 더 큰, 넓은, 좁은, 더 무거운, 가벼운, 더 긴' 등 물체의 특성이나 비교와 관련된 어휘에 익숙해질 수 있다.

	간접적 비교	물체를 직접 비교할 수 없을 경우 사용하는 방법으로, 제3의 물체를 사용하여 비교하는 것이며, 이행성의 개념이 포함된다.

지도방안		• 일과 속에서 비교하기와 관련된 용어를 사용하는 시범을 보여준다.
		   – 정확한 비교 용어를 사용하여 상호작용한다.
		     ⓪ 어떤 친구가 구슬이 더 많을까?
		   – 반대되는 비교 용어를 함께 사용한다.
		     ⓪ 어제는 일찍 왔는데, 오늘은 늦었네.
		 • 다양한 구체물의 속성을 비교해 볼 수 있는 활동을 제공한다.
		   – 여러 가지 물체 중 비슷한 물체를 고르고, 무엇이 비슷한지 말해본다.
		   – 여러 물체들 중 다른 한 물체를 고르고, 어떻게 다른지 말해본다.
		 • 여러 물체들을 서로 반대되는 속성에 따라 분류해 보는 경험을 제공한다.
		   – 커다란 동물과 작은 동물을 분류해 본다.
		   – 뜨거운 음식과 차가운 음식을 분류해 본다.
		 • 비교하기 전략을 모델링해 본다.
		   – 두 물체를 나란히 놓고 비교하기
		   – 잴 때 양쪽 끝 맞추기
		 • 물체간의 차이가 뚜렷하지 않은 경우 정교한 비교하기를 위해 돕는다.
		   – 두 물체를 나란히 두기 : 길이
		   – 보조 도구(⓪ 저울) 사용하기 : 무게

UNIT 16 측정의 내용 – 순서짓기(서열화)

개념	• 순서짓기(comparison)는 서열화(seriation)라고도 하며, 세 개 이상의 물체를 속성에 따라 순서대로 배열하는 것을 의미한다.
	   – 순서짓기를 하려면 시작과 방향이 있고, 일관된 규칙이 적용되어야 한다. 즉 어느 쪽에서 순서짓기를 시작해도 좋지만 중간에 진행 방향을 바꾸면 안 된다.
	   – 처음 순서짓기를 할 때 유아는 두 개의 물체를 비교하는 것으로 순서짓기를 시작하나, 점차 전체적인 순서를 동시에 생각하여 순서대로 배열할 수 있게 된다.
	 • 물체의 어떤 공통적인 속성의 차이에 따라 순서대로 배열하는 것으로 순서짓기를 위해서는 물체들 간의 반복적이며 연속적인 비교가 이루어져야 하므로 비교하기 능력이 필수적으로 요구된다.

순서짓기 관계에서 공통적인 원칙	• 3개 이상의 물체들을 순서짓기 하는 관계에서 공통적인 원칙은 '이행성'이다.
	   – 이행성은 같은 종류의 양 A, B, C를 비교할 때, A와 B의 관계, 그리고 B와 C의 관계로부터 A와 C의 관계를 논리적으로 추론해 내는 것이다.
	     ⓪ A＝B이고 B＝C이면 A＝C가 된다는 관계를 논리적으로 추론할 수 있다.
	   – 측정 과정에서 이행성에 대한 이해가 필수적이므로 유아들은 물체의 길이, 무게, 크기 등과 같은 속성에 따라 순서지어 보는 경험을 많이 하는 것이 필요하다.

발달과정 (Smith, 1997)		• 순서를 짓는다는 것은 사물들을 비교하고 적절한 곳에 배열할 줄 아는 두 가지의 사고를 동시에 요구하는 과업이다. 　– 따라서 만 3~4세 유아들이 이해하기는 어려운 개념으로 만 4~5세경에 시행착오를 통해 사물들을 여러 번 옮겨 보고서야 순서짓기를 할 수 있게 되고, 만 5~6세 이후가 되어야 사물들을 관찰하여 일정한 순서대로 늘어놓는 능력이 발달한다.
	3~4세	• 물체 간의 차이를 비교할 수 있고, 처음 두세 개는 순서대로 배열하지만 개수가 많아지면 지속적으로 순서를 짓지 못한다. • 길이가 다른 연필을 주면 순서대로 배열하지 못하고 아무렇게나 놓는다.
	5~6세	• 시행착오를 통해 여러 개의 막대를 순서대로 놓을 수 있다. • 그러나 추론을 통한 순서짓기가 이루어지지 않아, 빠진 것을 적절한 위치에 놓지 못하고 처음부터 다시 배열을 시작하게 된다. 　– '~보다 크고 ~보다 작다'는 관계를 고려하기 어렵다. • 길이가 다르다고 말하면서도, 위쪽을 기준으로 맞춘 후 길이가 같다고 말하는 혼란스러운 상태이다.
	6~7세	• 추론을 통해 먼저 계획하고 나서 체계적으로 배열할 수 있으며, 순서짓기를 양방향으로 할 수 있다. • 길이가 다른 막대를 순서짓기 할 때 막대의 양쪽 끝을 다 고려하며, 막대를 움직이기 전에 모든 막대를 정신적으로 생각한다. 즉 A>B이고 B>C이면 A>C임을 추론할 수 있으므로 먼저 계획하고 나서 체계적으로 배열한다. 그리고 순서짓기를 양방향으로 할 수 있다. 예 큰 것에서 작은 것 순서로 배열할 수 있을 뿐만 아니라 작은 것에서 큰 것의 순서로도 늘어놓을 수 있다. • 가역적이거나 이중적 관계도 적용하여 배열한다.
유형	단순서열	• 단순서열은 세 개 이상의 사물을 한 가지 속성에 따라 배열하는 것이다. 　– 단순서열의 기초는 비교하기 능력으로, 유아가 처음부터 많은 양의 물체를 사용하면 오류로 인해 변별이 잘 시행되지 않을 수 있다. 　– 먼저 두 개의 물체를 서로 비교한 후 세 개의 물체를 순서적으로 서열화하고, 점차 물체의 개수를 늘려야 한다. 　– 처음부터 다섯 개 이상의 물체를 사용하면 시각적으로 쉽게 변별되지 않기 때문에 바람직하지 않다.
	이중서열	• 이중서열은 일대일 대응을 사용해서 두 집단의 사물들을 순서적으로 배열하는 것으로, 두 집단의 짝을 지어 순서적으로 배열하는 것을 의미한다. 예 이중서열의 대표적인 예는 아빠 곰에게는 큰 그릇, 엄마 곰에게는 중간 그릇, 아기 곰에게는 작은 그릇을 짝 지으면서 배열하는 것이다. 　– 그러나 서로 반대 방향으로 배열하는 것도 가능할 수 있다. 예 아빠 곰은 다이어트를 하기 때문에 작은 그릇, 엄마 곰은 중간 그릇, 아기 곰은 키가 커야 하니까 큰 그릇을 갖도록 짝지을 수 있다.

복합서열	• 복합서열은 세 개 이상의 물체를 두 가지 속성을 동시에 고려하여 순서대로 배열하는 것이다.
	    – 유아에게 지도할 때에는 한 가지 속성에 따라 사물을 배열하는 단순서열을 충분히 익힌 후에 복합서열을 시작하는 것이 바람직하다.
	       예 원기둥의 높이와 둘레에 따른 복합서열을 이용한 몬테소리 교구를 예로 들 수 있다. 즉 왼쪽에서 오른쪽으로 갈수록 원기둥의 높이는 높아지면서 원 둘레는 좁아진다.
	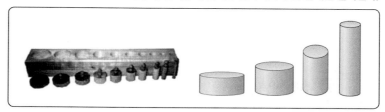
	◈ 복합서열 관련 몬테소리 교구

지도방법	• 영유아의 서열화 발달을 돕기 위해서는 물체의 속성에 대한 인지가 먼저 이루어지고 비교가 가능해져야 한다. 길이에 대한 개념이 발달하기 전 유아는 두 연필 중 어떤 것이 더 긴지 판단할 수 없기 때문이다.
	① 일과를 통해 서열화의 경험을 제공한다.
	   예 장난감이나 교구 등의 정리 시 순서대로 보관하게 한다. 게시판에 일과시간표를 사진이나 그림으로 만들어 순서대로 붙여놓는다.
	② 서열화 관련 용어를 사용하여 지도한다.
	   – 정확한 서열화 용어를 사용하여 상호작용한다.
	     예 색연필의 길이가 가장 긴 것부터 짧은 것 순으로 연필통에 넣어보자.
	   – 반대되는 비교 용어를 함께 사용한다.
	     예 큰 상자는 아래쪽 선반에, 작은 것은 제일 위쪽 선반에, 중간 크기는 가운데 선반에 놓아 작은 것부터 순서대로 정리해 볼까요?
	③ 물체 간의 같은 점과 다른 점을 발견하도록 장려하여 속성에 따른 순서짓기를 할 수 있도록 돕는다.
	   – 물체의 개념 중 같은 속성을 찾는 경험을 하도록 한다.
	     : 여러 가지 물체 중 비슷한 물체를 고르고, 무엇이 비슷한지 말하기
	   – 물체들 간의 다른 속성을 찾는 경험을 하도록 한다.
	     : 여러 물체들 중 다른 한 물체를 고르고, 어떻게 다른지 말하기
	     예 이 연필들은 어떤 점이 다를까? 가장 짧은 것은 어느 것이니?
	④ 물체들 간의 반대되는 속성에 따라 분류해 보는 경험을 하도록 한다.
	   – 빠른 것과 느린 것, 뜨거운 것과 차가운 것 등 반대 개념 찾기
	     예 교통수단 중 빠른 것과 느린 것은 무엇이 있을까요? 속도가 느린 것에서 빠른 순서로 장난감을 정리해 보아요.
	⑤ 사물들 간의 차이가 확연하게 나지 않는 경우, 정교한 비교하기를 할 수 있도록 경험을 제공한다.
	   – 두 물체를 나란히 두기 : 길이를 기준으로 한 서열화
	     : 긴 것 ➡ 짧은 것 순으로 순서짓기
	     : 짧은 것 ➡ 긴 것 순으로 순서짓기
	   – 보조도구(저울) 사용하기 : 무게를 기준으로 한 서열화
	     : 가벼운 것 ➡ 무거운 것으로 순서짓기
	     : 무거운 것 ➡ 가벼운 것으로 순서짓기

⑥ 유아의 발달에 따라 서열화 난이도를 조절한다.
- 먼저 두 개를 비교한 뒤 세 개를 순서짓고 차차 숫자를 늘려간다.
- 세 개를 순서짓기 어려워한다면, 그중 가장 긴 것을 고르게 한 뒤에 나머지 두 개를 비교하게 한다.
- 이해를 잘 하지 못하는 경우는 처음 몇 개는 교사가 먼저 시범을 보여주거나 배열한 후 나머지를 유아가 놓아보게 한다.

UNIT 17 측정개념

KEYWORD # 측정기술, 비표준단위, 양팔저울

1 측정의 의미

(1) 개념

- 측정은 물체가 가지고 있는 연속적인 속성에 수를 부여하는 수학적 과정으로, 다양한 사물의 속성을 서로 비교하고 연속적인 양을 적절한 단위를 사용하여 사물 간의 관계 정의하는 과정이다 (Clements & Stephan, 2004).
- 측정은 어떤 대상을 수치화하여 나타내는 것으로서 '재는 것'으로 표현한다.
  - 이러한 측정의 기초가 되는 개념으로는 비교하기와 순서짓기가 있다. 두 개의 물체를 어떤 속성에 따라 관계짓는 것이 비교하기라면, 세 개 이상의 물체를 속성에 따라 순서대로 배열하는 것이 순서짓기이다.
- 측정 능력의 구성: 피아제는 보존성과 이행성의 원리를 이해해야 한다고 주장했다.
- 요구되는 능력: 측정하고자 하는 물체의 특성을 파악하여 측정하기 위한 적절한 단위를 선택하는 능력이 요구된다.

Plus⁺ 양에 대한 보존개념의 발달
- 측정에 대한 유아의 이해를 연구한 최초의 학자는 피아제로 길이, 부피, 면적 등에 대한 보존개념의 이해를 연구하면서 시작되었다.
  - 전조작기의 유아들은 지각적인 판단에 의존하기 때문에 용량이 같은 두 컵에 들어 있는 물을 넓은 컵과 높은 컵에 각각 옮겼을 때 높은 컵의 물이 많다고 판단하고, 같은 양의 2개의 찰흙도 기다랗게 만든 것이 동그랗게 뭉쳐 놓은 것보다 양이 더 많다고 판단한다.
  - 또한 6세경에 수의 보존개념을 가장 먼저 획득하고, 8세경이 되면 부피의 보존개념을 이해하며, 10세가 넘어야 무게의 보존개념을 획득한다고 보고 있다(Clements & Stephan, 2004).
  - 일반적으로 양의 보존개념은 비록 구체적 조작기인 학령기에 가서야 이해할 수 있지만, 전조작기에도 양에 대해 중요한 발달적 변화를 보인다. 양에 대한 영유아기의 보존개념 발달은 다음과 같다(홍혜경, 2010).
    ① 수준 0(0~2세): 시각화 수준
    ② 수준 1(3~4세): 물체의 외형에 따라 직관적으로 양을 판단한다. 컵의 물 높이가 물의 양을 판단하는 기준이 되어 물 높이가 높을 경우 양이 더 많다고 판단한다.

③ 수준 2(5~6세) : 양의 보존개념 획득의 전환적 시기라고 볼 수 있다. 더 높은 높이의 물이 더 많다고 생각하지만, 다시 원위치될 때 자신의 생각이 틀렸음을 알게 된다. 외양의 높이만 고려하는 것은 잘못이 있음을 알지만, 높이와 넓이를 동시에 고려하는 것을 어려워한다.
④ 수준 3(7세 이상) : 양의 판단에 두 요인을 동시에 고려하여 양은 위치적 변화에 상관없이 그대로 보존됨을 이해할 수 있게 된다.

(2) 측정 내용

직접적인 측정 (물리적 양)	• 길이, 무게, 부피, 면적에 대해 구체적인 사물의 직접적인 측정을 한다. • 직접적 측정을 위해 유아는 측정의 단위를 이해하고, 성인이 사용하는 표준화 단위는 아니더라도 물체의 특성을 측정할 수 있는 임의의 사물을 단위로써 사용할 수 있어야 한다.
간접적인 측정 (비물리적 양)	• 구체적으로 측정할 수 없는 시간, 온도 등을 알아볼 수 있는 능력이 요구된다. • 간접적 측정은 사물이나 사건의 수량적 상징화가 요구되기 어렵다. • 유아기의 간접적 측정은 하루의 활동 시간, 달력의 요일 등과 같은 활동을 통해 시간개념의 기초를 형성하도록 도와주어야 한다.

(3) 측정단위의 종류

구분	비표준화된 측정도구	표준화된 구체물 (조작적 표준단위)	표준단위	표준화된 측정도구
길이	손의 뼘, 걸음, 국자, 클립, 연필, 실	유니픽스 큐브, 2cm 큐브, 5cm 적목	cm, m, km	자, 줄자
넓이	색종이, 타일(정사각형 모양 교구), 책, A4용지, 포스트잇, 투명 격자무늬판, 모눈종이와 같이 바둑판 모양으로 그려진 종이	2cm 큐브, 5cm×5cm 종이 등 일정 크기의 정사각형 사물들	cm^2, m^2	
부피	숟가락, 종이컵, 주전자, 양동이	우유갑, 주스병, 페트병	cm^3, m^3, cc, mℓ, ℓ	계량스푼, 계량컵
무게	양팔저울, 용수철저울, 동전, 바둑알, 사과	양팔저울, 20g 구슬 등 일정 무게의 사물들	g, kg	저울

임의(측정)
단위
(비표준
단위)
	• 뼘, 발, 클립 등 신체의 일부분을 단위로 사용하거나 친숙한 사물이 단위로 사용되는 것이다.
	  − 유아가 쉽게 사용할 수 있는 것으로, 유아는 다양한 임의단위를 사용하며 큰 단위와 작은 단위의 관계를 이해하고, 측정 가능한 속성인 길이, 넓이, 들이, 무게에 대한 감각을 익힐 수 있다.
	    ① 신체를 이용하는 경우
	    ② 주변에서 쉽게 접할 수 있는 친숙한 물건이나 자료를 사용하는 경우
	  − 유아를 위한 측정에서는 일반적으로 표준화된 단위의 사용보다 비표준화 단위의 사용을 먼저 경험할 수 있도록 권장한다.
	• **임의단위를 사용해야 하는 이유**
	  ① 유아들에게 친숙한 단위이다.
	    − 유아는 자나 저울 등의 표준단위보다 연필이나 블록 등의 임의단위를 더 쉽게 접한다.
	  ② 측정하는 속성에 대한 직관적인 이해가 가능하다.
	    − 연필이나 지우개 등의 임의단위는 유아가 측정하려는 속성을 직관적으로 이해하도록 돕는다.
	  ③ 표준단위의 필요성을 인식시켜 준다.
	    − 임의단위를 사용하는 중에 표준단위가 필요한 이유를 인식하게 되어 측정에 대한 이해를 확장시킨다.
	    − 측정값이 다르게 나오면서 인지적 갈등을 유발하게 되므로 사용이 권장된다.
	• **문제점**
	  − 단위의 길이가 일정하지 않기 때문에 정확하게 잴 수 없으며, 재는 시기나 방법, 재는 사람에 따라 측정값이 다르게 나오는 것이 문제이다.

조작적
표준단위
(표준화된
구체물)
	• 표준단위처럼 정확하고 규칙적인 증가폭이 있는 물체를 단위로 사용하여 측정하는 것이다.
	  − 단위의 수리적 표상을 포함하는 조작적 표준단위(표준화된 구체물) 사용은 유아의 길이 측정에 대한 이해를 돕는다.
	  − 유아에게 친숙한 사물인 조작적 표준단위는 임의단위와 표준단위를 연계하는 데 유용하다.

표준단위	• 모든 사람이 공통적으로 사용하는 단위로, cm, kg, ℓ 등이 있다.
	  − 유아는 신체를 계측하고 요리 활동 시 계량도구를 사용하는 등 다양한 표준단위를 경험하므로, 이에 대한 이해가 가능하다.
	  − 임의단위 외에 자나 계량컵과 같이 유아에게 친숙한 '표준화된 측정도구'를 함께 사용하여 측정하는 것은 측정개념과 기능의 발달에 도움이 된다.
	  − 그러나 유아 단계에서는 표준단위를 정확하게 사용하는 기술, 즉 측정한 수치를 읽는 것을 강조하지 않아도 된다.
	• **표준단위 도입을 위한 지도 시 고려사항**
	  − 표준단위가 도입되기 전 여러 가지 임의단위를 사용하여 구체물의 길이를 재어보게 함으로써 임의단위의 불편함을 인식할 수 있도록 한다.
	  − 임의단위의 불편함(불합리성)을 해소하는 방안으로 표준단위의 필요성을 인식할 수 있도록 한다.

MEMO

⑷ 비표준단위 사용의 필요성

- 측정단위는 크게 '표준단위'와 '비표준단위'로 나눌 수 있는데, 구체적 조작기 이전의 유아에게는 비표준단위의 사용이 적합하다.
  - 표준단위인 자나 저울의 눈금보다 주변에서 흔히 접하는 친숙한 물체가 이해하기 쉽기 때문이다.
  - 단위의 크기 측면에서 비표준단위가 유아로 하여금 지각적으로 경험하기에 적합한 크기이기 때문이다.
    - 예 10g은 유아가 시각적으로 측정하기에는 너무 적은 무게이며, 3m는 너무나 긴 길이이기 때문에 주변에서 자주 접하는 연필이나 지우개 등이 그 무게나 길이 측면에서 보다 실제적으로 의미를 전달할 수 있다.
  - 비표준단위는 유아들에게 인지적 갈등 상황을 유발할 수 있다.
    - 예 '발'이라는 비표준단위를 이용해 전지에 그려진 커다란 공룡의 길이를 측정하는 경우, 유아의 발로는 10배의 길이지만 교사의 발로는 7배의 길이로 나타날 수 있다. 또한 같은 유아가 잴 경우에도 결과가 다르게 나오게 된다. 따라서 먼저 교사는 유아가 자신의 신체를 이용하여 측정하고, 측정 결과 몇 단위였는지 말하게 하며(7발), 이때 신체단위를 일관성 있게 적용해야 함을 깨닫도록 해주어야 한다(발뒤꿈치를 정확히 맞춘다). 또한 같은 신체단위를 사용해도 측정한 사람이 다르면 측정 결과도 다를 수 있음을 경험하게 할 수 있다. 이와 같이 유아가 신체단위로 측정을 경험하다 보면 신체단위로 측정하는 것이 불편하다는 것을 알게 되고 여러 사람이 동의할 수 있는 표준단위가 필요함을 인식하게 된다.

⑸ 측정 활동의 순서

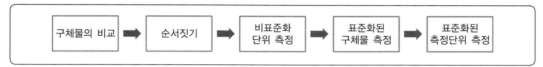

구체물의 비교	• 자기만의 방식으로 측정하는 경험을 격려하며, 유아들은 직접 비교 방법으로 순서화하는 경험을 먼저 할 수도 있다. • 역할놀이를 하면서 그릇에 작은 블록이나 솜을 담거나, 비닐봉지에 고무공 혹은 다른 작은 놀잇감을 담으며 자연스럽게 무게를 비교해 볼 수 있다.
속성에 따른 순서짓기	"어느 것이 가장 길지?", "○○보다 더 무거운 것은 무엇이니?", "그 다음에 무거운 것은 무엇이니?"와 같은 질문을 통해 비교하거나 순서짓기를 격려한다.
비표준 측정단위로 측정하기	• 유아들이 자신의 신체를 사용하여 측정할 때에는 신체 단위를 일관성 있게 사용하도록 지도한다. 손을 크게 펴서 측정한 것과 손을 살짝 펴서 측정한 것은 결과가 다르게 나오기 때문이다. • 신체를 이용하여 측정했을 때, 재는 사람마다 결과가 다르다는 것을 발견하도록 한다. 예 교사가 손을 벌려서 재면 네 번인데, 유아가 재면 다섯 번인 것을 발견하도록 하면서 "선생님이 잰 것은 네 번이었는데, 왜 너는 다섯 번이 나왔을까?"와 같은 질문을 할 수 있다.

표준화된 구체물로 측정하기	• 측정하는 사람에 따라 결과가 달라지지 않도록 하기 위해 임의단위 사용의 필요성을 깨닫도록 한다. • 임의단위로는 클립, 블록, 끈, 타일, 종이, 종이컵, 상자, 동전, 바둑알, 구슬 등을 사용할 수 있으며, 이때 측정하고자 하는 사물의 특성에 맞는 임의단위를 사용하도록 돕는다.
표준 측정 단위로 측정하기	교사가 적절한 도구(자, 저울, 계량컵 등)를 사용하여 측정하는 모습을 보여 주고, 표준단위를 사용하여 측정하는 방법을 소개한다.
유의사항	• 측정의 학습은 길이(높이)에만 국한하지 말고, 면적, 부피, 무게, 시간 등 다양한 영역의 측정과 관련된 경험을 제공하도록 한다. • 측정을 위한 활동의 순서는 구체물 비교하기 ➡ 속성에 따른 순서짓기 ➡ 비표준화된 측정단위로 측정하기 ➡ 표준화된 구체물로 측정하기 ➡ 표준화된 측정단위로 측정하기의 순서로 제공해야 한다. • 유아가 실제 상황에서 측정 활동을 경험하고 참여할 수 있도록 유도한다. 　예 유아가 쌓아놓은 구성물의 높이를 서로 비교하기, 티라노사우르스의 키는 얼마나 되는지 알아보기, 컴퓨터 활동을 얼마 동안 할 것인지 정하기 등의 활동을 제공하도록 한다. • 유아가 직면하는 실제 상황을 제시하여 측정에 참여할 수 있도록 유도한다. • 측정과 관련된 대화를 유도하면서 측정 활동을 격려·질문하여 측정 관련 어휘를 사용할 기회를 제공한다. • 측정기술 사용 시 단위를 반복할 때 사이가 벌어지지 않게 정확하게 연결하거나, 물체들의 한쪽 끝을 맞추어 배열하도록 지도한다.

2 측정단위 선택

측정단위 선택	• 단위 이해 정도가 측정개념의 이해 정도를 보여주는 지표라는 말이 있을 정도로 (Hiebert, 1981), 길이, 넓이, 부피, 무게와 같이 물체의 특성에 적합한 측정단위를 선택하는 것은 측정 과정에서 매우 중요한 개념이다. 　예 "길이는 손뼘이나 줄자 등으로 재는데 몸무게를 재려면 무엇이 필요할까? 자로 재면 될까? 아니야? 왜 그렇게 생각하니?"와 같은 질문을 통해 넓이, 부피, 무게의 측정단위를 선택할 수 있도록 지원할 수 있다. 　－ 유아들이 물체의 특성에 적합한 측정단위를 선택할 수 있도록 비표준화된 도구, 유니픽스 큐브와 같은 표준화된 구체물, 자, 저울, 계량스푼 등의 표준화된 측정도구를 비치하여 자발적으로 선택해 측정해 볼 수 있도록 한다. • 유아들은 측정단위의 크기와 관계없이 측정된 수가 같으면 물체의 크기가 같다고 생각하기도 한다. 　－ 그러나 점차 똑같은 물체라도 측정된 단위의 크기에 따라 결과가 달라질 수 있다는 것, 즉 단위의 크기가 커질수록 측정된 수가 작아질 수 있다는 것을 이해하게 된다. 　－ 이 개념은 표준화된 단위의 필요성을 인식하는 계기가 되기도 한다.

곡선	똑같은 길이라도 곡선을 측정할 경우 끈이나 훌라후프를 이용하도록 지원할 수 있다.
넓이	• 넓이 측정의 경우 사각타일, 색종이, 격자무늬 종이나 투명 필름 등을 활용하도록 지원할 수 있다. • 면적을 측정하기 위해서는 원 모양보다는 사각형 모양의 물체가 적합할 것이다.
물체의 크기(규모)	• 물체의 크기(규모)에 적합한 단위를 선택하는 것도 필요하다. 　- 박성택(1994)은 단위의 크기는 측정하려는 대상보다 작고, 취급이 간편한 것이 좋으며, 단위의 모양은 겹쳐지거나 빈틈없이 메울 수 있는 것이 선호된다고 하였다. 　　⑩ 욕조의 물을 숟가락으로, 연필을 긴 막대기로, 집에서 학교까지의 거리를 클립으로 잰다는 것은 단위의 특성에는 적합하지만, 크기와 규모로 볼 때 효율성에 문제가 있다.

3 측정 기술

① 측정하고자 하는 물체를 측정단위로 모두 덮어야 한다.
- 길이 측정으로 설명하면, 측정하고자 하는 물체의 한쪽 끝부분부터 시작하여 반대편 끝부분까지 측정단위로 덮어야 한다.
- 즉 측정해야 할 물체와 측정단위 끝을 잘 맞춤으로써 중간부터 시작하거나 끝부분에 도달하지 않은 채 끝나지 않아야 한다.
- 부피 측정의 경우 측정하고자 하는 용기에 물을 컵으로 담아 컵의 수를 세며 측정한다면, 측정을 시작할 때 용기가 비어 있어야 하고, 용기에 물을 가득 채울 때까지 컵의 수를 세어야 한다.
② 측정단위 사이에 빈틈이 있거나 측정단위가 서로 겹치지 않도록 배열해야 한다.
- 클립을 사용하여 길이를 측정한다면 클립들 사이에 간격이 생기지 않고, 클립들이 서로 겹치지 않도록 배열해야 한다.
- 포스트잇을 이용하여 책의 넓이를 측정한다면 포스트잇 사이에 간격이 생기거나 겹치지 않도록 배열해야 한다.
③ 측정단위를 중간에 바꾸지 말고 처음부터 끝까지 일관성 있게 사용해야 한다.
- 숟가락을 이용하여 부피를 측정한다면 중간에 크기가 다른 숟가락으로 측정단위를 변경하지 말아야 한다.
- '측정 도중 단위를 바꾼다면 어떻게 달라질까? 두 물체의 길이를 비교하면서 하나는 긴 막대기로, 또 하나는 짧은 막대기로 잰다면 어떤 일이 벌어질까?'와 같은 질문을 통해 일관성 있게 측정단위를 사용해야 하는 이유에 대하여 생각해 보도록 도울 수 있다.
④ 이외 나머지 처리도 측정 기술에 해당한다.
- 유아들은 나머지가 생기면 어떻게 처리해야 할지 당황하기도 하지만, 나머지가 있으면 모두 하나 더 큰 것으로 보거나 반대로 적으면 없애버리는 반올림의 방식을 고안하는 등 자신들만의 방안을 만들어 내기도 한다.

4 **측정 어림**

- 어림하기란 알고 있는 것을 사용하여 얼마나 되는지 알아보는 것으로, 정확하지는 않지만 논리적이어야 한다.
  - '이 병에 100숟가락을 담을 수 있다고 말하면 어떠니? 그러면 0숟가락은 어때?'와 같은 질문으로 어림을 격려할 수 있다.
  - 측정 전 '얼마나 될까?'와 같은 질문으로 어림하기를 지도하도록 격려하고, 측정 과정 중 참조 체계를 활용하여 어림할 수 있도록 함으로써 측정 전에 했던 어림을 수정할 기회도 제공한다. 즉 한 숟가락 넣고, 또는 두 발자국 세고, 혹은 큐브 3개를 놓았을 때 어림치를 바꿀 수 있도록 한다. 또한 측정 후 다시 처음 어림했던 것과 비교하도록 할 수 있다.

5 **지도방법**

측정을 교육하는 데 일반적으로 적용되는 유의사항은 다음과 같다(홍혜경, 2010).
- 측정을 수행하려면 측정의 개념과 절차에 대한 이해뿐만 아니라 측정을 위한 기술도 적용할 수 있어야 한다.
  - 먼저 양을 잴 때 시작점을 동일하게 하고 단위 간의 간격이 없어야 하며, 나누어진 단위에 수를 부여하려면 단위의 측정이 끝난 뒤에 수단어를 부여해야 한다는 것을 배워야 한다. 이와 같은 측정의 절차와 기술을 돕기 위해 활동을 순차적으로 제시하도록 한다.
  - 양의 직관적 비교를 다양하게 해 보기, 좀 더 체계적인 기술과 도구를 사용하는 비표준 측정단위로 측정해 보기, 구체물로 된 표준화된 단위로 측정해 보기, 표준화된 측정도구로 측정해 보기의 순서로 제시하는 것이 적합하다(Clements, 2001). 이러한 측정의 절차는 길이, 무게 등 다양한 물체의 속성에 반복적으로 적용해 보는 경험을 함으로써, 속성은 다르지만 적용되는 과정은 동일함을 이해하도록 도와야 한다(홍혜경, 2010).
- 측정 활동을 길이에만 국한하지 말고, 면적, 부피, 무게, 시간 등 다양한 영역의 측정도 해 보도록 한다.
  - 길이, 가로와 세로, 가로와 높이(깊이), 면적, 부피와 용량, 무게 등을 다양하게 다루어 보는 경험이 필요하며, 유아가 경험하는 실제적 상황을 제시하여 측정에 참여할 수 있도록 유도한다.
    - 例 놀잇감을 정리할 때 어느 정도 담아야 통이 꽉 찰지 어림하고, 구체적으로 바구니에 맞게 더하고 덜어 내는 경험을 하면서 어떻게 하면 놀잇감을 적당하게 담을 수 있을지 문제를 해결하며, 이를 통해 물체의 양과 부피를 예측하는 경험을 해 볼 수 있다. 시간의 경우 하루가 끝난 후 일과를 회상하며, 시간의 흐름에 따라 사건의 순서를 기억하고, '다음에, 먼저, 다 하고 나서, 아직, 덜, 아까, 어제, 지금, 맨날, 내일' 등과 같은 시간 관련 어휘를 사용하는 기회를 가지도록 한다.
- 측정 활동은 구체물의 비교, 속성에 따른 순서짓기, 비표준 측정단위로 측정하기, 표준화된 구체물로 측정하기, 표준 측정단위로 측정하기 순서로 제공한다.
  - 블록이나 발자국 등의 구체물을 활용한 비표준화된 측정 활동의 확장으로서 주변의 구체물 중 일정 크기를 나타내는 퀴즈네어 막대(1∼10cm), 색적목(2cm), 우유팩(200㎖), 요구르트병(100㎖), 페트병(1ℓ) 등을 사용한 측정 활동은 비표준단위와 표준단위의 학습을 연계하는 데 활용할 수 있다.
- 일상적이고 의미 있는 경험을 할 측정 관련 어휘를 사용한다.

UNIT 18 측정개념 발달

KEYWORD # 측정개념의 발달단계-찰스워스와 린드

> • 피아제는 보존개념이 선행되어야 측정개념이 이루어질 수 있다고 보았으며, 측정은 일정한 기준을 가지고 같은 종류의 양과 크기를 재거나 헤아려 결정하는 것이라고 하였다.
> • 이후 찰스워스는 피아제 이론에 근거하여 영유아들이 측정에 대해 이해하며 측정기술을 획득하는 단계를 5단계로 설명하였다.

놀이와 모방 단계	• 감각운동기에서 전조작기에 나타나는 단계로 놀이와 모방으로써 재는 척하는 단계이다. - 유아는 성인이 측정하는 모습을 보고, 이를 모방하고 놀이하며 측정에 대한 흥미를 발달시킨다. • 일상생활에서 길이, 부피, 무게, 넓이, 온도, 시간 등을 비교하고 측정하는 성인의 모습을 관찰하면서 사물이 측정될 수 있는 속성을 가지고 있다는 것을 알게 된다. - '얼마나 긴지, 얼마나 무거운지' 등의 측정할 수 있는 물체의 특성을 인식하고, 그 특성과 관련된 표현들의 의미를 익히게 된다.
비교하기 (비교, 실물의 직접 비교) 단계	• 전조작기 유아에게서 나타나는 비교하기 단계이다. • 유아는 직접 감각적인 체험을 통해 사물에 비추어 비교하면서 측정능력을 발달시킨다. 그러나 아직 이 시기는 보존개념의 형성이 이루어지지 않은 단계로 흔히 지각에 의존한 측정을 하는 오류를 범하게 된다. - 길이, 크기, 무게, 부피 등 하나의 속성으로 사물을 비교하기 시작하며, '~보다 큰 / 많은 / 무거운 / 짧은 / 뜨거운'을 경험한다. - 막대의 길이를 비교할 때 막대기의 양쪽 끝의 관계를 생각하지 못하고, 한쪽 끝만 보고 판단한다.
임의적 단위 사용 (비표준화 단위 사용) 단계	• 전조작기 말과 구체적 조작기 초기의 유아에게서 나타나는 단계로 유아는 임의적 측정 단위를 사용하는 것을 배운다. • 우유 상자에 모래가 얼마나 들어가는지 알아보기 위해 컵을 사용하거나, 발이 얼마나 긴지 알아보기 위해 수수깡을 사용하는 등 표준화된 측정단위가 아닌 비표준화된 임의적 측정단위를 사용하여 측정한다. - 임의 측정단위를 사용하는 단계를 통해 유아는 표준적 단위의 필요성을 학습하게 된다.
표준단위의 필요성 인식 (표준화된 단위의 필요성 인식) 단계	• 구체적 조작기의 유아에게서 나타나는 단계이다. • 임의적 단위를 사용한 측정이 다른 사람의 단위와 달라 소통에 불편함을 인식하면서 공통된 측정도구와 단위 사용의 필요성을 느끼게 된다. - 똑같은 사물을 성인의 손뼘으로 잴 때와 자신의 손뼘으로 잴 때 결과가 달라지는 것과 같이 동일한 물체를 크기가 다른 단위로 측정하면 결과가 달라짐을 경험하게 된다. - 다른 사람과 의사소통을 하기 위해 같은 단위를 사용해야 함을 알게 되며, 표준화된 단위 사용의 필요성을 인식하게 된다.

MEMO

표준단위 사용 단계	• 마지막 단계는 구체적 조작기에 시작한다. • cm, m, g, ℓ와 같은 표준화된 측정단위를 사용하여 사물을 측정하며, 사물 간의 관계를 이해한다.

UNIT 19 물체 특성별 측정하기 및 지도방법

KEYWORD # 순차적 시간, 시간 간격, 사회적 시간, 문화적 시간

1 길이

개념	• 길이 측정은 유아수학교육에서 많이 다루어 왔지만, 횡적인 길이뿐만 아니라 높이, 폭, 깊이 등의 길이 측정도 이루어져야 한다.
	    − 즉 길이 측정에서 다룰 수 있는 내용으로는 '높이, 길이, 폭, 둘레, 거리, 깊이' 등이 있다.
	• 영아는 길이나 높이를 비교하면서 길거나 높은 것은 '큰 것'으로, 짧거나 낮은 것은 '작은 것'으로 생각하고, 이러한 용어를 섞어서 사용하는 것을 관찰할 수 있다(이경연, 2008).
	    − 유아는 초기에 길이와 높이의 차이를 잘 구별하지 못하지만, 다양한 경험과 활동을 통해 점차 길이, 높이, 폭 등을 구별해야 하므로 이러한 활동을 자주 접할 수 있도록 해 주어야 한다.
	    예 간식시간에 누구 과자가 더 긴지, 세웠을 때는 누구의 과자가 더 높은지 비교해 볼 수 있고, 블록을 바닥에 길게 늘어놓은 뒤 비교해 보고 다시 높게 쌓아서 비교해 보는 활동을 할 수 있다. 이러한 활동은 길이와 높이에 대한 이해를 돕고, '길다, 짧다, 높다, 낮다' 등의 비교 어휘를 사용할 수 있게 해 준다.
	• 또한 입체물의 길이를 재어 보는 활동을 통해 어떤 방향으로 재는가에 따라 길이가 달라질 수 있다는 것과 다른 이름(삼각기둥, 삼각뿔 등)이 있음을 경험해야 한다.
	    − 박스를 사용하여 무엇인가를 만들 때 유아는 자연스럽게 가로, 세로, 높이의 관계를 탐색할 수 있으며, 이러한 경험은 이후 평면과 입체의 기하학적 형태의 학습에 기초가 되므로 중요하다.
	• 유아의 측정 경험은 구체물의 비교 ➡ 임의단위의 비교 ➡ 표준단위의 비교를 통해 이루어져야 한다.
	    − 이러한 구체적인 측정 경험은 점차 그림적 표상과 상징적 표상의 단계로 이루어져야 하며, 측정과 관련된 학습경험의 연계성은 모든 측정 학습에 적용될 수 있다. 켈로우(Kellough, 1996)는 길이 학습의 연속적 과정을 다음과 같이 제시하고 있다.

• 켈로우(1996)가 제시한 길이 학습의 연속적 과정

구분	구체적 표상	그림적 표상	상징적 표상
직접 비교	발 길이 직접 비교하기	발을 그려 오린 것 비교하기	발 길이를 선 그래프로 만들어 비교하기
임의단위 측정	자신의 발로 재기	발 모양으로 오린 것을 사용하여 재기	발 길이로 잰 막대그래프
표준단위 측정	5cm의 도미노 적목으로 재기	자를 사용하여 교실을 그리는 척도 만들기	표준단위를 포함하는 이야기 문제 풀기

지도방법	• 일과를 통해 길이 측정과 관련된 다양한 활동을 경험하도록 한다. 　－ 우리 반 친구들의 키 그래프 만들기, 교실에 있는 친숙한 물체들의 길이 재어보기 • 길이 측정과 관련된 발문을 사용한다. 　－ "어떤 것이 더 기니 / 짧니? 내가 가지고 있는 줄보다 더 긴 줄은 어떤 줄이니? 나뭇가 　　지 중에 가장 긴 것은 어떤 것이니?" • 물체를 비교하거나 순서짓기로 시작한다. 　－ '～보다 길다'와 같은 용어를 사용한다. 물체를 나란히 놓고 직접 비교한다. 멀리 있는 　　물체는 제3의 기준물체로 간접 비교한다. • 비표준단위로 물체를 측정하는 방법을 생각해 보게 한다. 　－ 한 가지 단위로 반복해서 측정해 보게 한다. 동일한 단위를 연결하여 측정해 보게 한다. 　　측정하고자 하는 물체보다 더 긴 측정단위를 사용하여 측정해 보도록 한다. • 측정과 관련하여 인지적 갈등을 경험하게 한다. 　－ 같은 대상을 각기 다른 단위로 측정해 본다. "○○이 발로 재었을 때는 열 번인데 선생 　　님 발로는 일곱 번이네!" 생일잔치에서 기다란 생일상을 만들기 위해 책상들을 붙여서 　　연결하는 것을 보여준다.

2 넓이

개념	• 넓이는 물체가 표면의 일정 부분을 덮고 있는 양을 의미하는 것으로, 넓이의 측정은 가로 　와 세로를 모두 고려해야 하는 2차원의 측정이다. 　－ 유아들은 외형적 형태에 따라 판단하는 특성이 있어 모양이 다르면 넓이가 다르다고 생각 　　하기 쉬우므로, 넓이가 같지만 모양이 다른 사물의 크기를 비교해 보는 경험을 제공한다. 　－ 사각타일이나 투명격자무늬판과 같은 비표준화된 측정단위를 사용하도록 도울 수 있다. 　　또한 측정하려는 물건을 모눈종이처럼 바둑판 모양으로 그려진 종이 위에 올려놓고 물 　　체의 윤곽을 그린 후 내부의 칸 수를 세어볼 수 있다. • 구체적 조작기에 들어서면 보존개념의 발달로 모양이 달라도 넓이는 같다고 대답할 수 있다.
지도방법	• 패턴블록 채우기 게임이나 팬도미노 게임 등은 유아가 자연스럽게 넓이를 비교하고, 비표 　준화된 단위를 사용할 수 있는 기회를 제공한다. • 일상생활 속에서 넓이의 측정을 경험하도록 한다. 　－ 친숙한 물체를 측정해 보도록 한다. • 넓이 측정과 관련된 발문을 사용한다. 　－ "과자집을 완성하려면 어떤 블록을 사용하면 좋을까?" • 비표준단위로 물체의 넓이를 재어본다. 　－ "동화책(책상)을 색종이로 덮어볼까? 색종이 몇 개가 필요하니?" • 넓이 측정을 위해 놓기 전략과 조절 전략을 사용한다. 　－ 놓기 전략 : 두 도형의 크기를 비교하기 위해 도형을 어떻게 놓는가에 대한 전략이다. 　　① 하나의 도형 위에 다른 도형을 겹쳐 올려놓는 방법 　　② 두 도형의 한 변을 서로 맞대어 놓는 방법 　　③ 하나의 도형을 다른 도형 옆에 간격을 두고 나란히 놓는 방법 　－ 조절 전략 : 두 도형을 비교하고자 할 때 도형의 모양이나 변과 같은 특성을 중심으로 　　도형의 방향을 조절하여 배치하는 전략이다. 이는 합동이거나 유사한 형태를 가진 도형 　　의 크기를 비교할 때 도형 형태의 유사성에 중점을 두고 방향을 조절하는 것이다.

① 두 도형의 모양이 비슷하도록 조절하여 배치하는 방법
② 도형의 모양은 고려하지 않고 한 변만 맞대고 조절하여 배치하는 방법
③ 조절이 되지 않아 두 도형이 서로 떨어져 있거나 뒤틀어진 채 비교하는 방법

🏠 넓이 비교 전략

놓기 전략 / 조절 전략	겹쳐 놓기	한 변 맞대어 놓기	나란히 놓기
모양 조절	유사한 모양으로 조절하여 겹쳐서 놓기	유사한 모양으로 조절하여 한 변을 맞대어 놓기	유사한 모양으로 조절하여 나란히 놓기
변 조절	한 변만 조절하여 겹쳐서 놓기	한 변만 조절하여 맞대어 놓기	한 변만 조절하여 나란히 놓기
조절 없음	무작위로 겹쳐서 놓기	비틀어 맞추기	무작위로 나란히 놓기

3 부피

개념

- 용량과 부피 측정학습은 유아수학교육의 내용에 포함되어 있지 않으나, 실제 유아교육 현장에서는 모래놀이나 물놀이를 통해 측정 활동이 이루어지고 있다.
- 엄밀히 말하면, 용량과 부피는 다른 개념으로 용량은 용기가 담을 수 있는 양을 측정하는 것이고, 부피는 물체가 얼마의 공간을 차지하는지를 측정하는 것이다(Kellough, 1996).
  - 따라서 컵은 용량을 측정할 수 있으나 벽돌은 용량이 아닌 부피로 측정되는 것이다. 그러나 유아나 초등학생 수준에서는 이를 구분하지 않고 사용하기도 한다.
- 유아들은 흔히 용기에 담긴 액체의 양을 비교하는 기회를 통해 부피에 대한 비교와 측정을 경험하게 된다.
  - 일상생활에서 유아들은 자신의 주스나 우유를 동생 것과 비교한 뒤, 같지 않음에 대해 불평하기도 한다(홍혜경, 2010). 이와 같이 초기에 유아들은 시각적인 판단에 의존하여 용량을 측정하는 경험을 한다.
- 유아들은 점차 모래놀이나 물놀이를 하는 동안 여러 용기에 모래나 물을 담아 비교하는 경험을 하게 되며, 이러한 경험은 용량의 개념을 이해하는 데 기초가 된다(홍혜경, 2010).
  - 🔵 가습기 통에 물을 받으면서 몇 번 부어야 가습기 통이 꽉 찰지 예측해 보고 실제로 물을 부어 볼 수 있으며, 목욕을 하면서 다양한 용기와 그릇을 활용하여 이 그릇에서 저 그릇으로 물을 옮겨 담으며 넘치는지 모자라는지 알 수 있다.

	• 용량에 대한 유아들의 이해를 돕기 위해 각기 다른 용기에 담겨 있는 것을 비교하는 활동에서 시작하여, 임의단위로 재어 보고 비교하고 순서지어 보는 활동, 나아가 표준단위를 사용하는 우유팩이나 요구르트병으로 재어 비교하고 순서지어 보는 활동으로 확장할 수 있다. 서로 다른 용기의 용량을 단순히 비교하는 활동에 그치지 않고, 용량을 비교하기 위해 상품화된 일정 용량의 도구를 사용하여 측정해 보고, 그 결과를 비교하는 활동까지 확장하는 것이 필요하다.
	     – 즉, 우유팩(200㎖), 페트병(1ℓ) 등의 상품화된 용기의 사용은 비표준 측정도구(◉ 소꿉놀이 용기)에서 표준 측정도구(◉ 계량컵이나 계량스푼)의 사용으로 연결하기 위한 중간 단계로 활용될 수 있다(홍혜경, 2010).
	     ◉ 요리 활동을 하면서 쌀과 콩을 몇 숟가락 정도 넣어야 병이 가득 찰지 예측해 본 뒤 실제로 넣어 보고, 콩은 쌀보다 크기가 더 크므로 적게 넣어도 가득 찬다는 것을 알 수 있다.
	     후에 계량컵을 제시하여 콩과 쌀을 10ml만큼 담아 보고, 50ml만큼 담으려면 계량컵으로 몇 번을 넣어야 할지 알아보며, 계량컵에 있는 1/2이 어떤 의미인지 함께 알아볼 수도 있다(한국유아교육협회, 2008). 이러한 표준단위의 이해(◉ 50ml는 10ml 계량컵을 5번 부은 것과 같고, 10ml의 1/2은 5ml와 같다)와 용기 간의 관계 탐색(◉ 1/2컵씩 2회는 1컵과 같다)은 후에 유아들이 표준단위를 사용한 측정을 좀 더 쉽게 이해하는 데 도움이 된다.

지도방법	• 일과를 통해 부피, 들이 측정을 경험하게 한다.
	     – 가상놀이, 물놀이, 모래놀이, 요리하기 등의 활동을 통해 측정을 경험하도록 놀잇감을 제공해 준다.
	 • 일상생활 속에서 부피, 들이와 관련된 발문을 사용한다.
	     – "두 개의 그릇 중에 어느 그릇에 물이 더 많이 들어갈까? 왜 그렇게 생각했니?", "한 줌에 잡을 수 있는 블록의 개수는 몇 개일까?", "크기가 다른 세 개의 바구니에 구슬이 각각 몇 개 정도 들어갈까?"
	 • 부피가 같아도 형태는 다를 수 있음을 경험하게 한다.
	     – 모양이 다른 용기에 부어보게 한다.
	     – 같은 수의 블록을 주고 만든 결과물을 친구와 서로 비교해 보게 한다.

4 무게

	• 유아들은 일상생활에서 목욕탕이나 병원에 갔을 때 자연스럽게 자신의 몸무게를 재어 보고, 시장에 가서 고기나 쌀 등을 사거나 소포를 부칠 때 무게를 재어 보는 측정 경험을 해 보면서 그 필요성과 활용에 대해 알게 된다. 하지만 여전히 시각적 판단에 의존하여 크기가 큰 것을 더 무거운 것으로 인식한다.
	     – 따라서 다양한 모양과 크기 또는 밀도가 다른 물체의 무게를 비교하고 이를 순서지어 보는 경험이 필요하다. 특히, 부피가 비슷하지만 무게가 다른 것(◉ 탁구공과 골프공, 스티로폼 블록과 나무 블록)들을 비교하거나, 같은 크기의 상자에 무게가 다른 내용물을 담은 후 양팔저울을 사용하여 무게 순서대로 놓아 보는 활동은 무게와 부피의 관계를 재구성해 보는 기회를 제공할 수 있다.
	     – 처음에는 자신의 시각적 지각을 통해 무겁고 가벼운 것을 판단하지만, 양팔저울과 같은 표준 측정도구를 사용하여 무게를 재어 봄으로써 크기가 크지만 가벼울 수 있고, 크기가 작지만 무거울 수 있다는 것을 이해하게 된다.
	     – 따라서 다양한 물체를 비교하는 활동이 필요하며, 가능한 한 유아에게 의미 있는 상황에서 무게를 비교하도록 배려하는 것이 중요하다.

개념	

MEMO

- 또한 양팔저울을 사용하여 각 물체가 몇 개의 측정단위와 같은지를 세어 보는 비표준화 측정 활동을 해 볼 수 있다.

   달걀 삶기 활동 중에 삶은 달걀과 삶지 않은 달걀 중 어떤 것이 더 무거운지 예측해 본 후, 양팔저울을 이용하여 무게를 재어볼 수 있다. 양팔저울 한쪽에는 삶지 않은 달걀을 올려놓고, 반대쪽에는 수평이 될 때까지 동그란 칩을 올린 후 칩 수를 세어 보고, 몇 개의 칩만큼 가볍고 무거운지 알아볼 수 있다.

  - 이러한 임의 측정단위의 사용은 무게 측정의 절차적 과정을 이해하는 데 도움이 된다. 임의 측정단위 사용 경험(양팔저울) 후에 표준 측정도구(저울)를 주어 유아들이 무게를 측정·비교하는 경험을 해 본다면 무게에 대한 개념을 훨씬 쉽게 이해할 수 있다.

- 무게 비교를 위해 양팔저울을 사용할 경우 물체를 올리기 전 수평이 되도록 조절하고, 중심에서 똑같은 거리의 지점에 물체를 놓아야 함을 이해해야 한다.

  - 바둑알, 주사위, 색적목 등은 비표준화된 무게 측정도구로 양팔저울과 함께 사용될 수 있다.

  > **Plus⁺**
  >
  > **양팔저울이 유아기에 적합한 이유**
  >
  > 유아들이 직접 측정 활동에 참여하면서 무게의 차이를 시각적으로 분명하고 즉각적으로 관찰·비교할 수 있으므로 직접경험을 통해 지각적으로 판단하는 유아기에 적합하다.

지도방법

- 일상생활 속에서 무게를 다양하게 측정해 보도록 한다.
  - "무거운 물건을 들 때 몇 명이 들어야 할까?", "신체를 이용하여 측정해 볼까?"(양손에 물건 들고 비교하기, 친구 업어보기 등)
- 일상생활 속에서 무게와 관련된 발문을 사용하도록 한다.
  - "어떤 것이 더 무겁니? 어떻게 알았어?", "체중계가 3이 되려면 물건을 얼마만큼 올려야 할까?", "동화책을 저울에 올려보면 무게가 얼마나 들어가려나? 저울의 숫자를 읽을 수 있니?"
- 유아가 직접 양팔저울을 이용해 측정해 보도록 한다.
  - "여기 있는 블록을 양팔저울에 하나씩 올려 놓아보자. 어떤 블록이 더 무거울까?"라고 질문하며 어느 쪽이 기울어졌는지 관찰하고 말이나 글로 표현해 보도록 한다. 한쪽에는 물체, 반대쪽에는 추(임의 측정도구)를 올려놓고 추의 개수를 세어 본다. 다른 물체도 추를 올려놓아 그 개수로 무게를 비교해 본다.
- 인지적 갈등을 유발한다.
  - 부피가 비슷하지만 무게가 다른 물체를 비교해 본다(뿅뿅이와 쇠구슬). 작지만 무거운 물체(동전)와 크지만 가벼운 물체(종이배)를 물에 띄워보는 놀이를 해본다. 3~4개의 투명용기에 각기 다른 물체(솜, 돌멩이, 구슬, 동전 등)를 넣고 무거운 순서대로 배열해 보게 한다.

5 시간

개념	• 시간 측정은 구체물을 재어 보는 다른 측정과는 달리 '시간'이라는 눈에 보이지 않는 추상적인 개념을 측정하는 것이므로 유아에게는 주요한 학습내용으로 다루어지지 않았다. 　– 그러나 유아의 모든 일상생활은 시간 안에서 이루어지고, 이와 관련된 어휘[⑩ 나이, 생일, 행사, 일상 대화에서의 시간에 대한 어휘(⑩ 오늘, 언제, 주말, 내일 등)]를 많이 사용한다. 　– 시간에 대한 어휘는 일반적 시간 단어, 특정적 시간 단어, 관계적 단어, 특정일 등으로 구분할 수 있으며, 일상의 대화에서 이를 자주 사용하는 것이 필요하다(홍혜경, 2010; Charlesworth, 2000). 　　① 일반적 시간 단어 : 시간, 나이 　　② 특정적 시간 단어 : 오전, 오후, 밤, 낮, 시, 분, 날짜, 주, 달 등 　　③ 관계적 단어 : 늦게, 빨리, 때때로, …동안, 곧, 조금 전 등 　　④ 특정일 : 생일, 크리스마스 등 • 사건 발생과 순서의 경험적 시간을 이해하는 것은 비교적 일찍 발달한다. 　– 유아들은 대부분 7주 전에 있었던 일과 1주 전에 있었던 일의 일어난 순서를 정확히 판단한다. 　– 이러한 점을 기초로 유아가 경험한 일들을 순서짓는 활동을 통해 유아에게 시간의 전후 개념을 이해하도록 할 수 있다. 　　⑩ 유치원에서 일과계획을 할 때 하루 일과표를 보며 오늘 하루를 알아보거나, 어제 무슨 활동을 하였고 오늘 무슨 활동을 할 것인지 토의해 보는 등의 활동을 해 볼 수 있다. 　– 또한 특정 시간을 나타내는 시각의 개념과 일정 시간 간격을 나타내는 시간의 개념도 일상적 경험과 상황을 통해 이해하도록 지도한다. 　　⑩ "지금 8시 30분이니까 유치원 가게 나가자", "점심시간은 1시까지야. 이제 5분 남았어. 긴 바늘이 12에 갈 때까지 밥을 다 먹도록 하자" 등과 같이 하루 일과를 시간과 연결시켜 보고, 영화 · TV를 볼 때나 컴퓨터 놀이공간 사용 시간을 정할 때, 연극이나 영화표 등을 구입할 때, 하원하는 시각이나 등원하는 시각 등을 알아볼 때 자연스럽게 시각을 읽는 상황을 경험하도록 돕는다. 　– 일정 시간 간격을 포함하는 시간에 대한 개념 이해는 훨씬 어려우므로 이는 유아가 경험하는 구체적인 일의 경과를 비교하여 이해를 도울 수 있다. 　　⑩ 이 닦는 데 걸리는 시간과 목욕하는 데 걸리는 시간의 비교, 간식 먹는 데 걸리는 시간과 점심 먹는 데 걸리는 시간 등을 비교하여 시간에 대한 구체적 경험과 시간의 경과를 연결시켜 보며, 모래시계나 요리용 시계를 활용하여 시간의 경과를 시각화할 수 있다. • 유아들의 경험적 시간의 발달적 특성을 고려하여, 시간 측정에 대한 교육은 경험적 시간을 기초로 하여 겪은 일을 순서화하기, 일상생활에서의 시간 관련 어휘 사용, 사건과 시간의 연결에 초점을 두도록 한다.
유아들이 학습해야 할 시간개념	유아들은 초기에는 시간 길이(또는 간격)보다 사건의 순서에 기초하여 시간개념을 이해한다.

유아들이 학습해야 할 시간개념	순차적 시간 (sequence)	사건의 순서를 의미한다. ⑩ 세수하고, 밥 먹고, 옷 입고 등원하기
	시간 간격 (duration)	• 사건이 얼마나 오래 걸렸는지에 대한 것이다. • '얼마나 긴지'에 해당하는 시간의 길이 또는 간격이다. ⑩ 모래시계의 모래가 한 번 모두 떨어지는 시간, 자전거를 두 바퀴 타는 시간, 초, 분, 시간, 일, 주, 월, 년 등

시간개념의 발달 (Piaget)	**1단계** 0~2세	감각운동기 영아는 사건의 전후 관계를 경험하여 시간의 흐름을 인식한다. 예 배가 고파서 울면 엄마가 나타나고, 엄마가 나타난 후 우유를 먹게 된다는 것을 알게 되어 사건이 차례로 일어난다는 것을 학습하게 된다.
	2단계 2~7세	• 전조작기 유아는 점심시간, 낮잠시간과 같은 사건의 순서와 간격을 이해하기 시작한다. 그러나 자기중심적인 인지 특성을 가지고 있어 시간을 비연속적이며 멈출 수 있는 것이라고 생각한다. 예 시간이 지남에 따라 누구나 똑같이 나이를 먹는다거나, 시간이 지나면 엄마도 할머니가 된다는 사실을 이해하지 못한다. • 연대 관련 개념이 부족하기 때문에 과거의 사건들을 연대에 따라 순서 짓는 데 어려움을 느낀다. – 즉 최근 일어난 두 사건의 전후 관계를 순서짓는 것은 4세경이면 가능하지만, 60일 전의 두 사건의 전후 관계를 순서짓는 것은 9세쯤 되어야 가능하다(Siegler, 1998). • 또한 시곗바늘이 움직이는 속도에 대해서는 재려는 물건이 빠르게 움직이면 시곗바늘이 빨리 움직이고(자동차가 빨리 움직이면 시간도 빨리 가고), 물건이 느리게 움직이면 시곗바늘도 느리게 움직인다(거북이가 느리게 움직이면 시간도 느리게 간다)고 생각한다.
	3단계 8세 이후	• 구체적 조작기 아동은 사건을 연속적으로 배열하고 서로 관련지을 수 있다. • 또한 사람이나 물체가 빨리 움직이든, 느리게 움직이든 시곗바늘이 움직이는 속도는 항상 일정하다는 것을 이해한다. 이는 시간과 관련된 단위(시, 분, 초)를 이해하는 기초가 된다.
시간의 유형 (Siegler, 1978·1995)		• 피아제와 달리 시글러(Siegler, 1998)는 시간을 '경험적 시간'(experiential time)과 '논리적 시간'(logical time)으로 구분하여 설명한다. – '경험적 시간'은 사건의 순서와 기간의 주관적 경험을 포함하는 관계를 의미한다. – '논리적 시간'은 추론을 통해 유도될 수 있는 객관적 시간관계를 의미한다.
	경험적 시간의 발달	• 사건의 기간과 순서의 주관적 경험을 포함하는 관계를 의미한다. – 유아들은 자신이 경험한 사건의 시간을 이해하는 것부터 시작하여 사건 발생 순서를 통해 점차 논리적 시간개념을 획득하게 된다. – 3개월 영아들을 대상으로 한 연구에서 사진을 왼쪽, 오른쪽, 왼쪽, 오른쪽의 순서로 패턴화하여 제시했을 경우 다음에 나올 방향을 미리 쳐다보는 것으로 나타났다. 이는 이미 영아들이 지속되는 연속성의 관계를 이해하고 있음을 의미한다고 할 수 있다. – 12개월이 되면 한 번 본 사건의 순서를 찾을 수 있으며, 20개월이 되면 3개의 연속된 사건을 순서화할 수 있다고 한다(Siegler, 2003). – 그러나 사건이 일어나는 기간을 예측하는 것은 훨씬 어려운 능력으로 5세경이 되어야 30~40초 간격으로 소리를 반복해서 들을 경우 정확하게 기간을 예측할 수 있다. 유아들은 시간의 길이를 예측하기 위해 수 세기를 사용하기도 하지만, 수를 세는 간격이 일정해야 한다는 것의 중요성을 이해하지 못한다.

MEMO

		– 예컨대 10초를 셀 때 1, 2, 3, 4, 5, 6, 7, 8, 9, 10초를 빠르게 세거나 아주 천천히 세는 것 모두가 객관적으로 10초를 세는 것이라고 생각한다 (Siegler, 1998). • 주, 월, 연 등과 같이 긴 기간에 대한 이해의 경우 4세의 유아는 7주 전 사건이 최근 1주 전 사건보다 먼저 일어났다는 것을 판단할 수 있으나, 두 사건이 모두 60일 이전에 일어난 경우에는 9세가 되어야 선행 사건과 후행 사건을 순서화할 수 있는 것으로 나타났다. – 미래에 대한 이해는 더 늦게 발달하여, 5세 미만의 유아에게 겨울이라 밖이 춥기 때문에 옷을 두껍게 입자고 말해도 유아들은 지금 당장 집이 따뜻하니까 얇게 입고 나가야 한다고 주장하는 모습을 보인다. – 6~7세쯤 되어야 두 달 안에 일어날 사건을 이해하게 되며, 먼 미래에 대한 이해는 10세 이후에 가능하다고 보았다.
	논리적 시간의 발달	• 5세 유아의 경우 논리적 시간에 대한 이해는 시작한 시간과 끝난 시간의 논리적 관계를 기초적으로 이해하는 것은 가능하지만, 이는 매우 불안정한 것으로 나타났다. ⑩ 5세 유아는 2개의 인형이 같이 잠자기 시작했지만 깨는 시간이 다를 경우 누가 더 오래 잤는지를 판단할 수 있다. 그러나 피아제의 시간 과제에서 6~7세 유아는 속도가 다른 2대의 기차가 동시에 출발하여 동시에 멈추었을 경우, 더 멀리 가서 멈춘 기차가 더 오래 달린 것으로 반응한다. 즉, 전조작기 후반의 유아들에게는 속도와 거리를 함께 고려해야 하는 논리적 시간관계의 이해가 여전히 어려운 것으로 나타났다. – 유아들의 경우 일반적으로 시간개념의 이해가 다른 개념의 이해보다 늦게 발달하는 이유는 구체물에 기초한 속성의 관계를 포함하지 않는 추상적 관계를 다루어야 하기 때문이라고 한다(홍혜경, 2010).
시간의 유형 (Charles worth, 2000)		유아기에는 시계를 읽는 것보다 유아 자신의 경험을 중심으로 한 개인적 시간과 하루의 일과를 생각해 보는 사회적 시간개념 관련 활동을 우선적으로 제공하는 것이 바람직하다.
	개인적 시간	• 개인적 시간은 유아의 경험을 중심으로 과거와 현재 그리고 미래를 생각하는 것이다. – 유아는 가까운 과거에 대해 '어제', '그때'라고 표현하고, 먼 과거의 일에 대해서는 '옛날에', '내가 아기였을 때', '내가 동생반이었을 때'와 같이 표현한다. – 또한 미래의 일에 대해서는 '내가 형이 되면', '내가 학교에 가면'과 같이 자신과 관련지어 표현한다.
	사회적 시간 (사회적 활동 시간)	• 사회적 시간은 유아가 사회 적응을 위해 정해진 일과를 이해하고 학습하는 것과 관련된 것이다. – 유아는 자유놀이를 하고 나서 정리정돈을 해야 한다는 것을 알게 되며, 점심식사 후 양치질을 하고 나서 실외놀이를 할 수 있다는 것을 예측할 수도 있다. – 즉, 유아의 사회적 경험을 통해 정해진 일과 순서를 예측하는 능력을 사회적 시간개념이라고 하는데, 유아의 개인적 시간과 사회적 시간에 대한 이해는 문화적 시간의 개념으로 확장된다.

문화적 시간	• 문화적 시간은 시계, 달력과 같은 객관적인 시간을 이해하는 것을 말한다 (Charlesworth, 2000). 　- 유아는 일상생활에서 출석 카드에 표시하기와 인사 나누기 시간에 날짜 알아보기 등과 같은 반복적인 경험을 통해 달력에 있는 날짜와 요일 읽기를 이해할 수 있게 된다. 시계 읽기에 대한 경험도 이와 유사하게 나타난다. 　- 유아는 성인처럼 정확하게 시각을 읽지는 못하지만, 유아들이 활동을 마쳐야 할 시간에 교사가 시계를 보고 "긴 바늘이 8자에 갈 때, 즉 40분까지 놀이를 정리하자"와 같은 말로 유아들이 시계 읽기에 관심을 보이도록 유도한다. 이러한 교사의 의도적인 모습은 유아가 활동을 마쳐야 하는 시간을 확인하기 위해 시계를 보고 읽으려는 시도로 이어질 수 있다. 　- 유아들이 시계를 읽는다는 것은 어려운 개념이므로, 긴 바늘이 숫자 몇에 가 있다는 정도를 이해할 뿐이지, 이를 몇 분이라고 부른다는 것을 이해하는 것은 아니다. • 시각 읽기가 어려운 것은 시계가 10진법이 아니라 12진법으로 만들어졌으며, 시곗바늘이 가리키는 숫자와 시각이 일치하지 않기 때문이다. 　예 긴 바늘과 짧은 바늘이 모두 2를 가리키고 있을 경우 짧은 바늘은 숫자 그대로 2(시)로 읽으면 되지만 긴 바늘은 10(분)으로 읽어야 한다. • 유아기에는 문화적 시간을 익히기 어려우므로, 시계를 읽는 것보다는 유아 자신의 경험을 중심으로 한 개인적 시간과 하루의 일과계획을 생각해 보는 사회적 시간개념 관련 활동을 우선적으로 제공하는 것이 바람직하다.
지도방법	• 일상생활 속에서 시간개념을 경험하도록 한다. 　- 유아가 시간개념을 사회적 활동시간개념으로 이해하도록 돕는다. 　　예 "자유놀이시간에 어떤 놀이를 했지요?" 　- 시간 관련 어휘를 사용하는 모델링을 제시한다. 　　예 어제, 오늘, 내일, 모레, 그저께 　　예 아침, 점심, 저녁, 밤, 새벽 　　예 전에, 후에, 먼저, 지금, 방금, 나중 　- 하루일과 순서표를 게시해 주고 매일 처음 대집단으로 이야기 나누는 시간에 하루 순서에 대해 이야기 나눈다. • 시간과 관련된 발문을 사용한다. 　- "옛날 옛날 아주 오랜 옛날에 호랑이가 살고 있었어.", "어제는 바람이 많이 불었지요?", "그저께 우리 어디로 견학을 다녀왔지요?", "오늘 아침에 무엇을 먹었니?", "자유놀이를 하고 그 다음에 정리정돈을 하고 그 다음에 바깥놀이를 할 거예요.", "긴 바늘이 6자에 오면 정리정돈을 할 거예요." • 순차적 시간개념을 느낄 수 있는 기회를 제공한다. 　- 사건의 순서를 언어나 그림, 동작으로 회상하거나 표상, 설명해 본다. 　　예 요리 순서표, 손씻기 순서표, 하루 일과 순서표 　- 산책할 때 같은 장소에서 봄, 여름, 가을, 겨울에 각각 찍은 사진을 보며 이야기 나눈다.

MEMO

- 시간 간격을 경험할 수 있는 활동을 해본다.
  - 활동 시 모래시계나 요리용 타이머를 사용한다.
  - '눈을 감은 뒤 1분 후 눈 떠보기'로 초바늘이 한 바퀴 도는 시간의 정도를 가늠해 볼 수 있다.
  - 어떤 일을 하려면 얼마나 시간이 걸릴까 추정해 본다.
    - 예 매일 일정한 시간에 산책을 나가기 전 시계의 긴 바늘 위치를 확인하고, 돌아온 후 다시 시계를 확인해 본다.
  - 시계, 달력에 관심을 갖게 하는 데 초점을 둔다.
    - 예 "얘들아, 시계를 보자. 짧은 바늘이 10자에 있고 긴 바늘이 11자에 있네. 긴 바늘이 12자에 가면 정리를 할 거예요."
  - 매일 이야기 나누기 시간에 달력을 보며 1년은 12개월이라는 것을 경험하게 한다.
  - 행사일을 달력에 표시하고, 매일 아침 하나씩 날짜를 지워간다.
    - 예 "어린이날까지 몇 밤 남았는지 세어볼까?"

시간개념의 발달 − Friedman(1978)

시간은 모든 다른 이해의 기초이며, 시간개념은 경험적 시간, 논리적 시간, 인습적 시간의 세 하위범주로 나눌 수 있다 (Friedman, 1978).

경험적 시간	• 사건들의 순서와 그 사건의 지속시간에 대한 주관적인 경험을 말한다. ① 2개월 : 다른 리듬으로 연주되는 동일한 멜로디를 구별한다. 이는 청각적 지각에 있어서 외부 사건들의 타이밍에 대한 감각이 더 빨리 나타남을 보여준다. ② 3~5개월 : 엄마의 활동 타이밍에 맞추어서 반응하도록 자신들의 행동을 조직화한다. ③ 5세 : 시간 간격에 대한 정확한 피드백이 주어지면, 유아들은 수세기를 활용하여 시간의 길이를 추정하게 된다. 다만, 매번 셀 때마다 걸리는 시간의 길이가 다르기 때문에 시간의 경과를 정확하게 추정하지는 못한다.
논리적 시간	• 연대기적 또는 기계적 시간이 아니라 어떤 논리적 계산의 산물로, 연속적인 시간을 분리되고 상대적으로 안정된 공식적 구조로 나누는 데 사용되는 다른 사회적 장치를 말한다. • 시간이 연속적인 차원으로 진행되며 그 시간 속에서 어느 사건의 시작점이 더 늦게 발생하여도 끝나는 지점의 시각이 빠르면 다른 사건보다 더 짧은 시간이 걸렸을 것으로 판단하게 되는 것이다. • 5세 : 논리적 관계들을 이해하지만, 다른 단서들의 영향을 쉽게 받기 때문에 그 이해가 완벽하지는 않다.
인습적 시간	• 문화적으로 그 사회에서 정해 놓은 시간(규칙)을 의미하는 것으로, 시간, 일, 월, 년, 절기 등으로 배움을 통해 체계화시킬 수 있는 시간개념이며, 순서화된 언어적 목록, 심상, 연합적 표상이 시간의 체계 이해와 관련된다. ① 연합적 표상 : 좋아하는 TV 프로그램이 방영되는 날, 소풍가는 날 ② 순서화된 언어적 목록 : 사건의 순서에 따라 만들어진 것(4학년부터 중학교 2학년까지) ③ 심상 : 어느 쪽에서도 쉽게 알아볼 수 있는 것(어린이)

참고

유아에게 시간을 가르치거나 학습하기 어려운 이유

• 시간은 추상적인 개념으로 유아에게 '옛날'은 1년 전일 수도 또는 100년 전일 수도 있기 때문이다.
• 어떠한 경험을 하느냐에 따라 시간의 길이가 다르게 느껴진다.
　예 같은 1분이라도 즐거운 일을 할 때에는 짧게 느껴지고, 괴로운 일을 할 때에는 길게 느껴질 수 있다.
• '내일'이 되면 '내일'이었던 것이 '오늘'이 된다.
　－ 유아는 현재에 주의가 집중되어 있으며, '미래'보다는 '과거'를 먼저 이해한다.
• 연령에 따라 시간개념은 변화한다.
　예 여름방학이 유치원생에게는 길게 느껴지지만, 대학생에게는 짧게 느껴질 수 있다.
• 문화마다 시간을 다르게 구성한다.
　－ 삶을 느긋하게 보는 문화가 있는가 하면 바삐 움직이는 문화가 있다.
　－ 가족의 경우에도 휴식과 여가시간을 많이 갖는 가족이 있는 반면 너무나 바쁘게 사는 가족도 있다.
• 시간을 이해한다는 것은 단순히 몇 시인지 말할 수 있는 것 이상을 의미한다.
　예 닭 울음소리는 새벽을, 석양은 저녁을, 함박눈은 겨울을 나타낸다.

참고

길이 측정 발달단계 – Dutton & Dutton(1991), Copeland(1988)

수준 1 4세경	• 길이를 시각적으로 지각한다. • 길이에 대한 보존개념이 없고, 길이는 그 끝의 점에 의해 결정된다. • 측정할 수 있는 능력이 없으므로 단위에 대한 이해가 불가능하며, 길이를 둘로 똑같이 나눌 수 없다.
수준 2 5~6세경	길이를 시각으로 알아내기보다는 손을 사용하여 직접적으로 길이를 나타내는 것으로 판단한다.
수준 3 6~7세경	• 길이에 대한 용어를 사용할 수 있다. • 때때로 길이의 보존능력이 나타나고, 물체의 길이를 한쪽 끝에 의해서만 판단하지 않고 양끝 사이의 형태에 의해 판단하며, 단위를 시행착오에 의해 사용할 수 있으나 불완전하다.

참고

시간 관계 발달단계 – Dutton & Dutton(1991), Vukelich & Thornton(1990)

수준 1	• 영아기 때는 '전', '앞'의 사건관계를 경험함으로써 시간의 흐름을 인식한다. • 유아는 일시적인 경험에 의하여 막연한 감정의 경험을 하게 된다.
수준 2	사건의 순서와 간격을 이해하여 그것을 의식하기 시작한다.
수준 3	유아는 사건의 시간적인 연속을 통해 시간개념이 점차 발달하며, 조작적인 수준에 이르게 된다.

6 온도

• 차고 따뜻한 정도를 나타내는 약속으로 일상생활에서 경험한 온도를 수량화할 수 있음을 이해하여야
한다.
　－ 차갑다/뜨겁다, 더운/서늘한/추운, 온도가 높다/낮다와 같이 온도와 관련한 개념 등이 포함된다.

IV 규칙성(패턴)

MEMO

UNIT 20 규칙성(패턴) 개념

개념	규칙성 또는 패턴이란 사물이나 사건의 양상이 일정한 규칙성을 지니고 반복되는 형태, 즉 어떠한 기본단위가 일정한 규칙으로 반복되는 것을 말한다.
중요성	• 여러 사물의 관계를 파악하고 관련된 특성을 찾아내어 이를 일반화함으로써 앞을 예측할 수 있는 능력이자, 문제해결의 방식이다. 　⑩ 기후의 변화를 관찰하여 그 속의 일정한 규칙, 즉 패턴을 발견하면 앞으로의 기후를 예측할 수 있다. • 패턴에 대한 이해는 여러 현상의 규칙성을 파악함으로써 일상생활에 대한 예측감을 가지고 문제를 해결하게 되며, 함수와 대수학의 기초가 되고, 성인이 되어 미래의 경제동향이나 패션의 흐름 등을 예측하는 데 도움이 된다.

역할	수학의 기초	시각, 청각, 운동적 패턴을 반복·확장·예측해 보는 활동으로 전개하여 수학의 기초가 된다.
	창의적 활동	음률, 미술, 쓰기, 신체표현, 언어와 통합적으로 이루어질 수 있는 창의적인 활동을 제공한다.

지도방법	• 기본 규칙성을 모방하고 반복한다. 　- 초기에는 주어진 규칙성을 모방하고 반복하는 범위에서 지도한다. • 규칙성을 예측하게 한다. 　- 유아가 규칙성을 발견하고, 그 다음에 무엇이 올지를 예측해 보게 한다. • 기본 규칙성을 변형시킨다. 　- 기본적인 규칙성을 변형하여 더 복잡한 규칙을 만든다. • 하나의 규칙성을 다양한 형태로 나타낸다. 　- 주어진 규칙성을 사물이나 움직임, 기호, 그림과 같이 다양하게 표현한다. • 유아가 구성한 규칙성을 관찰하고, 그 준거를 말로 표현한다. 　- 유아는 자신이 운동적·시각적으로 경험한 규칙성을 언어적으로 표현하면서 더 분명하게 인식한다. • 수를 포함하는 패턴으로 전개한다.
지도내용	• 규칙성을 관찰하고 인식하기(색, 크기, 형태, 단어, 수, 음악, 운동 등) • 규칙성을 인식하고 모방하기 • 규칙성을 설명하기 • 규칙성을 토대로 다음에 올 것을 예측하기 또는 빠진 부분 예측하기 • 규칙성을 구성하기 • 규칙성을 그림, 글자, 기호 등으로 나타내기 • 증가 또는 감소 규칙성을 관찰하고 인식하기

UNIT 21 규칙성(패턴) 개념의 발달

1 규칙성(패턴) 이해 수준의 발달단계 - 차현화 · 홍혜경(2005), 긴스버그(Ginsburg et al., 2001)

패턴 인식 전 단계	• 규칙적으로 나타나는 관계를 유아가 구체적 · 영상적 · 언어적으로 표상하지 못하는 단계로, 사물이나 양상의 규칙성을 표현하지 못한다. — 구체물을 규칙과 무관하게 늘어놓아 규칙성이 나타나지 않는 단계이다.
패턴의 단순 인식 및 따라하기 단계	• 이 단계의 유아들은 예시로 제시한 규칙을 인식하고, 구체물로 제시된 패턴 유형대로 모방하여 그대로 따라 나열한다. — 즉 제시된 규칙을 인식하고, 단순한 모방에 의해 구체물을 이용하여 패턴을 배열하는 것이다.
패턴의 구성 및 전이 출현 단계	• 이 단계의 유아들은 패턴을 여러 가지 방법으로 놓아 보고 다른 유형의 패턴으로 바꾸어 나열하기도 한다. — 그러나 언어적으로 정확하게 규칙을 설명하지는 못한다.
복잡한 패턴 구성 및 전이 단계	• 이 단계의 유아들은 두 가지 특성을 복합적으로 나타내는 패턴을 구성할 수 있으며, 유아 스스로 패턴을 새롭게 구성할 수도 있다. • 또한 규칙을 언어적으로 설명할 수 있으며 구체물을 영상적 표상으로, 영상적 표상을 언어적 표상으로 패턴을 전이할 수 있다.

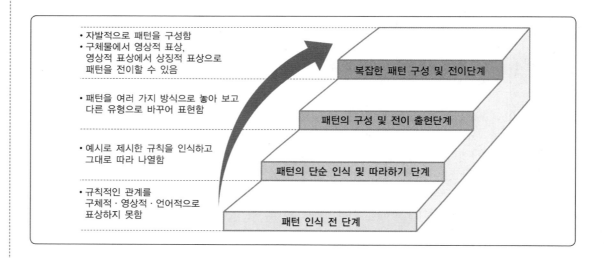

MEMO

SESSION 01

> **참고**
>
> **연령별 규칙성(패턴) 능력의 발달 – 긴스버그(Ginsburg et al., 2001)**
>
> | 만 3세 | 규칙성에 관심을 보이고 활용할 수 있다. |
> |---|---|
> | 만 4세 | • 기본 패턴을 인식하고 모방할 수 있다.
• 기본 패턴을 보고, 규칙을 말로 표현할 수 있다. |
> | 만 5세 | • 패턴을 인식하고 언어적으로 설명할 수 있다.
• 패턴을 모방하고 그 다음을 예측하여 이어갈 수 있다.
• 구체물을 사용하여 규칙성을 표상할 수 있다.
• 규칙성을 다른 형식으로 전이할 수 있다.
• 규칙성을 창조할 수 있다. |

2 규칙성(패턴)의 발달과정 – 사라마와 클레멘츠(Sarama & Clements, 2009)

패턴 인식하기	• 패턴의 규칙을 인식하고 언어로 설명할 수 있는 것이다. ㅡ 만 3세가 되면 유아는 생활 속에서 간단한 패턴을 인식하고 언어로 표현할 수 있다. 　⑩ 얼룩말의 무늬를 보고 '흰색–검정–흰색–검정 줄이 반복돼요'라고 말하는 것은 규칙을 인식하고 표현하는 것이다.
패턴 따라 만들기 (AB패턴 따라 만들기)	주어진 패턴을 보고 동일하게 패턴을 만드는 것이다. ⑩ '빨강–노랑–빨간–노랑'의 AB패턴으로 만든 목걸이를 보고 똑같이 '빨강–노랑' 패턴 목걸이를 만드는 것이다.
패턴 이어 나가기	• 주어진 패턴을 보고 빠져 있는 패턴을 찾아 끼워 넣는 것이다. 　⑩ '동그라미–동그라미–?–동그라미–동그라미–네모–동그라미'로 놓인 패턴에서 빠진 패턴이 무엇인지 예측하고 이를 찾아 넣는 것이다. ㅡ 이때 교사는 "어떤 색을 가진 도형이 와야 할까? 왜 그렇게 생각했니?"와 같이 상호작용함으로써 유아가 패턴의 기본단위를 찾아 빠진 패턴을 넣을 수 있도록 도와주어야 한다.
패턴 끼워 넣기	• 주어진 패턴에 이어 패턴을 만드는 것이다. ㅡ 만 4세 유아는 AB패턴과 같은 단순패턴을 기초로 이어 나가는 것이 가능하며, 만 5세가 되면 ABB패턴에 이어나가기가 가능해진다.
패턴의 기본단위 인식 및 패턴의 전이	만 6세가 되면 패턴을 스스로 구성할 수 있고, 보이는 패턴의 기본단위를 파악하여 이를 다른 유형의 패턴으로 바꿀 수 있다. ⑩ '노랑–초록–초록–노랑–초록–초록'으로 반복되는 패턴을 보고, 패턴의 기본단위를 ABB(노랑–초록–초록)로 인식하고, 이를 운동패턴 등 다른 패턴에 유형으로 구성하는 것이 가능해진다.

MEMO

🏠 규칙성의 발달

3세	4세	5세	6세
패턴 인식하기 ───→			
생활 속에서 간단한 패턴을 인식하고 언어적으로 표현함			
	패턴 따라 만들기 ──────────────────────────────────→		
	AB패턴을 보고, 동일한 패턴을 그대로 따라 만들 수 있음		
	패턴 끼워 넣기 ──────────────────────────────────→		
	AB패턴에서 빠진 패턴을 찾아 넣을 수 있음		
	패턴 이어 나가기 ──────────────────────────────────→		
	AB패턴 이어 나가기 주어진 AB패턴을 이어 나감	ABB패턴 이어 나가기 주어진 ABB패턴을 이어 나감	
			패턴 기본단위 인식 →
			패턴의 기본단위 인식 및 패턴의 전이

출처: 「Early childhood mathematics Education Research : learning Trajectories for young children」, pp. 330-331, by J. Sarama & D. H. Clements, 2009

UNIT 22 규칙성(패턴)의 유형

KEYWORD # 시각적/청각적/운동적 패턴, 반복패턴, 성장패턴, 대칭패턴

표상양식 (속성)에 따른 분류 (Burton, 1982)	운동적 유형 (운동패턴)	• 신체의 움직임을 이용하여 만드는 패턴으로, 신체표현능력을 길러준다. • 신체를 이용해 다양한 움직임이나 자세를 활용하여 반복적 규칙을 나타내는 것을 말한다. − 흔히 반복되는 동작이 포함되는 춤이나 놀이에서 볼 수 있으며, 유아들의 신체표현활동에서 다룰 수 있다. 예 앉기−서기−앉기−서기, 머리−어깨−머리−어깨 등이 이에 해당된다.
	청각적 유형 (청각패턴)	• 소리를 이용하여 만드는 패턴으로, 운율적인 반응능력을 길러준다. • 여러 종류의 소리를 활용하여 반복적 규칙을 나타내는 것을 말한다. − 유아들이 음률활동이나 사물놀이에서 리듬악기를 활용하여 반복적 규칙 만들기 활동으로 다룰 수 있다. 예 손뼉치기, 응원하기, 북 치기 등에서 나타나는 규칙성이 이에 해당된다.
	시각적 유형 (시각패턴)	• 시각적으로 반복되는 패턴을 말하는 것으로, 구성능력을 길러준다. • 물체나 그림의 색, 크기, 형태 등의 시각적 속성을 활용하여 반복적 규칙을 나타내는 것을 말한다. − 미술활동의 만들기나 그리기에서 다룰 수 있다. 예 색동옷, 포장지, 옷감, 타일 바닥 등에서 시각적으로 패턴을 발견하는 것 등이 포함된다. 예 빨강−초록−파랑−빨강−초록−파랑, 크고−크고−작고−크고−크고−작고
	상징적 유형 (상징패턴)	글자, 숫자, 부호 등의 상징적 속성을 활용하여 반복적 규칙을 나타내는 것을 말한다. 예 ㄱ−ㄴ−ㄱ−ㄴ−ㄱ−ㄴ, ↑−↓−↑−↓
규칙성의 특성 (생성방식)에 따른 분류 (Geist, 2009)	반복패턴 (repeating pattern)	• 기본단위나 규칙이 변화하지 않으면서 반복되는 패턴이다. • 패턴의 핵심 요소가 반복되는 패턴이다. • 패턴을 이루고 있는 구성요소가 일정한 규칙에 따라 변화 없이 반복되는 패턴이다. 예 빨강−빨강−노랑, 빨강−빨강−노랑
	성장패턴 (증가패턴, growing pattern)	• 기본단위가 계속 발전해 가는 패턴이다. • 각 요소들 간에 증가적인 관계가 규칙적으로 나타나는 것을 말한다. • 패턴을 이루고 있는 구성요소가 일정한 규칙에 따라 변형(증감)을 하여 만들어지는 패턴이다. • 패턴의 핵심 요소가 일정하게 증가하거나 감소하며 변화되는 패턴이다. − 나무의 나이테에서도 찾을 수 있다. 예 손뼉치기−발구르기, 손뼉치기−손뼉치기−발구르기, 손뼉치기−손뼉치기−손뼉치기−발구르기와 같은 패턴

	관계패턴 (relationship pattern)	• 두 세트 사이에서 연결이 이루어지는 패턴을 말한다. • 두 세트 간에 관계가 규칙적으로 나타나는 패턴이다. 　－ 두 개의 숫자가 함수와 관련되어 나타나는 패턴을 의미하는데, 이와 같은 　　관계패턴은 곱셈의 속성이 있으므로 초등학교 2~3학년이 될 때까지는 　　흔히 나타나지 않는다(Clements & Sarama, 2009). 　　예 한 상자에 크레파스가 8개면, 두 상자에는 16개, 세 상자에는 24개, 즉 1-8, 2- 　　　16, 3-24의 관계와 같은 패턴이다.
	대칭패턴	• 패턴의 기본단위가 대칭이 되면서 만들어지는 패턴을 의미한다. 　－ 대표적인 예로는 ▷ ◁ ▷ ◁ ▷ ◁의 배열과 같이 패턴의 기본 요소를 　　반으로 접었을 때 대칭을 이루면서 만들어지는 유형이다.
	회전패턴	• 패턴의 기본단위가 회전되어 만들어지는 패턴의 유형이다. 　－ ↑→↓←↑→↓←와 배열되어 만들어지는 패턴이다.
	카오스 현상에 의한 패턴	• 자연에서 볼 수 있는 비정규적인 규칙으로 구름의 규칙, 고사리 잎의 규칙, 우주의 은하계의 분포 등을 들 수 있다. 　－ 이러한 카오스 현상이 드러내는 기하학적인 규칙을 프랙탈(fractal)이라고 　　한다.
패턴이 놓인 모양에 따른 분류	선형패턴 (linear pattern)	• 일직선으로 배열된 패턴을 말한다. 　－ 우리 주변에서 볼 수 있는 패턴은 대부분 왼쪽에서 오른쪽으로 진행되는 　　선형패턴이다. 　－ 유아는 패턴이 직선으로 놓여 있을 때 쉽게 지각한다.
	동심원적 패턴 (concentric pattern)	• 선형의 방식으로 놓이지 않은 패턴으로서, 앵무조개가 수학적으로 가장 대 표적인 동심원적 패턴이다. 　－ 또한 예술작품이나 디자인, 바탕 타일에서도 흔히 볼 수 있다.
수의 포함 여부에 따른 분류 (Smith, 2013)	비수패턴	• 비수패턴은 수를 포함하지 않은 사물에서 찾을 수 있는 패턴을 의미한다. 즉 숫자가 아닌 도형, 소리, 색깔, 위치의 요소로 패턴의 구성요소가 표현되는 패턴을 말한다. 　－ 유아가 주변에서 쉽게 접할 수 있는 패턴은 모양, 위치, 색깔, 크기 등으로 　　표현되는 비수패턴이며, 그중 주로 모양과 색깔로 이루어진 비수패턴을 　　만든다.
	수패턴	• 수패턴은 패턴의 구성요소가 숫자로 표현되는 패턴을 말한다. 　－ 유아들은 수세기를 통해 수패턴을 경험한다. 　　예 1, 2, 3, 4, …(1씩 커지는 패턴), 1-2-1-2…(패턴의 구성요소가 반복되어 나 　　　타나는 패턴)
패턴의 핵심 요소 수와 특성에 따른 분류	AB패턴	사과-오렌지-사과-오렌지, △-▽-△-▽ 등
	AABB패턴	사과-사과-오렌지-오렌지-사과-사과-오렌지-오렌지, △-△-▽-▽ 등
	이 외에 ABC패턴, ABB패턴, AAB패턴, ABCC패턴, ABA패턴 등 다양한 패턴이 존재한다.	

참고

대상에 따른 구분

실물패턴	구체적인 물체로 패턴을 만드는 것이다.
신체패턴	유아 자신으로 패턴을 만드는 것이다.
상징패턴	기호나 글자로 패턴을 만드는 것이다.

UNIT 23 패턴활동의 제시 순서(규칙성 익히기, 규칙성 이해를 돕기 위한 방법)

• 유아의 패턴 이해 수준은 연령에 따라 점진적으로 발달하므로 교사는 영유아의 개인적 수준에 따라 일상생활에서 놀이와 경험을 통해 패턴능력이 발달될 수 있도록 적절한 지도를 해야 한다.
  - 패턴은 패턴 유형(ab, abc 등), 패턴 내용(실물, 그림, 기호 등)과 패턴을 이루고 있는 배열 등에 따라 단순한 것부터 복잡한 것까지 다양하게 표현된다.
• 영유아의 패턴 인식 능력은 자연적으로 발달되기보다는 비형식적인 경험과 놀이를 통해 점차적으로 발달해 간다.
  - 교사는 영유아의 이해 수준에 따라 적절한 패턴활동을 지도할 필요가 있다.

유아의 규칙성(패턴) 이해를 돕기 위한 방법 [채현주 (2006), Dacey & Eston(1999), Smith(2000)]	패턴 인식 및 표현하기 (패턴 인식·표현하기, 패턴 인식과 표현하기)	• 제시된 패턴의 규칙을 발견하고 설명하는 활동이다. - 패턴의 규칙을 발견하는 것은 비교적 쉽지만, 규칙을 적절한 언어로 설명하는 것은 어려울 수 있다. 예 '오전-오후-오전-오후'와 같은 일상생활이나 전통문양 등의 예술작품에서 패턴을 관찰하고 규칙을 언어로 표현해 본다.
	패턴 따라 만들기	• 제시된 패턴을 보고 그대로 따라 만들어 보는 활동 혹은 똑같이 패턴을 모방하여 배열하는 것을 말한다. - 처음에는 패턴 과제를 말로 설명하는 것이 어렵기 때문에 교사가 만드는 패턴을 그대로 따라해 보게 하는 것이 효과적이다.
	패턴 이어 나가기	• 제시된 패턴을 보고 규칙성을 발견하여 계속 이어 나가는 활동이다. • 패턴의 순서에 따라 다음에 무엇이 올지 예상하여 잇는 활동이다. 예 '공-상자-공-상자-공'이 있을 때 '공' 다음으로 무엇이 와야 할지 예측해 본다.
	패턴 끼워 넣기	제시된 패턴 중간쯤에 일부분이 빠져 있을 때 알맞은 것을 찾아 넣는 활동이다. 예 '1-2-3-1-2-3-1-( )-3'이 있을 때 괄호 안에 어떤 숫자가 와야 할지 물어본다.

	패턴 창조하기	• 유아 스스로 규칙을 만들어 패턴을 구성하는 활동이다.
		  ─ 만 5세 유아는 규칙적인 관계를 이해하게 되고 이를 활용하여 스스로 단순한 유형의 패턴을 만들 수 있다.
		  ─ 교사가 규칙을 제시해 주지 않더라도 유아는 스스로 일정한 규칙을 적용하여 패턴을 만들 수 있다.
		  ─ 패턴을 스스로 만들기 전에 유아는 주어진 패턴으로 충분한 경험을 해야 한다.

	패턴 전이하기	사과─배─사과─배 패턴을 빨강─노랑─빨강─노랑 패턴이나 1─2─1─2 패턴으로 바꾸는 것처럼 패턴의 규칙은 그대로 유지하되 매체나 유형을 변형하는 활동이다.
	같은 또는 다른 패턴 찾기	여러 개의 패턴 중 같은 패턴이나 다른 패턴을 찾는 활동이다.
패턴활동의 4가지 수준 (홍혜경, 2009)	패턴 인식 수준	생활 주변에서 반복되는 규칙적 관계를 탐색하고 모방하는 수준이다.
	패턴 기술 설명 수준	생활 주변에서 반복되는 규칙적 관계를 설명하는 수준이다.
	패턴 확장 수준	생활 주변에서 반복되는 규칙적 관계를 토대로 예측하고 확장하는 수준이다.
	패턴 구성 수준	유아 자신이 스스로 규칙성(패턴)을 만들어 보는 수준이다.
패턴활동 유형	인식하기	주어진 패턴의 규칙을 알고 설명하는 것이다.
	따라하기	주어진 패턴을 보고 그대로 복사하는 것이다.
	이어가기	주어진 패턴을 보고 순서대로 연장하는 것이다.
	끼워 넣기	제시된 패턴이 중간쯤에서 일부분 비워졌을 때 알맞게 끼워 넣는 것이다.
	전이하기	한 가지 유형으로 표현된 패턴을 다른 유형으로 바꾸어 표현하는 것이다.
	창조하기	스스로 규칙을 세워 새로운 패턴을 창조하는 것이다.

UNIT 24 규칙성의 지도방법

규칙성 이해하기를 위한 활동	• 유아들이 여러 가지 사물이나 현상에서 규칙성을 찾아보고 예측하거나 만들어보는 등 규칙성에 대한 개념발달을 돕기 위해 제공될 수 있는 활동은 다음과 같다. 　－ 규칙성 이해하기 활동 : 유아의 주변 환경에서 여러 가지 무늬나 모양, 색깔 등을 통해 규칙적인 배열을 찾아볼 수 있다. 　－ 시간의 흐름에 따른 활동 : 유아들의 하루 일과 속에서 되풀이 되는 사건의 순서를 통해 규칙성을 찾아볼 수 있다. 　－ 반복적 동작활동 : 노래를 부르며 하는 율동, 신체 활동의 움직임처럼 그 속에서 반복되는 규칙성을 찾아볼 수 있다. 　－ 숫자・기호 및 언어의 규칙적 배열활동 : 숫자나 기호, 언어적 상징 등을 반복적으로 배열하여 규칙성을 만들 수 있다.
지도방법	• 일상에서의 규칙성 경험 　－ 유아는 일상생활에서 규칙성에 대한 경험을 하므로, 교사는 유아들에게 모양, 색과 같은 주제에서 패턴을 찾아보도록 하는 것에서 나아가, 수 관계 등 보다 복잡한 상황에서 규칙성을 발견하도록 기회를 제공할 필요가 있다. 　－ 이를 위해 교사는 단추, 조개껍데기, 열쇠 등과 같은 구체물을 충분히 제공하여 유아가 일상에서 다양한 규칙성을 만들 수 있도록 돕는다. 　－ 또한 유아가 하루 일과 가운데 규칙성을 발견하며 기쁨을 느끼도록 해야 한다. 　　예 매주 수요일은 '도서관 가는 날'과 같이 유아가 일과에서 스스로 규칙성을 발견함으로써 성공하는 기쁨을 느끼게 하는 것이 필요하다. • 기본단위를 찾는 경험 　－ 규칙성을 지도할 때에는 규칙성을 구성하는 기본단위에 주목하도록 격려하는 것이 중요하다. "다음에 뭐가 올까? 그 다음은?"과 같이 상호작용하여, 유아가 규칙성을 단순히 순서로 이해하도록 지도하는 것은 바람직하지 않다. 　－ 교사는 "어떤 것이 반복될까? 규칙성을 발견할 수 있니? 왜 그렇게 생각했니? 발견한 규칙에 대해 이야기해 줄 수 있니?"와 같은 상호작용을 통해 유아가 규칙성에서 반복되는 기본단위에 주목하도록 격려해야 한다. • 여러 유형의 패턴 경험 　－ 모양, 색이 반복되는 시각패턴 외에도 청각패턴, 운동패턴, 성장패턴, 관계패턴과 같은 다양한 유형의 패턴을 제공한다. 　－ 시각패턴을 제공할 때에는 모양, 색의 반복뿐만 아니라, 위치의 변화에 따른 패턴을 제공하여 유아가 다양한 관점에서 패턴을 생각해 보도록 한다. 　－ 더불어 유아가 다양한 유형의 패턴을 경험하기 위해서는 교사가 규칙성에 대한 지식을 가지는 것이 필요하다. 　　예 박진이(2017)의 연구에 따르면 만 5세 유아가 '2-1-3-1-4-1'과 같은 성장패턴을 만들었음에도 교사가 이를 성장패턴으로 인식하지 못해 '2-1-2-1-'과 같은 반복패턴으로 수정하도록 하였다면 이는 교사의 수학 내용지식이 부족한 데서 기인한다. 따라서 다양한 유형의 패턴경험을 제공하기 위해서는 교사가 패턴에 대한 지식을 가지고 유아의 발달 수준에 따라 적합한 유형의 패턴을 제공해 주는 것이 필요하다. • 유아의 규칙성(패턴) 활동은 네 가지 수준에서 다루어야 한다. 　－ 패턴 인식 수준 ➡ 패턴 기술 설명 수준 ➡ 패턴 확장 수준 ➡ 패턴 구성 수준

• 유아의 발달 수준에 따라 패턴활동의 유형을 정한다.
 − 실물패턴에서 시작하여 점진적으로 수를 포함하는 패턴으로 전개한다.
 − 처음에는 패턴 인식·표현하기 활동으로 시작하고, 익숙해진 후 패턴 이어가기나 창조하기 활동으로 진행한다.
• 유아의 규칙성(패턴) 활동에 수준별 난이도를 다양하게 제시한다.
 − 구체물 ➡ 그림 ➡ 상징(숫자나 기호)으로 규칙성(패턴)을 표상하는 활동을 한 다음, 상징으로 나타난 규칙을 보고 구체물이나 그림으로 표상하며, 전이활동으로 연계한다.
 − 하나 또는 둘의 속성을 사용한 규칙성(패턴) 활동(AB패턴)을 한 다음, 여러 속성을 사용한 규칙성(패턴) 활동(ABC패턴)으로 복잡성을 증가시킨다.
 − 배열을 보고 마지막에 무엇이 올지 예측하는 활동을 한 다음, 배열을 보고 중간에 무엇이 올지 추측하는 활동으로 인지적 어려움을 증가시킨다.

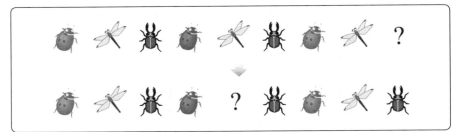

 − 색, 크기, 형태 등의 구체적 속성에 의한 패턴의 규칙성 인식 활동을 한 다음, 관계성에 기초한 패턴의 규칙성 인식 활동으로 인지적 어려움을 증가시킨다.

(네모 동그라미 네모 동그라미 네모 동그라미 네모 동그라미)

(기어다님 날아다님 기어다님 날아다님 기어다님 날아다님)

• 유아의 규칙성(패턴) 활동을 위해 반복적 패턴뿐만 아니라 증가적 패턴도 제공한다. 증가적 패턴은 탑쌓기, 물체세기 등을 통해 증가적 관계를 탐색할 수 있다.
• 교사는 패턴을 나타내는 다양한 상황을 활용하여 규칙적 관계를 탐색하도록 유도하고, 규칙을 설명하여 예측할 수 있도록 개입하고 격려해야 한다.
 − 규칙성 개념 발달을 위한 질문의 예
  예 여기에서 어떤 규칙을 찾아볼 수 있을까? 어떻게 찾아냈니? 찾아낸 규칙을 말해 볼까?, 다음에는 무엇이 올까? 왜 그렇게 생각하니?, 이 패턴을 어떻게 기억할 수 있을까? 그림이나 숫자로 나타낼 수 있을까?, 만약 내가 이 부분을 바꾼다면 어떻게 될까?, 10번째에는 무엇이 올까?, 가로수나 보도블록에서 패턴을 볼 수 있지? 또 어디서 패턴을 볼 수 있을까?, 우리 새로운 패턴을 만들고 그 규칙을 찾아내는 게임을 해 볼까?
• 여러 나라 문화와 예술작품을 연계한 패턴활동을 소개한다.
 − 우리나라의 단청, 이슬람 문화의 퀼트, 융단, 알함브라 궁전, 인디언의 직조물, 아프리카의 바구니 등에서 패턴 찾아보기
 − 테셀레이션(tessellation)으로 구성된 미술작품에서 패턴 찾기 활동

V 자료의 수집과 분석(결과 나타내기)

UNIT 25 자료의 수집과 분석의 개념

- 기초적인 자료수집과 결과 나타내기는 탐구하고자 하는 문제를 해결하기 위하여 낱개의 자료를 일정한 기준에 따라 수집·분류하고 이를 묶어 조직화하여 나타내는 활동을 말한다. 이는 수학의 학문적 체계에서 '확률과 통계' 영역에 속한다.
  - NCTM(2000)에서는 이를 자료 분석과 확률로 제시하고, 그 내용 기준은 자료수집과 조직, 자료 분석을 위한 적절한 통계적 방법의 선택과 활용, 자료에 기초한 추론과 예측 능력의 발달 및 평가, 확률의 기본적인 개념 이해와 적용의 네 가지 영역으로 구성되어 있다.
  - 이 중 유아기 통계교육의 주요 내용으로는 자료를 수집하고 분류하여 표나 그래프로 나타내고, 이를 바탕으로 결론을 이끌도록 하는 것을 제시하고 있다(NCTM & NAEYC, 2002).
- 자료 분석은 개개의 자료를 일정한 준거에 따라 수집·분류하고, 이를 그래프 등으로 조직하여 제시·설명하는 것으로서 통계학에 해당하는 내용이다.
  - 21세기 정보화 사회에서는 여러 분야의 정보들이 숫자와 도표로 제시되기 때문에 올바른 판단과 합리적인 행동을 위해서는 기본적인 통계 지식 및 해석력을 갖추어야 한다.
- 통계적 사고란 우연이나 무작위적 현상에 대한 문제를 제기하고, 그것을 해결하기 위하여 그들 스스로 적절한 자료를 수집하며, 자료의 특성과 구조를 탐색하도록 하는 것이다. 나아가 다양한 수학적 모델을 비교, 대조, 선택, 적용하는 과정을 통해 모집단에 대한 추론 및 합리적인 의사결정을 내릴 수 있는 전 과정을 일컫는 것으로, 아래와 같은 학습 과정을 통해 획득된다.
  - 통계적 사고를 길러주기 위해서는 유아기부터 생활 속에서 궁금한 문제를 해결하기 위해 필요한 자료를 수집하고 이를 적절하게 조직·분석하는 경험을 할 필요가 있다.
  - 이와 같이 유아가 자료를 수집하고 이를 조직할 수 있기 위해서는 사물을 준거에 따라 분류할 수 있는 능력이 선행되어야 한다.

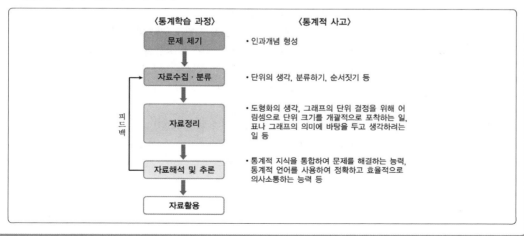

MEMO

UNIT 26 분류하기

KEYWORD # 짝짓기, 단순 분류, 복합 분류, 보충유목

1 개념

- 분류는 물체들 간의 공통적 속성 또는 관계성에 따라 이를 범주화하는 것을 의미한다.
  - 물체에서 구분할 준거를 스스로 찾아내고, 그 준거에 따라 물체를 모으는 것을 분류(classification) 라고 할 수 있다.
  - 분류를 하려면 먼저 여러 속성 중 다른 속성은 무시하고, 물체들 간의 공통성만 추론할 수 있어야 하며, 그 준거를 다른 물체에도 적용할 수 있어야 한다.
- 분류하기는 사물 간의 유사점과 차이점을 비교하는 것에서 시작하는데, 기준에 따라 유사한 사물을 모으는 분류능력은 사물 간의 관계를 인식하는 토대가 되며, 논리적 사고의 가장 초기 단계가 된다.
  - 예 물건을 사려면 꼭 필요한 물건과 그렇지 않은 물건을 분류하는 일이 필요하며, 바쁜 생활 속에서 우선적으로 처리해야 하는 일과 그렇지 않은 일을 분류해야 한다.
  - 이처럼 분류하기는 수학뿐만 아니라 주변 환경을 이해하고 이에 대처하는 기본적인 능력에 해당한다.

2 분류의 유형

짝짓기,
관련짓기
		• 짝짓기는 같은 것 또는 관련 있는 것끼리 연결하는 것을 말하며, 분류하기의 가장 기초적인 단계로서 일대일 대응의 개념과도 관련이 있다.
		  - 유아는 물체의 차이점보다는 공통점을 먼저 인식하므로 자연스럽게 같은 물체끼리 짝 짓는 경험을 일찍 시작한다.
		• **짝짓기 활동의 유형**
		  - 같은 것끼리 짝짓기(예 양말 짝짓기, 젓가락 짝짓기)
		  - 유사한 것끼리 짝짓기(예 소-송아지, 개-강아지, 말-망아지)
		  - 서로 관련 있는 것끼리 짝짓기(예 경찰-경찰차, 아기-우유병, 축구선수-축구공)

	지도방법	• 일과를 통해 짝짓기 경험을 제공한다.
		  예 양쪽 신발을 나란히 신발장에 정리하기
		  예 악기의 그림자 모양을 붙여 놓고 그 위에 해당 악기 보관하기
		• 사물들 간의 공통된 속성을 탐색하는 경험을 제공한다.
		  - 자연적인 짝끼리 짝짓기(같은 것끼리 짝짓기)
		    예 젓가락, 우리 몸에서 짝인 것 찾기
		  - 유사한 것끼리 짝짓기
		    예 동물과 그 새끼 연결하기(어미 닭-병아리)
		  - 함께 작업하는 것끼리 짝짓기
		    예 우유-컵, 구두-발, 실-바늘

MEMO

		− 어울리는 것끼리 짝짓기 　　⑩ 아기−유모차, 유아−세발자전거, 조종사−비행기 − 유아는 같은 것을 먼저 인식하고 후에 차이점을 이해하게 되므로 동일한 　물건을 찾아 짝짓기하는 활동이 먼저 제공되어야 한다. 　　⑩ 같은 양말끼리 혹은 같은 젓가락끼리 짝지어 보기, 현관에서 신발정리하기
단순 분류		• 단순 분류는 색깔이나 크기, 모양과 같이 현저히 눈에 띄는 공통된 속성 한 가지를 기초로 　물체들을 모으는 것을 말하며, 약 2세경에 발생한다. − 단순 분류를 할 때 처음에는 "이 물체의 특성은 무엇인가?"에 초점을 두었다가 점차 　"다른 물체는 왜 포함되지 않았을까?"라는 것으로 옮겨가야 한다. − 단순 분류에서 어떤 유목(class)에 속한 다양한 사례들은 그 유목과 관련된 속성들을 　보여주며, 그 유목에 속하지 않는 다양한 사례들은 그 집합의 핵심적인 특성들이 무엇 　인지를 나타내기 때문에 두 가지 사례를 모두 다루어보는 것이 중요하다.
	지도방법	• 놀이를 하며 유아가 단순 분류를 할 다양한 기회가 있으므로 이를 최대한 　활용하고, 필요한 경우에는 분류 기준을 제시해 주어 유아가 분류할 수 있 　도록 하는 것도 필요하다. 점차 유아 나름대로 기준을 가지고 분류하는 경 　험, 나아가 이미 분류된 결과를 보고 어떤 기준에 의한 것인지 추론하는 　경험을 제공한다. − 처음에는 교사가 분류 준거를 제시하고, 그 준거에 따라 사물을 분류한 　다 ➡ 점차 유아 스스로 준거를 만들어 분류하게 한다 ➡ 나아가 이미 　분류된 결과를 보고 어떤 준거에 의해 분류되었는지 유아에게 유추해 　보도록 할 수 있다. • 일과를 통해 짝짓기 경험을 제공한다. − 놀잇감을 갖고 논 다음 정리한다. − 게임에서 팀을 나눌 때 분류하기를 활용한다. • 사물의 유사점과 차이점을 인식하도록 돕는다. − 다양한 물체들 중에서 서로 비슷한 물건과 다른 물건을 탐색하게 한다. − '비슷한', '똑같은', '같지 않은', '전혀 다른' 등의 개념을 이해하도록 한다. • 분류 준거에 대한 생각을 돕는다. − 유아가 분류 준거를 생각해내지 못하는 경우에는 힌트를 준다. 이때 색 　깔에 따라 분류할 수 있다고 직접 알려주기보다 "어떤 색깔 단추가 제 　일 마음에 드니?"라며 간접적으로 색깔이라는 준거를 생각하게 한다. − 유아마다 생각한 분류 준거는 서로 다를 수 있으며, 옳고 그른 준거는 　없음을 이해하게 한다. − 성인의 관점에서 논리적인 준거가 아니더라도 나름대로의 이유를 댄다 　면 수용해 준다(⑩ 내가 좋아하는 색깔이라서요).

복합 분류		• 복합 분류는 물체들을 두 가지 이상의 속성을 동시에 고려하여 분류하는 것으로 만 6~7세경에 발달한다. 　– 이를 위해서는 한 가지 물체에 여러 속성이 있음을 알아야 한다. 유아기에 복합 분류를 하기 위해서는 물체의 속성을 충분히 경험하여야 하며, 이를 기초로 물체를 하나의 기준으로 분류한 다음 다른 기준으로 분류하는 재분류 경험이 선행되어야 한다. 　– 이 과정에서 유아들끼리 자신들이 분류한 이유를 설명해 보게 하면 물체의 속성과 분류의 기준 사이의 관계를 이해하게 되어, 점차 두 가지 기준을 동시에 사용해 분류하는 복합 분류가 가능해진다. • Inhelder & Piaget(1964)의 연구에 의하면, 4세부터 복합 분류가 가능하며, 연령에 따라 수준이 증가하되 2속성 과제(모양, 색)를 더 쉽게 해결하고, 3속성 과제(모양, 색, 크기)는 8세가 되어도 수행하지 못하는 유아가 많은 것으로 나타났다.
	재분류	유아의 복합 분류 인식을 돕기 위해, 분류의 준거가 한 가지가 아님을 인식할 수 있도록 한 가지 준거에 따라 물체를 분류하게 한 뒤, 이를 다시 다른 준거로 분류하도록 하는 것이다.
	지도방법	• 일과를 통해 복합 분류를 경험하게 한다. 　– 한 번에 두 가지 속성의 용어를 동시에 사용하여 언어적 상호작용을 한다. 　　⑩ 모양이 동그라면서 색깔이 검은 단추는 어떤 거지? 　– 교재교구 정리 시 두 가지 속성에 따라 라벨을 붙여 분류한다. 　　⑩ 하얀 네모, 검정 네모 등 • 분류의 준거가 한 가지가 아님을 인식할 수 있도록 물체를 한 가지 준거에 따라 분류한 후, 이를 다시 다른 준거로 분류하도록 한다. 　⑩ 단추 크기에 따라 분류하게 한 뒤, 모양에 따라 다시 분류하게 한다. • 자신이 선택한 분류 준거를 친구의 분류 준거와 비교해 본다. 　⑩ 나는 단추 크기에 따라 분류했는데, 친구는 단추 모양에 따라 분류했어요. • 유사한 두 물체에 대해 공통점과 차이점을 찾아보게 한다. 　– 어떤 면에서는 같지만(⑩ 붓의 용도와 붓의 털 길이), 어떤 면에서는 다른(⑩ 붓 손잡이의 길이, 붓의 털의 수) 물체를 제공한다. 　– 벤다이어그램을 완성해 본다. 소집단 활동으로 할 경우에는 바닥에 전지를 깔고 훌라후프 2개를 겹쳐 사용한다.
유목포함 관계		• 위계적 분류 • 유목포함(class-inclusion)이란 사물들 간의 위계적 관계를 말하는 것으로 어떤 한 가지 유목에 속하는 물체는 다시 상위 유목에 포함될 수 있다는 것을 의미한다. 　– 유목포함은 어떠한 기본개념(basic-level)이 하위개념(subordinate-level)을 포함하는 동시에 상위개념(superordinate-level)에 속함을 이해하는 것이다. 　　⑩ '개'가 기본개념이라면 상위개념은 동물, 하위개념은 진돗개, 치와와 등이 될 수 있다. 　– 이러한 범주들의 위계적인 관계에 대한 이해는 개념 획득에 중요한 역할을 한다. 즉 진돗개의 속성을 일일이 학습하지 않더라도 개의 속성으로부터 진돗개가 가질 수 있는 속성들을 추론할 수 있다. 따라서 처음 보는 대상의 유목포함 관계만 알 수 있다면 그 새로운 대상이 갖고 있는 여러 속성들을 일일이 다 학습할 필요가 없다.

- 이행성 관계의 인식이 요구된다.
  - A가 B를 포함하고 B가 C를 포함하면 A는 C를 포함하게 된다는 이행성 관계의 인식이 요구되는 것으로, 전조작기 유아에게는 어려운 과제이지만 구체적 조작기에는 가능할 수 있다.
  - 유아에게 18개의 노란 국화와 2개의 빨간 장미를 제시한 후 "노란 국화가 더 많니, 꽃이 더 많니?" 라고 물었을 때, "노란 꽃이 많아요, 빨간 꽃은 둘 밖에 없잖아요."라고 답한다.
  ➡ 전체 유목과 하위 유목의 포함관계를 이해하지 못하는 것이다.

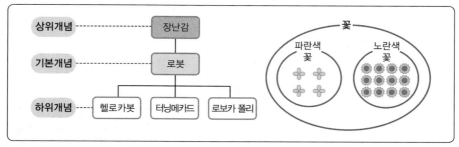

📎 유목포함 관계와 보충유목

보충유목	<ul><li>한 속성과 그 속성이 아닌 것으로 분류하는 것을 의미한다.</li><li>보충유목이란 상위개념에는 포함되지만 기본개념과는 다른 독립된 집합을 의미한다. 예를 들면, 인형은 장난감(상위개념)에는 포함되지만 로봇(기본개념)과는 다른 독립된 집합으로 범주화된다.<ul><li>빨간 것과 빨갛지 않은 것, 자동차와 자동차가 아닌 것 등 긍정(affirmation)과 부정(negation)의 두 범주로 분류하는 활동이다.</li><li>이 활동을 위해서는 사물이 소유하지 않은 것 또는 속하지 않은 유목의 특징에 대해 말해 보는 기회나 '~이 아닌'이라는 용어를 사용함으로써 보충유목 개념을 경험하도록 한다.</li></ul></li></ul>
지도방법	<ul><li>일과를 통해 유목포함을 경험하게 한다.<ul><li>전체와 부분이라는 용어를 함께 사용하여 상호작용한다. ⑩ 이 차에 우리 반 친구들이 모두 탈 수 있을까? 아니면 몇 명만 탈 수 있을까?</li></ul></li><li>'~이 아닌'이라는 용어를 사용함으로써 보충유목 개념을 경험하게 한다. ⑩ 빨간색 공은 여기에 넣고, 빨간색이 아닌 공은 저기에 넣자.</li><li>전체와 부분 관계를 인식할 수 있는 경험을 제공한다.<ul><li>전체와 부분 관계를 떠올릴 수 있는 질문을 한다. ⑩ "우리 반에는 모두 몇 명의 어린이가 있지?(20명), 여자친구는 몇 명이지?(8명), 남자친구는 몇 명이지?(12명)"라고 한 뒤 "어린이가 많니? 남자친구가 많니?"라고 질문한다.</li></ul></li></ul>

3 분류의 발달과정

분류하기의 발달

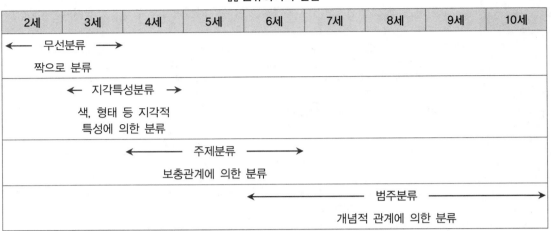

2세	3세	4세	5세	6세	7세	8세	9세	10세
← 무선분류 →								
짝으로 분류								
		← 지각특성분류 →						
		색, 형태 등 지각적 특성에 의한 분류						
				← 주제분류 →				
				보충관계에 의한 분류				
						← 범주분류 →		
						개념적 관계에 의한 분류		

출처 :「Children's thinking : Developmental function and individual difference」, p.235, by D. F. Bicklaund(2000)

연령별 발달	• 분류하기는 아주 어린 연령에서부터 발달된다. ⑩ 모든 것을 입으로 가져가지만 음식물만 먹고 음식물이 아닌 것은 빨기는 하되 먹지 않는 것, 혹은 인형에게 낮에는 놀기 좋은 옷, 밤에는 편한 옷으로 갈아입히는 행동은 모두 분류하기의 기초라고 할 수 있다. – 그러나 성인의 관점에서 유아의 분류 행동을 보면 맞지 않고 자신에게만 의미 있는 분류 기준이 사용된 경우가 많다. – 유아가 발달함에 따라 점차 성인의 관점에 부합하는 기준으로 분류를 하기 시작하며, 다음과 같은 발달과정을 겪는다.
	만 2~3세 • 짝을 지어 분류하지만, 대부분 분류의 기준을 설명하지 못하는 무선분류(random classification)를 한다. – 자동차와 강아지를 묶어 '내가 좋아하는 것'이라고 이야기하는 수준으로 엄밀히 말하면 아직 제대로 분류하지 못하는 단계로 볼 수 있다.
	만 4~6세 주제에 따른 분류(thematic classification)를 한다. ⑩ 책상과 의자, 강아지의 다리는 서로 다른 모양이지만, 4개의 다리를 기준으로 분류하고 이를 설명할 수 있다. ⑩ '파란색인 것과 파랗지 않은 것', '날개가 있는 것과 날개가 없는 것' 등의 '~인 것'과 '~이 아닌'으로 분류하는 등 보충관계에 의한 분류하기가 가능해진다.
	만 6세 이후 지각적 특성이 아닌 개념적 관계(⑩ 동물, 가구, 날 수 있는 것 등)에 기초한 범주분류(categorical classification)가 가능해진다.

MEMO

🏠 분류하기의 발달과정(Charlesworth, 2000; Smith, 1997)

연령별 발달	2~3세경	• 전조작기 초기의 유아에게 분류하기란 물체의 유사성에 따라 분류하는 활동을 말한다. − 즉 "이것들은 비슷해 보이니까 함께 놓아야 해"라는 유아의 자연적인 성향이 바로 분류 행동인 것이다.
	4~6세경	• 속성에 따라 분류하기보다 어떤 형태를 완성(graphic collection)하려고 물체를 배열한다. 따라서 분류 기준이 물체들 간 유사성에만 있지 않고, 공간적 형태의 영향을 받는다. • 또한 분류 기준을 중간에 바꾸는 등 일관성 없이 분류하는 경향(예 처음에는 형태에 따라 분류하다가 나중에는 색깔에 따라 분류하기도 한다)이 있다. 이와 같은 현상이 나타나는 이유는 물체를 분류하는 기준은 여러 가지가 있을 수 있는데, 전조작기 유아는 이 기준에 혼란을 느끼기 때문이다(Smith, 1997). • 유아들이 주로 사용하는 기준은 색깔, 형태, 크기, 재료, 패턴, 질감, 기능 등이 있는데, 가장 쉽고 일찍 발달되는 분류 기준은 색깔이다. − 5~6세 정도가 되면 물체의 색깔에 따라 분류할 수 있으나, 질감과 같은 고차원적 속성에 따라 분류하는 것은 전조작기 유아에게는 불가능하다. | 참고 | • 유아의 분류능력은 2~5세까지는 초보적인 수준을 보인다. • 4세 유아들 중 일부는 단순 분류가 가능하다. • 5~7세 아동은 단순 분류를 할 수 있으며 부분적으로 복합 분류를 한다. 완전한 복합 분류는 논리조작적 사고가 가능한 7~8세 이후에 완성된다(Barainerd, 1978; Piaget & Inhelder, 1964). • 또한 5세경에는 과일, 동물 등 유아에게 친숙한 사물의 유목포함 개념이 나타나기 시작한다.
	7~8세경	• 구체적 조작기가 되면 아동은 두 가지 기준에 따라 물체를 분류하고, 그 이유를 말할 수 있게 된다. • 또한 분류 대상(예 노란 블록, 초록 블록)이 존재할 경우에는 유목포함 과제를 해결할 수 있다.
	8~9세경	더욱더 세련되게 분류할 수 있다. 예 '정원에서 꽃을 모두 꺾었다면, 장미가 남아 있을까?'와 같은 질문에 답할 수 있다.

(1) 피아제와 인헬더(Piaget & Inhelder)

개념	2~11세까지의 아동 2,159명을 대상으로 장기간의 실험을 통해 분류능력의 발달 현상을 연구하여 세 가지 단계로 구분하였다.
분류 전 단계 (형태적 집합) (2~5세)	• 대상을 배열하는 데 사물의 일부를 사용하며, 전체적인 계획 없이 몇 가지 방법으로 사물들을 나눈다. • 대상을 분류할 때 유사성과 차이점을 구분하지만, 대상의 일부만을 가지고 자기 나름의 독자적이고 주관적인 방법으로 일렬로 배열한다. 예 대상을 빨간색을 기준으로 배열하다가 노란색 네모를 배열한 다음, 기준을 바꾸어 네모를 계속 나열하는 것처럼 분류 기준이 변하는 상태이다.

MEMO

준 분류 단계 (5~7세)	• 대상을 유사성에 의해 모두 분류하나, 처음에는 계층적인 분류가 아닌 일차원적인 분류를 한다. 　－ 일차원적 분류 : 한 가지 준거에 의한 분류이다.
논리적 분류 단계 (복합 · 다중분류) (7~11세)	• 상위 유목과 하위 유목의 관계에서 양적인 관계까지 완전히 이해한다. • 완전한 계층적 분류가 이루어지는 단계이다. 　－ 계층적인 분류 : 여러 가지 준거를 가지고 분류하는 것이다.

(2) 라바텔리(Lavatelli, 1973)

단순한 분류	색깔이나 크기 또는 모양과 같이 현저하게 눈에 띄는 한 가지 속성에 따라 물체들을 분류한다.
논리적 분류	물체들의 집합에서 공통된 속성을 추출하고, 그 집합 외에 다른 물체들에서도 같은 속성을 발견해내는 두 과정을 동시에 할 수 있다. ⑩ 곤충들을 모아놓은 그림을 보고 이들이 모두 곤충이라는 속성임을 추출해낸 후, 곤충과 동물 그림카드를 섞어놓고 이 중 곤충그림에 들어갈 수 있는 그림카드를 고르라고 하였을 때, 곤충그림카드를 발견해내어 곤충들을 모아 놓은 그림에 놓을 수 있다면 논리적 분류를 할 수 있다고 보는 것이다.
복합적 분류	한 번에 한 가지 이상의 속성에 의해 물체를 분류할 수 있고, 한 가지 물체가 동시에 여러 유목에 속할 수 있다는 것을 인식한다.
전체－부분 관계	어떤 유목의 모든 구성원이 가지고 있는 속성을 구분할 수 있다.
유목－포함 관계	물체를 세부 유목에 따라 분류할 수 있고, 세부 유목들을 다시 더 큰 유목에 포함시킬 수 있다.

(3) 찰스워스(Piaget, 1964; Smith, 1997; Charlesworth, 2000)

1단계 임의적 분류 (2~3세)	• 사물의 객관적인 유사점 및 차이점과 관계없이 자신이 만든 기준에 의해 사물을 분류한다. • 자신의 주관적 기준에 의해 분류한다.
2단계 단순 분류(4~6세)	• 5세경의 유아는 현저하게 눈에 띄는 한 가지 공통된 기준에 따라 사물을 분류한다. • 색, 모양, 크기 등의 분류 기준을 사용하여 분류한다.
3단계 복합 분류(7~8세)	7세경의 유아는 동시에 두 가지 또는 그 이상의 공통된 기준에 따라 사물을 분류한다.
4단계 유목포함(8~9세)	• 9세경의 유아는 사물을 집합화하여 사물들 간의 위계적인 관계를 이해한다. • 사물을 부분 유목에 따라 분류할 수 있고, 부분 유목들은 더 큰 유목에 포함된다는 것을 알게 된다. ⑩ 여러 개의 빨간색 삼각형과 사각형을 보여주었을 때, 모양에 따라 부분집단으로 나눌 수 있고 이 두 집단은 빨간색이라는 큰 집단에 속한다는 것을 이해하는 것이다.

UNIT 27 자료 분석(결과 나타내기, 그래프 활동)

KEYWORD # 그림그래프

1 개념

- 문제해결을 위해 수집된 자료에 대하여 의사소통하기 위해서는 자료를 조직화하는 것이 필요하다.
  - 3~5세 유아들도 자신들이 모은 자료를 자신의 방법으로 조직할 수 있다고 한다(Crucio & Folkson, 1996).

2 그래프의 유형

실물그래프	• 해당 사물을 그래프 판 위에 직접 놓아서 만드는 3차원 그래프이다. 　⑩ 영유아들 중 구두를 신은 영유아가 많은지 혹은 운동화를 신은 영유아가 많은지 알아보기 위해 교실 바닥에 커다란 그래프 판을 놓고 그 위에 각자의 신발을 올려놓을 수 있다. 　– 유아 자신이 그래프가 될 수도 있다. 　　⑩ 구두를 신은 유아와 운동화를 신은 유아가 운동장에 나가서 줄서기를 할 수 있다. 　– 실물을 일대일 대응하거나 높이 또는 길이를 시각적으로 보고 비교할 수 있다. 　– 실물그래프는 그림그래프나 상징그래프 활동의 기초가 되며, 유아에게 구체적인 경험을 제공하므로 가장 중요한 유형의 그래프로 볼 수 있다.
그림그래프	• 실물 대신 실물의 그림이나 사진을 이용하는 것으로서, 실물그래프와 상징그래프 간의 중간적인 성격을 갖고 있다. 　– 실물그래프보다 추상적이지만 물체의 사진이나 그림 등을 활용해 나타내므로 실물그래프와 상징그래프의 특성을 함께 가지고 있다. 　– 유아의 발달 특성상 실물을 이용한 그래프 활동이 가장 바람직하지만 실물그래프 만들기가 불가능한 경우가 있다. 이러한 경우는 해당 물체의 그림에 색칠을 하거나 해당 물체의 사진이나 스티커를 붙이는 그림그래프 활동을 하는 것이 좋다. 　　⑩ 가장 좋아하는 텔레비전 프로그램, 집에 있는 애완동물 등은 유아가 흥미 있어 하는 주제이지만 실물을 교실에 가져올 수 없는 것들이다. • 그림그래프 작성 시 그래프에 사용될 사진이나 그림의 크기는 동일하게 제작하거나, 그래프의 칸은 동일한 간격으로 나누어져야 한다. 　– 유아는 일대일 대응과 수의 보존개념이 부족하므로 배 4개의 줄이 귤 6개의 줄보다 길게 늘어져 있으면 배가 더 많다고 해석할 수 있다. 따라서 그래프 판에 동일한 크기의 칸(바둑판 모양)을 만드는 것이 도움이 된다.
상징그래프	• 상징그래프는 어떤 물체를 표상하기 위해 추상적 매체(⑩ 기호, 세기표 또는 사물과 전혀 관련이 없는 다른 블록이나 바둑알)를 사용하는 것이다. 　– 해당 칸을 채운 차트를 책상 위나 벽에 붙일 수도 있지만, 끼우기 블록을 쌓아올리거나 종이클립 또는 색종이 고리를 연결하여 그래프를 나타낼 수도 있다.

막대그래프	• 눈금이 그려진 종이에 해당하는 수만큼 칸 안에 색칠하여 만드는 것이다. – 눈금은 하나의 물체나 한 유아가 선택한 수를 나타낸다. – 막대그래프는 각각의 칸을 세는 것이 아니라 각 항목의 높이로 측정하기 때문에 추상적인 형태의 그래프이다.
높은 수준의 그래프	• 다이어그램이나 꺾은선 그래프를 사용하여 나타내는 것이다. – 원그래프 : 전체에 대한 각 부분의 비율을 부채꼴 모양으로 나타낸 그래프로, 다른 그래프에 비해 비율을 파악하는 데 유용하다. – 다이어그램 : 자료를 상징화하여 2차원의 기하학 모델로 시각화하는 것이다. – 꺾은선 그래프 : X축과 Y축이 만나는 지점에 표시한 후 점들을 서로 연결하여 나타내는 그래프이다.

3 그래프(그래프 이해·활동)의 발달(자료 분석능력의 발달) — Charlesworth(2000)

실물 두 가지를 비교하는 단계	• 이 단계에서는 실물을 이용하여 그래프를 만들며, 두 가지 항목만 비교할 수 있다. – 주로 일대일 대응을 하거나 높이 또는 길이를 시각적으로 보고 비교한다.
그림을 이용하여 두 개 이상의 항목을 비교하는 단계	• 주로 그림이나 사진을 오려 붙이거나 색칠을 하여 그래프를 만든다. – 두 가지 이상의 항목이 비교될 뿐만 아니라, 기록이 더 영구적으로 남는 단계이다.
상징물을 이용하여 비교하는 단계	• 실물 없이 색종이 조각을 오려 붙이거나 기호를 사용하여 그래프를 만든다. – 이 단계에서 유아는 보다 독립적으로 활동할 수 있다. • 칸이 그어진 도표에 상징을 이용하여 그래프를 만든다. – 이때에는 구체물이 필요하지 않고 상징기호나 세모, 네모, 동그라미 등을 활용한다.
눈금이 그려진 종이를 사용하는 단계	• 눈금이 그려진 종이를 사용하고 네모칸 안에 색깔을 칠하여 그래프를 만든다. – 앞의 세 가지 단계를 충분히 경험한 이후에만 가능하다.
꺾은 선 그래프를 사용하는 단계	• X축과 Y축이 만나는 지점에 표시를 한 후, 이전의 점과 다음의 점을 연결한다. – 기온이나 강우량의 변화를 보여주는 데 유용한 방법이다.

4 지도방법

그래프 활동 계획 시 고려사항	• 그래프 활동, 즉 통계는 다른 수학개념들보다 더 어려운 개념이다. ① 따라서 그래프 활동을 계획할 때에는 먼저 영유아의 관심과 흥미, 이해 수준에 적절한 주제를 선택하는 것이 필수적이다. ② 통계 주제가 선택되면 비교할 집단의 개수와 그래프의 유형을 결정해야 한다. ③ 처음에는 두 집단을 비교하다가(예 밥/빵) 점차 집단 수를 늘린다(예 밥/빵/국수/떡). ④ 그래프의 유형은 구체적 그래프에서 추상적 그래프의 방향으로 나아가야 한다. – 즉 처음에는 실물그래프나 그림그래프로 활동해야 하며, 상징그래프는 이미 실물그래프나 그림그래프로 해보았던 주제에 대해 활동해야 한다.

지도방법	• 수집한 자료를 조직하거나 표현하는 기술에만 초점을 둘 것이 아니라, 관심 있는 자료를 모으고 기록하고자 하는 태도를 기르고 이렇게 하는 일의 목적을 이해하도록 한다.
	– 특히 개인적 선호도에 관한 그래프 활동을 할 때 유아는 친구, 특히 인기아를 따라 투표를 하거나 다수의 편에 서고 싶어하는 경향이 있으므로 주의할 필요가 있다.
	– 이런 경우 교사는 유아에게 손을 들게 하기보다는 비밀주머니에 투표용지를 넣도록 하는 것이 좋다.
	– 또한 한 사람만 낸 의견일지라도 소중한 것임을 이해하도록 지도하는 것이 바람직하다.
	• 일과를 통해 그래프 활동을 경험하게 한다.
	– 그래프 활동을 학급 일과의 일부로 만든다.
	  예 출석 그래프, 생일이 있는 달
	– 학급 내의 의사결정을 위해 그래프를 구성한다.
	– 학습을 위해 그래프를 사용한다.
	  예 양파의 성장, 날씨 비교 또는 기온 변화
	• 유아의 발달에 적절한 그래프 활동을 제공한다.
	– 유아의 관심과 흥미, 이해 수준에 적절한 주제를 선택한다.
	– 유아의 발달 수준이나 사전 경험에 따라 비교집단의 수나 그래프의 유형을 정한다.
	– 개인별 조사 활동을 격려한다.
	• 그래프가 완성된 후 다음과 같은 언어적 상호작용을 할 수 있다.
	  예 어떤 것이 많니(기니)/적니(짧니)? 제일 많은(긴)/적은(짧은) 것은 무엇이니? 개수가 같은 것은 어떤 것들이니? ~에는 몇 개가 있니? ~보다 ~가 몇 개 더 많니(적니)?

UNIT 28 확률적 사고

1 개념

확률	확률(probability)은 특정한 사건이 일어날 가능성의 정도를 수치로 나타낸 것이다.
확률적 사고	• 확률적 사고는 어떤 결정을 내리기 위해 가능한 정보 내에서 각 경우가 일어날 가능성의 정도를 판단하는 것이다. 　－ 확률적인 사고는 자신의 경험과 타당한 자료에 근거해서 불확실한 현상에 대해 예측하고 추론하는 귀납적 사고이다. • NCTM(2000)의 『학교수학을 위한 원리와 기준』에서는 Pre－K－2 수학교육 내용에 자료를 기초로 예측하고 평가하는 것, 그리고 유아의 경험과 관련하여 가능성이 있고 없음을 예측하여 추론하는 것 등을 포함할 것을 제안하였다. • 유아기에 형성되는 가능성에 대한 기초개념은 자신의 경험에 의한 판단에 근거해서 가능성의 정도를 인지하는 것이다. 　－ "바깥놀이가 끝나면 항상 점심을 먹어", "점심 먹기 전에 엄마가 데리러 오는 일은 거의 없어" 등과 같이 일상생활에서 더 많이 일어날 가능성과 그렇지 않을 가능성에 대해 이야기할 기회를 제공함으로써 논리적인 사고와 추론능력을 발달시키는 것이다. 　－ 이때 교사는 가능성과 관련된 언어(예 확실한, 가능한, 불가능한, 가능성이 없는, 매우, 훨씬, 항상, 거의, 별로 등) 사용의 모델링을 보임으로써 유아가 일상생활 속에서 더 많이 일어날 가능성과 그렇지 않을 가능성에 대해 인식하도록 할 필요가 있다.

2 관련 개념(구성요소)

표본 공간 (경우의 수, sample space)	• 표본 공간은 1차원 또는 2차원의 확률 실험에서 발생하는 모든 경우를 인식하는 것을 의미한다. 어떤 상황에서도 발생할 수 있는 사건의 경우를 아는 것이다. 　－ 1차원의 확률 상황은 '가위바위보 게임'에서 상대방이 낼 수 있는 결과를 예측할 수 있는 것이다. 　－ 2차원의 확률 상황은 두 사물의 조합 간의 관계에서 발견할 수 있는 결과를 예측하는 것이다. 　　예 딸기맛과 바닐라맛의 아이스크림을 컵과 콘에 담을 수 있다면, 다양한 방법(딸기 콘/딸기 컵/바닐라 콘/바닐라 컵)으로 먹을 수 있는 아이스크림을 찾을 수 있다는 것이다.
사건의 확률 (가능성, probability of an event)	• 어떤 사건의 발생 가능성이 많은지 적은지 사건의 가능성 정도를 말한다. • 사건의 확률은 어떠한 사건이 일어날 수 있는 가능성의 정도를 인식하는 것을 의미한다. 일련의 사건 중에서 발생 가능성을 양적으로 예측할 수 있는 것이다. 　－ 발생빈도가 다른 4개의 활동을 보고, 사건의 가능성 정도에 따라 가장 많이 일어나는 사건에서 가장 적게 일어나는 사건으로 나열해 보는 활동이 포함된다. 　　예 유아가 경험했던 활동 중에서 생일잔치, 견학, 점심시간, 산타행사를 선택하여 사건의 가능성 정도에 따라 순서지어 보도록 한다. 　－ 교사는 유아가 사건에 대한 확률을 경험할 때 발생 가능성 정도를 표현하는 용어(항상, 자주, 빈번히, 어쩌다, 가끔, 거의)를 자주 사용하여 들려주는 것이 좋다. 　－ 사건의 확률개념은 조건부 확률과 더불어 확률적 사고에서도 보다 늦게 나타난다.

확률 비교 (공정성, probability comparisons)	• 확률적 상황의 발생 가능성을 비교하여 공정한지/불공정한지 또는 유리한지/불리한지에 대한 개념이다. • 확률 비교는 2개 혹은 3개의 다른 표본 공간을 가진 사건들의 발생 확률을 양적으로 비교하는 것이다. 　– 두 확률적 상황이 목표한 사건에 공정한 기회를 제공했는지를 예측하는 것이다. 　　⑩ 육면체 주사위의 3개면에는 1을 쓰고, 2개면에는 2를, 1개면에는 3을 썼을 때 주사위를 굴리면 숫자 1이 나올 수 있는 확률이 가장 높은 것을 아는 것이다. 즉 확률적으로 1이 가장 많이 나오고, 2, 3의 순서로 확률이 적어지는 것을 예측할 수 있는 것을 말한다. 　　또한 색깔 회전판 게임에서 회전판의 면적이 노란색은 2/3, 빨간색은 1/3이 색칠되어 있을 때 어느 색깔을 선택하는 것이 유리한지 확률적인 상황을 비교하여 선택하는 것이다.
조건부 확률	• 조건부 확률은 사건의 확률이 다른 사건의 발생에 의해 변화될 수 있다는 것이다. 조건부 확률은 조건이 제시된 비복원 상황과 복원 상황에서 발생할 수 있는 확률의 가능성을 파악하는 것이 포함된다. 　– 비복원(non-restoration) 상황은 한 번의 확률 실험 후에 나머지 조건을 가지고 확률에 대한 결과를 예측하는 것이다. 　　⑩ 상자에 빨간색, 파란색, 노란색, 초록색의 공을 넣고 한 개의 공을 꺼낸다. 아이가 뽑은 색깔의 공은 제외하고 다시 공을 꺼내도록 할 때, 꺼낼 수 있는 공의 색깔을 인식하는 것이다. 　– 복원(resoration) 상황은 한 번의 확률 실험 후에 다시 원래의 상태로 만든 뒤, 확률에 대한 결과를 예측하는 것이다. 　　⑩ 비복원 상황에서 꺼낸 색깔 공을 다시 상자에 집어넣고, 꺼낼 수 있는 색깔 공의 결과를 예측하는 것이다. 　– 조건부 확률은 조건 변화에 따른 사건의 발생 가능성을 판단해야 하므로 유아들이 어려워한다.

3 발달과정

> • 유아의 확률적 사고발달을 최초로 다룬 연구는 피아제와 인헬더(Piaget & Inhelder, 1975)이다.
> • 피아제와 인헬더는 아동의 확률적 사고발달과정을 3단계로 제시하였다.

1단계 7세 이하의 유아	필연적 사건과 우연적 사건을 구별할 수 없으며, 불확실성에 대한 개념이 전혀 없다.
2단계 7~14세 아동	필연적 사건과 우연적 사건을 구별할 수 있으나, 가능성을 목록화하는 체계적인 접근이 어렵다.
3단계 14세 이상의 아동	조합적 분석과 빈도의 한계로서 확률을 이해한다. 비율개념의 이해가 확률개념에 결정적 영향을 준다.

4 지도방법

- 유아에게 확률개념은 다른 수학개념보다 어려울 수 있으나, 교사의 적절한 지도와 교육 경험을 통해서 유아의 확률적 사고능력을 향상시킬 수 있다. 유아의 사고능력을 발달시키기 위한 지도방법은 다음과 같다.
- 교사는 유아에게 확률과 관련된 어휘나 단어를 자주 들려준다.
  - '전혀, 항상, ~가 일어날 것 같다, 가능성이 전혀 없다'의 용어 들려주기
    - 예 여름에는 전혀 눈이 내리지 않는다. 산타할아버지는 항상 크리스마스 이브에 오신다. 비 올 가능성이 많구나.
- 일상생활 속에서 확률을 경험할 수 있는 활동과 기회를 제공한다.
  - 판게임에서 주사위 던지기 : 주사위를 던져서 1이 나올 확률 알아보기
  - 게임에서 회전판을 돌리면서 「~」이 나올 확률 알아보기
  - 가능성의 띠 놀이

Plus⁺ 자료조직의 지도방법

유아들의 자료조직 활동을 지원하고 확장하는 지도방법을 살펴보면 다음과 같다(홍혜경, 2009).
① 일과에서 자료를 조직할 수 있는 다양한 상황을 활용해야 한다.
  - 출석점검, 등하원 시 교통수단, 자유놀이 시 참여한 영역, 유아들이 선호하는 것 등 유아의 구체적 상황에 대한 자료를 수집하고 결과를 나타내는 활동은 유아에게 의미 있는 학습경험을 제공한다.
② 자료조직 활동은 자료수집 이전의 활동과 자료수집 이후의 활동으로 구성된 연속적 과정으로 다루어야 한다.
  - 흔히 자료조직 활동은 수집한 결과를 분류하고 그래프로 만드는 활동으로 전개되고 있으나, 이보다는 먼저 유아들이 무엇을 알고 싶은지 파악하는 활동으로서 자료수집을 위한 목적과 이유를 다루는 작업이 필요하다.
  - 즉, 자료수집 이전의 활동으로는 자료수집의 목적 설정, 자료수집의 방식과 기록방법의 구체화, 자료수집 범위와 기간, 수집자 등을 결정하기 위해 유아와 함께 토의하는 과정이 이루어져야 한다.
  - 유아들이 알고 싶어 하는 정보가 무엇인지 서로 의견을 나누는 시간을 통해 자료수집의 목적을 구체화할 수 있다. 이어서 자료수집 시 어떠한 질문이 가능한지, 유아들이 제시한 질문 중 어느 질문이 더 적절한지, 수집한 자료는 어떻게 기록할 것인지, 그림으로 그릴지, 숫자로 나타낼지 등도 비교할 수 있으며, 누가 수집할 것인지 등의 다양한 탐색이 이루어져야 한다.
  - 자료수집 이후의 활동으로는 수집한 자료 분류하기, 자료정리 및 결과 나타내기 등 일반적인 활동이 이루어져야 한다.
③ 자료를 조직하기 위해 분류할 준거를 설정하도록 격려해야 한다.
  - 수집된 자료를 어떻게 분류할지에 대한 준거를 유아가 스스로 찾아보도록 해야 하며, 유아들이 제시한 준거들을 비교해 본다.
  - 이 과정에서 서로 다른 준거에 따른 분류가 어떠한 차이를 나타낼지를 탐색해 보는 기회를 가질 수 있다.
    - 예 자유놀이 시간에 유아가 가장 좋아하는 놀이공간을 조사하는 경우와 유아가 가장 많이 참여한 놀이공간을 조사하는 경우는 다른 결과를 나타낼 수 있다.
④ 결과 나타내기는 실물, 그림, 숫자 등을 활용하여 그래프나 표 등 다양한 방법으로 이루어져야 한다.
  - 자료결과에 대한 표상은 구체물 ➡ 그림 ➡ 상징의 수준으로 제공하고, 두 집단의 비교에서 점차 여러 집단의 비교로 이루어져야 한다. 바라타-로튼(Baratta-Lorton, 1976)은 그래프 활동의 제시 순서를 다음과 같이 설명하였다.

실물그래프	두 집단 비교하기
	세 집단 비교하기
그림그래프	두 집단 비교하기
	세 집단 비교하기
실물그래프	네 집단 비교하기
그림그래프	네 집단 비교하기
상징그래프	두 집단 비교하기
	세 집단 비교하기
	네 집단 비교하기

⑤ 유아들이 나타낸 그래프를 보고 결과를 비교·설명하고, 예측하기 등의 토의활동이 이루어져야 한다. 교사는 그래프 활동에서 다음의 질문을 통해 토의를 격려할 수 있다.

⑩ 어떤 집단이 가장 많니? 어떻게 세지 않고 알 수 있었니? 어떤 집단이 가장 적니? 가장 적다는 것이 무엇을 나타내는 것일까? 가장 적은 집단에서 가장 많은 집단으로 순서지어 볼까? 이 그래프의 결과를 어떻게 설명할 수 있니? 이 집단이 저 집단보다 얼마나 더 많니?

거름이
누리과정
⑤ 자연탐구

SESSION

02

유아
수학교육의
이해

유아수학교육의 이론적 기초

UNIT 29 수학교육과 행동주의 이론

1 기본 입장

- 아동관 : 수동적 아동관, 백지상태의 아동관
  - 행동주의 이론에서는 인간은 백지상태로 태어나므로 초기에는 수학능력의 차이가 없다고 본다.
- 교육 목적 : 수학 지식은 절대적이고 불변하기 때문에 환경적 자극을 통해 기존의 수학 지식과 기술을 습득하도록 하는 것이다.
  - 환경에서 제공되는 수학적 자극에 대한 유아의 반응을 통해 점차 수학학습이 이루어진다고 보았다.
  - 효과적인 수학학습이 이루어지려면 수학교육의 내용과 기술을 단순한 것에서 복잡한 것, 쉬운 것에서 어려운 것 순으로 위계적이고 순차적으로 제시하는 것이 필요하다고 하였다.
- 이와 같이 유아가 경험하는 수학교육의 기회 정도와 질에 따라 수학적 성취에 차이가 나타난다고 보는 것이 행동주의 이론이다.

2 교육 내용

- 수학교육의 내용으로 강조하는 것은 '산수'이다.
  - 산수에 국한된 수학내용을 중시하여 수개념의 기초로서 수세기와 수이름의 관습적 표기를 아는 것, 연산 및 수학공식의 암기를 강조하고, 이 외 간단한 기본도형에 대한 학습이 이루어질 수 있다고 본다.
  - 이러한 행동주의에 근거하여 유아에게 10 이하의 수를 반복적으로 쓰게 하고, 비슷한 유형의 덧셈이나 뺄셈 등의 연산을 반복적으로 연습시켜 지도하는 것이 상업용 학습지·교구, 속셈학원 등에 적용되고 있다.

    예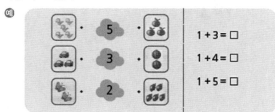

- 대표적인 프로그램 : Distar Arithmetic I 에서는 패턴 만들기, 말로세기, 물체세기, 숫자의 인식, 더하기, 빼기 등의 교육 내용을 제시하고 있다.

3 교수 · 학습

교수 · 학습 방법	• 설명, 연습, 강화를 통한 교수 · 학습을 강조하였다. ① 행동주의 이론에서 지식은 유아의 외부에 객관적으로 존재한다. 지식은 고정불변하며 절대적인 지식으로서 형식적인 가르침을 통해 습득될 수 있다. 　－ 따라서 교사 주도의 설명식 수업으로 수학학습이 이루어지며, 교과서나 학습지를 주로 이용한다. 　－ 객관적이고 절대적인 지식이 담겨 있는 교과서와 그 지식을 전달하는 교사가 권위를 가지고 있다. 　－ 교사는 유아를 수동적인 학습자로 보고 계획된 수학교육의 내용을 명확하게 전달해야 한다. ② 영유아가 획득해야 할 수학개념은 난이도를 조절하여 낮은 단계에서 점차적으로 높은 단계로 제시한다. 또한 한 번의 학습으로 개념을 이해하는 것은 불가능하기 때문에 반복학습과 연습의 기회를 제공한다. 　－ 유아수학교육의 목표는 구체적이고 체계적으로 계획되어 유아들에게 제공되는 것이 중요하다. 　－ 수학적 위계와 난이도에 따른 체계적이고 세분화된 내용-제시가 필요하고, 반복암기를 하도록 지도해야 한다. 　－ 숫자, 수이름 및 능숙한 계산 능력의 발달을 위해 학습지를 통한 반복 훈련이 시행되었다. 　－ 짧은 시간 내에 많은 양의 지식을 효율적으로 전달하기 위해 직접적 언어 설명, 반복과 암기, 훈련 및 강화를 통한 교육 방법을 활용하였다. ③ 교사는 학습의 효과를 높이기 위해 학습 결과에 따라 적절한 보상과 강화를 제공한다. 　－ 행동주의 관점을 가지고 있는 교사는 강화와 보상에 의한 직접적인 교수 방법을 주로 사용한다. 　－ 교사는 유아의 반응(학습의 결과)에 따라 유아들이 원하는 '긍정적 강화'를 즉각적으로 제공하여 학습에 대한 효과를 극대화할 수 있다.
교사의 역할	• 수학개념을 체계적이고 직접적으로 설명하고, 반복할 거리를 제공해 준다. • 강화를 통해 행동을 수정하고, 바람직한 수학 문제해결의 모델링을 제공해 준다.
유의점	유아의 흥미나 동기유발과 같은 내적 특성을 고려하지 않고, 단순 암기, 반복, 연습을 통한 수학교육이 이루어지면 수학에 대한 흥미를 잃을 수 있다.

MEMO

UNIT 30 수학교육과 인지적 구성주의이론

KEYWORD # 동화, 조절, 평형화

1 기본 입장

- 아동관 : 유능한 아동관, 능동적인 아동관
  - 유아는 자발적이며 능동적인 존재이고, 독자적으로 자신이 알고 있는 개념에 기초하여 새로운 지식을 구성할 수 있는 사고력을 지닌 능력 있는 존재로 본다.
- 학습 : 인지적 갈등을 해결하는 과정
  - 인간은 태어나면서 인지적 구조, 즉 스키마를 가지고 있다고 가정한다. 피아제는 유아가 환경에 적응하기 위해 주변 세계를 능동적으로 탐색하고, 조작적 경험을 통해 인지적 구조(스키마)가 복잡하게 형성되면서 인지발달을 이루며, 이 과정에서 *동화와 *조절이 일어난다고 본다.
- 수학은 논리−수학적 지식으로, 이는 외부에서 주어지는 것이 아니라 학습자가 사물과 사물의 관계성을 스스로 구성하는 과정에서 얻어지는 것이라고 보았다(DeVries & Kohlberg, 1987).
  - 이에 따른 수학교육의 목표 : 수학학습 과정에 대한 긍정적인 태도와 성향을 향상시키는 것으로, 유아들은 단순히 수학 기능과 개념만을 학습하는 것이 아니라 추상적인 사고과정의 기초를 발달시키게 된다.
- 인지적 구성주의는 인식의 주체인 유아가 중요하며, 유아가 어떻게 인식하고 지식을 구성하느냐가 어떤 지식을 습득하는가를 결정한다고 보았다.
  - 따라서 유아의 능동적 활동 및 유아 스스로 수학적 관계를 찾을 기회를 제공하는 것이 중요하며, 정답을 찾는 것보다 추론하는 과정이 더 중요하게 인식되었다.
- 유아의 능동적이고 자발적인 탐색 활동을 강조한다.
  - 능동적인 교육 방법이란 유아의 흥미와 필요를 교사가 미리 예견하여 놀이와 게임, 또래와의 상호작용 경험을 제공하는 것이다.

*동화
기존과 다른 새로운 경험을 하게 되면 인지구조의 불평형이 발생하는데, 이러한 불평형이 기존의 도식에 포함될 수 있는 경우를 말한다.

*조절
기존 인지구조로 새로운 대상을 받아들일 수 없을 때 기존의 구조를 변경하는 것을 말한다.

2 교육 내용

- 인지발달론자들은 유아들이 학습해야 하는 수학내용을 결정할 때 유아의 사전 경험이나 학습상황, 유아의 흥미가 유아의 인지발달 수준보다 우선시될 수 없다고 주장한다.
  - 즉 더하기나 빼기 등은 연산부호를 활용하는 등 논리적 조작이 필요한 수학으로서 다양한 환경적 자극을 제공해도 전조작기에 해당하는 유아기에 배우기 어려운 개념이고, 구체적 조작기에 이르러야 학습이 가능하다고 보았다.
  - 또한 수를 나타내는 숫자의 형태는 임의적이고 관습적이므로, 수에 대한 기호나 언어 같은 상징은 유아의 분류, 순서, 관계 이해가 발달한 이후에 도입해야 한다고 보았다.
- 유아기에 가르쳐야 할 수학교육의 내용은 수세기 이전의 경험, 즉 분류, 순서짓기, 짝짓기 등의 '수 이전(pre-number)' 개념을 강조하고 있다.
  - '수'는 '언어'와 마찬가지로 추상적인 것이므로, 직관적이고 감각적인 사고를 하는 유아는 추상적 사고를 하기 어렵다고 보았기 때문이다.

- 따라서 수 보존개념이 형성되기 전까지는 수를 다루는 활동을 연기하고, '분류하기'와 '순서짓기' 능력이 수세기 발달에 선행되어야 한다고 주장하였다.
- 유아기는 논리적 사고력이 미숙하므로 전 논리적 수학개념에 집중하는 것이 바람직하다고 본다.
  - 전 논리적 수학개념이란 수학습 이전의 조작적 경험을 통한 인지발달에 도움을 주기 위한 접근이며, 위치(위/아래), 공간(안/밖), 시간에 관한 공간적 위상학을 포함한다.

3 교수 · 학습

교수 · 학습 방법	• 인지적 발달 특성과 단계를 고려한 교수 · 학습방법이 제시되어야 한다고 주장하면서, 유아가 선택한 놀이나 조작적 활동을 통해 수학에 대한 학습이 이루어져야 함을 강조하고 있다. 　- 유아의 발달 수준에 맞게 활동 과제를 제시한다면 유아는 충분히 주어진 과제를 통해 스스로 지식을 구성해 나갈 수 있다고 본다. 　① 유아의 자발적 흥미 : 놀이 　　- 교사가 유아의 흥미나 관심을 파악하고 유아에게 가능한 한 많은 선택권을 제공함으로써 유아가 수학활동에서 능동적 역할을 할 수 있도록 돕는 것이 중요하다. 따라서 유아교육 현장에서는 놀이를 통한 수학교육이 유아의 자발적인 흥미를 이끌어 내는 효과적인 방법이 된다. 　　- 놀이와 게임 활동 시 유아의 발달 수준을 고려하여 변인 수, 친숙 정도, 제시 방법, 다루는 범위를 적합하게 제시해야 함을 강조한다. 　② 활동 중심 : 구체물의 조작 　　- 수학적 지식은 유아 스스로 머릿속에서 구성하는 논리−수학적 지식에 해당한다. 이러한 지식의 특성상 교사가 설명이나 시범을 통해 수학적 사실을 전달하는 것은 더욱더 적절하지 않으며, 교사는 유아가 실제 물체의 조작을 통해 수학적 관계를 터득할 수 있도록 도와야 한다. 　　- 피아제는 수학적 지식을 발달시키려면 학습지나 지필식 학습방식은 부적절하며, 구체적인 조작자료를 통한 학습이 바람직하다고 보았다. 따라서 감각 및 조작적 경험을 통해 유아가 논리−수학적 지식을 배울 수 있도록 접근하는 것이 좋다고 강조하였다. • 피아제는 인지발달이론을 통해 전조작기에 속하는 유아기에는 놀이나 활동 중심의 학습이 유아 발달에 적합하다는 것에 대한 이론적 근거를 제시하였다. 　- 즉 구체적인 조작 경험을 강조하고, 그룹 게임을 통한 수학교육 방안을 구체적으로 제시하였다(Kamii & DeVries, 1978). • 게임을 통한 수학교육을 중요시하였다. 　- 게임을 수학교육에 매우 도움이 되는 좋은 방법으로 생각하였다. 유아들은 게임을 하면서 이미 습득된 기술을 연습 · 강화할 뿐만 아니라, 여러 수학적 개념을 형성하고 수학적 문제해결력과 수학용어 사용 능력을 신장하는 기회를 갖게 된다.

	피아제에 따르면 유아는 타고난 과학자에 비유될 만큼 선천적으로 호기심과 탐구의욕이 많은 존재로, 학습이 이러한 본성의 보상으로 작용할 수 있으므로 교사 주도적인 교수법은 적절하지 않다고 하였다.	
교사의 역할	안내자/ 자원제공자/ 환경제공자	교사는 수학적 지식을 설명하거나 시범하는 전달자의 역할에서 벗어나, 유아가 수학활동에 직접 참여해 지식을 구성해 낼 수 있도록 도와주고 지적 환경을 조성하는 '안내자와 자원제공자 역할'을 해야 한다. 이런 면에서 유아교사의 역할은 '환경제공자'에 해당한다.
	지원자/ 안내자	수학적 지식 구성 과정에서는 유아 자신이 주도적으로 탐색하는 능동적 역할을 해야 하며, 교사는 이러한 과정을 관찰하여 필요할 때에만 적절히 개입하거나 도움을 주는 지원자 역할을 해야 한다.
비판점	• 교사와 또래 간의 사회적 지원이나 지도에 따른 영향을 미미한 것으로 보았다. • 지식이 사회문화적 맥락의 요소와 분리될 수 없다는 점을 간과했다. • 영유아의 수학적 능력을 과소평가하고 있다.	

Plus

피아제 이론에 따른 지식의 유형

물리적 지식	• 환경에서 물체와 물체의 특성에 대해 학습하는 것이다. • 색깔, 무게, 크기, 조직, 관찰을 통해 알 수 있고, 물체 내에 물리적인 특성을 결정하는 다른 특징을 의미한다. • 구체적인 경험이나 관찰을 통해 획득한다.
논리-수학적 지식	• 물체 자체의 특성과는 상관없이 물체들 간의 관련성에 대한 지식이다. - 정보를 조직하고 세상의 의미를 만들어 가기 위해 개인이 구성하는 관계들(같고 다름, 많고 적음, 수, 분류 등)을 포함하는 것이다. • 구체적인 상황과 반성적 추상의 과정에 의해 관계성을 획득한다.
사회적 지식	• 사회에서 살아가는 사람들에 의해 만들어진 유형이다(다양한 사회적 상황에서의 행동규칙과 동일하다). • 직접적인 설명이나 안내를 통해 획득한다.

UNIT 31 수학교육과 사회문화적 이론

1 기본 입장

- 인지적 구성주의와 마찬가지로 유아는 적극적인 존재이며 지식을 능동적으로 구성해 나간다고 보았다.
  - 그러나 피아제가 수학적 사고를 위한 인지발달은 연령에 따라 보편적인 특성을 가진다고 보았던 것과는 달리, 이는 사회문화적 맥락의 영향으로 다양한 수준의 발달 양상을 보인다고 하였다.
  - 즉 유아의 수학적 발달을 이해하려면 즉각적인 경험의 공유, 개인의 사회적 경험, 사회문화적 역사가 어떻게 유아의 인지과정의 변화에 영향을 미치는지를 포괄적으로 살펴보아야 한다.
    - 📖 각 문화권마다 다른 더하기와 빼기 전략, 수단어 체계가 10(우리나라, 중국 등)을 기준으로 반복되는지 또는 12(미국 등)를 기준으로 반복되는지 등에 따라 수개념 발달에 차이가 있는 것이다.
- 인지적 구성주의의 견해를 일부 반박하였다.
  - 환경과의 상호작용을 통해 유아의 인지가 발달한다는 피아제의 기본가정에는 찬성하나, 전조작기 유아의 사고 특성상 수 보존개념과 논리적 구조가 발달해야만 수를 배울 수 있으므로 수 이전 활동만 제공해야 한다는 주장에는 반박하였다.
  - 사회문화적 맥락의 영향으로 다양한 수준의 발달 양상을 보일 수 있다고 하였다.
- 사물을 조작하는 것만으로는 지식의 구성이 어려우며 사회적인 상호작용을 통해 언어로 전수되어야 한다고 주장하였다.

2 교육 내용

- 사회문화적 맥락 : 각 문화권에서 강조하는 내용과 최근에 사회가 강조하는 내용을 포함하여 수학교육의 내용을 가르칠 것을 명시하였다.
  - 비고츠키는 유아가 사회문화적 맥락에서의 경험을 통해 자신에게 적합한 지식을 구성한다고 보았다.
  - 따라서 사회문화적 구성주의에서는 유아수학교육에서도 유아가 속한 사회문화에서 사용하는 수 체계, 화폐 및 측정단위, 수가 사용되는 맥락, 수학적 도구의 사용 등을 고려해야 함을 강조하였다.
- 발달 수준보다 조금 앞선 내용 : 수학교육의 내용으로 수세기와 수조작, 연산, 수표상과 수상징, 어림하기, 기하 등의 다양한 수개념을 다룰 것을 제안하였다.
  - 비고츠키는 피아제와 달리 유아수학교육의 내용을 유아의 인지발달단계에 국한하지 않았다. 오히려 그는 교육이 발달에 선행되어야 하고 발달에 필수적이라고 함으로써, 유아의 발달 수준보다 조금 앞선 자료를 제시해야 함을 시사하고 있다.
  - 처음에는 유아가 충분히 이해하지 못하더라도 적절한 스캐폴딩을 받으면서 점차 이해할 수 있게 된다. 따라서 교사는 각 유아의 근접발달영역이 무엇인지 알아야 하며, 근접발달영역의 최저수준과 최고수준의 범위 안에서 수학교육 내용을 선정해야 한다. 그렇지 않으면 유아는 무관심하거나 단순하고 무의미한 모방에 그치게 되어 학습이 제대로 이루어지지 못할 것이기 때문이다.

- 비형식적 지식의 중요성(수학능력 출현, emergent mathematics)
  - 사회문화적 구성주의에서는 언어교육의 발생적 문해라는 말이 있듯이, 유아기에는 교육기관에서 형식적 수학을 배우기 전에 일상생활에서 비형식적 수학지식을 자연스럽게 습득한다고 보았다. 이를 수학능력 출현이라는 개념으로 소개하였으며, 이에 따라 일상수학, 즉 유아교육기관에 들어오기 전에 습득한 비형식적 수학지식을 교육기관의 형식적 수학과 연계하여 지도할 수 있는 방안에 대한 관심이 증가하였다.
  - 다양한 맥락에서 경험을 통해 습득한 비형식적 수학 지식은 수개념 획득을 촉진할 수 있을 뿐만 아니라, 유아의 실제 발달 수준을 보여주며, 학교에 가서 공부하는 형식적 수학과 연결될 수 있어 학교 수학교육의 튼튼한 토대가 될 수 있다고 보았다.

3 교수 · 학습

교수 · 학습 방법	• 교사의 적극적 역할 - 비고츠키는 교사가 지식을 전달하거나 교육이 발달을 압박해서는 안 된다고 보았지만, 피아제보다는 교사의 적극적인 역할을 강조하였다. - 유아 간의 상호작용이 주를 이루며 교재교구 중심의 교육 방법을 강조함으로써, 지식 구성을 학습자인 영유아의 몫으로 간주한 인지적 구성주의와 달리 사회적 구성주의는 보다 적극적인 교사의 역할을 강조한다. - 교사는 유아의 수학학습을 지원하기 위해 수학적 문제(활동)를 제시하고, 언어적 상호작용을 하며, 시범을 보이거나 단서를 제공하여 스캐폴딩이 이루어질 수 있도록 다양한 지원을 해야 한다. • 또래학습 및 *협동학습(의미 있는 타인과 함께하는 공유된 활동) - 사회적 구성주의에서 문화독립적인 지식은 존재하지 않으므로, 논리적 지식은 유아가 사물을 단지 조작하고 탐색하는 것만으로 보장되는 것이 아니라 문화에 기초를 둔 공유된 활동을 통해 전수된다고 보았다. - 공유된 활동은 참여자들이 함께 놀이하는 것만으로는 불충분하며, 반드시 언어라는 매개체를 통해 참여자들이 함께 말을 하거나 그림을 그리거나 글을 쓰는 등의 의사소통이 있어야 한다. 이와 같이 문화를 토대로 둔 공유된 경험이 언어라는 문화적 도구를 매개로 내면화될 때 사고가 되는 것이다. - 사회적 상호작용에는 지식이 많은 성인뿐만 아니라 또래, 심지어는 상상적 상대와의 상호작용도 포함된다. 혼잣말은 자신과의 상호작용에서도 언어가 사고과정에 개입되어 있음을 보여주는 예라고 할 수 있다. - 또래는 수평적인 관계이며 또래이기 때문에 그들과의 협동학습을 중요시 여겼다. - 이와 같이 개별 유아들이 서로 도울 것이라는 기대는 오늘날 교실에서 흔히 사용되는 협동학습과 일치한다. 협동학습에서 유아는 또래와의 상호작용을 통해 자신의 관점을 규명해봄으로써 자신이 가진 지식의 틀에서 벗어나 구성원들이 상호 인정하는 지식을 구성하게 된다. - 비고츠키는 특히 혼합연령집단 구성에 관심을 가졌다. 자신의 현재 발달 수준을 약간 넘어선 것을 하도록 도전받았을 경우 인지발달이 가장 잘 이루어진다는 근접발달영역 개념에서 볼 때 유아들은 자신보다 약간 나이가 많거나 좀 더 유능한 또래와의 협동을 통해 많은 도움을 받을 수 있기 때문이다.

*협동학습
협동학습은 소집단을 구성하는 모든 유아가 주어진 학습 과제나 목표를 공동으로 노력하여 달성하는 것을 말한다.

- 근접발달영역의 활용
  - 학습이 이루어질 수 있는 최적의 영역이며 역동적인 구간으로서 근접발달영역을 중시하였다. 따라서 영유아의 실제적 발달 수준보다는 조금 높은 수준의 수학교육 내용과 문제를 제시하도록 하였다.
  - 처음에는 유아가 혼자서 해결할 수 없는 수학 상황에 직면했을 때 당황해 하거나 혹은 문제해결을 포기할 수도 있다. 그러나 점차 부모나 교사 혹은 능력 있는 또래의 지원과 도움을 통해 발달 수준이 높아질 수 있다.
  - 그러므로 교사와 부모는 영유아의 근접발달영역이 어디인지를 파악해야 하며, 근접발달영역 내에 있는 문제를 제시하고 적절한 지원을 해 줄 수 있어야 한다.
  - 성인이나 유아에게 인지적 도움을 줄 수 있는 의미 있는 타인과의 상호작용과 이를 통해 얻는 지도, 지원, 설명, 도움 등이 근접발달영역에 도달할 수 있도록 비계를 세우는 역할을 한다고 보았다.
- 언어적 상호작용
  - 비고츠키의 사회문화적 구성주의에서는 말하는 동안 생각하는 것이 활동의 힘을 더욱 증가시키며, 언어는 단지 막연하게 생각했던 것을 구체적인 아이디어로 만들어내기도 한다고 본다.
  - 따라서 부모나 교사는 유아가 물체를 가지고 노는 동안에도 유아와 '대화'를 함으로써 유아의 수학학습을 지원해야 한다고 보았다.
    - 예 교사는 자신의 사고과정을 유아가 이해할 수 있도록 큰 소리로 말하면서 수학적 과제의 접근방법에서부터 해결까지의 모든 과정을 보여줄 수 있고, 반대로 유아에게 어떻게 문제를 해결했는지 소리내어 말해 보게 하기도 하고, 친구들의 설명을 잘 경청하게 할 수도 있다(Smith, 1997).
  - 또한 유아가 정확한 수학적 용어를 사용할 때 교사 역시 유아가 한 말, 즉 유아가 학습한 것에 주의를 기울일 수 있다. 정확한 수학적 용어를 사용하는 것이 수학학습을 항상 보장해 주는 것은 아니지만, 어휘를 부적절하게 사용하면 정확한 수학적 의미의 구성이 방해받는다는 것을 시사한다.
- 유아를 위한 수학도 다른 사람과 함께 공유하는 활동에서 출발한다고 보고, 또래들과의 공동 작업, 토론 및 결과 공유를 통한 수학교육이 중요시되었다.
- 문제해결 과정에서의 활발한 토론이나 자신의 해결 과정 및 답을 다른 사람들 앞에서 발표하는 의사소통은 문제에 대한 자신의 사고를 조직화·명료화하고, 전략을 정교화할 수 있으며, 다른 사람의 해결·탐구방법과 자신의 방법을 비교함으로써 장단점을 파악하고, 전략을 수정할 수 있어 중요한 과정으로 여겨졌다.
- 유아가 살고 있는 사회문화적 맥락을 제공해야 한다.
  - 사회문화적 구성주의 입장에서는 학교에서 배우는 수학이 어렵게 느껴지는 이유를 수학교육의 내용이나 문제해결방법이 맥락과 분리되어 있기 때문이라고 본다.

교사의 역할	능동적 개입자로서 교사	• 사물과의 상호작용만으로는 논리−수학적 지식을 구성하지 못한다는 관점에서 교사나 부모 혹은 유능한 또래가 적극적으로 개입하고 도움을 제공해야 한다. • 성인이나 유능한 또래의 도움을 통해 잠재적 수준까지 발달할 수 있다고 보았기 때문에 인지적 구성주의 입장보다 교사의 역할을 더 적극적이고 중요하게 여긴다. • 교사는 유아가 상호작용할 환경을 구성하여 지원하는 것으로 끝나는 것이 아니라, 유아의 활동을 관찰하고 적절한 도움을 제공하여야 한다.

MEMO

	스캐폴딩의 제공	• 교사, 부모, 유능한 또래가 제공하는 도움이나 학습지원체계를 스캐폴딩이라고 한다. 교사는 항상 유아의 활동을 관찰함으로써 근접발달영역을 파악해 얼마만큼의 도움이 필요한지를 판단하고, 그에 맞는 적절한 수준의 도움을 제공하여야 한다. • 즉 혼자서 할 수 있는 과제는 도움을 줄 필요가 없고, 특정 과제를 수행하는 데 필요한 지식과 기술이 많이 부족하다면 적절한 도움을 주어야 한다. • 교사나 학부모는 항상 유아의 수준을 파악하여 필요한 도움을 제공함으로써 성공적인 학습을 이끌고, 유아가 더 높은 수준으로 진보하였을 때에는 도움을 적절히 줄이거나 철회하여 유아의 자기조절력을 길러 주어야 한다.

사회적 맥락

사회적 맥락은 인간의 의지를 형성하는 발달과정의 일부분으로서 다음과 같은 3가지 수준의 맥락을 포함한다.
① 즉각적 상호작용 수준 : 현재 아동이 상호작용하고 있는 사람(들)을 생각할 수 있다.
② 구조적 수준 : 가정이나 학교와 같이 아동에게 영향을 주는 사회적 구조를 포함한다.
③ 문화적 수준 : 언어나 수, 기술의 활용 등의 넓은 의미의 특성을 포함한다.

Wood와 그의 동료들의 5단계 스캐폴딩(Wood et al., 1976)

• 0단계 : 아무 도움도 주지 않는다.
• 1단계 : 일반적인 언어자극(예 여기서 무엇을 할 수 있을까?)
• 2단계 : 구체적인 언어자극(예 길이를 잴 수 있는 도구를 사용해 보면 어떨까?)
• 3단계 : 학습 자료를 알려준다(예 막대를 사용해 보면 어떨까?).
• 4단계 : 학습 자료를 준비한다.
• 5단계 : 사용 방법을 시연한다.

행동주의, 인지적 구성주의, 사회문화적 구성주의의 특징

구분	행동주의	인지적 구성주의	사회문화적 구성주의
수세기	수세기를 수 교육의 출발점으로 보고 암기를 중시	수의 개념적 이해에 기여하지 못함	추후 수학적 사고발달의 기초
수학교육 내용	• 10까지 수세기 • 구구단 암기 • 계산 • 기본 모양 암기	• 수 이전 개념 　－분류하기, 서열화하기, 　　일대일 대응, 관계짓기	• 관례적 수학 내용 • 사회적 요구를 반영한 내용
교육 방법	• 반복, 암기 • 강화 • 규칙 중심의 수학 프로그램 • 모델링	• 놀이, 탐구 중심 • 게임 활동 강조 • 개별, 소그룹 활동	• 안내된 놀이 • 비계설정 • 다양한 수준의 사회문화적 상호작용
교사의 역할	• 강화제공자 • 학습자 자극 • 환경제공자	• 촉진자 • 환경제공자	• 참여자 • 촉진자 • 환경제공자

UNIT 32 수학교육과 다중지능이론

1 기본 입장

기본 입장	• 그간 사회문화적 맥락에 따라 강조되는 지능의 범위가 달라져 왔다. 　예 농경사회 : 자연현상 관련 지능 　　산업사회 : 수리와 언어 능력 관련 지능 　　컴퓨터 테크놀로지에 의한 사회 : 공간지각력과 추리능력 　－ 인간이 단일 지능을 가지고 있다는 견해보다 수많은 지능을 가지고 있다는 견해가 우세해 졌다. 　－ 지능을 단일 능력이라고 간주한 기존의 전통적 관점과 달리, 포괄적이고 다양한 측면의 능력을 포함하고 있는 것으로 보는 새로운 관점을 제시하였다.
가드너 (Gardner)	• 대표적인 다중지능이론가인 가드너는 인간이 다양한 지능을 가지고 있다고 주장한다. 　－ 이는 언어적 지능, 논리－수학적 지능, 공간적 지능, 신체－운동적 지능, 음악적 지능, 대인간 지능, 대내적 지능, 자연탐구적 지능, 영적 지능, 정서적 지능이라고 하였다. 　－ 특히 수학적 능력은 논리－수학적 지능이나 공간적 지능과 밀접한 관련성이 있으며, 이러한 지능이 발달하면 논리적으로 사고하고 범주화하며 분류하고 패턴을 찾아 일반화하는 능력이 뛰어나다(Campbell & Dickinson, 1999). • 교육기관의 목적 중 하나가 유아의 인지발달을 돕는 것이므로, 각 유아의 강점 지능을 활용하여 논리－수학적 지능이 동시에 발달할 수 있도록 도와야 한다. 　－ 따라서 유아수학교육에서는 다중지능이론에 근거하여 유아들이 다양한 사고와 감각기관을 활용해 능동적으로 수학 원리, 개념 및 문제해결 과정을 배울 수 있도록 돕는 것이 필요하다(Gardner, 2000).

다중지능	의미	수학 학습활동
언어적 지능	단어 · 언어 • 의미를 표현하기 위해 구어적 · 문어적으로 정확하고 자연스럽게 단어를 사용하는 능력 • 말하기, 쓰기, 토의하기 등을 활용한 학습을 선호	• 수학적으로 유의미한 이야기 읽기 • 교사나 친구들의 설명 듣기 • 전략에 대해 토의하기 • 수학 이야기 만들기
논리－수학적 지능	논리 · 수학 • 수를 정확하고 효과적으로 사용하는 능력 • 귀납적 · 논리적으로 사고하는 능력 • 범주화하고 분류하며 일반화하는 능력 • 규칙이나 관계성을 찾는 학습을 선호	• 논리적으로 문제해결하기(추론, 증명) • 암호 해독 및 규칙성 찾기 • 다양한 표상(그림, 도표) 사용하기 • 다양한 탐구방법 찾기
공간적 지능	시각적 • 시각적으로 보이는 세상을 이해하고, 해석하며, 모델링하는 능력 • 공간적 정보를 효과적으로 표상하는 능력 • 구체물로 나타내거나 그림으로 그리는 것을 활용하는 학습을 선호	• 다양한 그림으로 표현하기 • 다이어그램, 그림 그리기 • 색채 배합, 디자인하기 • 개념망 작성하기 • 시각화 자료에서 패턴 탐구하기
신체－운동적 지능	몸 · 신체 • 사고와 감정을 표현하기 위해 신체를 사용하는 능력 • 감각과 동작을 활용한 학습을 선호	• 움직임 탐구하기(거리, 속도 측정) • 역할극으로 표현하기 • 춤으로 표현하기

음악적 지능	음악 • 지각적 또는 기술적 감각으로 음악적 개념을 이해하고 사용하는 능력 • 음악에 대한 감상을 개발하는 능력 • 리듬이나 멜로디를 활용한 학습을 선호	• 가락 창작하기 • 노래 및 연주하기 • 음악기호 활용하기(길이, 높낮이 등) • 리듬패턴 만들기 • 개사하기
대인관계 지능	사람·관계 • 사람과 관계를 맺고 이해하는 능력 • 좋은 사회적 리더십 기술을 소유하는 능력 • 협력하고 공유하며 의사소통 등을 활용한 학습을 선호	• 협동하여 과제 해결하기 • 토의에 참여하기(문제해결방법 공유하기) • 다른 사람 인터뷰하기
자기이해 지능	자아 • 자아-이해와 자아-지식을 이용하는 능력 • 자아를 모니터하는 능력 • 자기를 다스리는 능력 • 개별적·자기주도적 학습을 선호	• 내적 동기유발 • 자기조절능력 활용
자연탐구적 지능	자연 • 자연을 이해하고 자연적 현상이나 상황을 효과적으로 이용하는 능력 • 자연적 사건이나 물체에 대한 탐색학습을 선호	• 자연물의 허용·측정 • 물체의 분류 및 수집 • 패턴 관찰 • 통계 결과 확인 및 해석

2 교육 내용 및 교수·학습

교육 내용	다중지능이론에서는 구체적인 수학교육 내용을 제시하고 있지 않다. 다만 몇몇 학자들이 저서를 통해 다중지능이론을 적용한 교육 내용으로 패턴 인식하고 사용하기, 그래프 활용하기, 측정, 연산, 확률, 기하를 포함한 수와 작업하기를 제시하고 있다(Campbell et al., 1999).

교수·학습 방법	• 교과 간 통합적 적용 강조
	  – 다중지능이론의 교수·학습방법은 교과 간 통합적 적용을 강조하고 있다.
	    예 신체-운동적 지능이 뛰어난 유아의 경우 몸의 움직임을 통해 숫자를 표현해 보거나 패턴을 만들어 보는 활동을 할 수 있고, 음악적 지능이 뛰어난 유아에게는 노래하기나 리듬을 통해 수개념을 지도하며, 언어적 지능이 뛰어난 유아에게는 유아 자신이 문제를 해결한 방법이나 과정을 토의하거나 저널쓰기 방법을 이용하여 표현하도록 할 수 있다.
	• 다중지능이론은 다양한 교수·학습방법 측면에 이론적 토대를 제공하고 있으나, 수학교육 내용에 대한 구체적인 적용을 제시하고 있지는 않다.
	  – 앞에서 설명한 것처럼 캠벨과 그의 동료들이 『다중지능을 통한 교수와 학습』에서 수학적 사고과정을 위해 패턴을 인식하고 사용하기, 그래프 활용하기, 측정·연산·확률·기하를 포함한 수와 작업하기를 제시하고 있을 뿐이다.
	• 다중지능이론에 근거한 수학활동
	  – 다중지능이론에 의하면 모든 사람마다 지능은 개인차가 있으며, 개인마다 우수한 지능이 다르다고 하였다. 개인마다 강점지능이 다르므로 동일한 방식으로 학습이 이루어지지 않는다는 것으로서, 학습자 개별 특성에 적합한 학습방법을 활용해 수학활동을 제공하도록 한다.

	– 개인이 가지고 있는 강점지능을 수학활동에 활용하여 상대적으로 부족한 지능영역을 자극함으로써, 다양한 형태의 수학개념으로 표현하고 이해할 수 있도록 한다. 즉 수학능력을 향상시키기 위한 학습의 도구나 학습적 매커니즘으로 강점지능을 활용하여 이를 더욱 강화시키면서 약점지능을 보완하도록 한다. – 논리−수학적 지능이 발달하지 않은 유아라면 수학학습에 어려움을 겪을 수 있으므로, 다른 대안적 지능을 사용한 적당한 방법을 활용하여 수학적 지능으로 전환해 주는 것이 필요하다. – 이러한 관점을 반영하여 영유아의 개별적인 강점지능과 연계한 통합 수학활동(이야기를 활용한 수학활동, 자연물을 활용한 수학활동)이 시도되고 있다.
한계점	• 다중지능이론은 영유아의 강점지능을 활용하여 교수·학습의 방향성을 제안하고 있으나, 영유아의 강점지능과 교육 내용을 어떻게 연결하여 교육할 수 있는지 구체적인 방안은 제시하고 있지 않다. • 영유아의 강점지능을 고려하여 개인에게 적절한 교수·학습을 적용하기에는 교사에 따라 다소 어려움이 있다.

UNIT 33 수학교육과 정보처리이론

1 기본 입장

• 컴퓨터의 정보처리과정이 인간의 사고과정과 유사하다고 보고 있으며, 학습자의 정보 저장, 수정, 처리에 관심을 갖는 이론이다. 즉 인간의 정보처리체계는 컴퓨터와 유사하게 감각수용, 활동기억, 장기기억의 세 가지로 이루어져 있다고 본다.
  – 감각수용과 활동기억을 통해 형성된 단기기억은 저장될 수 있는 정보의 양이 제한적이며 손실될 수 있다.
  – 장기기억은 수많은 정보가 기간에 제한 없이 저장될 수 있다.
  – 단기기억과 장기기억은 서로 전환된다는 특징이 있으며, 단기기억은 장기기억으로 변환될 수 있다는 점에서 활동성에 초점을 두고 작용기억이라고 불리기도 한다.
• 정보처리연구자들은 활용 가능한 기억을 높일 수 있는 방안에 관심을 가지고 있으며, 전략구성, 부호화, 일반화, 자동화를 중요하게 생각한다.
• 정보처리이론은 인간의 사고과정 중 자극−반응에 초점을 두고 있다는 점에서 행동주의와 공통점이 있고, 과정을 중요시한다는 점에서 구성주의와 유사한 특성이 있다.

2 교수·학습

✽ 자동화
유아가 여러 번의 시
행착오와 수많은 연
습을 거쳐 정보적인 자
극과 기능을 효율적으
로 연계함으로써, 행
동이 자동화되어 더
이상 가르칠 것이 없
는 상황을 의미한다.

교수·학습 방법	• 수학 관련 정보 처리에 영향을 주는 변인은 기억, 용량과 한계, 정보와의 친숙성이다.
	  – 유아가 일상생활에서 경험하거나 관련된 정보를 가지고 있는 수학활동과 연계하는 것이
	    빠른 정보처리에 도움을 주고 상위 수준의 정보처리를 도울 수 있다.
	• 문제해결의 성공 여부는 유사한 문제와 관련된 해결의 속도, 정확도, 답변 등에 영향을 줄
	  수 있다고 본다.
	  – 수학적 개념 지도뿐만 아니라 문제 풀이를 위한 절차적 지식도 지도해야 한다고 보고
	    있으며, 다양한 문제해결 상황을 제공하여 숙련된 전략사용과 빠른 문제해결 속도를
	    갖출 수 있도록 돕는 것도 중요하다고 하였다.
	• 단기기억이든 장기기억이든 기억의 효율성을 높이기 위해 전략구성, 부호화, 일반화, ✽자
	  동화에 관심을 기울여야 한다고 언급하였다.
	  – 전략구성 과정에서는 초기의 부적절한 전략 사용이 줄고 더 적합한 전략 사용이 증가할
	    것을 기대하지만, 정확한 전략을 발견한 후에도 상황에 따라 여전히 부적절한 전략을
	    사용하기도 한다. 이것은 과제의 난이도에 따라 수학적 전략을 달리하는 경험이 부족하
	    기 때문에 나타날 수 있다.
	  – 또한 기억을 돕기 위해 정보 간의 묶음(chunking)을 만드는 것과 묶음을 만들 수 있는
	    전략을 지도하는 교수·학습방법이 적용될 수 있다.
	  – 즉 정보처리이론에 따르면 효과적인 정보처리를 돕기 위해서는 연습과 친숙함이 중요
	    하고, 다양한 문제해결 상황을 제공하는 것 또한 정보처리방법을 일반화하는 능력을 키
	    우는 데 도움이 된다고 본다.

시사점	• 새로운 정보를 가르칠 때 유아가 가지고 있던 사전지식이 무엇인지 파악하여, 이를 확장시켜
	  나갈 수 있도록 새로운 지식과 연계하는 것의 필요성을 제시하였다.
	• 교사는 유아로 하여금 다양한 전략을 비교하고 효율적인 전략을 찾을 수 있는 기회를 제
	  공해야 한다는 점의 중요성을 제시하였다.

UNIT 34 수학교육과 발견학습이론

1 기본 입장

브루너 (Bruner)	• 아동관 : 유아를 스스로 지식을 탐구하고 그 지식을 발견할 수 있는 능동적 주체자로 보면서, 학자와 유아의 지적 활동은 동일하다고 가정한다. 　－ 이러한 신념에 따라 브루너는 연령에 상관없이 학습자가 배워야 할 교과 내용을 체계적으로 구조화하여 제시한다면 학습자들은 이를 이해할 수 있다고 보았다. • *'지식의 구조'(structure of knowledge) 강조 　－ 브루너는 지식의 하위내용을 제시하면 기억하기 어렵지만, 원리나 개념을 중심으로 조직하고 구조를 지도한다면 기억하기 쉽다고 하였다. 　－ 따라서 브루너는 지식의 구조를 제공하여 원리의 성취가 가능하도록 도울 뿐만 아니라, 지식의 근원적인 이해를 위해 교육과정을 연령별 나선형 방식으로 제공해야 한다고 보았다. • 수학은 위계가 분명하고 구조적인 특성이 있으므로 이를 구조화하여 적절하게 학습하면 동기유발이 가능하지만, 단편적인 지식으로 학습할 경우 그 양이 방대해지는 특성이 있다. 　－ 따라서 관련 있는 여러 요소들을 묶고 전체적인 구조 안에서 하위 내용들을 지도해야만 서로 적절히 전이되어 효율적인 학습이 가능하다는 것이다. 　－ 특히 교과목의 성격에 맞게 지식의 구조를 가르쳐야 하며, 교수·학습을 도울 수 있는 동작적·영상적·상징적 표상양식을 포함하여 지도해야 한다고 보았다. • 유아의 지적 발달은 새로운 개념을 학습하는 세 가지의 서로 다른 표상양식을 통해 이루어진다.

표상양식	내용
동작적 표상	• 전조작기인 4~5세경 행동에 의해 사물을 파악해 가는 단계이다. 　－ 이 시기의 유아는 대상에 대한 조작이나 직접적인 경험을 통한 학습이 효과적이다. • 수학적인 개념과 원리를 탐구하기 위해 몸을 움직이거나 구체물을 조작해 보는 것을 의미한다. 　예 시소를 탈 때 상대방을 고려하여 자리를 잡는데, 이것은 천칭의 원리를 동작으로 표현한 경우이다.
영상적 표상	• 구체적 조작기에 해당하는 것으로, 눈으로 본 것에 대해서는 논리적 사고가 가능하지만 가상적 세계를 다룰 수 없기 때문에 시각이나 청각 등 감각적 이미지에 의존하는 것을 말한다. 　－ 이 시기에는 머릿속으로 상상할 수 있도록 실제 물체 대신에 사용하는 도해, 그림, 사진, 시범, 견학 등의 활동을 하는 것이 도움이 된다. 　－ 이 시기의 아동은 상징적 표현이나 언어적 표현을 통해 추상적 사고를 할 수 있도록 도움이 필요하다. • 시각이나 청각을 통해 사물을 인식하고, 그림이나 영상으로 표상하는 단계이다. 　예 천칭의 모형을 다루거나 그림을 통해 천칭의 원리를 이해하는 경우이다.
상징적 표상	• 단어나 숫자와 같은 상징을 이해하고 표상하는 단계이다. • 감각적 이미지에 의존하기보다는 사고의 표현 수단인 언어, 문자, 기호를 사용한다. 　예 '거리와 무게는 반비례한다'와 같은 식으로 언어나 수학 공식을 써서 천칭의 원리를 표상하는 것이 이에 해당된다. • 눈으로 보거나 직접 경험하지 않은 것에 대해서도 논리적 사고가 가능하고, 가설적인 명제를 조작할 수 있을 때 사용할 수 있는 방법이다.

* 지식의 구조
교과의 구조는 해당 학문의 기저를 이루는 일반적인 아이디어나 기본개념 및 원리 등을 말하는 것으로, 각 교과가 학문에 기반한다는 점에서 '학문의 구조', 그리고 지식으로서 교과의 구조를 가르쳐야 한다는 의미에서 '지식의 구조'라고도 불린다.

MEMO

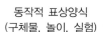

| 동작적 표상양식 (구체물, 놀이, 실험) | 영상적 표상양식 (그림, 사진, 모형, 영상 자료) | 상징적 표상양식 (언어, 상징, 기호) |

- 브루너와 피아제의 비교
  - 브루너의 표상단계는 피아제의 인지발달단계와 유사하지만, 피아제는 연령별 발달 수준을 능가하는 학습이 불가능하다고 본 데 반해, 브루너는 성인이 배우는 동일한 지식 내용도 표상방식만 조절하면 유아에게 가르칠 수 있다는 입장이라는 점에서 차이가 있다.

2 교육 내용

- 브루너: "어떤 학습과제든지 어린이의 발달 정도에 맞게 구조화하여 제시한다면 어떤 어린이라도 효과적으로 학습할 수 있다."
- 수학의 구조
  - 당시 수학교육은 수학의 계통성과 체계, 논리가 무시되고, 생활단원 중심 교육과정으로 운영되고 있었다.
    예 게임이나 활동을 통해 수를 사용하는 경험이 강조되었다.
  - 이에 대해 브루너는 학문중심 교육과정을 주장하면서 지식의 구조를 가르쳐야 한다고 하였다.
- 수학개념의 조기 도입(수학교육 내용 범위 확대)
  - 브루너는 교사가 유아의 수준에 맞는 표상양식으로 제시한다면 유아는 자신의 인지발달 수준 이상의 것도 이해할 수 있다고 보았다.
  - 이는 수학교육 내용이 인지발달단계에 따라 달라져야 한다는 피아제의 주장과 달리, 표상양식만 조절하면 유아에게도 성인의 내용을 가르칠 수 있음을 시사한다. 이에 따라 새수학 운동에서는 수, 측정, 확률 등의 수학적 개념들을 교육 내용으로 포함하게 되었다.

3 교수 · 학습

교수 · 학습
방법
	• 나선형 교육과정
	    – 나선형 교육과정은 영유아의 발달단계가 높아짐에 따라 점차 심화되고 세련된 형태로
	      교과의 개념이나 원리를 가르칠 수 있도록 계획된 교육과정을 의미한다.

• 나선형 교육과정
  – 나선형 교육과정은 영유아의 발달단계가 높아짐에 따라 점차 심화되고 세련된 형태로 교과의 개념이나 원리를 가르칠 수 있도록 계획된 교육과정을 의미한다.
  – 이때 개념이나 학습 주제를 다루면서 동일한 내용의 반복이 이루어지기도 하지만, 이전의 학습내용을 포함하여 점차 폭넓고 심화된 형태의 반복이 이루어진다.
  – 이 교육과정은 핵심적인 개념을 반복 · 심화의 형태로 접하게 되므로 학습자가 기본적인 아이디어를 완전히 숙달하고 이해할 수 있다.
  – 기본적인 개념을 이해하면 내용을 더 쉽게 파악할 수 있고, 잘 기억할 수 있으며, 배운 내용을 적절하게 전이하는 데에도 도움이 된다.
  – 유아기 교육 내용과 초 · 중등학교 내용의 연계를 통해 차이를 좁히는 데 기여하였다.
• 발견학습 : 문제상황을 주고 유아가 스스로 답을 찾아보도록 하는 방식이다.
  – 발견학습에서는 유아 스스로 탐구과정을 거쳐 수학개념을 발견해야 의미가 있으므로 교사의 지시는 최소한으로 줄이고 유아가 자발적인 발견과정을 통하여 스스로 학습해야 한다. 즉 교사가 먼저 충분한 예를 제공하고, 유아가 수학개념이나 원리를 스스로 도출하게 하는 귀납적 방법을 사용해야 한다는 것이다.
  – 발견학습은 설명학습과 달리 유아에게 의미 있는 학습으로서 내적 학습동기 유발에 효과적인 방법이다.
  – 모든 수학적 개념이 발견학습에 의해 이루어질 수 있는 것은 아니며(⑩ 수학적 기호), 발견학습에서는 시행착오나 시간소모가 많을 수 있지만 일단 발견학습에 의해 얻어진 지식은 쉽게 망각되지 않고 유사한 다른 과제의 학습을 용이하게 해줄 수 있다.

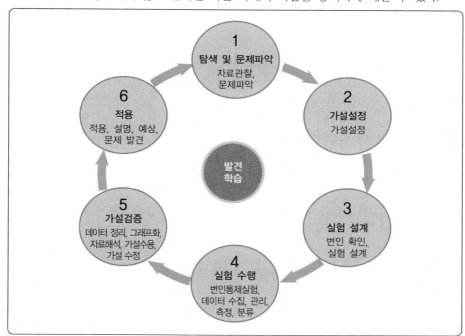

◈ 발견학습의 과정

	• 교수매체의 활용 – 브루너의 표상양식 개념은 유아의 개념 형성을 촉진시킬 수 있도록 교수매체를 사용할 것을 장려한다. 　🔲 상징적 표상양식인 수와 상징을 직접 다루기 전에 신체 및 감각활동, 구체물, 그림과 사진 등의 영상적 자료를 활용하여 다양하게 경험하도록 하는 것이 그 사례라고 볼 수 있다. – 유아기에 이해할 수 있는 표상양식으로 제시된다면 발달 수준을 넘는 교육 내용도 지도할 수 있다. 　① 조작적 교구를 가지고 수학을 신체적으로 하는 것: 동작적 표상 　② 시각, 청각, 운동적 단서의 기억에 의해 사고를 수행함으로써 정신적으로 수학을 하는 것 : 영상적 표상 　③ "6+7은 얼마인가?"라는 문제를 "7이 있다. 그리고 7은 6+1이다. 따라서 6에다 6을 더하고, 다시 1을 추가하면 13이 된다"라고 언어로 문제를 푸는 등 숫자라는 상징의 의미를 갖고 사용하는 것: 상징적 표상
시사점	• 브루너의 지식 표상이론을 수학 방법에 적용해 유아들이 의미 있는 수학개념을 구성할 수 있도록 하기 위해서는 구체적인 사물로 충분히 경험한 후 유아가 그림으로 표상하도록 격려해 주어야 한다. • 유아가 스스로 수학개념을 발견하는 것이 의미 있으므로 성인의 지시는 최소한으로 줄이고 유아가 능동적으로 발견할 수 있는 기회를 제공해야 한다. – 성인은 유아에게 구체물을 직접 조작하는 경험 및 이를 그림이나 문자 등을 통해 표상할 수 있는 충분한 기회를 제공하여 유아 스스로 수학적 개념을 도출해낼 수 있도록 한다.

UNIT 35 수학교육과 지식의 구분

KEYWORD # 물리적 지식, 논리·수학적 지식, 사회적 지식

1 관계적 이해와 도구적 이해 – Skemp(1978)

관계적 이해 (relational understanding)	개념	• 자신이 아는 것과 학습하는 것을 관련지을 수 있는 능력으로, 학습의 적절한 전략을 찾을 수 있고 왜 그렇게 되는지 아는 것이다. – 일반적인 수학적 관계로부터 특수한 규칙이나 절차를 연역할 수 있는 상태이다. – 개념적 이해의 선행을 바탕으로 방법적 지식을 활용하는 것이다.
	장점	• 새로운 과제에 더 쉽게 적용할 수 있고 기억에 도움을 준다. • 본질적으로 관계적 지식은 수학교육의 효과적인 목적이 될 수 있다. • 관계적 쉐마(스키마)의 형성 및 유기성에 도움을 준다. 　➡ 새로운 문제상황에서 쉽게 응용될 수 있으며, 당장은 학습이 어렵고 시간이 걸리겠지만 학습 결과가 오래 지속되고 재학습의 필요가 줄어 장기적으로 볼 때 오히려 시간이 절약된다.

MEMO

도구적 이해 (instrumental understanding)	개념	• 적용한 규칙을 알고, 그 규칙을 도구로 적용하는 능력으로, 어떻게 해결해야 하는지 아는 것이다. − 수학적 원리나 법칙이 왜 그렇게 작용하는지는 알지 못하지만, 암기하여 적용하는 상태이다. **유의점** 특정 방법이 어떤 문제에는 적용되고 어떤 문제에는 적용되지 않는 것을 기억하고 문제에 따라 각기 다른 방법을 학습해야 한다.
	장점	• 이해하기가 쉬워 관계적 이해보다 받아들이기가 수월하다. • 보상 및 해결이 즉각적이고 명백하다.
	적용 사례	• 관계적 이해에 의한 학습으로 학습목표를 성취하기에는 너무 많은 시간이 소요될 때 • 학생들이 꼭 학습해야 할 요소이나, 인지발달 수준 또는 보존개념 형성 시기가 늦어져 관계적 이해로는 너무 어렵고 복잡하며 지루함을 느낄 때 • 학습내용이 도구적 지식으로 요구될 때 **예** 학생들이 수학과목 학습 진도에 따라 관계적 이해를 통한 학습을 하기 전에, 과학 등의 타교과 학습에 수학적인 지식이나 기능을 적용하여 활용할 필요성이 있을 때

 참고

직관적 지능과 반성적 지능 − 스켐프(Skemp)

• Skemp의 주장
 − 직관적 지능과 반성적 지능이 서로 보완적인 역할을 해야 한다.
 − 직관적 사고는 즉각적인 일반화에 필요하며, 반성적 사고는 법칙을 이끌어 내는 활동에 필요하다.

직관적 지능	• 외부 환경으로부터 감각기관을 통해 지각한 실제적 대상 사이의 관계 혹은 학습자 자신의 대상에 대한 행동 사이의 관계를 인식하는 능력이다. • 사고과정을 거치지만 무의식적·자동적·반사적으로 이루어지는 것이다.
반성적 지능	• 새로운 방법을 개발하거나 혹은 이미 알고 있는 방법을 개선하는 능력이다. • 직관적으로 얻어진 결론을 비판적으로 검토함으로써 자기 자신의 사고과정을 의식하고, 때로는 그 사고의 진행을 되돌아보는 것이다.

2 개념적 지식과 절차적 지식 – Hiebert & Lefevre(1986)

- 수학 문제상황 해결에 필요한 세 종류의 지식은 이를 어떻게 해결할지, 왜 그런 방법으로 해결하는지, 그리고 언제 그런 방법을 사용해야 하는지에 대한 지식이다.
- 개념적 지식과 절차적 지식이 어떠한 관련이 있는지 알아보는 것이 중요한데, 개념적 지식과 절차적 지식은 상호작용할 뿐만 아니라 수학을 학습하고 이것을 새로운 상황에 적용하는 데 모두 필요하다.
  - 개념적 지식을 풍부하게 하기 위해서는 절차적 지식이 필요하며, 절차적 지식도 개념적 지식 없이는 단순한 암기에만 의존해야 하므로 높은 수준으로 발전할 수 없다.
  - 따라서 완전한 의미의 수학적 지식은 개념적 지식과 절차적 지식의 의미 있는 결합에 의해 이루어진다고 할 수 있다.

개념적 지식
(conceptual knowledge)
	• 개념적 지식이란 사물이나 상황의 관계에 대한 지식을 말한다.
	   – 현재의 수학적 상황을 자신이 이해하고 있는 과거의 학습 상황과 관련지어 생각해 보면서 자발적으로 구성되므로 일종의 비형식적 지식이라 할 수 있다.
	   – 이는 절차에 내재된 원리에 대한 지식이다.
	• 관계성이 풍부한 지식으로 정보의 요소가 관련될 수 있으며, 사전에 학습한 것과 새로운 정보와의 연결을 인식할 수 있는 지식이다.
	• 유아는 자신이 습득한 개념적 지식을 말로 정확하게 설명하지 못할 수도 있지만, 개념적 지식은 유아가 문제를 해결하는 데 많은 도움을 준다(Hiebert & Lindquist, 1990).
	• 가정과 학교에서 다양한 감각적·지각적 경험을 통해 습득하게 되는 비형식적인 지식의 성격을 지닌다.
	 예 2×3이란 2를 3번 합한 것(2+2+2)과 같음을 이해하는 것이다.

절차적 지식
(procedural knowledge)
	• 절차적 지식이란 수학 문제를 풀기 위해 필요한 공식이나 절차 혹은 수학 기호에 관한 지식을 의미한다.
	   – 결과는 특정 문제의 답을 위해 단계적으로 이미 처방된 과정을 포함한다.
	• 대개 학교에서의 직접적 교육을 통해 얻어지는 형식적 지식의 성격을 지닌다.
	• 절차적 지식은 수학 교육에서 중요한 역할을 한다. 예컨대, 연산기술은 통상적인 수학 문제를 쉽게 풀게 해주고, 보다 중요한 과제에 생각을 집중할 수 있도록 만든다.
	   – 그러나 절차적 지식을 아무리 능숙하게 사용한다고 해도 개념적 지식이 저절로 발달하는 것은 아니다.
	• 개념적 지식이 없는 상태에서 절차적 지식만 가르치는 경우에는 수학 공식을 깊이 생각하지 않고 사용하여 오답이 발생하거나 수학을 싫어하게 만들기 때문에 개념적 지식이 없는 상태에서 절차적 지식을 가르쳐서는 안 된다.
	 예 '=', '+', '<', '>' 등의 부호 혹은 '53−19'를 계산하기 위해서는 10의 자리에서 1을 빌려와서 13−9를 하여 일의 자리에 4를 쓴 후 십의 자리 5는 4로 바꾸고 1을 빼서 십의 자리에 3을 쓰는 것 등을 들 수 있다.

> **참고**
>
> **활용적 지식(utilizational knowledge)**
> 개념과 절차가 적용되는 상황에 대한 지식을 의미한다.

3 비형식적 지식과 형식적 지식 – Ginsburg & Baroody(1989, 1987)

비형식적 지식 (informal knowledge)	• 다양한 경험을 통해 얻어지는 지식으로, 일상생활의 양적 상황을 다룰 때 획득되는 직관, 지각적 정보, 창안적 전략으로 이루어지며, 실생활에 매우 유용하게 활용된다. • 형식적인 지도를 받기 이전에 획득한 지식이다. 　예 유아가 실생활 경험으로부터 자연스럽게 전수받은 지식과 사전지식, 스스로 발명한 지식 등
형식적 지식 (formal knowledge)	• 직접적 교수에 의해 획득되는 지식이며, 형식적 지식은 문제해결을 위한 효율적 방법, 절차, 규칙으로 구성된다. • 이는 형식적이며 문화적인 특성을 가진다. 　예 더하기, 빼기, 나누기

4 지식의 유형 – 피아제(Piaget)

물리적 지식	• 사물의 고유한 속성에 관한 것으로, 외관상으로 나타난 물체에 대한 지식을 말한다. 　– 색, 모양, 크기, 무게 등과 같이 '보면 알 수 있는' 사물의 물리적 속성에 대한 지식이다. • 유아는 사물을 직접 조작하고 관찰하는 경험을 통해 물리적 지식을 형성하므로 경험적 추상(empiriclal abstraction)의 과정이 수반된다. • 물리적 지식은 사물 그 자체에 존재하므로 지식의 근원은 유아 외부에 있다. 　예 '이 공은 둥글다', '이 공은 굴러간다' 등
논리·수학적 지식	• 사물과 사물 간의 관계를 맺으면서 구성한 지식을 말하므로 한 가지 사물로는 논리－수학적 지식을 규정할 수 없고, 사물과 사물을 어떻게 관계 맺는지에 따라 다르게 형성된다. 　– 어떤 사물의 특성을 눈으로 확인하는 것이 아니라 자기 생각 속에서 관계지어야만 파악할 수 있으므로 관계의 조정에 의해서 구성되는 지식이다. • 논리－수학적 지식은 유아의 사고 속에서 재고(再考)해 보는 과정을 통해 형성되므로 내성적 혹은 반영적 추상(reflective abstraction)의 과정이 필요하다. • 직접적인 가르침보다는 유아가 구체적인 사물을 조작해 봄으로써 스스로 관계를 만드는 과정에서 형성된다. 　예 '공은 둥글기 때문에 굴러간다', '두 공은 서로 다르다(색깔)' 등

	형성 방법	• 자연스럽고 의미 있는 실제 상황에서 직접 구체물을 다루어 보면서 스스로 지식을 구성한다. • 다양한 형태의 경험을 통해 수학적 개념을 제시한다. 　– 실물자료 이외에도 그림카드나 숫자카드 등의 시각적·상징적인 경험을 함께 제공함으로써 형식적 수학개념을 확고히 정립한다.

<table>
<tr><td></td><td>• 수학적 개념을 형성해 나가는 과정에서 자신이 발견한 개념을 말로 설명하거나, 유아끼리 토의하는 언어적 과정을 구성한다.
− 교사는 수학적 사고와 방법을 찾도록 유아에게 언어적 자극을 줄 수 있다.</td></tr>
<tr><td>사회적 지식</td><td>• 사람들 간의 약속에 의해 규정된 지식을 말한다.
− 사회 구성원들 간에 임의적이고 관례적으로 이루어진 약속으로 규칙 · 가치 · 도덕이나 언어 체계 등이 해당한다.
• 성인들의 설명이나 형식적인 가르침을 통해 습득할 수 있다.
• 사람들 간의 임의적인 약속에 의해 정해진 지식으로서 지식의 근원은 유아의 외부에 존재한다.
• 사회 속에서 함께 살아가는 사람들에 의해 만들어진 지식 유형이다.
예 '빨간 공'은 'red ball', '설날에는 떡국을 먹는다' 등</td></tr>
</table>

참고

지식의 유형

지식의 유형	물리적 지식	논리−수학적 지식	사회적 지식
정의	물체의 속성에 대한 지식	사물과 사물 간의 관계성에 의한 지식	사람들 간의 약속에 의해 만들어진 지식
구성 방법	발견	발명	형식적인 가르침
	경험적 추상	내성적 추상	
지식의 근원	유아 외부(물체 자체)	유아 내부	유아 외부
사례	공은 굴러간다.	두 공은 색깔이 다르다.	교사 : "이것은 '공'이라고 부른단다."

II 유아수학교육의 수학적 태도 및 과정

수학적 태도	• 수학적 태도는 수학에 대한 흥미와 즐거움, 수학이 일상생활에 유용하다는 생각, 수학을 하는 자신의 능력에 대한 신념 등으로 수학에 대한 유아의 지속적이고 일관된 감정적 성향을 말한다. • 수학적 태도의 형성은 유아가 어떤 수학경험을 하였는가에 따라 달라지며, 이후의 수학학습에 대한 생각, 수행, 태도, 결정에 영향을 미친다(Kamii, Housman, 1999). - 따라서 정해진 답을 찾기보다 유아가 적극적으로 문제해결에 참여하고, 새로운 도전을 받아들이도록 하는 환경과 기회를 제공하여 수학에 대한 긍정적인 태도를 형성하도록 지원하는 것이 중요하다. - 생활 속 경험이나 놀이와 관련하여 수학을 경험한 유아는 그렇지 않은 유아에 비해 수학에 대한 긍정적인 태도를 가지기 때문이다.
수학적 과정	• 수학적 과정이란 수와 연산, 도형 등 수학 내용영역에서 다루는 수학개념을 이해하고 습득할 때, 그리고 수학 주제를 활용하여 다양한 현상을 이해하고 문제를 해결하며 의사소통할 때 활성화되어야 할 능력을 말한다. ⑩ 간식시간에 나온 과자를 3명의 친구와 공평하게 나누어 먹는 상황은 수세기, 수의 비교 등의 개념과 관련된 수학적 상황이다. 유아는 이 문제를 해결하기 위해 서로 이야기도 하고(의사소통), 이 상황을 그림으로 그려 볼 수도 있다(표상하기). 그리고 한 사람에게 하나씩 과자를 나누어주며 남는 과자를 다시 나누는 방법, 혹은 전체 수를 센 다음 과자를 나누어 주는 방법 등 자신들만의 전략을 사용하여 문제를 해결한다(문제해결하기). - 이와 같이 수학과 관련된 상황을 이해하고 해결하는 과정을 의미하는 수학적 과정은 문제해결하기, 추론 및 증명하기(추론하기), 의사소통하기, 연계하기, 표상하기를 포함한다(NCTM, 2000). • 유아수학교육에서 수학적 과정은 수학내용을 학습하는 수단이자 수학학습의 중요한 일부가 되어야 한다고 하였다.

Plus⁺

수학적 성향 – 코플리(Copley, 2000)

코플리는 수학적 문제상황을 해결하기 위한 수학적 성향의 구성요소로 지속성을 보이는 것, 몰두하는 것, 가설을 점검하는 것, 위험을 감수하는 것, 자기조절 등을 제안했다.

과제 학습 중심 (task-learning oriented) 성향	• 과제 학습 중심 성향을 지닌 유아는 과제를 학습할 대상으로 보고 타인의 평가에 무관심하며 자신의 성공이나 실패에 관한 타인의 피드백을 무시하기까지 한다. 위험을 감수하고 많은 장애를 극복하며 문제해결을 시도한다. • 제한된 시간에 쉬운 문제와 어려운 문제 중 선택하여 풀 수 있다고 제시하였더니 계속된 실패에도 불구하고 어려운 문제를 골라 끊임없이 해결하려고 노력하였고, 시간이 종료되었다고 알리자 수학문제를 더 해결해 보고 싶어 몰래 수학문제 카드를 가져가기까지 하였다.
성과 중심 (performance oriented) 성향	• 성과 중심 성향을 지닌 유아의 경우 자신의 성공을 평가 절하하고 실패를 평가 절상함으로써 어려운 문제를 대면했을 때 지속적인 수행력이 부족하다. • 똑같이 제한된 시간에 쉬운 문제와 어려운 문제 중 선택하여 풀 수 있다고 제시했을 때 쉬운 문제를 많이 시도하고, 어려운 문제는 시도하지 않는 모습이 관찰되었다.

MEMO

UNIT 36 수학적 태도

호기심	• 호기심은 사물이나 현상에 관심을 가지고 탐구해 보려는 태도로, 수학적 주제나 내용에 관심을 기울이는 행동이다. • 주어진 상황에서 답을 찾기 위해 사고하려는 본능적인 태도로서 수학적 주제나 내용에 관심을 기울이는 것을 말한다.
주의 집중	• 유아가 수학적 상황이나 활동의 과정에 주의를 기울이는 태도이다. — 교사는 영유아가 주의 집중할 때 중단시키지 않도록 하고, 흥미를 보이는 수학적 상황이나 대상에 관심을 가져주면서 영유아 혼자서 해결할 수 없는 경우 행동이나 단어로 문제해결을 위한 단서를 제공하도록 한다.
개방성	• 수학활동 과정에서 자기주장(자신의 의견)에 대한 타인의 비판을 듣고 수용하며, 모두 함께 의논하여 결정한 결과를 그대로 인정하는 태도이다. — 자신의 생각과 타인의 생각을 비교해 보고 다른 사람의 관점을 깨닫게 함으로써 다양한 문제해결능력을 기르는 데 도움이 된다. — 교사는 영유아가 지닌 생각을 존중하고, 다른 방법으로 생각하여 타인의 의견을 수용하는 태도를 갖도록 격려해야 한다. 또한 영유아가 자신의 생각만을 주장하지 않고 "○○의 생각도 멋지구나. 또 다른 방법은 없을까?"라고 질문함으로써 서로의 의견을 경청하고 합리적인 해결책을 모색하도록 해야 한다.
적극성	• 수학 관련 활동에 능동적으로 참여하여 열심히 활동하려는 태도이다. — 영유아는 자신이 문제를 해결하려는 태도를 갖게 되면 직접 적극적으로 문제해결 전략을 시도하면서 해결방법을 찾을 수 있게 된다. — 따라서 교사는 영유아가 자신이 처한 상황과 관련지어 문제를 해결해 보는 경험을 하도록 도와야 한다. — 영유아가 집단활동을 통해 문제를 해결해야 할 때는 구성원 모두가 적극성을 발휘할 수 있도록 4~6명 정도의 소그룹으로 운영하고, 각자 문제해결 과정에서 역할을 맡을 수 있도록 도와주거나, 문제해결 후 각자 활동했던 것을 발표할 수 있도록 한다. • **교사의 역할** — 소극적인 영유아에게는 부담이 적은 역할을 줌으로써 친구들과 함께 협력하여 해결한 후의 만족감을 느낄 수 있게 지도한다. — 활동에 적극적으로 참여하는 영유아는 격려해 주지만, 혼자서만 주도하지 않도록 "다른 친구들은 어떻게 생각하는지 들어보자", "서로 다른 의견이 나왔구나"와 같이 각자의 의견을 제시하게 하는 등 이를 인식시켜 주어야 한다. — 교사의 상호작용을 통해 영유아는 자신이 의견을 말하고 적극적으로 참여하는 것이 중요함을 느끼게 되면서 점차 적극성을 발휘하게 된다.
지속성	끈기성과 유사한 개념으로, 해결되지 않는 문제를 포기하지 않고 지속적으로 해결해 보려는 태도이다.

MEMO

수학적 태도와 성향의 구성요소 - 한종화, 『영유아수학교육』

수학적 태도와 성향의 하위 요소는 두 개념의 미묘한 차이만큼 연구자에 따라서도 일부 차이가 있다. 여러 학자들의 내용들을 정리하여 수학적 태도와 성향의 요소를 자신감, 흥미, 적극성, 끈기, 개방성으로 나누었다.

자신감	• 자신감은 수학을 이용하여 문제를 풀고 아이디어를 교환하며 추론하는 데 성공적으로 수행할 수 있다는 자신에 대한 확신을 의미한다. 　－ 자신감은 문제를 해결하는 데 그들의 지식을 적용하고, 아이디어를 교환하기 위해 수학적 언어로 의사소통하며, 추론하고 창의적으로 사고하는 것에 대해 확신을 갖는 것을 의미한다(한국교육개발원, 1992). • 자신감이 부족한 유아에게는 무엇보다 성공적인 경험이 필요하다. 　－ 이런 경우 비교적 쉬운 과제를 제시하여 문제를 해결하는 재미와 성공감을 맛보게 해주어야 하지만, 쉬운 놀이나 활동이 무조건 영유아의 자신감을 높여주지는 못한다. 　－ 때로는 난이도가 높은 어려운 경험도 필요하다. 해결하기 어려운 문제를 해결했을 때 성취감이 더 크고 이는 자신감으로 이어질 수 있다. 　－ 따라서 쉬운 문제를 해결하여 성공감을 맛보게 하고 점차 난이도를 높여가는 것이 필요하다. 또래에게 자신이 발견하거나 해결한 수학적 지식을 소개할 수 있는 기회를 주는 것도 좋은 방법으로, 또래들에게 인정받는 경험은 자신감을 키우는 데 중요한 역할을 한다.
흥미	• 흥미는 수학에 관련된 놀이나 활동에 마음이 끌리는 감정을 수반하는 관심, 재미와 즐거움을 느끼는 것을 의미한다. 　－ 수학 관련 놀이와 활동에 대해 호기심을 보이고 즐겁게 자주 참여하는 성향을 말한다. • 영유아가 수학에 대한 흥미를 갖도록 돕기 위해서는 '과자 나누어 먹기', '얼마나 들어 있는지 예상해 보기'와 같이 영유아의 일상생활과 관련이 있는 흥미로운 수학활동을 제시하는 것이 필요하다. 　－ 맞고 틀리고가 중요한 것이 아니라 과정 자체가 즐거움을 주는 경험이 필요하다.
적극성	• 적극성은 수학과 관련된 놀이와 활동에 긍정적이고 능동적으로 참여하여 열심히 하는 성향을 말한다. 　－ 다른 사람이 문제를 해결해 줄 때까지 기다리기보다는 주도적으로 문제를 해결하려고 노력하는 모습이다. • 맞고 틀림이 없고 모든 영유아의 생각을 존중하며 참여를 기다린다는 확신을 줄 때 다소 소극적인 영유아도 점차 적극성을 가질 수 있다. 　－ 영유아가 머뭇거릴 경우, 참여를 기다려 주며 '친구의 이야기를 들어보자', '친구에게 생각할 시간을 주자', '모두 자기 생각을 말했니?', '서로 다른 여러 생각들을 모았구나'라고 하면서 소극적인 영유아도 문제해결에 참여할 수 있도록 돕는다.
끈기	• 끈기는 쉽게 단념하지 않고 끈질기게 견디어 나가는 기운이다. 　－ 목표를 달성하기 위해 참고 견디는 인내심, 의지, 지속성, 집요함을 의미한다. 해결되지 않은 어려운 문제를 만나거나 실패해도 단념하지 않고 끝까지 노력하는 성향이다. • 영유아의 인내심과 끈기를 키워주기 위해 교사는 실패에도 불구하고 스스로 문제해결을 위하여 여러 방법을 시도하는 모습을 보여주어야 한다. 　－ 영유아가 어려운 문제상황을 맞아 포기하려고 할 때 적절한 수준의 도움을 주어 유아의 문제해결 과정이 중단되지 않도록 도와주어야 한다. 　－ 또한 꼭 수학활동이 아니더라도 유아가 포기하지 않고 여러 가지 방법으로 해결하려고 시도하거나 열심히 참여할 때 '여러 가지 시도를 해보았구나', '포기하지 않는 모습이 멋지네', '참 열심히 하는구나'라고 하며 유아의 행동을 지켜봐 주고 인정해 주어야 한다. 　－ 이는 교사가 결과보다 과정, 특히 끈기 있게 노력하는 점을 중요하게 생각한다는 것을 유아에게 전달할 수 있다.

MEMO

개방성	• 개방성은 자신이 경험하는 것을 있는 그대로 받아들이고, 낯선 것에 대해 인내하며 탐색하는 특성이다.
	  − 문제를 해결할 때 수학적 아이디어를 탐구하고 다양한 해결책을 찾으려고 노력하는 것을 의미한다.
	  − 또한 자신의 생각에 대한 또래나 교사의 의견 혹은 비판을 듣고 이를 수용하는 자세를 의미한다.
	  − 다른 사람의 의견을 듣고 자신의 생각과 수행 결과를 모니터링하고 반성하며 다음의 수학활동에 이를 반영하는 모습이다.
	• 영유아가 개방성을 가지고 자기점검을 할 수 있도록 돕기 위해 교사는 '친구의 생각과 네 생각이 어떻게 다르니?', '어떤 점이 다르다고 생각하니?', '지금 이 문제에서는 어떤 방법이 적합할까?'와 같이 질문하여 영유아가 친구들의 생각을 들어보고 자신의 생각을 검토해 볼 수 있는 기회를 제공해야 한다.

 참고

실패감과 좌절 극복 지도방안

• 유아는 스스로 실패감을 맛보고 좌절하기도 하며 때로는 성취감을 얻기도 한다.
• 유아가 실패하였을 때 교사는 역사적으로 수학자와 과학자들이 실패와 성공을 거듭한 이야기를 들려주면서 탐구를 격려할 수 있다.

UNIT 37 수학적 과정 기술 – 문제해결하기(problem solving)

KEYWORD # 문제해결하기

1 개념

- 수학적 문제해결하기는 수학적 상황에서 해결해야 할 문제가 있거나 혹은 문제를 구성한 경우 답을 찾아가는 과정을 의미한다.
- 일상생활이나 수학적 상황에서 부딪히는 문제상황을 자신의 수학적 지식과 경험을 활용하여 해결하는 과정이다.
  - 문제해결하기는 해결방법이 미리 정해져 있지 않은 과정에 참여하여 답을 찾는 것으로, 수학학습의 목적일 뿐만 아니라 수학지식을 획득하기 위한 주요 수단이다(NCTM, 2000).
  - 교사는 유아가 의미 있고 구체적이며 다양한 문제상황에 노출되도록 하고, 문제를 주도적으로 해결할 수 있도록 도와주어야 한다. 이러한 과정에서 유아들은 문제해결을 위해 자신의 사전 경험과 지식을 활용하여 해결책을 찾고, 다른 유아들의 해결책과 비교해 보며, 자신의 해결책의 적합성을 설명하는 기회를 통해 다양한 수학적 사고와 문제해결 과정을 경험하고, 새로운 수학적 지식을 획득하게 된다.

2 문제해결을 위한 단계 – 폴리아(G. Polya)

문제의 이해	• 시간을 가지고 문제를 탐색하는 것이 문제해결 과정에 결정적인 영향을 미친다. – 교사가 질문을 하는 것은 유아가 문제를 잘 이해할 수 있도록 돕고 문제를 구체화하기 위한 것이다. – "우리가 알고 싶은 것이 뭐지?", "문제를 다시 말해 줄 수 있겠니?" 등의 질문은 문제가 무엇인지 명확하게 하는 데 도움이 된다.
문제해결에 대한 계획 세우기	• 이 단계는 먼저 문제해결을 위해 어떻게 할지를 생각하고 대안을 찾아보는 단계이다. – 여기에는 유아가 이미 획득한 문제해결방법이 적절한지 또는 다른 시도가 필요한지를 검토하는 과정이 포함된다. – "그 퍼즐을 어떻게 놓을 거니? 그렇게 놓으면 들어간다고 확신하니? 만약 돌려놓으면 어떻게 될 것 같니?" 등의 질문은 유아에게 자신이 생각해 낸 방법을 미리 점검하거나 자신의 추측이 타당한지를 검토하는 데 도움이 된다.
문제해결에 대한 계획을 실행하기	• 이 단계는 유아 자신이 선택한 해결방법을 적용하고, 그 방법이 적합한지를 확인하는 단계이다. – 만약 자신의 해결방법이 틀렸다면 다시 새로운 해결방법을 찾아 시도하는 과정이 이루어져야 한다. – 시행착오는 유아들에게 반성적 사고의 기회를 주므로 문제해결을 위한 중요한 전략으로 활용될 수 있다.

문제해결에 대해 재검토하기	• 이 단계는 흔히 문제해결 과정에서 간과되지만 매우 중요한 단계로, 유아들이 선택한 전략이 적절했는지, 다른 해결책도 가능한지, 모든 상황에 적용 가능한 방법인지 등을 검토하는 기회를 제공하는 단계이다. – "네가 어떠한 방법들을 시도했니? 매번 같은 방법을 사용했니? 처음에는 어떤 방법을 사용했니? 왜 바꾸었니? 어떤 단서가 제일 도움이 되었니? 더 좋은 방법이 있을까?" 등의 질문은 문제해결 전략을 정교화하는 데 도움이 된다.

3 지도방법

문제해결하기를 위한 지도방법	• 교사가 문제해결하기를 지도하는 방법은 다음과 같다(홍혜경, 2010). ① 일상생활에서 일어나는 다양한 문제상황을 민감하게 인식하고, 이를 교수할 순간으로 활용해야 한다. – 놀이상황이나 일상생활에서 일어나는 문제상황은 유아에게 의미 있는 맥락을 제공한다. – 그러므로 이를 활용하는 것은 유아로 하여금 수학이 자신의 문제를 해결하는 수단이 될 수 있음을 자연스럽게 터득하게 할 뿐만 아니라 수학적 지식을 실제로 적용할 수 있는 기회를 갖게 된다. 　⑩ 일과 중 수학적 상황의 예 　– 출석점검 상황(출석/결석한 유아의 수, 버스 탑승/걸어오는 유아의 수 조사 등) 　– 간식이나 과제물 분배하기(같은 양의 분배 확인, 부족량의 점검 등) 　– 집단 구성(소집단 구성방법, 놀이공간 내 유아의 수 조사 등) 　– 쌓기놀이 상황(사용한 도형, 높이, 대칭 등) 　– 산책 상황(거리, 위치, 방향관계 등) 　– 놀이나 게임 상황(수세기, 수비교 등) 　– 우연적으로 발생하는 상황 ② 개방형 질문과 언급을 활용하여 문제해결하기를 격려해야 한다. – 유아들이 쌓기놀이를 하는 동안 교사가 던지는 "높이 쌓으려면 어떤 모양이 더 필요하니? 친구가 쌓은 것과 네가 쌓은 것 중 어느 것이 더 높니? 얼만큼 더 높니?" 등의 질문은 유아로 하여금 쌓은 구성물의 높이, 모양, 크기 등을 비교하는 기회를 제공하며, 유아의 관심에 따라 다양한 반응이 나타난다. – 따라서 교사가 어떠한 질문을 하는가는 유아의 사고 기회를 확장하는 데 도움이 된다. 또한 유아의 반응이나 관심에 초점을 둔 개입은 지속적이고 심도 있는 탐색으로 이어질 수 있기 때문에 중요한 의미를 지닌다. ③ 문제해결 과정에서 모델링을 해 주어야 한다. – 유아들은 주변의 성인들이 문제를 해결하는 과정을 관찰함으로써 배우기도 한다. – 특히 교사는 일상의 문제상황에 직면했을 때 해결 과정이 일어나는 사고과정을 말로 표현하여, 어떻게 문제상황을 다루는지를 유아들이 구체적으로 이해하도록 도울 수 있다. – 모양 퍼즐 맞추기를 할 때 교사가 퍼즐 조각을 들고 "이것을 돌려서 맞추어 볼까? 여기가 조금 남는구나. 조금 큰 세모가 필요하네" 등으로 문제해결에 관여하는 사고과정을 구체적인 말로써 표현하면 유아들이 효과적으로 모델링할 수 있다.

MEMO

유아의 문제해결 과정을 지원하기 위해 교사가 유의해야 할 사항	• 유아 스스로 문제를 해결할 기회 제공하기 　- 교사는 유아의 일상생활에서 일어나는 다양한 수학적 문제를 민감하게 인식하고, 이를 교수 상황으로 활용해야 한다. 　　⑩ 게임을 위해 두 팀으로 나눌 때, "우리 반은 19명인데, 어떻게 팀을 나누면 좋을까?"와 같이 문제를 제시하면 유아가 문제상황을 인식하고 해결방법을 찾는 데 도움을 줄 수 있다. 　- 유아가 스스로 문제를 해결하도록 충분한 시간을 주고, 문제해결에 참여하는 유아를 격려해준다. • 다양한 자료 제공하기(문제해결을 위한 풍부한 환경 제공하기) 　- 교사는 유아가 도전할 수 있는 흥미 있는 문제를 제시하고 문제를 해결하는 데 필요한 여러 유형의 자료를 준비하여 이해 수준이 다른 유아들이 각자의 전략을 사용해 문제를 해결하도록 지원할 수 있다. 　- 또한 문제해결방법을 서로 이야기해 볼 기회를 제공하는 것이 중요하며, 이때 교사가 "이 문제를 어떻게 해결했니? 다른 방법으로 해결한 친구가 있니?"와 같은 질문을 하면 유아 상호 간에 자신의 해결책을 공유하고 언어화하는 데 도움이 된다. • 단계적 사고 지원하기: 문제를 해결하는 과정에서 단계적으로 사고하도록 돕는다. 　- 교사는 문제를 해결하는 과정이 문제를 이해하고, 해결방법을 계획하며, 그 계획을 실행한 후 해결방법을 평가하는 과정으로 구분됨을 이해하고 이와 같은 단계를 유아가 경험하도록 안내한다. 　- 이를 위해 교사는 각 단계에 적합한 발문이나 환경 제공을 통해 유아의 문제해결을 지원할 수 있다. 　　① 문제인식: "이렇게 하면 어떻게 될까?, ~가 무슨 뜻이니?, 우리가 무엇을 해결해야 할까?" 　　② 계획하기: "이렇게 하면 어떻게 될까?, 다른 방법은 없을까?, 무엇을 제일 먼저 해야 된다고 생각하니?" 　　③ 실행 및 검토하기: "너의 말이 맞는지 확인해 볼까?, 만약 ~했다면 어땠을까?, 적절한 해결방법이었니?" • 서로의 생각을 확인하고 모니터링하기(다른 사람의 생각 모니터링하기) 　- 문제를 해결할 때 여러 사람의 생각을 들어보고, 각 유아가 자신의 생각과 다른 유아의 생각을 비교하며 모니터링할 기회를 제공한다. 　- 이러한 경험은 유아로 하여금 한 가지 방법이 아니라 다양한 방법으로 문제를 해결할 수 있음을 알고, 문제해결에 다양한 전략을 사용할 수 있게 돕는다.

UNIT 38 수학적 과정 기술 – 추론하기(reasoning)

KEYWORD # 추론하기

1 개념

- 추론하기는 일상의 문제를 해결하는 과정에서 기존의 정보나 지식을 서로 관련짓거나 재구성하여 논리적으로 타당한 결론을 이끌어 내는 것이다.
- 추론하기는 관찰되고 기술된 정보로부터 구체적으로 제시되지 않은 정보를 유추하는 것을 의미하며, 폭넓은 범위의 현상에 대해 통찰력을 발달시키는 강력한 수단이 된다.
  - 추론은 문제의 분석을 기초로 추측, 가설, 결론을 내릴 때 사용하며, 상황에 대한 논리적인 판단을 위해 반성적 사고과정을 포함한다.
  - 따라서 막연한 추측(guess)과는 달리 제시된 정보를 근거로 추정하여 결론을 내리는 논리적 추측이라고 할 수 있다.
- 제한적이기는 하지만 유아도 자신의 경험으로부터 나름대로 추론할 수 있으며, 지속적인 경험을 통해 자신의 추론을 수정 또는 타당화할 수 있다.
  - 피아제가 사용한 보존개념 과제는 유아의 추론능력의 특성을 보여주는 사례로, 이 경우 유아들은 흔히 지각과 한 변인만 고려하여 추론하기 때문에 수나 양에 대한 보존 관계를 잘못 추론하게 된다.
  - 비록 유아들이 다양한 정보를 종합적으로 고려하여 추론하지는 못하지만, 나름대로 추론능력이 출현하고 있음을 알 수 있다.
  - 따라서 분류활동에서 분류의 근거를 찾고 이를 설명하게 하면 유아들로 하여금 자신의 사고과정을 점검하고 이를 입증할 증거를 찾는 기회를 제공하므로 연역적 추론능력의 발달을 도울 수 있다.

2 추론하기의 방법 – NCTM(2000)

관계성의 인식 (수학적 관계성 인식)	• 수학은 관계성의 학문이므로 관계성을 찾는 것은 수학을 이해하는 데 핵심이라고 할 수 있다. 　- 유아들은 물체의 양이나 형태 또는 크기 등의 속성에서 같은 점과 다른 점을 찾고, 이를 순서 짓고 분류하고 범주화하고 수량화하는 등의 과정을 통해 물체들 간의 '더 크고, 더 많고' 등의 관계성을 찾으며, 이러한 속성을 인식하고 비교하는 것을 토대로 물체들 간의 관계를 파악한다.
추리하기 (inference)	• 관찰 혹은 이미 아는 정보로부터 제시되지 않은 사항을 찾아내는 전략으로 사용되며, 기존의 정보를 토대로 이와 관련된 결론을 도출하는 것을 의미하므로 임의적 추측과는 다르다. 예 '강아지, 토끼, 강아지, 토끼…'와 같이 배열된 패턴의 규칙적인 관계를 토대로 다음에 무엇이 올지 추측하는 것은 추리하기에 해당한다.
일반화하기 (generalization)	• 정보나 사건의 규칙성을 인식하고 유사한 상황에 대한 결론을 내리는 데 이를 적용하는 것을 의미한다. 예 자석을 붙인 낚싯대로 클립을 끼운 물고기를 낚는 활동에서, 자석 부분을 클립에 대면 붙는다는 관계를 알아내어 활동에 지속적으로 적용한다면 이는 일반화하기에 해당한다.

정당화하기 (justifying)	• 논리적으로 추리한 것의 타당함을 밝히는 과정으로, 점검하고 확인하는 과정이 포함된다. 예 일상생활에서 '왜 그렇게 생각하니?'라는 질문에 자신의 판단 근거를 설명하는 경우 정당화하기에 해당한다. 예 '사과, 바나나, 사과, 바나나…'의 배열에서 그 다음에 무엇이 올지를 물은 뒤 "왜 그것이 올 거라고 생각하니?"라고 질문하면 유아는 자신의 판단에 대한 근거를 설명하며 정당화한다. － 다양한 상황에서 자신의 판단에 대한 근거를 설명하게 하는 것은 정당화하기의 기회를 제공할 수 있다.

3 지도방법

추론하기를 위한 지도방법	• 교사가 추론하기를 지도하는 방법은 다음과 같다(홍혜경, 2010; NCTM, 2000). ① 교사가 추론을 촉진하기 위한 방식으로 상호작용하려면 유아를 잘 관찰하고 그들이 하는 언어적 표현을 잘 듣고 개입해야 한다. － 교사는 유아가 예측하거나 패턴을 인식하는 반응을 보일 때, "왜 그렇게 생각하니?", "다른 것은 없을까?", "네가 맞는지 다시 한번 확인해 볼까?" 등의 질문을 통해 개입함으로써, 유아 자신의 추론을 언어화하고 자신의 생각을 증명하고자 하는 것을 도울 수 있다. － 또한 유아의 설명을 듣는 것은 유아의 추론이 존중받고 있음을 느끼게 하고, 어떻게 추론하게 되었는지 파악하도록 도울 뿐만 아니라, 자신의 추론을 공유하고 타당화하도록 고무한다. － 교사는 이러한 과정에서 유아로 하여금 이미 아는 지식이나 경험을 활용하여 추측하거나 다음에도 그렇게 나올지 일반화해 보게 하고, 질문을 통해 점검하도록 하며, 타당성을 설명해 보도록 도와야 한다. ② 추론하는 경험을 제공하는 활동을 계획해야 한다. － 유아 자신이 추측해 보고 자신의 생각을 정당화할 수 있는 활동으로는 분류활동, 패턴활동, 추측 게임 등을 들 수 있다. － 그러나 일반적으로 유아교육 현장에서 실행하는 것으로서 크기나 형태에 따라 분류하는 활동은 추론의 기회를 제공하지 못한다. － 그러므로 분류된 것을 보고 어떠한 준거로 분류되었는지 찾아보는 활동을 포함한다면 추론의 기회를 제공할 수 있다. 예 유아들의 추론을 함께 검토하고, 그들의 설명을 듣고 반박하는 과정을 통해 추론의 정당성을 이야기하는 기회를 제공할 수 있다. ③ 교사는 유아들의 추론을 촉진하기 위해 다양한 질문을 활용해야 한다. － 수학활동에서도 수학적 관계를 근거로 추론하는 기회가 필요하므로 다음과 같은 질문을 통해 유아들의 수학적 추론을 돕는다. 예 네 생각이 확실하니? 어떻게 알았니? 예 다음에 무슨 일이 일어날 것 같니?(다음에 무엇이 올 거라고 생각하니?) 왜 그렇게 생각했니? 예 네가 발견한 규칙을 말해 줄 수 있니? 예 이 패턴이 지속될 거라고 생각하니? 왜 그렇게 생각하니? 예 네 방법이 더 좋은 이유를 말해 볼까? 예 친구의 방법이 적절하지 않다고 생각한 이유는 무엇이니?

MEMO

유아의 문제해결 과정을 지원하기 위해 교사가 유의해야 할 사항	• 유아들은 한 번에 하나의 특성에 집중하는 경향이 있고 직관적인 수준에서 추론을 하기 때문에 유아들이 더 논리적인 추론을 할 수 있도록 하기 위해서는 교사의 지도가 필요하다. • 추론적 사고와 관련된 어휘 사용을 돕는다. — 교사가 '또는, 아니면, 만약에 ~한다면, 왜냐하면, 아마도, 절대로, 일부는, 전부는' 등의 어휘를 상황에 적합하게 사용하고, 유아들도 이러한 어휘를 사용하여 자신의 생각을 표현할 수 있도록 격려한다. • 자신의 아이디어를 검토하고 추론하기를 요구하는 질문을 사용한다. — "확실하니? 왜 확실하다고 생각하니? 만약 ~한다면 어떤 일이 생길 것이라고 생각하니? 만약 ~한다면 어떻게 바뀔까? 이 그림에는 어떤 규칙이 있는지 찾을 수 있니?" • 유아들의 이야기를 귀 기울여 듣는다. — 유아들이 왜 그렇게 생각하는지를 이해하는 교사는 다른 질문을 통해 더 논리적인 추론을 할 수 있도록 도울 수 있다.

UNIT 39 **수학적 과정 기술** – 의사소통하기(communication)

KEYWORD # 의사소통하기

1 개념 및 방법

개념	• 의사소통하기는 수학적 이해나 사고, 문제해결방법 등을 수학적 어휘 또는 상징을 사용하여 공유하는 것이다. • 이는 수학적 문제상황에서 수학에 대한 아이디어나 개념에 대한 유아의 생각을 언어, 문자, 몸짓, 창안한 상징, 관례적 상징, 그리기 등을 통해 표현하고 공유하는 것을 말한다 (NCTM, 2000).	
방법	유아교육 현장에서 언어에 의한 의사소통은 다양한 방법으로 활용되고 있는데, 이를 수학적 과정의 의사소통에 적용하는 방법은 다음과 같다.	
	수학적 어휘 사용하기	• 유아들은 물체의 양이나 형태 또는 크기 등의 속성을 비교하고 분류하며 순서짓는 등의 수학적 관계의 탐색과 이해를 표현하기 위해 수학적 어휘를 사용하는 것이 필요하다. — 수학적 어휘 사용은 수학적 이해를 명료화하고 조직화하며 견고화하는 것을 도울 수 있다. — 또한 유아는 자신의 수학적 이해나 사고를 언어화하는 것에서 시작해 점차 수학적 어휘로 표현하는 것을 배워 간다. 예 쌓기놀이 중 "이런 적목이 더 필요한데…"라고 이야기할 때 "네모 모양의 적목이 더 필요하다는 말이지?"라고 반응한다면, 유아는 자신이 인식한 형태를 네모라고 명명한다는 것을 알고 네모의 개념을 명료화할 뿐만 아니라 네모라는 어휘를 사용할 수 있게 되며, 추후 사각형이라는 수학적 어휘 및 개념과도 연결될 수 있다.

수학적 사고와 문제해결방법에 대해 이야기하기	• 유아들이 수학적 사고나 문제해결방법에 대해 이야기하는 것은 유아 자신의 생각과 문제해결방법에 대해 반성적 사고를 하도록 돕고, 다른 유아의 그것과도 비교하고 검토할 수 있는 기회를 제공한다. – 따라서 유아들이 서로 무엇을 어떻게 했고 결과는 어떠했는지 등을 이야기하는 것은 수학적 사고를 확장하는 데 도움이 된다. 🔘 "네가 어떻게 했니? 친구의 방법과 어떻게 다르니? 다음에도 그렇게 될까? 어느 방법이 더 좋을까? 얼만큼 더 많이 가졌니? 어떻게 알아냈니?" 등의 질문은 유아들에게 자신의 수학적 사고와 문제해결방법에 대해 이야기하도록 돕는다.

2 지도방법

의사소통하기를 위한 지도방법	• 교사가 의사소통하기를 지도하는 방법을 살펴보면 다음과 같다(홍혜경, 2010; NCTM, 2000). ① 교사는 의사소통의 기회를 제공하는 다양한 환경과 상황을 활용해야 한다. 　– 유아가 자신의 수학적 사고와 과정을 재진술하고 언어화하도록 기회를 주기 위해 일상생활이나 놀이상황을 포착하여 이를 활용해야 한다. 　– 또한 유아끼리 서로 자신의 생각을 말해야 하는 그룹 게임이나 놀잇감을 제공한다. 　– 질문과 대답을 하는 과정을 통해 유아가 생각한 단서가 무엇이며, 그중 도움이 되는 단서가 무엇인지 등을 검토하는 기회를 줄 수 있다. 　　🔘 함께 놀이할 수 있는 퍼즐을 제공하는 경우, 펼쳐진 조각을 찾고 있을 때 "어떤 조각이 필요해?", "어떤 모양이어야 해?", "이 조각이 아닐까? 왜냐하면 여기 빨간 부분이 있잖아" 등을 질문한다. 　– 또한 유아가 자신이 원하는 그림책의 장면을 찾고 있을 때 교사가 어떻게 하면 빨리 찾을 수 있는지 물어본다면, 연속적인 그림의 단서를 사용하는지 또는 쪽수를 사용하는지 등의 사고과정을 알 수 있을 뿐만 아니라, 보다 효율적인 문제해결방법을 가르칠 수 있는 기회가 된다. ② 유아와 교사 간, 유아와 유아 간 의사소통을 증진시키는 방법으로 언어적 상호작용을 격려한다. 　– 수학적 의사소통을 위한 환경 제공만으로는 미흡하며, 교사는 유아가 *수학화 (mathematizing) 할 수 있는 상호작용을 해야 한다. 　– 수학화에는 양적화하기, 설명하기, 추상화하기, 표상하기, 일반화하기, 창안하기 등이 필요하고, 언어적 상호작용에 이러한 수학화 경험이 포함되어야 한다.

*수학화
유아가 일상생활의 맥락에서 직관적·비형식적으로 획득된 경험이나 지식을 일반적이고 타당성 있는 형식적 지식으로 전환하는 과정을 의미한다.

MEMO

유형	정의
양적화하기	일상생활이나 이야기 맥락에서 수학적 관계를 양적으로 나타내기 예 '얼마나 많아요?', '얼마나 길어요?'
설명하기	일상생활이나 이야기 맥락에서 수학적 상황이나 해결책 설명하기 예 '무엇이 다를까요?', '방법을 말해볼까요?'
추상화하기	일상생활이나 이야기 맥락에서 수학적 관계 찾기 예 '무엇이 같을까요?', '어떤 규칙을 찾을 수 있을까요?'
표상하기	일상생활이나 이야기 맥락에서 수학적 상황이나 해결책을 구체물, 그림, 상징, 수학적 어휘, 구체적 상황 등의 방법으로 표상하기 예 '그림으로 표현해 볼까요?'
일반화하기	자신의 해결 전략이 다른 상황에도 적용될 수 있는지 검토하기 예 '다음에도 같을까요?', '항상 그렇게 나올까요?'
창안하기	일상생활이나 이야기 맥락에서 또 다른 해결방법 찾아보기 예 '또 다른 방법이 있을까요?'

- 교사가 사용하는 개입의 수준에 따른 의사소통 전략에는 유아의 생각을 확인시켜 주거나 본 대로 말해 주기, 재검토하고 다시 생각하게 하기, 도전하기가 있다(이정욱 · 유연화, 2006; Copley, 2000).

> ① **유아의 생각을 확인시켜 주거나 본 대로 말해 주기**: 유아가 한 행동이나 결과물을 보고 나타난 사실을 그대로 말하거나, 유아가 한 말을 다시 명확히 재진술해 주는 것이다.
> 예 "크고 작은 곰을 그렸구나"라고 그린 그대로 말해 주면, 유아는 교사가 말한 크기에 집중하고 크기 또는 크기의 비교에 대한 반응을 유도할 수 있다.
> ② **재검토하고 다시 생각하게 하기**: 유아가 반응한 것에 대해 다시 한번 검토하도록 유도하는 질문이나 언급을 하는 것이다.
> 예 "다음에 빨간 블록이 올 거라고 했는데 확실하니?", "다시 해도 그렇게 될까?" 등의 질문은 자신의 생각을 다시 한번 생각하는 기회를 갖게 한다.
> ③ **도전하기**: 유아가 사고를 확장하고 새로운 도전을 시도하도록 격려해 주는 질문이나 언급을 하는 것이다.
> 예 "이것과 저것을 바꾸면 규칙이 어떻게 될까?", "다른 규칙으로 만들 수 있을까?", "이것을 추가하면 어떻게 될까?" 등의 질문은 유아에게 새로운 문제상황을 제시하여 도전적인 탐색을 유도할 수 있다.

③ 교사는 다양한 의사소통 매체의 사용을 격려해야 한다.
 - 그림 그리기, 사진, 다이어그램, 블록, 점토, 활동 결과물 등의 다양한 매체를 활용하여 자신의 아이디어를 표현하고, 이에 대한 토의가 이루어지도록 지원해야 한다.
  예 유아가 만든 팔찌의 결과물을 다음과 같이 활용하면 자연스럽게 수학적 의사소통의 기회를 제공할 수 있다. 즉, 팔찌에서 규칙적 패턴을 찾아보고, 어떠한 것이 규칙적 패턴이며, 어떠한 것이 아닌지 서로 이야기해 보는 경험을 통해 유아들의 수학적 의사소통을 격려할 수 있다.
④ 교사는 적절한 수학적 어휘 사용을 모델링해 주어야 한다.
 - 유아들은 자신의 수학적 이해를 나름대로 일상의 언어로 표현한다.
 - 따라서 일상적 어휘를 수학적 어휘로 연결하기 위해 적절한 사용을 모델링해 주어야 한다.

MEMO

	– 또한 일상적 어휘와 수학적 어휘를 연결하거나 소개하는 기회를 제공하는 것도 필요하다. 🄓 세모는 삼각형이라는 이름으로, 긴 네모는 직사각형이라는 이름으로도 불린다는 것을 말해 줄 수 있으며, 유아가 '곰 삼 마리'라고 표현한다면 "곰 세 마리를 말하려는 거구나"라고 반응하여 관례적 표현인 '세 마리'의 사용을 자연스럽게 모델링하고, 의미 있는 상황에서 고유 수단어와 한자 수단어의 적절한 사용을 배울 수 있도록 도와야 한다.
유아의 의사소통하기 과정을 지원하기 위해 교사가 유의해야 할 사항	• 유아들의 수학적 의사소통을 돕기 위해 교사는 유아가 탐색하고 있는 수학적 개념과 과정을 언어로 들려주고, 유아들이 스스로 수학적 사고를 표현하도록 돕는다. • 교사는 유아들이 이해할 수 있는 수학적 언어를 사용한다. • 유아가 자신의 생각을 정리하거나, 확장할 수 있도록 돕는 질문을 사용한다. 　– "너는 그것을 어떻게 알 수 있었니? 친구에게 들려 줄 수 있니? 네 생각을 다른 사람도 알 수 있을까? 다른 사람이 쉽게 알 수 있는 방법이 있니? 어떻게 설명하면 쉽게 알 수 있을까?" • 의사소통을 증진시키기 위해서 우선 유아의 이야기를 귀 기울여 듣는다. • 유아 혼자 하는 과제보다는 소그룹 또는 짝과 함께 문제를 해결할 수 있는 기회를 제공하고, 서로의 해결방법에 대해 이야기해 보도록 한다.

UNIT 40 수학적 과정 기술 – 연계하기(connection)

KEYWORD # 연계하기

1 개념

• 연계하기(connection)는 연결하기, 관련짓기 등의 용어로도 사용되며, 사전 경험·지식과 새로 경험·학습하는 지식 간의 연계, 수학개념 간의 연계, 다른 교과목 간의 연계, 일상적 상황과 수학 간의 연계 등 다양한 연계를 포함한다.

• 유아들이 경험을 통해 배운 비형식적인 수학 경험을 교육기관에서 학습하는 수학개념과 연관시키는 것을 말한다. 연계하기는 여러 측면에서 일어나는데, 하나의 수학개념과 다른 수학개념을 연결할 수 있고, 수학적 지식과 다른 교과의 지식을 연결할 수도 있다. 연계하기의 또 다른 측면은 새로운 개념과 유아가 이미 알고 있는 개념을 연결하는 것으로, 새로운 개념을 가르칠 때에는 유아들이 이미 배운 수학적 개념과 연결시켜 설명하는 것도 도움이 된다.

2 연계하기의 유형

수학학습과 다른 교과 연계하기	• 교과 간의 통합을 고려한 학습을 말한다. – 문학활동을 통한 수학교육, 사회활동을 통한 수학교육, 과학활동을 통한 수학교육, 예술활동을 통한 수학교육, 신체표현활동을 통한 수학교육 등 유아수학교육에서 활용하는 교수·학습방법은 수학교육과 다른 교과를 연계한 것이 많다. 예 미술의 '데칼코마니'와 수학의 '대칭'을 연계한 활동
수학내용 간 연계하기	• 수, 공간, 도형, 측정, 규칙성, 자료수집과 결과 나타내기 등의 수학내용을 통합하여 다루는 학습이다. • 또한 자료수집과 결과 나타내기를 위한 학습에서는 분류하기, 수세기, 비교하기 등의 수학학습내용과 연계할 수 있다. 예 측정 활동에서 다양한 도형의 길이를 측정하는 것은 '측정'과 '도형'을 연계한 활동이다.
유아의 사전 수학경험과 새로운 수학학습 연계하기	일상생활에서 구체적 상황을 통해 겪은 사전 경험이나 지식에 대해 숫자를 포함하는 연산과 연계하는 학습을 말한다. 예 일상생활 속 덧셈과 뺄셈 상황(구체물이나 손가락을 사용한 셈)의 '사전 경험이나 지식'을 '숫자를 포함하는 연산학습'과 연계하는 것이다.
일상생활과 수학학습 연계하기	일상생활에서 겪는 수학적 상황은 의미 있는 학습의 기회를 제공하기 때문에 수학학습과의 연계가 용이하다. 예 은행의 대기표 : 순서적 의미, 출석 인원 : 수세기

3 지도방법

연계하기를 위한 지도방법	• 유아교육은 분리된 학습보다는 통합적 학습을 추구하므로 수학을 다른 교과나 실생활과 연계하여 적용할 수 있다. 교사가 연계하기를 지도하는 방법을 살펴보면 다음과 같다 (홍혜경, 2010; Copley et al., 2007; NCTM, 2000). ① 교사는 유아가 통합하고 연계할 수 있도록 격려해야 한다. – 교사들은 유아의 사전 경험이나 지식에 대해 수학적 사고 혹은 새로운 지식과 연계하기 위한 활동을 적극적으로 제공해야 하는데, 그러려면 교사의 의도적인 개입이 필요하다. 예 "이전에 해 본 적이 있니?", "전에 해 본 것과 이것은 무엇이 같니/다르니?", "마트에 가서 무를 고를 때와 유치원에서 무거운 것을 순서대로 놓을 때 어떠한 행동을 하니?" 등의 질문을 통해 유아들이 기존 지식과 새로운 상황을 연계하도록 촉진할 수 있다. ② 교사는 다양한 통합적 적용 활동을 제공해야 한다. – 수학활동과 문학, 사회, 과학, 미술, 음악, 신체표현 등의 활동을 통합하여 제공한다. 예 최근에는 융합인재교육(STEAM 교육)이라는 과학, 기술, 공학, 예술, 수학의 융합교육이 강조되고 있다.

③ 유아기관에서의 수학활동을 가정과 연계하도록 한다.
- 유아가 유아기관에서 하는 수학활동과 가정에서 이루어지는 수학활동을 연계하려면 부모참여 프로그램을 활용할 수 있다. 즉, 가정에서 부모와 유아가 함께 할 수 있는 활동이나 게임을 소개해 주는 것이다.
  예 유치원에서 하는 수학 게임이나 활동자료를 대여해 주어 주말에 부모와 유아가 함께 활동하는 기회를 마련한다면, 유아들은 게임이나 활동의 숙련자로서 부모에게 활동 방법을 설명하고 게임을 이끌 수 있는 주도적 기회를 갖게 되며, 부모들은 학습지에 의한 수학활동이 아니라 게임이나 다양한 놀이활동을 통해 수학학습에 대한 이해를 도울 수 있다. 또한 부모들은 유아와 함께 시장·은행·우체국에 가는 경우, 버스를 타는 경우, 동화책을 읽어 주는 경우 등 다양한 맥락에서 유아들의 경험을 수학화하도록 도울 수 있다.

유아의 연계하기 과정을 지원하기 위해 교사가 유의해야 할 사항	• 교실의 달력이나 시계와 유아들의 경험을 연결할 수 있는 기회를 제공한다. 예 "네 생일은 몇 월 며칠이니? 달력에 표시해보자. 우리가 모이는 시간은 몇 분일까?" • 언어, 과학, 미술, 쌓기 영역 활동에서의 경험을 수학활동과 연결할 수 있는 기회를 제공한다. 예 "나뭇잎을 관찰해 보자. 어느 나무의 나뭇잎인 것 같니? 이 나뭇잎 모양이 같은 것을 찾아서 모을 수 있니?", "우리 반 아이들의 이름을 함께 읽어보자. 같은 성을 가진 사람은 모두 몇 명일까?" • 다른 영역과 연계된 경험을 제공할 때에는 그 연관성이 자연스럽게 일어나도록 한다.

UNIT 41 수학적 과정 기술 – 표상하기(representation)

KEYWORD # 영상적 표상

1 개념

• 표상하기는 수학적 아이디어와 이해를 다양한 매체를 활용하여 재현하는 것을 의미한다.
- 유아들은 언어, 제스처, 그림, 기호나 부호, 숫자 등의 관계적 상징을 통해 수학적 사고를 표상할 수 있다.
- 표상하기는 정보를 기록하고, 문제해결방법을 의사소통하며, 추론을 설명하는 데 결정적이며, 의사소통의 수단이 되기도 한다.
- 또한 유아가 표상한 결과물은 유아가 무엇을 어떻게 이해하고 있는지를 평가하는 데 활용할 수 있다(유아의 표상은 이해 수준과 발달을 진단할 수 있는 정보를 제공할 수 있다).

2 표상하기의 유형 – Lesh et al.(1987)

브루너(J. Bruner)는 표상양식을 동작적 표상, 영상적 표상, 상징적 표상으로 구분하였으나, 레시와 그의 동료들(Lesh et al., 1987)은 이를 수학학습과 관련하여 다섯 가지로 구분하였다.

관련된 실제 상황으로 표상하기 (실제 상황 표상)	• 유아의 수학적 아이디어나 해결 방안을 구체적인 실제 상황에서 나타내는 것을 의미한다. – 이는 수학적 상황을 다루는 것과 연계할 수 있다. 예 12개의 사탕을 3명이 똑같이 나누어 먹어야 할 경우 몇 개씩 나누어 먹어야 하는지와 같은 실제 상황에서 수학적 사고를 나타내도록 하는 것은 관련된 실제 상황의 표상에 해당한다.
구체물로 표상하기 (구체물 표상)	• 유아의 수학적 아이디어나 해결 방안을 구체물을 활용하여 나타내는 것을 의미한다. – 흔히 유아들이 더하기와 빼기에 손가락을 사용하는 것도 구체물 표상하기에 해당한다. 예 사탕이 3개 있는데 친구가 1개를 더 주었을 경우 모두 몇 개인지 알기 위해 적목으로 대응하여 더하기 문제를 해결한다면 구체물로 표상한 것이다.
그림(영상적)으로 표상하기 (영상적 표상)	• 유아의 수학적 사고나 아이디어를 그림으로 나타내는 것을 의미한다. – 유아들의 그림은 수학적 과정과 이해 수준에 중요한 정보를 제공한다. 유아들은 수학적 사고나 아이디어를 언어적으로 설명하는 것을 어려워하지만, 그림을 통한 표상은 보다 수월하게 한다. 예 동네를 다닌 후 동네와 관련하여 그림을 그린 경우, 유아가 동네에 대한 공간관계를 그림으로 표상한 것이다.
구어(수학적 어휘)로 표상하기 (구어 표상)	• 유아의 수학적 아이디어나 해결 방안을 구체적인 수학적 용어로 나타내는 것을 의미한다. 예 물체의 수량을 말할 때 수단어를 사용한다든지, 물체의 형태를 말할 때 도형의 이름을 사용하여 나타내는 경우를 들 수 있다. – 특히 수단어의 경우 우리나라는 고유 수단어와 한자 수단어의 두 체계를 혼용하여 학습에 어려움이 있으므로 이에 대한 상호관계를 탐색할 수 있는 기회를 많이 제공해야 한다. 예 동화책에서 '오리 다섯 마리'라고 하지 '오리 오 마리'라고 하지 않음을 구체적인 상황에서 학습하는 것이 필요하다(일반적인 원칙은 고유어와 사용될 때는 고유 수단어를 사용하고, 한자어와 사용될 때는 한자 수단어를 사용한다).
상징(숫자나 기호)으로 표상하기 (상징 표상)	• 유아의 수학적 아이디어나 해결 방안을 구체적인 수학적 부호 또는 기호로 나타내는 것을 의미한다. – 유아들의 표상하기에서는 상징으로 표상하기를 집중적으로 다루지 않으나, 이를 접할 수 있는 기회를 제공하는 것은 필요하다. 예 물체의 수량을 숫자로 나타내거나, 더하기와 빼기를 +와 – 부호로 사용하는 경우이다.

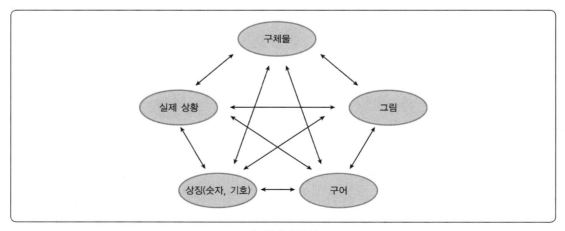

◈ 언어의 특성

MEMO

3 지도방법

표상하기를
위한 지도방법
	• 표상하기는 단지 표상양식을 통해 표상하는 것뿐만 아니라 표상양식 간의 상호 전이도 포함한다. 이를테면 [레시의 표상양식]과 같이 구체물 🐨🐨🐨은 숫자 3으로, 숫자 3은 셋 또는 ○○○ 등 다양한 화살표의 방향으로 표상해 보는 기회가 필요하다.
	• 교사가 표상하기를 지도하는 방법을 살펴보면 다음과 같다(홍혜경, 2010; NCTM, 2000).
	  ① 교사는 다양한 표상양식의 사용을 지원하고, 격려하며, 수용하는 학습환경을 제공해야 한다.
	    – 유아들에게는 다양한 표상양식을 효과적으로 사용하기 위한 적절한 안내가 필요하다.
	      예 우리 동네의 여러 곳을 견학하고 돌아온 후 유아가 본 것을 어떻게 기록으로 남길 수 있는지 이야기하여 그림지도 그리기 활동으로 안내한다면 실제 상황을 그림으로 표상해 보는 활동이 되며, 그리기 작업의 결과물을 가지고 이야기 나누기를 하거나 그림지도를 보고 목표물 찾아가기 활동으로 유도한다면 그림을 구어로 표상하기 또는 실제 상황으로 표상하기 활동으로 전개할 수 있다.
	  ② 교사는 의미 있는 맥락에서 관례적 방식의 표상을 모델링해 주어야 한다.
	    – 유아들은 교사가 보여 주는 다양한 표상을 통해 새로운 표상양식의 적용을 자연스럽게 모방하게 된다.
	      예 교사가 놀이공간에서 놀 수 있는 유아의 수를 그림이나 숫자로 나타내거나 우리 반 유아 중 누가 결석했는지, 활동 시 자기 모둠의 친구들이 몇 명이며 자리가 어떻게 바뀌었는지 등 일상생활에서 직면하는 수학적 상황을 게시판에 적거나 그려서 보여주는 것도 유아에게 좋은 모델링이 된다.
	  ③ 교사는 표상을 격려하는 질문, 언급, 제안을 해야 한다. 즉, 교사는 유아들의 수학적 이해를 표상하는 것을 격려할 수 있도록 적절히 개입해야 한다.
	    예 쌓기놀이를 하던 유아에게 자유놀이 시간이 종료됨을 알렸을 때 자신이 쌓은 구성물을 정리하기 싫어할 경우, 교사가 "선생님이 사진으로 찍어 놓을 테니 내일 네가 사진을 보고 다시 쌓으면 어떻겠니?"라고 제안한다면, 유아는 영상적 표상을 구체물로 표상할 수 있는 기회를 갖게 된다. 또한 유아가 "내가 더 많이 가졌어요."라고 한다면 "얼만큼 많이 가졌는지 수로 나타낼 수 있니?", "무엇을 나타내려고 했는지 말해 줄래?", "손으로 잰 것과 블록으로 잰 것을 어떻게 적어야 할까?", "친구가 무엇을 나타내려고 했는지 생각해 볼래?" 등의 질문을 통해 유아에게 다양한 표상양식을 시도하도록 격려할 수 있다.

유아의 표상하기 과정을 지원하기 위해 교사가 유의해야 할 사항	• 교사는 유아에게 다양한 표상 방법을 소개한다(그리기, 지도, 막대 쌓아서 수량 나타내기, 표, 이야기 적기 등). • 유아들이 스스로 수학적 생각을 표상하여 의사소통할 수 있는 의미 있는 상황을 제공한다. • 유아들이 그린 그림이나 표는 유아가 자신의 경험을 기억하고 생각을 정리하는 방법이라는 것을 이해하도록 돕는다. 예 "네가 나눈 방법을 그려서 설명할 수 있니?" • 교사가 유아들의 수학적 표상에 관심을 기울임으로써, 자신의 생각을 표상하는 일이 갖는 유용성을 인식하도록 돕는다.

Ⅲ 유아수학교육의 방법

UNIT 42 수학교육의 지도원리

개념	유아수학교육을 위해 교사가 무엇을 어떻게 해야 할 것인지를 계획하고 실행하는 데 적용할 수 있는 원리로 코플리(Copley, 2000)는 다음 네 가지를 제시하였다.
지도원리 (Copley, 2000)	① 학습경험을 계획하기: 효과적인 학습경험을 계획하기 위해 교사는 개별 유아의 지식과 요구에 초점을 두는 다양한 결정을 해야 한다. • 교사는 수학학습경험을 계획할 때 유아의 발달과 학습에 대한 지식뿐만 아니라 수학에 대한 지식, 유아가 수학을 이해하고 개념을 획득하는 방법, 유아의 흥미와 요구, 교실의 사회문화적 배경과 맥락 등을 고려해야 한다. - 그리고 유아 개개인의 요구에 부합하기 위해 각기 다른 수준에서 수학적 경험을 계획하는 것도 필요하다. - 일반적으로 학습의 순환주기는 인식, 탐색, 탐구, 활용의 네 가지 요소로 구성되는데, 이 요소들이 지속적으로 일어날 수 있는 학습 과정을 만들어야 한다(Bredekamp & Rosegrant, 1992). 　　예 쌓기놀이 공간에서의 학습 과정 　　　㉠ 인식하기: 유아들이 쌓기놀이를 하는 동안 다양한 도형에 관심을 갖도록 유도한다. 　　　　예 "무슨 모양이 사용되었니? 이것과 저것은 같은 모양의 적목이구나." 　　　㉡ 탐색하기: 유아들이 쌓기놀이를 하는 동안 도형의 속성, 양, 공통점을 관찰하고 비교하도록 한다. 　　　　예 "높이 쌓으려면 어떤 모양이 더 필요하니? 이것들의 같은 점은 무엇이니?" 　　　㉢ 탐구하기: 유아들이 쌓기놀이를 한 구성물로 다른 형태를 만들 수 있는지 살펴보도록 한다. 　　　　예 "세 개의 적목으로 만들 수 있는 모양은 몇 가지가 있을까? 이 적목을 대신할 수 있는 것은 어떤 것들일까?" 　　　㉣ 활용하기: 유아들이 쌓기놀이한 것을 설명하고, 설계도를 그려 보는 등의 활동을 하도록 한다. 　　　　예 "네가 만든 구성물에 대해 설명해 줄래? 네가 만든 것을 그림으로 그려볼 수 있겠니?" • 또한 학습경험을 계획할 때 유아의 발달단계에 따라 자연적 경험, 비형식적 경험, 구조적 경험 등의 비중이 달라야 한다. - 어린 영아들은 자연적 경험과 비형식적 경험 위주로 이루어져야 하지만, 유아들은 구조적 학습경험이 포함되어야 한다. - 그러므로 유아(만 3~5세)의 학습경험은 자연적 경험, 선택이 가능한 비형식적 경험, 교사의 계획이나 의도에 의해 이루어지는 경험이 균형 있게 이루어져야 한다.

MEMO

② **유아와 상호작용하기**: 유아와 상호작용하고, 유아 간의 상호작용을 증진하는 것은 교사의 주요 역할이다.

- 비고츠키와 피아제는 학습 과정에서 교사와 유아 간 상호작용의 중요성을 강조하였다.
  - 교사는 유아가 직면한 문제에 대해 더 고민하도록 그대로 놓아둘지, 언제 직접적으로 개입할지, 간접적 단서만 제공할지, 새로운 도전적 문제를 제시할지, 도전적 질문만을 할지 등과 관련하여 수많은 결정을 하고 이에 따른 상호작용을 한다.
  - 따라서 교사는 개입을 하거나 반응을 보이기 전에 자신의 행동이 유아에게 수학적 사고의 기회를 제공하거나 확장하도록 하는 것인지를 점검해야 한다.
  - 때로는 시간을 더 허용하는 것만으로도 유아는 스스로 해결 방안을 찾을 수 있으며, 이렇게 교사의 도움 없이 해결하는 것이 더욱 바람직하기도 하다.
  - 또한 유아의 흥미나 사전 경험의 차이는 교사에게 다른 수준의 상호작용을 요구하기도 한다.

③ **학습활동을 조화롭게 운영하기**: 대집단, 소집단, 개별 활동 등 유아가 수학적 경험에 참여할 수 있는 다양한 맥락과 방법을 조화 있게 편성해야 한다.

- 교사는 대집단, 소집단, 개별 활동 등에서 이루어지는 놀이와 연계한 다양한 수학활동을 하루의 일과에서 조화롭게 계획하고 관리해야 한다.
- 또한 수학놀이공간뿐만 아니라 다른 놀이공간에서도 수학과 연계된 경험과 탐색이 가능하도록 계획해야 한다.
- 이처럼 교사는 여러 놀이공간에서 다양한 수학적 경험을 할 수 있도록 계획하고 이를 실행해야 한다.

④ **가정과 유아교육기관 간의 연계 촉진하기**: 가정과 유아교육기관 간의 관계를 효과적으로 촉진하기 위해 교사는 다른 놀이공간에서처럼 교사와 부모 간의 상호적인 의사소통 기회를 늘려야 한다.

- 유아가 자신의 수학학습을 지지하는 태도와 경험을 가지고 좋은 출발을 할 수 있도록 하려면 가족들과의 연계가 필요하다.
  - 가족들은 유아에게 수학의 중요성을 알려 주고 일상생활에서 수학을 발견하며 활용하는 방법을 지원할 수 있다(황의명 외, 2013).
- 수학은 주변의 양적 세계를 효과적으로 다루는 수단이 되며, 일상생활의 경험을 통해 학습할 수 있다.
  - 부모들이 유아들에게 의도적으로 학습을 제공하기보다는 부모-자녀 간의 의미 있는 상황에서 자연적인 언어 상호작용에 참여하며 자발적으로 언어를 습득한다. 이러한 언어 습득 과정과 같이 수학적 지식의 획득도 유아에게 의미 있는 상황에서 양적·형태적·공간적 관계를 자연스럽게 다룸으로써 이루어진다.
- 최근에는 유아언어교육에서 총체적 접근을 적용하는 것처럼 유아수학교육에서도 총체적 접근에 의한 교육이 필요하다는 주장이 수용되고 있다.
  - 따라서 유아는 일상생활에서 부모가 수학을 활용하는 것을 관찰하고, 수학적 문제해결에 참여하며, 부모가 유아의 수학적 관심을 격려하고 공유하는 등의 경험을 하는 것이 중요하다.

- 그러나 일반적으로 부모들은 다양한 상황에서 유아의 수학적 경험을 유도하고 격려할 수 있는데도 그 중요성과 방법을 모르는 경우가 많다. 따라서 유아교육기관은 부모들에 대해 유아에게 수학을 가르치는 방법, 수학적 의사소통 방법, 가정에서 할 수 있는 적절한 게임과 활동을 제공하고, 유아의 수학적 경험과 관련된 자료를 공유해야 한다(황의명 외, 2013).
- 또한 부모와의 긴밀한 의사소통을 통해 유아의 비형식적 수학경험과 유아교육기관에서의 수학교육을 연계하려는 노력이 필요하다.
  - 📖 가정에서 빨래를 널 때 유아를 참여시켜 위 칸에는 큰 빨래를, 아래 칸에는 작은 빨래를 널도록 하면 크기에 따른 비교하기, 분류하기를 배울 수 있다. 빨래를 갤 때에도 양말의 짝을 찾거나 아빠, 엄마, 유아의 옷으로 나누어 정리하면서 짝짓기, 서열화, 분류하기의 개념을 배울 수 있다. 또한 식사 준비를 돕도록 하면 인원수대로 수저, 젓가락, 그릇을 놓으며 짝짓기, 일대일 대응을 배울 수 있고, 그릇의 다양한 모양을 탐색하면서 도형의 기초개념을 알 수 있다.
- 교사는 유아들이 수학활동에 흥미와 관심을 가지고 참여할 수 있는 성향을 기르는 데 관심을 가져야 한다.
  - 이는 무엇보다 수학활동이 의미 있고 실제 활용될 수 있는 맥락에서 유아들에게 수학적 사고를 지속적으로 경험하는 활동을 제공할 때 가능하다.

UNIT 43 수학교육의 유형 / 수학학습 유형에 따른 교수·학습방법

> 유아의 학습경험을 고려한 수학학습을 위해서는 발달단계에 따라 자연적인 수학학습, 비형식적인 수학학습, 형식적인 수학학습 등의 비중을 고려하여 학습경험과 균형을 이루도록 해야 한다.

1 자연적인 수학학습(자연적 학습)

개념	• 자연적인 학습이란 일상적인 활동을 하면서 유아들이 자발적으로 시작하는 학습활동을 의미한다. 　- 유아들은 이미 유아교육기관에 오기 전부터 그들의 가정에서나 혹은 일상생활을 통해 다양한 수학적 경험을 하고 있고, 기관의 다양한 일과를 통해서도 수학적 경험을 하게 된다.
교사의 역할	• 유아가 오감을 이용해 탐색할 수 있는 풍부한 자료를 제공한다. • 자료를 탐색하기에 충분한 시간을 제공해야 한다. 　- 유아가 한 활동에서 다른 활동으로 급히 옮겨 다니지 않고 한 자료를 충실하게 탐색하면서 수학개념을 발견할 수 있도록 충분한 시간을 제공해야 한다. 　- 가능하다면 시간 부족으로 작업을 끝내지 못한 유아가 그대로 놔두었다가 나중에 다시 돌아와서 계속 작업할 수 있도록 여유 있는 공간과 기회를 제공해 주어야 한다. • 교사는 유아의 활동을 관찰하고, 활동이 어떻게 전개되고 있는지 기록하면서, 유아에게 눈맞춤이나 미소로 반응해 주고, 유아의 행동을 언어화시켜 주거나 격려하는 상호작용을 해야 한다.

학습의 예	• 5살 수연이는 엄마에게 백 원짜리 동전 4개를 건네며 "엄마, 여기 400원 있어요."라고 말한다. • 4살 유정이는 자두를 먹으며 "나는 세 개를 먹었어요."라고 말하면서 손가락 세 개를 펴 보인다.

2 비형식적 수학학습(비형식적 학습)

개념	• 비형식적 수학학습은 유아가 자연적 경험을 하는 동안 교사가 주도적으로 안내하여 시작되는 학습경험을 의미한다. 즉 교사가 수학학습을 위해 특별한 시간을 미리 계획하는 것이 아니라, 우연히 일어난 수학 상황을 교사가 유아의 요구와 흥미, 사전개념을 강화시키기 위해 판단·검토하여 활동으로 확대하는 것이다.
	   – 이는 주로 유아가 도움을 필요로 하거나 문제해결을 잘하고 있기는 하지만, 힌트나 격려를 필요로 하는 상황에서 적절하다. 아울러 교사가 특별히 가르치고 싶은 개념이 있거나 가르칠 좋은 기회가 왔다고 생각했을 때 비형식적 학습이 일어날 수 있다.
	   – 사전에 특별히 계획되지 않으며, 성인이 풍부한 경험을 바탕으로 직관적인 비계설정을 함으로써 일어난다.
	• 비형식적 수학학습이란 우연하게 일어난 수학적 상황을 교사가 유아의 흥미와 요구, 상황이 지닌 교육적 가치를 판단하여 활동으로 확대하는 것을 의미한다.
	   – 비형식적 수학학습은 유아가 어떤 수학적 상황을 자연스럽게 경험하고 있을 때 교사에 의해 시작될 수 있다.
	   – 유아가 도움을 필요로 하거나 약간의 도움으로 문제해결이 가능해 보일 때, 또는 교사가 특별히 수학적 개념을 연결하기에 적합하다고 판단했을 때 이루어질 수 있다.

학습의 예	4세 유아 민준이가 선생님에게 손가락 3개를 펴고 "나는 4살이에요"라고 말하자 교사는 "민준아, 손가락을 함께 세어볼까? 하나, 둘, 셋, 넷. 민준이는 4살이야"라고 말하였다.

3 형식적 수학학습(형식적 학습)

개념	• 형식적 수학학습은 교사가 사전에 수업을 계획하고 자료를 준비하여 유아에게 제공하는 구조화된 학습경험을 말한다. – 교사는 교육적 의도와 내용에 맞게 학습을 계획하고 활동에 적합한 집단유형을 선정하여 유아들을 대집단·소집단으로 구성해 활동에 참여시킨다.
학습의 예	• 교사는 4살인 수지에게 수세기 연습이 필요함을 느끼고 형식적 학습을 준비하였다. "수지야, 여기 블록이 준비되어 있단다. 여기 몇 개의 블록이 있는지 세어 볼 수 있겠니?" • 교사는 도윤이가 형태개념을 습득할 수 있도록 적절한 도움을 제공해야 한다고 생각하고 있었다. 이때 도윤이가 자유놀이시간에 할 게임을 찾고 있다. 교사는 도윤이에게 다가가서 "도윤아, 여기 있는 지오보드 놀이를 해 보지 않을래? 여기 카드에 보이는 모양대로 지오보드 위에 고무줄을 이용해 같은 모양을 만들어 보면 어떨까?"라고 말하며 도형개념을 습득할 수 있는 놀이를 제공한다.

• 형식적 수학학습은 도입−전개−마무리의 세 단계를 통해 이루어진다.
  − 각 단계는 세부적으로 다시 각각 세 단계로 나누어진다.

학습의 예 −도입, 전개,마무리단계	도입	① 주의 획득하기를 통해 학습동기를 유발한다. ② 사전 경험의 회상 자극하기를 통해 기존 지식과 연결시킨다. ③ 목표 제시하기를 통해 오늘 할 활동을 소개한다. 　예 ① "이게 무엇일까요?" ➡ ② "마트에 가본 적 있니?" ➡ ③ "오늘은 마트놀이를 할 거예요."
	전개	① **자극 제시하기** 　− 교사가 준비한 자료나 교구를 유아들이 탐색하게 함으로써 새로운 경험에 흥미를 갖게 되어 자극을 받도록 하는 단계이다. 　− 이 과정에서 유아들의 기존 지식을 활용하여 인지적 갈등을 경험해 보게 하는 과정이 포함되도록 한다. ② **학습안내 제시하기** 　− 본 활동의 방식에 대해 유아들과 함께 다양한 방법으로 안내한다. 　− 이때 유아들 간의 상호작용이 활발하게 일어나도록 촉진하고, 유아의 생각을 다양한 방법으로 표현해 볼 수 있도록 격려해 준다. ③ **수행 유도하기** 　− 유아가 실제로 활동을 해보는 단계이다. 　− 유아들이 활동을 할 때에는 유아가 스스로 새로운 아이디어를 제시하거나, 교사가 제안함으로써 새로운 활동이 진행될 수 있도록 한다. 　예 ① 본교구(마트놀이판과 돌림판)를 보여주고 탐색해 보도록 하면서 "이 안에는 무엇이 있을까요?" ➡ ② "어떻게 하는 놀이일까요?" ➡ ③ 유아가 직접 마트놀이를 해보도록 한다.
	마무리	① **피드백 제공하기** 　− 개별 유아의 활동 결과에 대해 발표나 전시를 하게 되고, 교사는 피드백을 제공해 준다. ② **수행평가하기** 　− 유아들이 활동을 수행하면서 느낀 점 등을 회상하며 이야기 나누고, 정서적인 피드백을 해주는 단계이다. ③ **파지와 학습전이 높이기** 　− 본 활동과 연계된 다음 활동으로 확장하게 되며, 유아는 활동 결과에 대한 지식과 기억을 공고히 다지게 된다. 　예 ① "과일 코너에는 어떤 과일들이 있었니?" ➡ ② "마트놀이 하면서 뭐가 가장 재미있었니?" ➡ ③ 연계된 다음 활동을 소개하며 마무리한다.

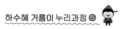

학습의 예 – 순환학습 모형 (Bredekamp & Rosegrant, 1992)		• 유아의 개방적인 탐구활동과 교사의 교수활동이 유기적으로 결합된 순환적 과정의 구성주의 교수 · 학습모형이다. • 유아 스스로 탐색할 수 있도록 문제를 제기해주며, 제기한 문제에 대해 유아가 능동적으로 탐구해 가는 과정 중심적 활동이다.

	인식하기	• 유아의 흥미를 이끌어낼 수 있는 환경을 구성하고, 문제나 질문을 제시하여
		유아의 흥미를 유도하는 것이다.
		  – 수학개념과 관련된 활동을 자유선택활동 시간에 수학영역에서 제공하여
		    유아들에게 흥미를 유발시킨다.

		예 유아들이 쌓기놀이를 하는 동안 다양한 도형에 관심을 갖도록 유도할 수 있다. – "무슨 모양을 사용해서 쌓았니(만들었니)?", "저것과 이것은 같은 모양의 적목이네."

	탐색하기	• 유아 중심 단계로, 유아에게 구체적으로 조작할 수 있는 활동을 제공하여 개
		념들의 구성요소나 속성들을 알아내는 과정이다.
		  – 관찰하기, 정보수집하기, 발견하기, 개인적 의미 구성하기 과정에 참여한다.
		  – 교사는 유아와 활동 방법에 대해 이야기하지만 수학개념에 대한 설명을
		    하지 않고, 유아가 활동에 참여하면서 스스로 탐구하고 발견하고 재발견
		    하는 것을 돕는다.

		예 유아들이 쌓기놀이를 하는 동안 도형의 속성, 양, 공통점을 관찰 · 비교하도록 한다. – "높이 쌓으려면 어떤 모양이 더 필요하니?", "이것들은 어떤 점이 같을까?"

	탐구하기	• 교사 중심 단계로, 유아가 자신의 개념적 이해를 검토하고 다른 사람의 이해
		혹은 객관적 실체와 비교하는 등의 활동을 하는 적응과정이다.
		  – 조사하기, 설명하기, 비교하기, 일반화하기 과정에 참여한다.
		  – 유아가 탐색하기 단계 동안 경험하고 이해한 수학개념을 조직하는 것을
		    돕기, 유아가 요청할 때 정보 제공하기, 유아가 자신의 현재 경험과 이전의
		    수학지식을 연결하도록 돕기의 역할을 수행한다.

		예 유아들이 쌓기놀이를 한 구성물로 얼마나 다른 형태를 만들 수 있는지 살펴보는 것이다.
		  – "이 3개의 적목으로 만들 수 있는 모양은 몇 가지가 있을까?", "이 적목을 대신할 수
		    있는 것은 어떤 것들일까?"

	활용하기	• 유아 중심의 단계로, 교사는 유아들에게 탐색과 탐구하기 단계에서 새롭게
		획득한 개념을 유의미한 상황에 적용할 수 있도록 의미 있는 새로운 활동을
		제공한다.
		  – 이때 제공하는 수학활동은 놀이 중심의 활동을 제공하는 탐색 단계와는
		    달리 정신적 표상을 가능하게 하는 활동을 제공한다.
		  – 유아는 교사가 제시한 활동을 개별 또는 소집단으로 수행하면서 흥미 끌기,
		    탐색, 생각 나누기 단계에서 형성한 수학개념을 확장한다.

		예 유아들이 쌓기놀이를 한 것을 설명하고 설계도를 그려보는 등의 활동을 하는 것이다.
		  – "네가 만든 것을 그림으로 옮겨 볼 수 있을까?", "네가 만든 구성물에 대해 설명해
		    줄래?"

참고 순환학습모형 − 학습단계별 유아와 교사의 역할

	유아의 역할	교사의 역할
인식	• 경험하기, 흥미 갖기 • 집중하기, 지각하기 • 폭넓은 요소 인식하기	• 환경 구성하기 • 새로운 자료·사건·사람 소개하기 • 문제나 질문을 제시하여 흥미 유도하기 • 유아의 흥미나 공유된 경험에 반응하기
탐색	• 관찰하기, 물체 탐색하기 • 정보 수집하기, 발견하기 • 창안하기, 여러 요인 파악하기 • 자신의 이해 구성하기 • 자신만의 규칙 적용하기 • 개인적 의미 구성하기 • 개인적 의미 표상하기	• 촉진하기 • 탐색을 지원하고 증진하기 • 능동적 탐색을 위한 기회 제공하기 • 유아의 활동 말하기 • 개방적인 질문하기 • 구성적인 실수 허용하기 • 놀이 확장하기 • 유아의 사고와 규칙체계 존중하기
탐구	• 검사하기, 조사하기 • 설명 제안하기, 초점 두기 • 자신의 생각을 타인과 비교하기 • 일반화하기 • 사전학습과 연결하기 • 관례적 규칙체계에 적용하기	• 유아가 이해한 것을 정보화하도록 돕기 • 유아 안내하기, 집중하는 데 초점 두기, 집중된 질문하기 • 요청받았을 때 정보 제공하기
활용	• 다양한 방법으로 학습표상하기 • 학습을 새로운 상황에서 적용하기 • 새로운 가설을 세우고 순환 반복하기	• 실제 세계에서 적용 가능한 도구 만들기 • 학습 가능한 상황 제공하기

UNIT 44 수·조작영역의 환경 구성

1 수·조작영역의 환경 구성

구성	• 논리적 문제해결, 소근육 조작 등과 관련된 활동을 주로 하는 영역이다. • 일대일 대응, 분류, 비교, 서열 등의 수활동이나 퍼즐 맞추기, 끼워서 구성하기, 간단한 게임 등을 할 수 있다.
중요성	• 눈과 손의 협응력과 소근육을 발달시킬 수 있다. • 논리·수학적 개념을 발달시킬 수 있다. • 문제해결력과 집중력을 향상시킬 수 있다. • 문제를 탐색하고 해결해 가는 과정에서 자신감과 자율성을 기를 수 있다.
배치 및 운영 방안	• 개별적 탐색활동이 많이 이루어지는 곳으로서 주의 집중될 수 있도록 조용한 곳에 배치한다. • 난이도가 다른 다양한 놀잇감을 준비하여 유아의 발달 수준과 흥미에 따른 활동이 이루어지도록 한다.

MEMO

놀잇감 및 교재 · 교구	구성 활동자료	레고 블록, 코코 블록, 다목적 블록, 꽃 블록 등
	수 활동자료	일대일 대응, 분류, 비교, 서열, 부분과 전체, 무게나 부피 · 길이 측정, 공간과 형태 개념에 도움이 되는 교재 교구 등
	조작 활동자료	퍼즐, 자물쇠 맞추기, 볼트와 너트 맞추기 등
	일상생활 활동자료	옮겨 담기, 바느질, 끈 끼우기, 구슬 꿰기, 단추 끼우기, 지퍼 올리기, 끈 매기 등
	게임 활동자료	기억하기 및 색깔 맞추기와 같은 간단한 게임, 로토 게임 등
유의점		• 놀잇감은 유아의 시선을 끌 수 있도록 눈높이에 맞추어 비치한다. • 무거운 것은 유아가 안전하게 꺼내 사용할 수 있는 위치에 놓는다. • 다양한 교재 · 교구를 제공함으로써 그래프나 공간, 도형 등과 관련된 대 · 소집단 활동이 자연스럽게 확장될 수 있도록 한다. • 퍼즐의 조각들이 분실되거나 흩어져서 정리되지 않은 상태로 유아에게 제공되지 않는다. • 정리정돈이 쉽도록 바구니나 쟁반에 담아둔다. • 자료들을 보관하는 교구장의 바닥에는 자료의 모양이나 사진을 붙여줌으로써 유아가 스스로 자료를 꺼내고 정리할 수 있도록 해준다.

2 수 · 조작영역의 연령별 환경 구성

만 3세	영역 구성	• 의자와 책상에 앉는 것보다 낮은 책상을 활용한다. • 바닥에는 카펫을 깔아준다.
	수 활동자료	• 1~10까지 셀 수 있는 구체물 　예 작은 동물 모형, 조개류, 솔방울 등 • 크기를 비교할 수 있는 놀잇감 • 각종 수세기판 • 주사위, 윷, 큰 글자의 시계, 달력, 분류자료 　예 조개, 열매, 병뚜껑 등의 구체물
	조작 활동	• 5~10조각의 퍼즐류 • 찍찍이 붙이기, 단추 끼우기, 비질하기 등의 일상생활 훈련 자료 • 작은 구슬을 숟가락으로 옮기기 등 • 도형, 패턴의 기초 활동으로 같은 모양 짝짓기, 모양 변별하기, 구슬 꿰기 등
만 4세	영역 구성	개별 놀이와 소집단 놀이를 모두 수용하도록 영역을 구성한다.
	수 활동자료	• 색깔이나 형태, 크기가 다른 끼우기 블록을 제공한다. • 수 막대 등 구체물을 제공한다. • 유아의 발자국이나 손, 끈, 컵 등을 사용하여 측정해 보는 경험을 제공한다. • 간단한 그룹게임으로 주사위, 게임판 등을 제공한다. • 간단한 규칙의 게임을 만들어 보는 자료를 제공한다.

	조작 활동	• 계절과 활동주제를 반영한 퍼즐류 • 작은 블록류 • 끈, 구슬 끼우기 • 지퍼 올리기와 단추 끼우기 등의 일상생활 훈련 자료 • 소근육을 사용하는 자료
	교구 제작 시 고려사항	• 유아들의 사진을 이용하여 제작하면 더욱 흥미를 보인다. • 10~20조각 정도로 마련한다.
만 5세	영역 구성	책상뿐만 아니라 바닥에 놓고 사용할 수 있도록 바닥에 카펫을 깔아준다.
	만 5세의 발달 특성	• 전략적인 수 놀이 게임을 즐긴다. • 개별적인 탐색을 즐기는 조작 활동을 즐긴다.
	자료 제공	• 교구와 유아들 간의 상호작용과 전략을 유발하는 그룹게임이나 일대일 게임, 그룹게임 등이 이루어질 수 있도록 다양한 게임판을 제시한다. • 시계, 다양한 단위의 자, 저울 등 표준단위 측정을 위한 도구를 제공한다. • 자료를 모아 분류하거나 순서짓기를 하여 기록할 수 있는 경험을 제공한다. 예 벤 다이어그램, 막대그래프 등
	활동 제공	• 15~30조각 정도의 퍼즐 맞추기 • 바느질하기, 실뜨기, 직조 짜기 • 조작활동 • 수 막대, 수 카드 등을 활용한다. • 규칙이 있는 게임을 제공한다. • 도형, 패턴의 기초 활동으로 칠교놀이, 고무줄 도형 등을 제공한다.

MEMO

거름이
누리과정
⑥ 자연탐구

SESSION

03

유아
과학교육

유아과학교육의 내용

| UNIT 45 | 과학적 태도 |

학자	구성요소	
조형숙 외 (2014)	호기심, 자진성과 적극성, 솔직성, 객관성, 개방성, 비판성, 판단유보, 협동성, 끈기	
앤더슨 (Anderson, 1981)	호기심, 비판적인 마음, 객관성, 논리성, 개방적인 마음, 겸손, 솔직성, 신중한 판단	
카린 · 선드 (Carin & Sund, 1985)	호기심, 객관성, 의문을 품는 태도, 겸손, 실패에 대한 긍정적 태도, 개방적 마음	
마틴 외 (Martin et al. 2005)	정서적 태도	호기심, 끈기, 실패에 대한 요구, 의문을 품는 태도, 과잉 일반화 피하기, 다른 사람과의 협동
	지적 태도	신뢰할 수 있는 정보에 대한 요구, 의문을 품는 태도, 과잉 일반화 피하기, 다른 사람의 설명 · 의견 · 관점을 수용하기, 증거나 정보가 발견되거나 검토될 때까지 기꺼이 판단을 유보하기, 미신이나 근거 없는 주장 거절하기, 개방성
린드 (Lind, 2005)	호기심, 판단 유보, 의문성, 객관성, 개방성, 독단성 피하기, 주의 깊은 관찰, 주의 깊은 결론 내리기, 증거의 확인, 실패에 대한 긍정적 자세, 변화에 대한 적극성과 긍정적 태도, 맹신 피하기, 성실, 겸손	

출처: 정지혜(2012)

1 과학적 태도의 이해(Martin et al., 2005)

개념	<ul><li>과학적 태도는 과학활동에 대한 관심이나 선호성, 과학적으로 사고하거나 행동하는 습관으로서 문제를 해결할 때, 또는 아이디어나 정보를 평가할 때 취하는 특별한 접근방식을 뜻한다.<ul><li>'태도'란 어떤 대상, 사물, 사람, 사건에 대한 긍정적 혹은 부정적인 정신적 성향으로, 경험을 통해 변화·학습되고 조직화될 수 있다. 과학적 태도 또한 타고난 것이 아니라 경험에 의해 학습되고 다른 경험에 의해 변화될 수 있다. 따라서 과학에서의 성공적인 경험은 과학에 대한 긍정적인 태도를 길러내기 위한 중요한 요소로 작용한다.</li></ul></li><li>과학적 태도의 특징은 다음과 같다.<ul><li>과학적 태도는 과학지식이나 과학과정 기술에 영향을 줌으로써 유아의 과학 능력을 신장시키는 기초가 된다.</li><li>과학적 태도는 새로운 경험에 대한 선호도, 우선순위를 갖게 하고, 그 결과 과학 관련 행동에 영향을 준다.</li></ul></li><li>유아의 과학적 태도의 중요성은 아래와 같다.<ul><li>실제적으로 과학적 문제해결과 과학 내용지식 구성의 기회를 가질지 아닐지를 선택하도록 하는 점에서 매우 중요하다.</li><li>유아의 과학적 태도는 일상생활에서 유아들이 과학의 유용성을 인식할 수 있도록 하는 데 도움이 되고, 또래와 협동하며 비판적인 사고를 하게 함으로써 더 많은 상호작용의 기회를 제공한다.</li><li>유아과학교육의 태도는 과학학습에서 알고자 하는 열망, 모든 사물에 대한 의구심 갖기, 자료의 의미 탐색하기, 입증하려는 욕구, 논리의 존중, 가정과 인과관계에 대한 생각 나타내기에 대해 영향을 미칠 수 있기 때문에 중요한 역할을 한다.</li></ul></li></ul>

2 과학적 태도의 구성요소(이경민, 2000 등)

호기심	<ul><li>호기심은 신기한 것을 탐구하려고 하는 정서로서 문제해결이나 학습의 동기로 작용한다.</li><li>이는 환경을 탐색하는 데 필요한 선행요인으로서 어떤 것에 대해 알거나 학습하고자 하는 태도를 말한다.<ul><li>유아에게 호기심은 선천적으로 매우 강하게 나타나며, 호기심을 가진 대상에 대해서는 모든 감각기관을 이용하여 탐색하려는 태도를 보인다. 그러므로 유아과학교육에서 호기심은 개발해야 할 태도라기보다는 오히려 유아의 호기심을 존중하고 지원해주는 것이 필요해 보인다.</li><li>교사는 유아가 보이는 흥미에 관심을 가지고 탐구의 출발점으로 활용하여, 유아가 탐구에 적극적으로 참여할 수 있도록 안내해야 한다.</li></ul></li><li>호기심(예 "어떻게 된 거지?")은 문제의 원인을 찾으려는 질문을 한다는 점에서 단순히 관심을 가지는 것(예 "와, 신기하다. 빙글빙글 돌아가네?")과는 차이가 있다.<ul><li>교사는 "그러면 ~가 왜 ~하는지 알아보도록 할까?"라는 질문을 통해 호기심을 바탕으로 탐구가 이루어질 수 있도록 도울 수 있다.</li></ul></li><li>새로운 관점에서 사물을 보기 위해서는 호기심이 필요하며, 직접적인 탐구 경험을 통한 학습은 자연스럽게 유아의 호기심을 일으킬 수 있다(Lind, 1991).</li></ul>

MEMO

	• 호기심을 유발한 대상에 대해 알아보고자 하는 욕구가 지속되면 흥미로 발전한다. 🖱 **호기심을 나타내는 유아의 행동** • 과학 주제나 내용에 대한 질문 자주 하기 • 새로운 대상(사물/사건)에 특별한 관심 기울이기 • 문제가 있을 때 원인을 찾으려고 노력하기 • 직접적인 탐구 경험을 통해 자연스럽게 호기심 유발하기
자진성과 적극성	• 자진성은 과학적 궁금증, 실험이나 학습, 문제해결에 자진해서 적극적으로 참여하고, 긍정적이고 능동적으로 활동하려는 태도를 의미한다. – 기본적으로 유아가 흥미로워하는 대상에 대하여 적극성이 나타나기 쉬우므로, 적극적인 태도를 위해서는 유아의 호기심을 불러일으키는 것이 우선 필요하다. – 유아들은 단순히 '식물을 화분에 심으면 싹이 난다'라고 생각하고 넘어가는 것이 아니라 '흙 속에 심은 씨앗은 어느 쪽으로 잘 자랄까?'를 궁금해하면서 '그렇다면 어느 쪽에서 잘 자라는지 우리가 실험을 해 볼까?'라는 생각을 가지고 직접 실험을 계획해 보는 것이다. 이때 어떤 유아가 식물은 햇빛이 있는 곳에서 잘 자란다고 생각하는 것에서 한 단계 더 나아가 '손전등이 있는 곳에서도 잘 자랄까?'라는 궁금증을 가지고 적극적으로 실험하고자 하는 태도, 이것이 자진성과 적극성이다. • 자진성을 기르기 위해 유아가 문제해결에 적극적인 태도를 갖게 하여 주어진 과제 이외의 문제에도 자진해서 임하도록 만든다. 🛡 **자진성을 나타내는 유아의 행동** • 새로운 실험이나 활동에 스스로 참여하기 • 문제해결 과정에 적극적으로 동참하기 • 의문 있는 점을 해결하려고 시도하기 • 주어진 과제 이외의 문제점도 해결하려고 시도하기 • 과학과 관련된 책이나 매체를 열심히 보기
솔직성	• 솔직성은 관찰, 실험, 문제해결에서 나타나는 결과나 과정에서의 어려움 혹은 문제점들을 왜곡하거나 선택적으로 취하지 않고, 편견 없이 진실되게 양심적으로 사실을 제시·보고하는 태도이다. – 과학자가 자신의 연구결과를 왜곡되게 보고한다면, 도덕적인 차원의 문제는 물론 과학연구 전체에 매우 부정적인 결과를 초래하게 된다. 따라서 정직한 과학자는 자신이나 다른 사람을 기쁘게 하기 위해 중요한 정보를 숨기지 않고 진실한 보고를 해야 한다. – 소라 껍데기를 귀에 대고 무슨 소리가 나는지 알아볼 때 친구들이 모두 바닷소리가 난다고 하더라도 "아무 소리도 안 나는데요?", "파도 소리가 안 나는데요"라고 솔직하게 자신의 생각을 말하는 것이다. • 교사는 유아가 잘못된 절차나 의견을 내놓았을 때 비난하지 않도록 주의해야 한다. – 교사는 유아의 솔직한 답변에 대해 당황하거나 부정하지 않고 그 의견을 수용해주는 태도가 필요하다. 이런 수용의 경험을 통해 유아들은 어려운 점이나 안 되는 점에 대해서 그대로 이야기하고자 하는 생각을 가지게 되고, 활동 결과를 그대로 말할 수 있는 솔직성을 키워갈 수 있다.

	• 솔직성을 기르기 위해서는 유아가 옳고 그름에 상관없이 먼저 자신의 생각을 표현하는 기회를 자주 갖는 것이 중요하다. 🖱 **솔직성을 나타내는 유아의 행동** • 자신이 예상한 점이나 관찰한 점을 그대로 제시하기 • 어려운 점이나 안 되는 점을 솔직하게 그대로 표현하기 • 활동 결과를 그대로 설명하기
객관성	• 객관성이란 주관적인 생각이나 가설에서 벗어나 가설에 반대되는 증거를 수집하여, 결론을 내리기 전에 가능한 한 많은 자료로부터 객관적인 결론을 내리려는 태도이다. – 보통 결론에 도달하는 데 있어서 감정적, 주관적 요소를 배제하고 경험적 증거나 타당한 논증을 근거로 하는 것을 말한다. 즉 개인적인 감정과 편견이 관찰 기록, 데이터의 해석, 그리고 결론의 공식화에 영향을 미쳐서는 안 된다. – 과학적 탐구활동 가운데 과학자는 특정인의 의견이나 판단에 간섭받거나 주관적인 생각에 치우쳐서는 안 되며, 결론을 내리기 전 가설에 반대되는 증거를 수집하여 객관적인 결론을 내려야 한다. – 예를 들면 궁금이 상자에 그날 탐색할 주제를 넣어 두었는데, 유아에게 이 상자 속에 들어 있는 것이 무엇인지 알아맞혀 보라고 질문하자 고구마라고 하였고, "왜 고구마인 것 같니?"라고 물어보자 "말랑말랑해요"라고 대답하였다. 이때 교사는 "말랑말랑한 것이 고구마 말고 또 없을까?", "이게 고구마라고 생각하는 또 다른 이유가 있니?" 등과 같이 과학 내용지식을 근거로 판단할 수 있도록 질문을 한다(조형숙 외, 2021). 이렇게 추가적인 탐색 기회가 주어지면 유아는 "고구마처럼 고소한 냄새가 나요"라는 새로운 근거를 제시할 수 있다. 🖱 **객관성을 나타내는 유아의 행동** • 실험 결과를 근거로 결론 내기 • 문제해결에 대한 몇 가지 가능한 해결책 고려하기 • 사물을 자기가 본 그대로 표현하기
개방성	• 개방성은 새로운 아이디어나 관점을 진지하게 고려하고 수용하는 태도를 말한다. – 일반적으로 편견이나 선입견에 의해 결정 내리지 않고, 다른 사람이 가지고 있는 다양한 관점이나 지식의 가치를 인정하고 수용하는 자세를 말한다. – 자신이 지지하는 신념, 계획, 목표의 긍정적·부정적 측면을 모두 고려하여 발견한 사실에 대해 편견 없이 수용하려는 태도이다. 이는 유아들로 하여금 자신들이 예측했던 것을 뒤엎는 새로운 결과를 경험할 수 있게 하며, 문제를 해결할 때 가능한 긍정적 측면과 부정적 측면을 모두 고려하게 한다. • 과학에서 개방성은 실험이나 문제해결에서 밝혀진 사실이 기존에 알고 있던 것과 다를지라도 새로 밝혀진 근거에 따라 기꺼이 자신의 주장을 변경하거나 새로운 아이디어와 방법을 수용하고 추구하려는 태도를 뜻한다. – 개방적인 과학자는 다른 사람들의 생각을 경청하고 존중한다. 신뢰할 수 있는 증거가 자신의 생각과 반대된다면, 비판을 받아들이고 자신의 생각을 바꾼다.

	− 예를 들어 유아들이 오리 알을 발견하고 '이 오리 알을 어떻게 하면 부화시키지?'라는 궁금증을 가지게 되었다. 이때 한 유아가 "에디슨처럼 네가 품고 있어 봐"라고 이야기할 수 있다. 다른 유아는 이것의 문제점을 인식하고 "그러다가 밥도 못 먹어. 에디슨처럼 하다가는 굶게 될 거야"라고 이야기한다. 이렇게 되면 또 다른 유아가 문제해결을 위한 새로운 방법으로 "전기방석 위에 놓아 두면 어떨까?"라고 제안한다. 이처럼 오리 알을 부화시키는 방법에 대해서 각자 자기주장을 하지만 그것의 문제점을 발견했을 때 다른 친구의 의견을 기꺼이 수용하려는 태도가 개방성이다. • 유아의 개방성을 기르기 위해서 스스로 가설을 설정하고 검증해보는 기회를 다양하게 가져봄으로써 이전과 다른 새로운 문제해결방법을 찾아보고 경험하는 것이 바람직하다. 🖱 개방성을 나타내는 유아의 행동 • 자기주장에 대한 비판 수용하기 • 실패한 것에 대해서 기꺼이 수용하기(실패한 실험 결과를 인정하기) • 한 가지 문제에 대해 다양한 의견 듣기(여러 사람의 의견을 듣고 수용하기)
비판성	• 비판성은 과학에서 제시된 타인의 결론이나 설명에 대해 단순히 수용하는 것이 아니라, 옳고 그름을 판단하기 위해 증거를 요구하고 논쟁하려는 태도, 결과에 대한 근거를 밝히려는 자세를 말한다. − 다른 사람의 결론이나 설명에 대해 증거를 요구하여 단순히 결과적인 지식만을 얻으려 하지 않고, 지식의 근원과 신뢰성을 밝히려는 태도이다. − 첨단 과학기술사회에서는 날마다 각종 새로운 정보들이 쏟아져 나오기 때문에 그러한 지식과 정보들에 대해 비판적 태도를 가지고 접근하는 것이 필요하다. − 이것은 친구의 의견이 왜 틀렸는지 생각해보는 것과 같은 행동이다. 예를 들어 '거미는 왜 줄에 붙지 않고 걸어 다닐 수 있을까?'라는 논쟁이 발생한 경우 한 유아는 "거미의 발은 줄에 붙지 않는 뭔가 특별한 것이 있을 거야"라고 이야기하고, 또 다른 유아는 "거미가 천천히 다녀서 그래"라고 이야기한다. 이렇게 서로 의견이 다를 때 자신의 주장을 우기기보다 "그러면 우리 이 부분의 답을 찾기 위해서 어떻게 하는 것이 좋을까?"라고 하여 이야기를 나눌 수 있도록 하고 책이나 인터넷을 통해 답을 찾을 수 있도록 하는 과정이 필요하다(조형숙 외, 2021). • 유아의 비판성을 기르기 위해 교사는 유아의 주장에 대해 증거를 요구하고, 충분한 근거를 가지고 설명할 수 있도록 기회를 제공할 필요가 있다. − 또한 타인에게 객관적 근거가 있는 정보를 전달하고, 다른 사람의 의견을 무조건적으로 수용하는 것이 아니라 증거를 요구하며, 객관적 사실에 근거한 비판을 하도록 하는 것을 일상화하는 것을 통해 비판성을 기를 수 있다(김승희, 2015). • 또한 비판적 태도를 기르기 위해 교사는 유아의 질문에 대해 직접적인 설명을 해주기보다는 유아 각자의 근거에 의해 입장을 정리해보는 기회를 주도록 한다. 🖱 비판성을 나타내는 유아의 행동 • 다른 사람들의 의견에 대해 옳고 그름 판단하기 • 증거를 요구하거나 토론하기 • 결론을 내릴 때 신중한 자세 가지기 • 어떠한 주장에 대해 대안 제시하기

판단유보	• 성급한 판단이나 결론을 내리지 않고 확실한 증거에 의해 자신의 주장이 지지될 때까지 사실로 받아들이지 않는 태도를 의미한다. - 과학자는 불충분한 증거를 두고 일반화한 것에 대해 이의를 제기하며, 확실한 증거에 의해 지지될 때까지 성급하게 판단내리지 않고 신중한 입장을 취한다. - 특히 과학에서 가설은 일시적이고 잠정적인 것이므로, 충분한 증거를 가지기 전에 판단하지 말고 다양한 자료를 수집하며 객관적인 자료에 근거하여 신중하게 결론내릴 수 있어야 한다. • 교사는 유아가 다양한 자료를 검토한 후 결론을 내릴 수 있도록 심리적·물리적 지원을 함으로써 판단유보 태도를 발달시킬 수 있다. - 유아들의 발달 특성상 사물의 지각적 속성에 따라 판단하는 경향이 있으므로 교사들은 유아가 판단하기 전에 생각하고 의심해 보고, 궁금한 점은 질문하며 최종 판단을 내리는 데 도움이 될 만한 보충 증거를 계속 수집하는 자세를 기르도록 도와야 한다. 🖱 **판단유보를 나타내는 유아의 행동** • 결론을 내리기 전에 많은 자료 찾기 • 신중하게 결론 내리기 • 확실한 증거에 의해서 지지되지 않는 것은 다시 한번 생각해보기
협동성	• 협동성은 두 명 이상이 공통의 목표를 달성하기 위해 개인보다는 집단의 이익을 먼저 생각하고 행동하는 것을 말한다. 즉 공동의 목표를 위해 구성원이 함께 힘을 합해 활동하려는 태도이다. - 협동성은 과학활동 과정에서 서로 도우면서 함께 협의함으로써 새로운 아이디어 창출과 문제해결을 가능하게 한다는 점에서 유용하다. • 현대 과학 분야에서는 연구의 효율성으로 인해 개별연구보다는 공동연구가 많이 이루어지고 있다. 특히 디지털 전환시대를 맞이하여 학제 간 연구가 활발해지고 연구 규모가 거대해짐에 따라 개인적인 연구에 비해 프로젝트 팀을 구성하여 함께 논의하고, 이견을 조정하며, 공동목표를 위해 협의해야 하는 공동연구가 대부분을 차지하고 있다. 그러므로 협동성은 과학자에게 요구되는 중요한 태도에 해당한다. - 유아과학에서도 관찰, 실험, 조사 발표 등의 활동이 개별보다는 모둠별로 이루어지는 경우가 많으므로, 협동성은 이러한 모둠과정에서 활동이 원활하게 수행되는 데 매우 중요한 태도이다. • 협동성을 기르기 위해서는 유아기부터 팀을 구성하여 문제를 해결하는 기회를 주는 것이 도움이 된다. - 유아는 실험활동에서 역할 분담, 실험 도구 공유하기, 실험 후 정리정돈하기 등을 공동으로 할 수 있으며 이러한 협의 과정에서 갈등이 생길 수 있으나, 이를 해결해 가면서 협동성이 길러지게 된다. 🖱 **협동성을 나타내는 유아의 행동** • 집단 내의 이견을 서로 협의하기 • 실험 도구를 나누어 사용하기 • 실험 후 정리정돈을 함께 하기 • 집단 전체의 생각을 따르기 • 과학활동에서 역할 분담하기

끈기성	• 어떠한 문제가 어렵거나 많은 시간이 걸린다 해도 쉽게 포기하지 않고 끝까지 해결하려고 노력하는 태도이다. 　- 끈기성은 목적을 달성하는 데 방해물이 존재함에도 불구하고 이에 굴하지 않고 끝까지 목적을 향해 나아가는 성향, 집요함, 참을성, 악착스러움 등의 특성을 포함한다. 　- 끈기성은 과학자가 되는 데 매우 중요한 자질로 간주된다. 과학자는 가설검증을 위해 실험하다가 실패한 이후에도 수없이 반복적으로 실험하고 끝까지 수행하여 문제를 해결해 내는 단계까지 이르게 되는데, 이러한 과정에서 실패하더라도 포기하지 않고 좌절과 시련을 극복하는 끈기가 필요하다. • 과학활동에서 유아는 실수나 실패를 할 수 있음을 알아야 하고, 교사는 유아가 실패에 낙담하지 않고 긍정적으로 수용하여 활동을 지속할 수 있도록 지원해야 한다. 　- 실험 도중 실패했더라도 그 실험을 반복함으로써 결과를 얻으려고 노력하고, 다른 유아가 실험을 일찍 끝냈더라도 결과를 얻을 때까지 실험을 지속해 완결하게 해준다. 　🖱 끈기성을 나타내는 유아의 행동 　• 실험에 실패하더라도 결과를 얻을 때까지 계속적으로 시도하기 　• 해결되지 않는 문제에 부딪힐 때 포기하지 않고 끝까지 해결하려고 노력하기 　• 한 문제가 해결되면 또 다른 문제를 해결하려고 노력하기

UNIT 46　과학과정 기술

개념		• 과학과정 기술은 과학자가 호기심을 해결하기 위해 탐색과 탐구 등의 과학을 행하는 모습이라고 할 수 있으며, 우리가 궁금증이 생겼을 때 행하는 사고과정인 과학 탐구과정에서 사용된다. • 과학과정 기술은 과학에서 사고하고 탐구하며 문제를 해결하기 위하여 사용하는 모든 것이다. 　- 과학과정 기술은 구체적인 경험을 통하여 새로운 정보를 습득하게 해주며, 유아 또한 과학적 과정 기술을 적용함으로써 과학적 사실을 발견한다. 　- 호기심이 과학적이고 합리적인 문제해결로 이어지기 위해서는 과학과정 기술을 활용해야 하는데, 이는 단기간 내 습득되는 기술이 아니기 때문에 어려서부터 이를 학습할 수 있는 충분한 기회를 제공하는 것이 필요하다. • 마틴 외(Martin, R.E. et al., 2005)는 과학과정 기술을 두 가지 수준, 즉 기본 기능과 통합 기능으로 구분하고, 유아기에는 기본 기능을 사용하도록 지도할 것을 제안하였다.
기본 기능	관찰하기	사물이나 사건에 대한 정보를 얻기 위해 감각 사용하기
	분류하기	크기, 모양, 색깔, 용도 등의 속성에 따라 나누고 모으기
	의사소통하기	언어적·비언어적인 전달 방법을 통해 정확한 정보를 다른 사람에게 이해시키기

	측정하기	관찰자에 의해 이루어지는 양적 기술로 관찰을 통해 직접적으로 또는 측정단위를 사용하여 간접적으로 알아보기
	어림하기	적절한 양이나 가치를 판단하기
	예측하기	관찰과 사전 지식에 기초하여 타당한 추측과 추정을 만들기
	추론하기	관찰에 기초하거나 직접 관찰할 수 있는 상태 이상의 의미를 제안하기
통합 기능	변인 변별하기	결과에 영향을 미치는 요인 알기
	변인통제하기	독립적인 변인을 조작하기
	조작적으로 정의하기	사건이나 사물을 서술하기 위해 관찰이나 정보를 사용하기
	가설설정하기	예상되는 결과에 대한 최선의 예측을 위해 정보 사용하기
	실험하기	과학적 검증을 고안하고 실행하기 위해 다양한 사고 기술 사용하기
	그래프	측정값들의 관계를 보여 주기 위해 자료들을 도표·그림으로 변환하기
	자료 해석하기	자료를 조직적인 방법으로 모아서 결론 도출하기
	모델 형성하기	사물이나 사건의 추상적·구체적인 예시 만들기
	탐구·조사하기	문제해결을 위해 관찰, 자료수집, 자료 분석을 사용하고 결론의 도출을 요구하는 복합적인 과정 기능 수행하기

출처: Martin, R.E., et al.(2005)

1 관찰하기

개념	• 관찰하기는 모든 감각기관을 이용해서 사물, 현상, 사건에 대한 정보를 얻는 것이다(Koch, 2010). 이는 자료를 수집하는 일차 수단으로서 사물의 특성, 변화, 유사성, 차이 등을 확인하고 결과와 추론의 차이를 설명할 목적으로 수행되는 것이다(Martin 외, 1997). 　🄰 유아들이 자연이나 일상생활 속에서 '차가워요, 부드러워요, 딱딱해요, 달아요'라는 반응을 보이는 것은 관찰하기와 관련된 것이다. 　－ 관찰은 탐구를 할 때 가장 우선적으로 수행하는 과정일 뿐만 아니라 결과의 해석도 이에 의지하게 되기 때문에, 과학과정 기술 중 가장 기초적이며 모든 과학에서 필수적이다. • 관찰은 단순히 보는 것(seeing)이 아니라 무엇인가를 발견하겠다는 목적을 가지고 여러 감각을 사용하여 주의 깊게 보는 것(looking)을 의미한다. 　－ 그러나 유아는 경험이 적기 때문에 사물을 세밀하게 관찰하는 것이 어려우므로 주의 깊게 관찰하도록 안내하는 것이 중요하다 　　🄰 교사가 무엇을 관찰해야 할 것인지를 직접적으로 안내하는 관찰 활동지를 제시해 주면 관찰 활동을 익히는 데 도움이 된다. 　－ 유아의 관찰능력이 발달하게 되면 자연스럽게 사물을 비교하여 유사점과 차이점을 구별할 수 있게 된다.

MEMO

- 관찰하기는 오감각기관 중 한 가지 이상의 감각기관이나 도구를 사용하면서 주의를 집중하여 물체의 특징과 변화를 주의 깊게 살펴보는 과정이다.
  - 따라서 오감각을 적극 활용하려는 의지와 정확한 관찰을 위해 노력하는 자세 및 주의 깊은 관찰에 필요한 오감 사용 관련 신체적 능력이 요구된다.
  - 또한 도구 없이 직접적인 경험을 통해 관찰이 이루어질 수도 있지만, 필요에 따라서는 세부적인 정보를 얻기 위해서 돋보기, 카메라, 라이트테이블 등과 같은 도구를 제공해 주어 더욱 세심한 관찰이 가능하도록 한다.
- 교사는 유아가 일상에서 무심코 지나칠 수 있는 구체적 현상들을 주의 깊게 관찰하는 기회와 동기, 모델을 제공하는 것이 중요하다.
  - 교사는 유아가 관찰 과정 가운데 감각적 정보 이외에도 자신이 가지고 있던 선행지식과 경험을 토대로, 관찰 결과를 해석하고 의미를 부여하며 자신의 생각을 표현하도록 한다. 관찰을 통해 자신이 인식한 것을 다양하게 묘사하고 표현하는 이러한 과정은 그 사물과 현상에 대한 이해의 폭을 넓히게 하며, 다른 문제나 상황에 부딪히는 경우에도 적용할 수 있는 능력을 가지게 한다.
- 유아들의 관찰능력을 향상하기 위해 필요한 과정은 다음과 같다.
  - 관찰에서 사용할 수 있는 가능한 감각들을 골고루 활용하여 관찰하는 것
  - 관찰과정에서 유아가 알게 된 사물 혹은 대상의 특성을 유사점과 차이점에 따라 분류해 보는 것
  - 관찰을 위해 지속적이고 반복적인 관찰을 하는 것(반복적 관찰을 통해 유아들은 관찰대상의 변화과정과 특성에 대한 관심이 증가하고 더 많은 이해에 도달할 수 있다)
- 교사는 유아의 관찰을 돕기 위해 유아가 눈으로 보는 것뿐만 아니라, 듣고, 냄새 맡고, 맛보고, 만져보고, 무게를 재 보는 등 오감을 사용하는 다양한 방법으로 관찰할 수 있도록 하는 것이 필요하다(Martin 외, 2005).
  - 유아의 관찰하기를 돕기 위한 방법은 다음과 같다(한유미, 2010).
    ① 유아들이 제한된 면에 집중하지 않도록 개방적 질문하기
    ② 관찰을 위한 적절한 도구(◉ 돋보기, 양팔저울, 계량컵 등) 제시하기
    ③ 관찰 내용을 그림·글·입체물 등과 같이 다양한 방법으로 표상하기
    ④ 비교하며 관찰하도록 하기
- 폐쇄적 질문과 개방적 질문을 적절히 활용하여 유아들이 관찰을 조금 더 세분화할 수 있도록 도와주되, 유아가 자발적·적극적·지속적으로 관찰에 참여하도록 하기 위해서는 묻고 답하는 폐쇄적인 질문이 아니라 개방적인 질문을 제공해 주는 것이 바람직하다.
  - **폐쇄적 질문** : 나뭇잎을 보면서 "나뭇잎이 무슨 색깔이니?", "나뭇잎 끝은 어떻게 생겼니?" 등을 물어보는 것이다.
  - **개방적 질문** : "나뭇잎을 보면서 새롭게 발견한 점은 무엇이니?", "두 나뭇잎의 비슷한 점/다른 점은 무엇이니?"라고 묻는 것이다.

세부 내용	<ul><li>관찰의 목적을 가지고 관찰하기</li><li>사물을 주의 집중하여 살펴보기</li><li>하나 이상의 감각을 사용하기</li><li>모든 감각을 이용하기(단, 미각은 교사의 허락하에 사용해야 한다)</li><li>특성을 정확하게 묘사하기</li><li>도구를 사용하여 관찰하기(돋보기, 루페, 디지털카메라)</li><li>정밀하게 관찰하기</li><li>세밀하게 관찰하기</li></ul>

2 분류하기

개념	• 분류하기는 여러 가지 물체나 사물의 유사점과 차이점을 비교하고, 어떤 특정한 준거, 즉 크기, 모양, 색상, 사용 등과 같은 특징에 따라 그룹화하여 나누는 것을 의미한다. 관찰을 통해 수집한 자료나 정보를 유사점이나 차이점에 따라 나누는 과정으로, 이를 그룹화하기 위해 유아는 대상을 비교하고 하위 집합을 개발해야 한다. 　－ 쉽게 말해 분류하기는 관찰하고 수집한 여러 가지 사물, 정보, 생각을 특정 기준에 따라 공통 속성으로 나누는 과정을 의미한다. • 마틴 외(2005)는 분류하는 능력이 자발적으로 생겨나지 않기 때문에 유아들이 다양한 방법으로 분류해 보는 기회를 가져야 하고, 교사는 유아들이 자신만의 분류체계를 찾아낼 수 있도록 도와야 한다고 하였다. 　－ 유사한 것끼리 그룹을 짓고, 그 그룹이 무엇인지 결정하며, 그룹의 이름을 지어보는 과정을 통해 분류하면서 사용한 특성들을 확인할 수 있도록 해야 한다. • 조형숙 외(2014)는 유아의 분류하기 활동을 돕기 위해 우선 충분한 관찰 시간을 제공해야 하며, 분류하기의 기준을 제시할 때 처음에는 광범위한 기준을 제시하여 일차적인 분류가 이루어진 후 각 집단을 다시 세부적인 기준으로 분류해 보도록 함으로써 체계적인 분류 방법을 익힐 수 있게 해야 한다고 하였다. 　－ 이와 같이 유아는 크기, 모양, 색, 무게, 소리와 같은 한 가지 특성에 따라 분류하기 시작하여 점차 두 개 혹은 그 이상의 속성에 따라 분류할 수 있게 되며, 좀 더 후에는 물리적 속성보다 기능에 따라 물체를 분류할 수 있게 된다. • 조부경 외(2012)는 분류하기를 할 때 관찰을 통해 수집한 자료와 정보를 특성 또는 속성과 관련하여 유사성과 차이점을 찾아내고, 장소, 사물, 개념, 사건을 유목화하는 것이 필요하다고 하였다. 　**예** 작은 돌멩이를 수집한 후 어떤 기준으로 분류해 볼 수 있는지 물어볼 수 있다. 크기가 '100원짜리보다 큰 것', '모양이 둥근 것, 뾰족한 것', '색깔이 무색인 것, 유색인 것'으로 나누어 보도록 도울 수 있고, 유아들이 정한 기준에 따라 분류해 보거나 모양에 따라 나눈 것을 다시 색깔에 따라 분류해 보는 활동도 할 수 있다.
세부 내용 (Martin, 2001)	• 대상을 분류할 수 있는 중요한 특성 찾아내기 • 한 묶음에서 공통된 특성 찾아내기 • 두 그룹으로 정확히 분류하기 • 다양한 기준에 따라 정확히 분류하기 • 하위 그룹 구성하기 • 자신만의 분류 기준 세우기 • 분류 근거 설명하기

*www.pmg.co.kr

3 측정하기

＊어림하기
정확한 계산을 하는 대신 대략 짐작하여 수를 올림, 버림 등 반올림해 헤아리는 방법으로 문제를 해결하는 것이며, 정확한 측정하기 값과는 오차가 있다.

개념	• 측정하기는 관찰대상의 속성을 정량화하는 기술로서 물체의 길이, 부피, 무게, 온도, 시간 등을 오감각을 활용하거나 도구 및 사물을 사용하여 측량하고 수량화하는 탐구과정 기술이다. 　－ 측정의 대상으로는 길이, 무게, 부피, 면적 등의 '직접적 측정' 및 시간, 온도와 같이 구체적으로 측정할 수 없는 '간접적인 측정'으로 나눌 수 있다. • 측정하기 초기에는 손이나 뼘, 테이프 등과 같은 특정 사물을 사용하여 ＊어림으로 측정하다가 점차 정확한 측정을 위한 도구를 사용하도록 하고, 측정단위를 선택해 정확하게 측정하는 단계에까지 나아가도록 한다. 　－ 측정하기에는 길이(거리), 무게, 시간, 부피, 온도가 포함될 수 있으나 유아들이 이해하기 어려운 개념이므로, 유아에게는 표준화된 단위로 측정하기보다는 비표준단위(임의단위: 리본, 줄, 실, 연필, 한 뼘, 한 움큼 등)를 사용하여 측정하는 기회를 제공해 주는 것이 필요하다. 　　**예** 길이: 리본 끈을 사용하거나, 블록, 동전, 클립의 수를 세어서 측정한다. 　　**예** 무게: 두 손 위에 물건을 올려놓거나, 양팔 저울의 균형을 이루기 위해 나무블록이 몇 개나 필요한지 확인함으로써 측정할 수 있다. 　　**예** 온도: 감촉으로 상대적인 온도를 측정한다. • 교사는 유아가 측정하기 기술을 활용할 수 있도록 여러 가지 비표준화 도구를 사용하는 기회를 제공하고, 측정의 과정에서 유아 스스로 표준화 측정도구의 필요성을 느끼도록 할 필요가 있다. 　－ 즉 유아는 계량화된 도구를 사용하기 어려우므로 임의 측정도구(유아가 정한 도구)를 사용하여 거리, 시간, 개수, 순서 등을 측정하는 것이 좋다. 예를 들면, 막대기, 지우개, 끈 등을 이용하여 측정하고 기록할 수 있다. 여러 번 어림짐작 측정을 하다 보면 자연스럽게 단위가 필요하다는 것을 깨닫고 사용하게 된다. 　－ 또한 다양한 측정의 단위가 있으며 이에 따른 측정도구가 있음을 이해하고, 측정도구를 사용하는 경험을 제공하는 것이 바람직하다. • 어린 유아의 경우, 측정기술을 습득하기 위해서는 먼저 비교기술을 익히는 것이 바람직하다. "어느 것이 더 긴가요?", "어느 것이 더 짧은가요?", "누가 더 키가 큰가요?", "누가 더 키가 작나요?", "가장 가까이 있는 것은 무엇인가요?", "가장 멀리 있는 것은 무엇인가요?"와 같은 질문을 먼저 한다. 그리고 막대기, 나뭇잎, 책상, 블록, 크레파스, 연필, 종잇조각, 크고 작은 공 등의 길이를 비교해 보는 활동을 해본다(Martin, 2001). • 과학교육에서 측정하기가 중요한 이유는 다음과 같다. 　－ 탐구과정에서 나타나는 결과들이 측정에 의해 의미가 왜곡될 수 있으므로 적절한 단위와 방법을 사용하여 측정하는 능력이 필요하다. 　－ 측정하기는 유아들이 물체를 정확히 관찰, 분류, 서술하는 데 도움을 주고, 문제해결과 추론 등의 과정 기술 발달을 위해 필요한 방법이며, 과학적 사고능력의 기초가 된다.
세부 내용 (Martin, 2001)	• 적절한 측정 유형 선택하기 • 적절한 측정단위 선택하기 • 적합한 측정도구 사용하기 • 측정기술을 적절하게 적용하기 • 표준화 또는 비표준화 단위 적절하게 사용하기 • 적합한 측정도구를 통해 물체 간의 수량적 차이 구하기

4 예측하기

개념	• 예측하기는 현재 알고 있는 지식이나 경험, 관찰 등을 통해 앞으로 일어나리라 생각되는 내용에 대해 기술하는 사고활동이다. 즉 자료를 가지고 탐색하거나 실험할 때 알고 있는 지식을 기초로 해서 앞으로 일어날 것을 미리 예상하는 활동이다.
	• 예측하기는 검증할 수 있어야 한다는 점에서 단순한 추측 이상의 활동이며, 유아가 이미 알고 있는 지식과 관찰 자료에 기초하여 합리적인 추측을 해야 하므로 직접적인 경험을 통한 사전지식을 갖는 것이 중요하다(Lind, 2005). 그러므로 사전 경험이나 지식이 없는 내용에 대한 예측은 바람직하지 않다.
	  − 선행경험이나 지식이 없다면 현재 탐구하고자 하는 대상을 보다 자세히 관찰할 수 있게 하거나 자유롭게 탐색할 수 있도록 충분한 시간을 제공해야 한다.
	  − 유아의 예측에 대해 '왜 그렇게 생각하였니?'라는 질문을 하여 예측한 근거에 대해 말로 표현하는 기회를 가짐으로써 유아의 예측에 영향을 미친 사고나 이전 경험에 대해 정보를 얻을 수 있다.
	• 예측하기 기술을 증진시키기 위해 교사는 유아의 선개념과 경험을 보다 객관적인 근거를 두고 관계지어보는 경험을 장려할 필요가 있다.
	  − 예측하기는 유아들의 흥미와 호기심을 자극하는 데 효과적이므로 과학활동이나 실험 전에 교사는 유아가 관찰한 사물이나 사건의 특성을 재검토하는 질문을 하거나, 과학적 상황이나 맥락 가운데 이후 어떠한 변화가 나타날 수 있는지에 대해 질문해 봄으로써 유아의 예측하기 사고를 자극할 수 있다. 그리고 유아에게 예상한 것과 관찰한 것을 비교해 보는 경험을 제공함으로써 관찰과 예측이 서로 다름을 알게 한다.
	  − 교사는 유아가 구체물을 가지고 직접 조작하며 결과를 예측해 보는 경험을 충분히 제공해 주고, 즉각적으로 결과가 나타날 수 있는 예상 가능한 상황에서 "만약 ~한다면 어떤 일이 생길까?"라고 질문하는 것이 바람직하다. 이때 교사는 유아가 어떤 예측을 하더라도 수용될 수 있는 자유로운 사고와 탐색이 가능하도록 허용하는 분위기를 조성하는 것이 중요하다.
	  − 실제적 결과가 오랜 시간 소요되거나 추상적인 것에 대한 질문보다는 결과가 나타날 수 있는 것에 대해 질문하는 것이 즉각적으로 유아의 실제적 관심을 끌기 좋다.
	• 예측하기는 경험, 관찰을 통해 입증되므로 가설 세우기−조사−수정의 과정을 거치게 된다.
	  − 예측이 옳았는지 틀렸는지는 관찰이나 실험을 통해서 결정되지만, 예측의 진위 자체는 별로 중요하지 않다. 오히려 예측한 것과 실제로 일어난 것이 일치되지 않았을 경우 더 많은 호기심과 탐구하고자 하는 의욕이 생기므로, 교사는 예측의 정확성을 강조해서는 안 되고 유아로 하여금 자유롭게 탐색과 실험을 할 수 있도록 허용해야 한다.
	• 과학에서 예측하기는 '주의 깊은 관찰을 통한 자료수집하기', '수집한 자료나 사건의 패턴 조사하기', '원인과 결과 관계 조사하기', '예측에 대한 정확성 실험하기' 등을 통해 발전할 수 있다.

세부 내용	• 알고 있는 지식에 기초하여 예측하기 • 새로 얻은 지식에 기초하여 예측하기

5 의사소통하기

개념	• 과학에서도 자신이 발견한 과학적 결과들에 대해 의사소통하는 것이 필요하며, 현대과학이 사회적 역할을 강조하고 있다는 점에서 과학 경험을 통해 의사소통능력을 기르는 것이 중요하다.
	  – 의사소통하기는 유아들의 생각이나 관찰 사실을 서로 공유하도록 할 뿐만 아니라 다른 과학과정 기술과도 연계되기 때문에 최근 스토리텔링을 활용한 과학교육 접근법 등을 통해 더욱 강조되고 있다.
	• 의사소통하기는 사람들이 몸짓, 얼굴 표정, 목소리 톤, 그림, 글, 도표와 사진 등을 통해 의견을 교환하는 것을 말한다(Lind, 2005). 즉 유아가 과학활동을 하면서 자신의 생각을 말이나 몸짓, 그림, 그래프 등을 통해 상대방(또래나 교사)에게 전달하는 것이다.
	• 유아의 과학활동에서의 의사소통은 서로 탐구하는 과정에서 발견한 사실들을 공유하고 개념을 이해하기 위해 필수적인 과학과정 기술이다.
	  – 각 단계를 이어주는 매개체와 같은 역할을 하고, 각 단계에서 원활한 의사소통을 통해 보다 나은 과학활동을 경험하며 자신의 과학적 사고를 명확하게 정리할 수 있도록 한다.
	  – 자신이 관찰하고 발견한 것에 대해 생각을 표현하고 상대와 의견을 주고받는 가운데, 스스로 개념을 명료화하게 된다.
	  – 이때 타인의 이야기를 경청하고 자신의 이야기를 함으로써 상호 교환적인 대화의 기술을 익히게 된다.
	• Martin(2001)은 과학교육에서의 의사소통하기에는 '정확하게 대상을 묘사하기', '알려지지 않은 대상을 타인이 식별하도록 묘사하기', '말과 글로 다른 사람에게 정확하게 정보 전달하기', '생각을 말로 표현하기', '사건 내용을 정확하고 충분하게 묘사하기', '결론에 대한 근거를 말로 표현하기', '타당하고 이해할 수 있는 방법으로 자신의 아이디어를 묘사하기' 등이 포함된다고 하였다.
	  – 따라서 마틴 외(2005)는 유아에게 본 것, 행한 것, 관찰한 것, 예측한 것, 생각한 것을 분명한 용어로 묘사하도록 함으로써 유아는 단어를 사용하여 사물과 사건을 확인하고 묘사하는 방법을 배울 뿐만 아니라, 자신의 생각을 다른 사람이 이해할 수 있는 방법으로 표현하는 법을 습득하게 된다고 하였다.
	  – 교사는 유아의 의사소통하기를 돕기 위해 생각을 자유롭게 표현할 수 있는 개방적 분위기를 조성하고, 다양한 과학활동 가운데 '자신의 생각이나 실험결과를 그림으로 표현하기', '지도, 그래프, 관찰일지 등에 기록하기', '발표하기', '보여주며 말하기', '활동 전시하기', '책 만들기' 등의 방법을 사용하여 의사소통하는 기회를 끊임없이 제공해 주어야 한다.
	  – 또한 교사는 유아들이 몸으로 표현하고 비슷한 소리를 흉내 내거나 비슷한 다른 것으로 알려 주기 등 다양한 방법으로 의사소통을 할 수 있도록 도와야 하며, 유아의 말과 행동에 대해 "왜 그렇게 생각했는지 말해 줄 수 있겠니?", "다른 친구들이 너의 생각을 알도록 돕기 위해서는 어떻게 하면 좋을까?" 등의 질문을 할 수 있다.

세부 내용	• 사물과 현상에 대해 정확하게 묘사하기 • 생각을 주고받기 • 타인에게 사물 설명하기 • 정보 교환하기 • 질문하기 • 조사 완료 후 자료 해석하기 • 결과를 타인이 이해할 수 있도록 설명하기

6 추론하기

개념	• 추론하기는 어떤 결과를 관찰하고 이러한 결과의 원인을 되짚어 설명하는 탐구과정 기술로서 주로 간접적 방법을 통해 결론에 도달하게 된다. 인과관계를 직접적으로 관찰할 수 없는 상황에서 사건의 원인을 알아내는 기술을 말한다.
	• 추론하기가 과학에서 중요한 이유는 왜 이런 일이 일어났는지에 대해 사실에 근거하여 논리적 설명을 제시하기 때문이다(관찰된 결과와 논리적 관계를 갖는 근거를 연결짓도록 하기 때문이다).
	    – 하지만 추상적 사고를 요한다는 점에서 유아들에게 어려운 작업이므로 추상적인 것보다는 유아들이 사전 경험을 많이 한 사물이나 현상에 대해서 추론해 보거나, 즉각적으로 실험해서 확인할 수 있는 것에 대하여 추론하도록 하는 것이 효과적이다.
	• Martin(1997)은 유아의 추론과정 기술 측면에서는 관찰 가능한 사실에 대해 말하기, 추론하기에 있어서는 관련 정보를 합리적으로 수용하기, 존재하는 정보를 주로 사용하기, 핵심적이지 않은 정보를 합리적으로 제거하기, 추론에 대해 논리적으로 타당한 이유를 대기, 상황에 합리적인 추론과정 적용하기, 그래프나 도표의 적극적 활용 및 실험 결과 해석하기 등으로 구분하였다.
	• 추론은 지금 관찰되는 사실과 과거 경험, 사전지식 등을 연관시키는 과정을 통해서 이루어지기 때문에, 추론을 통해 얻은 정보는 정확할 수도 부정확할 수도 때로는 틀릴 수도 있다. 또한 같은 현상을 관찰하고도 사람마다 다르게 추론할 수도 있다.
	    – 추론하기는 관찰한 사실과 함께 이를 해석하기 위한 사전지식을 필요로 하므로 관련 대상을 주의 깊게 관찰할수록, 사전지식이 많고 정확할수록 정확한 추론을 할 수 있다. 그러므로 유아의 추론하기는 사전 경험이 풍부하고 추론에 대한 진위를 즉시 확인할 수 있는 활동을 대상으로 하는 것이 바람직하다.
	• **관찰 vs 추론** : 관찰이 특정한 대상이나 현상에 대해 있는 그대로 기술하는 것이라면 추론은 증거를 기초로 하여 결론을 내는 기술이라는 점에서 다르다.
	• **예측 vs 추론** : 예측이 아직까지 일어나지 않은 사건을 대상으로 한다면 추론은 이미 일어난 일에 대해 원인을 설명하고자 한다는 점에서 차이가 있다.
	• 교사는 과학활동에서 유아들에게 각 활동을 통해 무엇을 관찰하고 왜 그런 일이 일어났다고 생각하는지 질문함으로써 유아의 추론기술을 촉진할 수 있다.
	유의점 "왜 그렇게 된 것 같니?", "~의 원인은 무엇일까?"와 같은 질문은 유아에게 어려울 수 있으므로 유아가 사전 경험을 많이 했거나 진위를 즉시 확인할 수 있는 것에 대해 추론하도록 해야 한다.

세부 내용	• 관찰한 사실에 근거하여 추론하기 • 또래의 추론을 비판적으로 수용하기 • 성급히 결론을 내리지 않기
교사의 상호작용	• "깡통 속에 무엇이 있을까? 무엇을 보고 그렇게 생각하게 되었니?" • "깡통 안에 무엇이 또 있을 수 있을까?" • "어떻게 알았니?"

7 실험하기

개념	• 실험은 한 변수가 다른 변수의 변화에 미치는 영향을 알아보기 위해 신중하게 계획하고 실행하는 과학활동 과정이다(Martin, 2001). 예측한 것을 직접 해보는 기술로서, 지금까지 제시된 과학과정 기술을 망라해 적용하고 활용하여 사고기능을 통합하고 실행해 보는 종합적 사고과정이다. 　－ 즉 실험을 통해 관찰하고, 관찰한 내용을 분류하고, 조사할 가치가 있는 추측을 작성하고, 데이터를 수집하고, 분석하고, 결론을 추론하고, 그 추론에 대해 다른 사람들과 의사소통하여 결론을 내리는 등 실험은 모든 과정 기술을 활용한다. • 유아도 의문을 품은 것을 알기 위해 실험을 고안하고 수행하여 결론을 도출하는 과정을 진행함으로써 과학자가 될 수 있다. 　－ 유아에게 실험하기란, 궁금한 것을 확인하기 위해 구체적인 자료를 통해 실제로 해봄으로써 결과를 알아보는 것을 말한다. 　－ 복잡한 실험이 아니라 유아 생활 주변에 생기는 궁금증을 해결하기 위해 관찰하고 실험하는 것이다. • 실험은 가설과 변인통제를 포함하는 조사 과정이므로, 실험에는 가설과 통제변수가 포함되어야 한다. 　－ 가설이란 유아가 궁금해하는 탐구형 질문보다 두 변수 사이에 존재할 수 있는 관계에 대한 진술을 의미한다. 　－ 가설의 형태는 "만약 ~하다면, ~하다"이다. 그러나 유아에게 가설은 어려운 개념이므로 "만약 경사로를 높이면, 어떻게 될까?"와 같은 질문의 형태로 표현할 수 있다. **유의점** • 유아기에 이루어지는 실험하기는 실험의 상황이 유아의 일상과 동떨어지는 것은 피하는 것이 좋으며, 위험한 재료나 환경을 제공하는 것, 유아가 조작할 수 없는 것 또는 유아 수준에서 직접 조작이 가능하지 않은 실험 등은 피하는 것이 좋다. • 유아가 설정한 의문을 실제 조사나 실험을 통해 해결하기 어려운 경우가 많으므로 교사는 탐구 가능한 질문으로 바꾸거나 변형시키는 것을 도와주어야 한다. '왜(why)'보다는 '무엇(what)'이나 어떻게(how)'로 문제를 다루어야 비교적 수월하게 실험 탐구활동을 할 수 있다(교육부, 2018).
세부 내용	• 궁금한 점이나 더 알아보고 싶은 내용이 있는지 조사하기 • 질문 형태로 이야기하기 • 실험목적을 확실히 인식하기(실험에서 원인과 결과가 분명해짐) • 실험변인을 정하고 실행하기 • 실험의 원인과 결과를 표, 그래프, 사진 등으로 정리하기 • 결과 발표하기

실험의 과정 ―「변인통제」의 의미와 중요성

• 변인통제 : 유아가 탐색하고자 하는 요인을 제외한 것들은 동일하게 만들어주어 통제함으로써, 결과의 원인을 명확히 알 수 있도록 해주는 것이다(Martin, 2000).
• 전조작기 유아들은 발달 특성상 여러 가지 변인을 동시에 고려하지 못하므로, 변인이 통제되지 않은 다양한 자료를 제공해 주는 것은 오히려 유아의 과학적 사고를 분산시키게 하며, 사고의 확장을 방해하게 된다.
• '경사로 실험'의 설계를 위한 변인통제
  ⑩ '경사면의 높이에 따라 굴러가는 것이 어떻게 다른지 알아보고 싶을 때에는 어떤 변인을 통제하면 좋을까?'
    ① 굴리는 물체를 동일하게 하기
    ② 표면의 재질을 동일하게 하기
    ③ 굴리는 힘을 동일하게 하기
    ④ 세게 굴리지 않고 가만히 놓기
• 유아과학교육에서의 변인통제는 유아의 발달면에서도 필요하다.
  – 유아들은 여러 가지 속성을 동시에 고려할 수 없기 때문에 과학활동을 할 때에는 반드시 자료에 의한 변인통제가 중요하며, 통제된 자료를 순서적으로 제시함으로써 사고를 한 방향으로 확장시켜가는 교사의 철저한 사전 계획이 필요하다.
• 유아과학교육에서 실험과 변인통제는 유아가 자신의 생각을 확인하고 지속적으로 탐색해 가고자 하는 데 중요하다.
  – 교사는 유아에게 적절한 자료와 충분한 실험이 이루어질 수 있도록 공간 및 환경을 제공해주는 것이 필요하다.

전조작기 탐구활동 지도방안

• 유아의 직접적 조작에 의한 다양한 결과의 도출이 가능한 내용으로 선정할 것
• 관찰이 가능한 단순한 분류나 측정 및 의사소통이 가능한 내용으로 선정할 것
• 결과가 분명한 자료를 제시할 것
• 자료에 의한 변인통제 및 이를 순서적으로 제시할 것

MEMO

UNIT 47 과학적 지식

- 지식: 다양한 사물에서 공통적인 속성을 나타내는 정신적 표상을 의미한다.
  - 개인적·주관적인 속성과 사회적·객관적인 속성을 가진다.
- 과학지식은 단순히 여러 가지 사실이나 관찰에서 얻은 지식이 누적된 것이 아니라 인간에 의해 창조되고 구성되는 것이고, 불변의 진리로 생각하기 쉬우나 실제로는 새로운 이론의 등장으로 인해 끊임없이 변화되고 수정되면서 진화하는 특징을 가진다.
- 유아는 성인이 가르쳐주지 않아도 주변 세계에서 일어나는 사건과 현상을 통해 자신이 이미 지니고 있는 개념적 틀을 사용하여 지식을 구성한다.
  - 자기중심적인 성향으로 인해 특정 현상에 대해서 서로 다른 의미를 구성하게 되어 *오개념을 가지게 되는 경우도 있다.
  - 유아가 가지고 있는 개인적이고 주관적인 개념 중에서 불완전하고 잘못된 개념을 사회적이고 객관적 속성을 갖는 과학자적인 개념으로 변화시키는 것은 과학교육의 목적 중 하나로 볼 수 있다.
- 유아의 사전개념을 고려한 과학교육 지도방법
  - 유아의 사전지식은 지식의 구성에 중요한 역할을 한다. 따라서 교사는 주제와 관련하여 유아가 사전에 구성한 개념이 어떠한지 확인하는 과정을 통해 유아가 현재 형성하고 있는 지식이 무엇인지 파악하고, 사전지식이 과학적으로 틀렸을 경우에도 오개념을 정상적인 것으로 받아들이며 존중해줄 필요가 있다.
  - 유아가 오개념을 형성하고 있을 경우, 유아가 주체가 되어 오개념에 대해 스스로 생각해보면서 능동적으로 올바른 개념을 형성할 수 있도록 지원해 준다.
    - 예 유아에게 다양한 활동을 제공하고, 세심한 관찰 및 재실험을 권유한다.
  - 유아가 잘못 이해한 지식이 과학적인 지식으로 수정 확장되기 위해서는 교육적인 노력이 필요하며, 유아가 현재 가지고 있는 사전개념에 대해 인지적 갈등을 활용하여 개념변화를 기대할 수 있다.
    - 예 '큰 것은 물에 가라앉는다'는 사전개념을 가지고 있는 유아에게 '크지만 물에 뜨는 물건(스티로폼)'을 띄워보게 함으로써(인지갈등) '크지만 물에 가라앉지 않는 것'도 있다는 개념변화를 유도한다.
  - 교사는 직접적인 설명이나 지시를 하지 않도록 유의해야 하며, 유아의 탐구하는 태도를 기르기 위해 섣부른 결론을 내리지 않는다.

*오개념
- 과학에 대해 학습자가 가지고 있는 잘못된 지식이다.
- 유아의 오개념은 올바른 과학개념을 이해하는 과정에 지속적으로 영향을 미치며, 오개념 중 어떤 것들은 과학적인 정개념으로 쉽게 변화되기도 하지만, 쉽게 교정되지 않고 인지적 성숙이 이루어질 때까지 기다려야 하는 것들도 있다.

1 지식의 요소 - Harding(1999), Machado(2000), Ckiappetta & Koball(2006)

기본 견해	• 과학지식이 공통적으로 가지고 있는 요소에는 사실(fact), 개념(concept), 법칙(law), 이론 (theory), 가설(hypothesis) 등이 포함된다. - 이러한 요소들이 결합되어 과학지식은 일종의 구조적 전체를 이루고 있다.
과학지식의 구성요소	**과학적 사실** • 관찰, 측정, 실험 등을 통해 수집한 구체적이고 검증이 가능한 정보로서, 개념, 법칙, 이론 등의 바탕이 된다. • 피아제의 지식 유형 중 물리적 지식과 관련한 것으로, 관찰, 실험 등을 통해 수집한 정보이며, 따라서 구체적이고 객관적인 특성을 지니고 있다. - 과학적 사실은 구체적인 대상을 나타내기 때문에 반복적인 관찰이나 실험을 통해 그 속성을 확인할 수 있다. - 우리의 감각을 통하여 받아들일 수 있는 것을 있는 그대로 기술한 것이다. 예 하늘은 파랗다. 저기 검정색 배 한 척이 물에 떠 있다. 물은 추울 때 언다.
	과학적 법칙 • 과학적 사실 간에 규칙성을 발견하고 진술한 것으로, 가정이나 가설에 바탕을 두지 않고 관찰된 자연현상에 나타나는 규칙성을 진술한다. • 법칙은 피아제의 논리·수학적 지식과 관련한 것으로 사실들을 수집하여 그것들 간의 규칙성과 관계성을 발견하고 나름의 법칙을 만들어낸 것이다. - 따라서 발견하는 객관적 사실의 양과 질에 따라 개개인이 만들어 내는 법칙은 차이가 있을 수 있다. - 또한 법칙은 관찰된 사실에 대해 정확한 원인을 설명하지는 못한다. 예 공기는 열을 가하면 늘어난다. 예 질량이 있는 모든 물체 사이에는 끌어당기는 힘이 있다. 예 작용 반작용의 법칙이 작용한다.
	과학적 개념 • 사물, 성질, 현상, 사건 등에 관하여 여러 사람이 공통적으로 가지고 있는 일반적·추상적 관념이나 생각을 뜻한다. - 피아제의 지식의 유형 중 사회적 지식과 관련한 것으로 인지적 표상을 위한 합의된 어휘를 통해 용어나 부호로 나타낸다. • 이름, 정의, 준거, 실례 등 본성을 나타내는 요소들이 통합되어 생기는 종합적 의미 구성이다. - 관찰을 통해 수집된 과학적 사실들 사이에는 일련의 관계와 패턴들이 나타나며, 그러한 관계와 패턴들은 개념을 통해 진술될 수 있다. 예 액체 물질이 고체로 변하는 상태 변화 ➡ 과학적 개념 '응고' 예 접촉에 의해 열이 전달되는 것 ➡ 과학적 개념 '전도' 예 나무는 쇠보다 가볍다. ➡ 과학적 개념 '무게'
	과학적 이론 • 이론은 관찰된 현상을 관련된 과학적 원리들을 활용해 설명하는 것이다. - 과학법칙과 달리 관찰된 현상에서 사물이 왜 그러한 현상을 나타내는지를 설명해준다. - 따라서 한 가지 현상에 대해서 다양한 이론이 있을 수 있으며, 그 이론들 간의 공통성을 법칙으로 설명할 수 있다. • 법칙에 대해서는 대다수의 합의가 있고, 관찰된 사실에 관한 원인을 설명할 수 있다. 따라서 반복적으로 법칙을 증명하려는 노력이 필요하다.

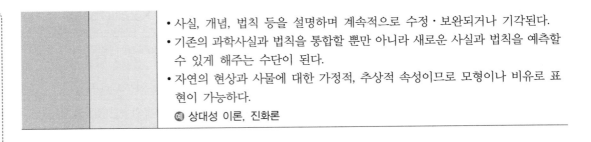

| | • 사실, 개념, 법칙 등을 설명하며 계속적으로 수정·보완되거나 기각된다.
• 기존의 과학사실과 법칙을 통합할 뿐만 아니라 새로운 사실과 법칙을 예측할 수 있게 해주는 수단이 된다.
• 자연의 현상과 사물에 대한 가정적, 추상적 속성이므로 모형이나 비유로 표현이 가능하다.
📌 상대성 이론, 진화론 |

2 유아 발달에 적합한 과학지식

보편적 지식	• 보편적 지식은 기존의 과학자들이 밝혀 놓은 개념과 이론에 해당하는 지식이다.
	• 과학지식을 보편적 지식으로만 여기는 대부분의 교사는 과학활동을 통해 자신이 유아에게 가르쳐야 하는 내용으로 오해하고, 과학활동 자체를 어려워한다.
	  – 교사가 보편적 과학지식을 많이 알고 있어도 유아에게 그대로 전달하는 것은 발달에 적합하지 않다. 유아가 학습한 후 이해한 것을 스스로 설명하기 어렵기 때문이다.
	  – 교사는 만약 유아가 사전지식으로 어떤 현상에 대한 보편적 과학지식을 이미 알고 있다고 하더라도 직접 수행하는 탐구활동을 통해 경험적 지식으로 재구성하도록 기회를 제공해야 한다.

탐구활동을 통해 생성된 지식	탐구활동을 통해 생성된 지식은 관찰을 통해 검증 가능한 지식으로, 유아가 직접 탐구활동을 거쳐 나름의 지식을 생산한 것을 의미하며, 유아 발달에 적합한 과학지식이라고 할 수 있다.

3 과학지식의 특성

가변성	• 과학지식은 새로운 사실이 등장하면 끊임없이 변화되고 수정된다. – 따라서 교사가 알고 있는 지식을 유아에게 그대로 받아들이도록 전달하는 것은 과학지식의 특성을 잘못 이해하는 것이다.

객관성	• 동일한 실험과정을 어느 누가 되풀이해도 동일한 결과를 얻을 가능성이 있어야 한다.
	  – 따라서 자신의 실험과정을 기억해 타인에게 설명할 수 있도록 해야 하며, 과학활동이 한 번의 활동으로 끝나기보다는 놀이시간 등을 활용해 지속적으로 반복되고 동일한 결과가 나타나는지 확인하도록 하는 것이 필요하다.
	  – 또한 객관성을 확보하기 위해 결과 확인방법을 서로 합의하는 것이 필요하다.

경험성	• 과학지식은 감각적으로 지각할 수 있어야 하고, 관찰가능한 것이어야 한다. – 따라서 교사의 주입식 전달이 아닌, 유아의 경험적 행위를 통해 과학지식을 획득하도록 활동을 계획하고 지원해야 한다.

UNIT 48 과학적 지식 형성과정

1 피아제(Piaget)

(1) 인지적 구성주의

개념	• 피아제 이론에 기초를 둔 인지적 구성주의에 따르면 지식은 정지된 것이 아니라 변화하고 변형된다고 보며, 이러한 지식을 구성하는 과정에서의 내적인 힘을 강조한다. 　－ 피아제의 이론은 스스로의 경험이나 환경과의 상호작용을 통한 지식 구성을 강조하며, 유아들이 어떻게 지식을 구성해 나가는가에 대한 영향력 있는 이론이다. • 인지적 구성주의에 기초한 유아의 학습은 유아들의 생각과 경험을 중시하며, 유아 스스로 적극적인 학습자로서 탐구과정에 참여하는 것을 강조한다. 　－ 즉 유아 스스로의 경험이나 환경과의 상호작용을 통한 지식 구성을 강조하는 입장으로서 현대 유아과학교육의 이론적 토대를 이루고 있다.
지식의 형성 과정	• 피아제는 인지발달이론에서 제시한 지식 형성과정을 유아과학교육에서도 중시한다. 　－ 유아를 위한 과학적 지식이 외부에서 제공되어 형성되는 것이 아니라 유아 스스로 자신을 둘러싼 환경과 직접적인 상호작용을 통해 유아의 내부에서 재구성된다고 본다. 　－ 유아를 위한 과학교육은 교사가 주도하여 유아에게 많은 지식을 전달하는 것보다 유아 자신이 사물과의 직접적인 경험을 통하여 스스로 구성한 지식을 중요하게 인식한다. 　－ 과학과 관련된 지식의 형성은 지식의 유형과 연관되며, 지식의 유형에 따라 교수 방법도 달라지게 된다. • 피아제가 제시한 세 가지 지식 중 특히 과학과 관련이 많은 물리적 지식과 논리 · 수학적 지식은 유아 스스로 능동적인 경험을 통해 구체적으로 형성된다. • 유아가 사물의 물리적 특성 및 사물과 사물 간의 관계와 같은 과학적 지식을 구성하려면 물리적 속성에 대해 지식을 형성할 수 있는 학습의 기회와 함께 모든 종류의 사물, 사건, 행동을 다양한 형태로 관계지어 볼 수 있는 풍부한 활동의 기회가 필요하다고 본다. • 물리적 지식과 논리 · 수학적 지식의 구성을 ＊경험적 추상과 ＊내성적 추상으로 관련지어 설명한다. 　－ 피아제는 물리적, 논리 · 수학적 지식을 유형별로 구별하였지만 유아의 심리적 세계에는 어느 한편이 추상되지 않으면 다른 한 편의 추상도 일어나지 않는다고 강조하고 있다. 　－ 유아의 지식 형성과정을 볼 때 유아기의 경험적 추상과 내성적 추상은 과학교육에 있어 매우 중요한 교육적 의미를 시사한다. 　－ 감각운동기와 전조작기에는 경험적 추상과 내성적 추상이 독립적으로 일어날 수 없으며, 전조작기가 지나서야 독립적으로 일어날 수 있다. 　－ 내성적 추상을 통한 논리 · 수학적 구조는 물리적 지식형성과 사회적 지식형성에 중요한 역할을 하고 있고, 이러한 논리 · 수학적 구조가 형성되기 위해서는 다양한 사물과의 직접적인 상호작용을 통한 활동이 필수적이라고 보았다.

＊경험적 추상
사물의 속성을 추상하는 것으로, 사물의 특정한 속성에만 관심을 두는 것이다.

＊내성적 추상
사물과 사물 사이의 관계를 머릿속에서 구성하는 것으로서, 외부에서 제공되는 것이 아니라 유아 스스로 구성해 가는 것이다.

인지적 구성주의 적용을 위한 고려사항	과학교육은 사고 구조의 발달을 주요 목적으로 강조해야 한다.	
	피아제가 설명하는 인지발달은 감각운동기, 전조작기, 구체적 조작기, 형식적 조작기의 4단계를 거쳐 발달하는데, 각 단계는 서로 다른 논리·수학적 사고 구조를 가지고 있다. 따라서 유아과학교육은 사고 구조의 발달을 목적으로 해야 한다.	
	개인차를 고려해야 한다.	
	인지발달단계는 각 단계를 거치지만 개인차가 있을 수 있고, 각 단계별 전이 과정에서도 개체 간의 발달 차이가 있을 수 있다. 따라서 교사는 개별 유아의 사고 구조 발달에 관심을 가지고 개별화 수업이 될 수 있도록 준비하고, 유아 개개인의 사전 경험과 지식 및 개념을 파악하여 이에 기초한 활동을 구성해야 한다.	
	내용보다는 과정 중심의 활동이어야 한다.	
	유아가 직접 관찰, 분류, 측정, 예측, 의사소통, 실험 등의 과정을 통해 실시하는 과학활동이어야 한다.	
	유아가 주도적·능동적·적극적으로 참여하도록 한다.	
	유아의 흥미와 아이디어를 반영하여야 하며, 유아의 사전지식과 경험에 기초한 지식을 재구성해 갈 수 있도록 하는 것을 의미한다. 과학활동의 계획 및 준비 단계에서부터 유아가 참여하도록 하며, 활동 진행 중에는 유아가 자유롭게 탐색하고 조작할 수 있는 탐구활동이 되도록 한다.	
	지식을 구성하기 위해서는 행동이 선행되어야 한다.	
	지식은 유아 스스로에 의해 구성되고, 사물과 직접적인 상호작용을 함으로써 사물의 특성을 이해하게 되며, 자신의 행동에 의해 직접 만들어지는 물리적 현상을 통해 지식을 구성하게 된다. 따라서 유아가 직접 관찰하고 조작, 예측 및 비교 등을 할 수 있도록 풍부한 활동 자료를 제공하여 적극적으로 참여할 수 있도록 한다.	
	인지적 평형화를 유도해야 한다.	
	평형화는 인지발달을 촉진하는 것이기 때문에 인지적 갈등을 유발하도록 하여 평형화가 이루어지도록 한다.	
유아 과학교육에 주는 시사점	• 유아는 지식을 구성하는 능동적인 존재로서 유아와 환경 간의 상호작용을 중요시한다. • 또한 선천적으로 호기심과 탐구심이 많은 존재로 학습이 그 자체의 보상이 될 수 있으므로 교사 주도적인 교수법은 적절하지 않다. • 나아가 피아제는 유아과학교육의 목적은 유아가 탐구와 실험 및 토의를 통해 스스로 의미를 구성해 가는 것이라고 하였다(황의명·조형숙, 2015). 그러므로 교사는 과학적 지식을 설명하거나 시범하는 전달자의 역할이 아니라, 유아가 활동에 직접 참여하여 지식을 구성해 낼 수 있도록 도와주고 지지적인 환경을 조성하는 안내자 역할과 자원 제공자의 역할을 해야 한다.	

(2) 지식의 유형

기본 견해	피아제(Piaget)의 이론에 따르면, 지식은 그 근원에 따라 물리적 지식, 논리·수학적 지식, 사회적 지식으로 구별된다고 하였다. 지식의 유형에 따라 지식 전달방법이 다를 수 있지만 세 가지 유형의 지식이 전적으로 다른 것이 아니고 동시에 함께 진행되면서 학습된다(Kamii & DeVries, 1997).

물리적 지식	• 물리적 지식은 물체 그 자체가 가진 외적 특성에 근원을 두고 있는 것으로, 물체의 색, 모양, 크기 무게 등과 같이 눈으로 보면 알 수 있는 특성이 외부의 행위에 의해 어떻게 반응하는지 관찰함으로써 얻게 되는 지식이다.
	  – 유아가 감각기관을 통해 알 수 있는 물체에 대한 지식을 말하는 것으로, 까미와 드 브리스는 물리적 지식을 '사물에 가하는 유아의 행위와 그 결과에 대한 관찰'을 통해서 형성되는 것으로 정의한 바 있다.
	• 물리적 지식의 근원은 물체나 자연현상 등 외부에 존재하고, 유아는 이러한 외부의 지식을 탐색하고 발견함으로써 하나씩 알아낼 수 있다.
	  – 색, 모양, 크기, 무게 등과 같이 '보면 알 수 있는' 사물의 물리적 속성에 대한 지식으로, 구체적인 경험이나 관찰을 통해 획득된다(⑩ 공에 대한 물리적 지식은 '공은 둥글다', '공의 색깔은 노랗다', '공을 던지면 굴러간다' 등 공의 특성인 색, 무게, 크기, 질감 등에 대한 것이다. 공에 대한 물리적 지식은 공과의 직접적인 경험을 통해 형성될 수 있다).
	  – 물체 내의 물리적 특성을 결정하는 속성을 포함한다.
	    ⑩ 나무는 물에 뜨고, 돌은 가라앉는다.
	    ⑩ 잘 익은 바나나는 노란색이며 독특한 냄새가 난다.
	    ⑩ 식초에 베이킹소다를 넣으면 거품이 생긴다.
	    ⑩ 비밀 상자의 촉감과 소리가 있다.
	• 물리적 지식을 획득하도록 하기 위해서는 영유아로 하여금 주변의 물체와 자연현상에 대해 관심을 가지고, 직접 탐색하고 실험하면서 사실들을 수집할 수 있는 다양한 행동적 기회가 제공되어야 한다.
	  – 물리적 지식활동의 목적은 과학적 개념, 원리, 설명을 가르치는 것이 아니라 유아가 사물을 가지고 활동하며 그 사물의 반응을 관찰할 기회를 제공하는 것이다.
	  – Driscoll와 Lpwnds(2007)에 따르면, 이 시기의 유아들은 인과적 사고와 논리적 사고가 미흡하기 때문에 직접 관찰하고 탐구하는 활동을 통해 과학에 대한 호기심을 증진시킬 수 있다고 하였다.
	
	🖱 **물리적 지식의 특성**
	• 유아의 행위를 통해 특성을 파악할 수 있다는 것
	• 유아의 행위를 통해 물리적 변화가 가능하고 이를 파악할 수 있다는 것
	• 유아의 행위를 통해 나타나는 물리적 반응은 즉각적이고 관찰 가능하다는 것

논리·수학적 지식	• 논리·수학적 지식은 관찰된 사실들을 조직하여 관계성을 형성한 후 나름의 법칙을 만들어 내는 지식으로, 외부로부터 발견한 물리적 지식을 토대로 개인의 머릿속에서 정신적 활동을 거쳐 만들어진다.
	  – 쉽게 말해 사물과 사물의 관계에 대한 지식으로, 정보를 조직하고 세상을 이해하기 위해 각 개인이 구성하는 관계성을 포함하는 지식이다. 고등 지식의 형태로 사물과 사물의 관계(= 반성적 추상)를 이해함으로써 형성된다.
	  – 물체 간의 관련성에 대한 지식으로, 정보를 조직하고 세상의 의미를 만들어 가기 위해 개인이 구성하는 관계(같고 다름, 많고 적음, 수, 분류 등)들을 포함한다.

- 유아는 사물이 같은지 적은지를 비교해 보거나 같은 것끼리 모아보는 분류 활동 등을 통해 세상을 이해하고 정보를 조직화하며 논리적 지식을 구성해간다.
  - **예** 공을 바닥에 세게 칠수록 공은 높이 튀어 오른다.
  - **예** 세게 밀수록 추가 빨리 움직인다.
  - **예** 물의 온도가 높을수록 물질을 더 빨리 녹인다.
  - **예** 이에 해로운 음식과 이로운 음식을 분류한다.
- 논리 · 수학적 지식은 어떤 사물의 특성을 눈으로 확인하는 것이 아니라, 자기 생각 속에서 관계지어야만 파악할 수 있는 관계의 조정에 의해서 구성되는 지식이다.
  - 즉 어떤 사물 자체만을 봐서는 알 수 없고 구체적으로 사물을 다루어 봄으로써 사물과 사물 사이의 서로 다른 특성을 관찰하고, 사물과 사물을 관계 짓는 기준에 따라 비교함으로써 지식을 구성해 나간다.
- 물리적 지식 vs 논리 · 수학적 지식
  - 물리적 지식이 사물과의 직접적인 상호작용을 통해 외부 사실들을 발견해 내는 행동을 통해 형성되는 지식이라면, 논리 · 수학적 지식은 유아의 정신활동을 통해 형성되는 지식이다. 즉 논리 · 수학적 지식은 외부로부터 발견된 사실들 간의 비교, 이에 관련된 경험과의 비교를 통해 지식이 구성된다고 할 수 있다.
  - 피아제에 의하면 물리적 지식은 논리 · 수학적 지식의 형성에 기초가 되며, 새롭게 얻은 물리적 지식은 논리 · 수학적 지식을 더 정교하게 만든다.
- Kamii와 그의 동료들은 논리적 지식의 유형을 '분류', '서열화', '수를 포함하는 논리 · 산술적 지식'과 '시간적 관계와 공간적 관계를 포함하는 시 · 공간적 지식'으로 구분하였다.
- 유아는 직접적인 가르침보다는 구체적인 사물을 스스로 조작해봄으로써 관계를 만드는 과정에서 논리 · 수학적 지식을 형성한다.
  - 따라서 교사는 논리 · 수학적 지식 구성을 위해서 유아들이 가능한 한 집중하여 모든 사물을 다양하게 관계짓도록 격려해야 한다.
  - 무엇보다 유아가 또래들과 생각을 공유하도록 하며, 유아가 어떻게 사고하는지를 파악하고 이를 내면화하는 과정에 적절히 개입하는 것이 필요하다고 하였다(Kamii & DeVries, 1997).

> **🖱 논리 · 수학적 지식의 특성**
> - 유아가 관찰한 것들에 대해 다양한 관계 짓기가 가능해야 한다.
> - 유아가 관찰한 것과 이전 경험과의 관계 짓기가 가능해야 한다.
> - 개인마다 논리 · 수학적 지식은 다르게 형성될 수 있다.

사회적 지식	• 사회적 지식은 사회로부터 파생되어 사회 속에 존재하는 사람이 만든 지식이다. 성인의 직접적인 가르침과 사회적 전달에 의해 얻어지는 것이며, 사회 내에 함께 살아가는 사람들에 의해 만들어지고 전달되는 지식이다. 예를 들면, '선생님을 만나면 인사를 한다', '차례로 줄을 선다'와 같이 다양한 사회적 상황에서의 행동과 규칙 등이 사회적 지식에 속한다. - 사회 구성원들 간 임의적이고 관례적으로 이루어진 약속으로서 규칙 · 가치 · 도덕이나 언어 체계 등이 해당한다. - 피아제는 '사람'에 관한 관심을 갖고 사회적 지식을 구성하기 위해서는 다른 사람과의 활동이나 상호작용이 중요한 열쇠가 된다고 보고, 그 구성요소를 언어, 도덕적 규칙, 가치, 문화, 역사, 상징적 체계로 제안하였다.

MEMO

– 반면 튜리엘은 '사회'에 보다 관심을 가지고 '사회적 경험'이 중요하다고 생각하여 구성영역을 도덕적 영역(예 생명의 가치, 존엄성, 책임감 등)과 사회·인습적 영역(예 교실 규칙, 성역할 등)으로 제시하였다.

  예 실험 결과를 그래프로 만들고 해석하기
  예 도구의 이름
  예 도구의 사용 방법
  예 동물 및 식물의 이름

• 사회적 지식은 유아 외부에 지식의 근원이 있으며 문화마다 각기 다르게 표현된다. 사람들 간의 약속으로 이루어진 임의적인 것으로, 물리적 지식이나 논리·수학적 지식과는 달리 관찰을 통해서 발견되거나 정신적 활동을 통해 형성되는 것이 아니라 사회적 전달과정을 통해서 획득된다.

  예 언어의 경우 "우리는 그것을 블록이라고 부른다", "빨간 신호등은 멈춤을 의미한다", "일주일은 월요일부터 일요일까지 7일이다"와 같이 동의한 정보를 의미한다.

• 유아의 잘못된 개념이 사회적 지식과 연관되었을 때 무엇이 바른 것인지 보여주거나 설명해 줄 수 있다(DeVries & Sales, 2014).

  예 한 유아가 '타다'라는 단어는 자전거, 말을 타는 것만 의미한다고 잘못 알고 있을 때, 교사는 '타다'가 "가루 등을 물에 섞는다"라는 의미로도 사용된다는 사회적 지식에 관해서 설명해 줄 수 있다.

> 🖱 사회적 지식의 특성
> • 사람들 간의 약속으로 이루어진 지식이므로 논리적으로 설명하기 어렵다.
> • 관찰이나 논리적 과정을 통해 형성된 것이 아니다.
> • 사회적 전달과정을 통해 획득되는 것이다.
> • 자칫 강제적 주입이 될 수 있으므로 유아를 존중하는 태도로 전달하는 노력이 필요하다.
> • 과학교육에서 다루는 과학지식이라고 할 수 없다.

참고

지식의 세 가지 유형

• 이 물고기는 빨갛다.
• 이 물고기는 물속에서 헤엄친다.

〈물리적 지식〉

• 두 물고기는 다르다(색깔).
• 두 물고기는 같다(크기).
• 이 물고기는 식물이 아니라 동물이다.

〈논리–수학적 지식〉

금붕어

• 금붕어
• goldfish

〈사회적 지식〉

출처: 한유미, 『유아과학교육』

🏠 지식의 종류와 특징		
지식의 종류	**지식의 근원**	**지식의 구성방법**
물리적 지식	외부(물체 자체)	탐색, 탐구 및 직접 경험
논리·수학적 지식	내부	관계 형성
사회적 지식	외부 (인간과 인간과의 임의적인 약속)	직접 가르침(반복학습)

2 비고츠키(Vygotsky)

개념		
	특징	 • 자발적 개념과 과학적 개념의 발달 방향은 반대이지만, 두 개념은 상호의존적으로 발달한다. 　－ 과학적 개념의 습득을 촉진하기 위해서는 자발적 개념이 필요하며, 그 반대의 경우도 동일하다. 　－ 자발적 개념과 과학적 개념의 상호작용에 의해 고차원적인 개념이 발달한다. • 유아는 일상적인 경험(자발적 개념)을 과학적 개념의 체계 속에 끼워 넣어 이해해야 하며, 이러한 체계적인 개념(과학적 개념)을 자신의 일상적 경험(자발적 개념)에 적용할 수 있어야 한다. 　㈋ 강아지를 기르면서 형성한 자발적 개념이 교육기관에서 동물에 대해 배울 때 관련된 과학적 개념을 형성하는 것과 연계될 수 있고, 다른 동물들에 대한 일상적 경험에 영향을 주어 다시 선개념과 자발적 개념을 형성하는 데 도움을 줄 수 있다.
	자발적 개념	• 유아가 매일의 생활을 통해 의식하지 못할 정도로 자연스럽게 터득하는 개념을 의미한다. • 유아가 거의 의식하지 못하는 가운데 습득하는 일상적 개념이 모여서 형성되는 것으로, 아래에서 위로 올라가는 귀납적 과정을 통해 발달한다. 　㈋ 어제, 오늘, 내일 등의 시간 감각을 예로 들 수 있다.
	과학적 개념	• 교육기관에서 배워 습득한 형식적 지식(구조화된 학교 환경에서 배워 습득되는 형식적인 개념)을 의미한다. 　－ 과학적 개념은 습득 및 활용 과정이 의식적으로 이루어지며, 자발적 지식에 비해 좀 더 형식적이고 논리적으로 제한된 개념으로서 추상적이며 체계적으로 조직된 특징을 가진다. • 문화적으로 합의된 것으로, 위에서 아래로 내려가는 연역적 과정을 통해 발달한다(㈋ 역사).

3 까미 & 드브리스(Kammi & Devries)

- 1970년대 말 이후 구성주의(constructivism)에서의 '학습자가 지식을 스스로 구성함으로써 배운다'는 신념은 과학교육의 주요 흐름이 되었다.
  - 이 시기의 대표적인 유아과학교육 프로그램이라 할 수 있는 까미(Kamii)와 드브리스(DeVries)의 물리적 지식활동 프로그램(PKA : Physical Knowledge Activities)이 구성주의를 기반하여 개발되었다.
  - PKA는 피아제(Piaget) 이론에 기반하여 까미와 드브리스가 개발한 프로그램으로, PKA에서는 물리적 지식을 물리적 세계 속에서 사물에 대한 유아들의 행위와 그 사물의 반응을 관찰하는 것, 즉 유아가 물체에 어떤 행위를 가하고 그 결과를 관찰함으로써 습득되는 것이라고 보았다. 따라서 물리적 세계에서 물체에 대한 유아의 지식 발달과 논리·수학적 구조를 구성하는 것을 주요 목적으로 하였다.
  - 이 프로그램에서는 유아가 스스로 지식을 구성해 갈 수 있는 활동을 내용으로 선정하고, 활동의 선택은 유아의 흥미에 따라 유동적으로 할 수 있도록 하였으며, 교사는 놀이의 참여자로서의 역할이 기대되었다.
  - 피아제는 지식의 종류를 물리적 지식, 논리·수학적 지식, 사회적 지식으로 나누었는데, 까미와 드브리스는 이러한 지식의 종류에 따라 학습과 교수 방법이 달라야 한다고 보았다. 특히 외부에 존재하는 사물이나 자연현상들에 관한 물리적 지식은 유아들이 직접 그 사물을 조작하고 다루어 봄으로써 나타나는 반응을 즉각적으로 체험하는 과정을 통해 학습된다고 하였다.
  - 따라서 유아들이 직접 자료를 갖고 다양한 방식으로 다루어 보면서 학습해 갈 수 있는 물리 과학 개념의 탐구를 중심으로 한 활동을 제시하였다.
  - 까미와 드브리스가 제안한 물리적 지식활동으로 인해 부분적으로 다루어지고 있었던 물리, 화학 영역이 유아 단계에서도 적합하다는 인식을 심어주는 계기가 되었고, 유아과학교육의 영역도 보다 넓어졌다.

> 🖱 물상과학
> - 물상과학은 물리학과 화학을 포괄하는 용어로, 까미와 드브리스가 제시한 물체의 움직임에 관한 활동(물리학)과 물질의 변화에 관한 활동(화학)이 이에 해당하는 영역이다.
>   - 까미와 드브리스에 의하면, 물리적 지식은 유아가 물체에 어떤 행위를 가하고 그 결과를 관찰함으로써 습득되는데, 물체의 움직임에 관한 활동(예 경사면에서 공을 굴림)에서는 유아의 행위가 중요하며, 물질의 변화에 관한 활동(예 밀가루에 물을 섞어 반죽을 만듦)에서는 유아의 관찰이 더 중요하다.

- 이 프로그램에서는 물리적 지식을 물리적 세계 속에서 사물에 대한 유아들의 행위와 그 사물의 반응을 관찰하는 것, 즉 유아가 물체에 어떤 행위를 가하고 그 결과를 관찰함으로써 습득되는 것이라고 보았다.
  - 따라서 물리적 지식활동에서는 유아들이 관찰 가능한 것에 대해 추론하는 연습을 할 수 있는 활동을 다룬다.
  - 전통적인 과학교육활동에서 과학의 개념과 결과를 습득하는 것에 초점을 두었던 것과는 달리 PKA는 다양한 경험을 통해 유아 스스로 제기한 질문과 문제를 해결함으로써 탐구력을 기르는 데 더 초점을 맞추고 있다.
  - 특히 유아들은 물리적 지식활동을 경험함으로써 점차 사고 발달을 이루고, 사물과 사물 간의 관계성을 스스로 알아가면서 논리·수학적 지식을 구성해나갈 수 있다고 보았기 때문에, 그 중요성을 더욱 강조하였다.

- 물리적 지식활동의 4가지 조건을 아래와 같이 제시하고, 사물에 가한 유아의 행위와 관찰의 관계에 따라 이러한 기준을 반영한 물리적 지식활동의 유형을 물체의 움직임에 대한 활동, 물체의 변화를 포함하는 활동, 물체의 움직임과 변화 사이의 활동으로 분류하였다.

> 🖱 물리적 지식활동의 4가지 조건
> ① 자신의 행위를 통해 사물의 움직임을 만들 수 있어야 한다.
> ② 사물에 대한 행위를 변화시킬 수 있어야 한다.
> ③ 나타나는 사물의 반응이 관찰가능해야 한다.
> ④ 사물의 반응이 즉각적이어야 한다.

- 물체의 움직임에 대한 활동, 물체의 변화를 포함한 활동, 사물의 움직임과 변화 사이의 활동은 유아가 어떤 행동을 물체에 가하고 그 물체가 어떻게 반응하는지 관찰할 때 스스로 그 물체를 가지고 무엇을 할 수 있을지 발견하게 된다. 이러한 물리적 지식의 원천은 물체 그 자체에 있다.
  - 유아의 물리적 지식을 향상시키기 위해서는 유아가 진짜 과학자처럼 활동하면서 물리적 현상을 관찰하고, 질문하고, 가설을 세우고, 검증해야 하며, 그 과정이 실수로 가득하지만 그에 근거하는 실험결과를 관찰하고, 자신의 가설이 맞는지 틀리는지 결론을 내리는 과정들이 중요하다.
  - 교사는 유아가 과학적 원리를 충분히 이해하지 못하더라도 자발적으로 무슨 일이 일어나게 만들고, 어떻게 변화하였는지 실험과 관찰을 통해 실제적인 지식을 구성할 수 있도록 한다. 그리고 점차 왜 변화했는지 그 원리를 이해하는 개념적 지식을 구성해 갈 수 있도록 지원해 준다.
- 소집단 활동을 강조하였으며, 이는 계획하기, 활동 시작하기, 활동 진행하기, 활동 후 토론하기의 4단계로 진행된다. 그리고 또래 간의 상호작용과 토론하기를 통해 유아가 무엇을 했고, 무엇을 발견하였는지 평가할 수 있다.

물체의 움직임에 관한 활동 (물리학)	• 물체의 움직임에 관한 활동(물리학)으로, 유아의 행위에 의해 물체의 움직임이 발생하는 것이며 사물 자체가 변하는 것은 아니다. - 이러한 활동은 물체의 움직임을 일으키는 유아의 '행위'가 중심이 되며, 이에 따른 물체의 반응을 '관찰'하는 것은 부수적이다. • 활동 유형 - 돌리기(예 훌라후프 돌리기), 굴리기(예 볼링, 구슬 굴리기, 공 굴리고 받기, 물레방아), 불기(예 비누거품 불기, 물감 불기), 던지기(예 고리 던지기, 목표물 맞추기), 흔들기(예 진자놀이), 균형잡기(예 블록쌓기, 시소), 빨기, 당기기, 밀기, 차기, 뛰어오르기, 떨어뜨리기 등 • 유아에게 있어서 물리 활동은 물리적 세계를 이해하는 가장 쉽고 즉각적인 방법으로서 물리적 지식과 논리·수학적 지식의 구성에 도움을 준다. - 경사로에서 여러 사물을 굴려보는 활동을 한다고 가정했을 때, 경사로가 갖는 물리적 특성을 탐색하는 물리적 지식 외에도, 경사로의 경사각과 물체가 굴러 내려오는 속도와의 관계 등을 연관지을 수 있는 활동을 계획하고, 논리·수학적 사고가 활발히 이루어질 수 있도록 전개하는 것이 필요하다.

MEMO

- 교사는 유아가 자신의 개념을 가지고 스스로 참여하고, 새로운 시도를 자유롭게 진행시켜 갈 수 있도록 환경을 구성해 주며, '유아가 무엇을 알고 있는가?', '유아가 무엇을 시도하는 가?', '유아가 무엇을 깨닫고 있는가?', '유아가 어떠한 논리를 가지고 생각하는가?' 등 유아의 사고 흐름을 읽고 적절하게 반응해준다.
  - 또한 교사는 유아가 물이나 모래, 블록이나 공 등 일상생활에서 매일 접하는 친숙한 물체들을 통해 그 움직임을 탐구할 수 있도록 격려하고(Sprung, 1996), 아래와 같은 네 가지 원리에 따라 물리활동을 계획해야 한다(Chaille & Britain, 1997).

① 유아가 자신의 행위를 통해 물체의 움직임을 일으킬 수 있는 활동이어야 한다.

유아의 행위와 물체의 반응 간에 직접적인 관계가 있어야 한다.

예 유아가 직접 빨대를 불어서 공을 움직이는 것이 이에 해당한다. 하지만 교사가 빨대를 불어서 탁구공을 움직이는 것은 위 기준에서 볼 때 적절한 활동이 아니다. 자석으로 물체를 움직이는 것은 이 두 활동의 중간쯤에 위치한다고 볼 수 있는데, 이 경우 유아의 행위는 간접적이며 자력이 직접적 영향을 미치기 때문이다.

② 유아가 자신의 행위를 변화시킬 수 있는 활동이어야 한다.

예 경사면에서 공을 굴릴 때 경사면의 기울기를 변화시킬 수 없다면, 유아는 똑같은 행동만을 되풀이하게 될 뿐 자신의 행위가 결과에 미치는 영향을 탐색할 수 없다. 그러나 경사면의 기울기(10°, 30°, 50°)를 유아가 조절할 수 있는 경우에는 기울기가 높을수록 공이 빨리 구른다는 것, 즉 경사면의 기울기(독립변인)와 공의 속도(종속변인) 간의 함수관계를 이해하게 된다.

유의점 이 실험에서는 기울기 외에도 경사면의 매끄러움, 공의 무게(탁구공, 야구공, 축구공), 굴리는 힘, 굴리는 방법 등 다양한 독립변인을 생각할 수 있다. 그러나 한 번에 여러 가지 독립변인을 다루게 하는 것은 좋지 않다. 예를 들어, 가파른 경사면에서 가벼운 공을 굴리는 것과 완만한 경사면에서 무거운 공을 굴리는 것을 비교하는 경우 실험 결과가 공의 무게 때문인지 경사면의 기울기 때문인지 알 수 없기 때문이다. 따라서 한 가지 독립변인만을 변화시키도록 하고, 그 변인에 대한 이해가 완전히 이루어진 다음 새로운 변인을 도입하는 것이 바람직하다.

> **🐭 함수관계**
>
> 예를 들어 '공을 바닥에 세게 칠수록 공은 높이 튀어 오른다'는 두 사건 간의 단순한 인과관계(던져서 공이 튀었다) 이상이다. 한 사건을 다른 사건에 연결하는 것이 아니라, 한 변인의 변화(던지는 힘의 차이)를 다른 변인의 변화(튀는 높이의 차이)에 연결하기 때문이다. 한편 두 변인 간의 관계가 반비례인 경우도 있다(**예** 찰흙은 세게 던질수록 낮게 튄다).

③ 물체의 반응이 관찰 가능한 활동이어야 한다.

- 물체의 반응을 명확하게 관찰할 수 없다면, 유아는 자신의 행위와 물체의 반응 간의 관계를 구성하지 못하므로 불투명한 용기보다는 투명한 용기를 교구로 사용하는 것이 바람직하다.
- 또한 움직임은 물체 자체의 색깔이나 모양처럼 눈에 보이거나 손으로 붙잡을 수 있는 것이 아니므로 유아는 이미 일어난 움직임을 기억했다가 재구성하고 앞으로의 일어날 움직임을 예측해야 하는데 이는 유아에게 어려운 과정이다. 따라서 유아가 움직임의 형태를 표상할 수 있도록 다음과 같이 도와야 한다.

🏠 유아가 움직임의 형태를 표상할 수 있도록 돕는 방법

움직임을 고정시키기		• 모래진자 　- 추(종이컵)가 흔들릴 때마다 추의 구멍에서 모래가 　　떨어져 나와서 종이 위에 궤적을 남긴다.
		• 진흙길에서 자전거 타기 　- 자전거가 지나간 길을 따라 바퀴 자국이 진흙 위에 　　남아 있다.
		• 바퀴에 물감 칠하기 　- 바퀴에 물감을 칠한 미니카를 큰 종이 위에 굴리면 　　미니카가 지나간 경로에 물감 자국이 남는다.
		• 물체에 리본을 달기 　- 공중에 물체를 던지는 경우에는 움직임이 입체적 　　형태로 일어나므로 긴 끈을 사용하는 것이 효과적 　　이다.
움직임을 단위로 나누기	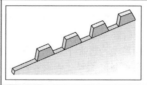	• 경사면에 턱 만들기 　- 물체가 덜컹거리면서 천천히 움직이게 하지만 움 　　직임 자체를 멈추게 하지는 않는다. 즉, 연속적인 　　행위를 부분 부분으로 분절하는 것이다.

④ 물체의 반응이 즉각적으로 일어나는 활동이어야 한다.

물체의 반응이 일어나는 시간이 지연되면 유아는 자신의 행위와 물체의 반응 간의 관련성을 구성하기 어려우며, 물체의 반응과 관련 없는 다른 요인을 원인으로 생각하게 될 수 있다.

물체의 변화를 포함하는 활동 (화학)	🖱 유아와 화학 • 쉐일러(Chaille, 1997)와 브리튼(Britain, 1997)에 의하면 화학은 대부분 눈에 보이지 않고 현미경으 로 관찰해야 하며, 독성이 있거나 위험한 성분 및 물질을 다루고 있기 때문에 다른 분야에 비해 유아에게 적합하지 않은 그 무엇이 있다는 인식이 있다. 그러나 유아가 놀이를 하면서 몰두하고 초점을 두는 많은 것들은 화학의 본질인 변환과 관련이 있으므로 유아를 대상으로 한 화학교육은 가능성이 있고 필요하다고 보았다. 　- 예를 들어, 점토를 공 모양에서 소시지 모양으로 바꾸고, 블록을 벽 모양에서 탑 모양으로 만드 　　는 등의 활동들은 모두 변환과 관련이 있는 것이다. 또한 무엇인가를 붓고, 섞고, 첨가하고, 축축 　　하고 끈적끈적한 것에 손을 집어넣는 것을 좋아하는 유아들의 선천적인 성향은 화학자들이 작업 　　하는 모습과 매우 유사하다. • 물체의 변화를 포함하는 활동은 사물 자체의 속성이 변화되는 것과 관계되는 활동으로 유아의 행위보다는 사물 자체의 상호작용에 기인한다. 즉 물체 자체를 변화시키는 것이므로 물체의 반응을 관찰하는 것이 중심이 되며, 행위는 부수적인 것이다. 　- 유아는 사물의 속성이 변화하는 것을 관찰하고, 그 내용을 기초로 지식을 구성한다.

- 활동에 따라 사물이 나타내는 반응은 매우 다르다.
  - 예를 들어, 유아가 '기름과 물을 혼합하는 것'과 '소금과 물을 혼합하는 것'의 활동 자체는 같지만, 유아의 활동 결과로 나타나는 물체의 반응은 전혀 다르다. 즉 기름과 물의 경우는 물 위에 기름이 뜨지만, 소금과 물의 경우에는 소금이 물에 녹아버리게 되는데, 이는 유아의 행위에 의해 직접적으로 일어나는 것이 아니라 물체 자체의 속성에 의한 것이다. 따라서 화학활동에서는 유아가 자신이 관찰한 것을 통해 지식을 구성하게 된다.
  - '결정체 만들기 활동'은 그것을 만들 때 사물 그 자체가 변화하는 것이고, 사물의 반응이 직접적이거나 즉각적이지 않기 때문에 행위의 역할은 부수적이다. 즉 사물의 변화는 유아의 행위에 의해 직접적으로 일어나는 것이 아니라, 사물 그 자체의 속성 때문에 나타나는 것이다.
  - '밀가루, 녹말가루와 물을 혼합하는 활동'도 이와 동일하다. 유아는 사물 자체의 속성에 관심을 보이므로 밀가루와 녹말가루를 탐색하면서 녹말가루의 특성을 알아보고, 녹말가루에 물을 넣으면 어떻게 될지 예측한 다음에 물을 넣고 반죽해 본다. 그리고 손으로 만져볼 때와 바닥에 떨어뜨릴 때의 변화를 탐색하면서 유아들은 녹말가루의 성질에 대해 알게 되며 밀가루와 다른 특성에 대해 신기해한다.
- 활동 유형
  - 물에 녹이기(예 설탕 녹이기, 소금 녹이기, 물감 섞기 등), 물에 넣고 끓이기(예 밥짓기, 계란 삶기, 사과잼 만들기, 양초 만들기 등), 기름에 넣고 튀기기(예 팝콘 튀기기, 도넛 만들기 등), 오븐에 넣고 굽기(예 쿠키 만들기, 컵케이크 만들기 등), 냉동실에 얼음 얼리기(예 얼음 얼리기, 얼음사탕 만들기, 아이스크림 만들기 등), 물감 혼합하기
- 화학활동의 종류와 예

물체의 변화를 일으키는 활동	변화의 특징
물 속에 넣기	설탕은 용해되지만, 밀가루는 완전히 용해되지 않고 물이 뿌옇게 된다.
열 가하기	당근은 부드러워지지만, 계란은 딱딱해진다.
기름에 열 가하기	팝콘은 튀는 소리를 내며 팽창하고 색이 변하며, 핫케이크는 액체에서 고체로 변한다.
오븐에서 익히기	케이크와 빵은 부풀어 오르고 색깔과 끈기가 변하며, 과자와 피자는 케이크보다 덜 부풀고 딱딱해진다.
냉장고에서 식히기	젤리나 녹은 버터는 이전보다 더 굳어지지만, 과일, 우유 등은 차가워질 뿐이다.

- 화학활동의 분류

재구성	• 사물의 부분 요소들을 재배열해서 새로운 구조를 만드는 것이다. - 이러한 활동에서는 유아가 자신이 물질에 가한 행위를 거꾸로 하여 사물을 원래의 상태로 되돌릴 수 있는 능력, 즉 가역성이 중요하다. 예 밀가루 반죽모양을 공 모양에서 소시지 모양으로 변형시키는 것을 들 수 있다.
혼합	• 물질을 결합함으로써 성분이나 농도를 변화시키는 것이다. - 혼합 활동에서는 혼합 과정 중의 변화를 관찰하는 것이 중요하다. 예 투명한 젤 상태의 계란 흰자를 가열하여 하얀색의 응고된 상태로 만드는 것이 이에 해당한다.

위의 두 가지 유형의 화학활동은 모두 유아 주도로 변환이 이루어진다. 즉 유아가 직접 물질을 변화시키고, 그 결과를 관찰한다.

	• 화학활동이 야기할 수 있는 문제점
	   – 화학활동 전체에서 마술적 변화가 주가 된다면, 신비하고 마술과 같은 과정에 초점을 두게 되어 심화된 활동은 일어날 수 없고, 유아만 어리둥절하게 만든다.
	   – 유아는 자신의 행위와 물질에 일어난 반응 간의 연관성을 발견할 수 없기 때문에 지식의 구성이 촉진되지 않는다.
	• 해결 방안
	   – 마술은 실험의 도입부 역할만을 맡아야 하고, 유아가 실험의 주체가 되어 유아와 함께 물질에서 일어나는 변화를 발견하며 만들어 내는 데 주력해야 한다(⑩ 유아가 시도할 수 있는 것, 다른 반응을 만들어 내기 위해서 유아가 자신의 행위를 변화시킬 수 있는 방법에 대해 생각해 볼 수 있도록 한다).
	유의점 화학활동에서는 변화의 과정보다 변화의 결과물에 더 많은 관심을 두기 쉽지만, 과정에 주안점을 두는 것이 중요하다. 이를 위해서 교사는 시작 상태와 끝 상태를 지나치게 강조해서는 안 되며, 시작과 끝 사이의 다양한 중간 상태에 대해 생각하도록 유아를 격려해야 한다.

사물의 움직임과 변화 사이의 활동	• 사물의 움직임과 변화 사이의 활동은 유아의 행위가 정확하게 사물 그 자체의 변화를 일으키는 것이 아니며, 그 행위로부터 나타나는 결과나 움직임이 유아의 행위에 의해서라기보다는 물체의 속성에 의한 것이다. • 예를 들어, 그림자 활동에서 그림자가 생기는 것은 빛과 물체와의 관계 간 속성에 의한 것이다. 유아는 그림자를 만드는 물체를 빛에 가까이 혹은 멀게 함으로써 또는 빛이 비치는 방향을 바꿈으로써 그림자의 크기를 다르게 할 수 있으며, 그림자가 생기는 위치도 바꿀 수 있다. 유아는 물체의 그림자를 만들어 보고 빛과 물체 간의 거리를 달리하여 움직여 보기도 하며 물체의 방향을 변화시켜 보는 등 다양한 시도와 관찰을 통해 그림자에 관한 지식을 스스로 구성해 나간다. • 활동 유형 – 자석에 붙여보기(⑩ 자석에 낚시질하기, 자석에 붙이기 등), 물에 가라앉거나 뜨는 물건 발견하기, 그림자놀이(⑩ 그림자 그리기, 그림자 재어보기, 그림자 움직여보기 등), 여러 가지 물건을 체에 쳐보기, 거울에 물건 비춰보기, 소리 메아리 만들기, 확대경으로 보기 등

II 유아과학교육의 교수·학습

UNIT 49 과학교육 내용의 선정

1 과학교육 내용 선정에 영향을 미치는 요인

사회적 요인 고려	• 현대사회의 급속한 변화로 과학이 일상생활에서 차지하는 비중이 점차 높아지고 모든 이들의 삶에 있어 중요하다는 인식이 증가함에 따라 변화를 주도해 갈 수 있는 과학적 인재 양성과 더불어 일반 유아들의 과학적 소양 육성이 강조되었다. • 정보의 홍수 및 공유라는 오늘날의 시대적 특성을 반영하여 단편적 지식보다는 창의적 사고를 기를 수 있는 과학적 탐구능력을 중요시한다. • 과학 발전의 역기능 문제 또한 고려하여 사회 발전에 기여하는 과학교육이 될 수 있도록 가치관 교육도 병행되어야 한다고 본다.
철학적 관점에 부합	• 구성주의 관점에서 유아는 자신의 사고와 개념 발달에 능동적으로 참여하여 스스로 새로운 의미를 구성해 가기 때문에, 유아가 스스로 지식을 구성할 수 있도록 결과보다 과정 중심 교육을 중요시한다. • 외부에서 주어지는 단편적인 과학지식보다는 유아들이 내적 호기심을 가지고 환경과의 상호작용을 통하여 스스로 심화·확장시켜 갈 수 있는 내용이 되어야 하고, 단순한 조작에 머무르는 것이 아니라 지속적으로 과학적 사고를 이끌어 갈 수 있는 것이어야 한다.
과학적 개념과 과정으로서의 타당성 고려	• 과학적 지식의 절대성이나 불변성보다는 상대성과 가변성이 인정되므로 최근의 과학 교육에서는 과학적 결과(개념)뿐만 아니라 과학적 태도 및 탐구과정의 중요성을 강조하고 있다. • 물리, 생명과학, 지구과학 등 과학의 영역을 세분화시키기보다는 간학문적 접근으로서 통합과학과 사회적 문제까지 포괄하는 *STS적 관점이 중요시되고 있다. • 유아과학교육의 내용으로는 전통적인 과학의 학문적 개념만을 강조하기보다는 유아들이 생활 속에서 지속적으로 탐구해 갈 수 있는 내용이 중요하다. • 과학교육이 단순 놀이활동에 그치지 않기 위해서는 활동을 통해 이루고자 하는 과학적 개념과 탐구과정의 방향성이 분명해야 한다.
유아의 발달 특성	• 발달에 적합한 교육 내용이란, 학습자의 인지 수준과 적절한 차이를 보여 학습자로 하여금 인지적 갈등을 일으키게 하는 것이므로, 과학교육의 내용은 전조작기 유아의 발달 특성을 고려하여 추상적인 것보다는 직접적인 경험이 가능한 내용이 되어야 한다. • 마술적인 요소나 의인화된 내용은 전조작기 유아의 발달에 장애가 될 수 있으므로, 직접적인 관찰, 단순한 분류나 측정 및 의사소통이 가능한 내용이 바람직하다.
생활 주제와의 통합성	• 생활 주제 중심의 통합은 전통적으로 우리나라 유치원 교육과정에서 단원 중심 교육이라는 용어로 사용되었고, 관련 서적에서는 흔히 거미줄 모형으로 소개되었다. – 거미줄 망에서 중요한 것은 하나의 주제가 수, 과학, 언어, 조형, 컴퓨터, 음률 등 각 교과 영역과 통합되는 것뿐만 아니라 교과 영역 간의 통합 또한 이루어져야 한다는 것이다.

＊STS적 관점
• 과학·기술의 발전과 보급은 생활 양식, 직업의 형태 등 사회의 구조와 각 구성원의 삶에 큰 영향을 미치므로 사회와 동떨어진 과학·기술의 발전은 큰 의미가 없다고 보는 관점이다.
• STS는 'Science', 'Technology', 'Society'의 각 첫자를 합성한 것으로 과학, 기술과 사회 사이에서 맺어진 관계를 통칭하는 것이다.

2 유아를 위한 과학 주제 선정의 기본 원리

① 유아의 생활과 관련이 있고 생활에 적용시킬 수 있어야 한다.
② 유아의 연령 및 발달적 적합성을 고려해야 한다.
③ 유아가 사물의 변화와 움직임을 분명히 관찰할 수 있는 것이어야 한다.
④ 과학활동 시 과학적 기술을 발달시킬 수 있어야 한다.
⑤ 지역사회의 가치와 문화를 고려하여 유아에게 친숙한 주제로 선정되어야 한다.
⑥ 교육과정과 통합적으로 연계되어야 한다.
⑦ 장기적인 학습을 위해 점진적으로 진행되어야 한다.

UNIT 50 | 교수 · 학습모형

1 경험학습 수업모형

개념	• 유아들이 직접 활동에 참여할 수 있는 구체적이고 조작적이며 감각적인 경험이 강조되는 수업모형이다.
	   – 수업 자료는 유아들이 감각기관을 통하여 관찰, 측정하는 등 구체적으로 경험할 수 있는 것이 적당하다.
	• 특정 지식을 전달하기 위한 것보다는 탐구과정의 습득에 목표를 둔다.
	   – 다양한 자료에 대한 경험과 그에 합당한 탐구능력 향상을 목표로 한다.
	• 유아의 활동에 대한 규제 없이 자유롭게 탐색할 수 있는 시간을 충분히 주며, 제시된 자료에만 한정하지 않고 풍부한 자료를 제공하여 폭넓은 토의가 가능하도록 하는 수업모형이다.

수업모형	자유탐색 ➡ 탐색 결과 발표 ➡ 교사에 의해 안내된 탐색 ➡ 정리
자유탐색 단계	• 수업에 주어진 학습 자료를 자유롭게 탐색하는 단계이다. • 여러 가지 감각을 사용하여 주어진 자료의 모양이나 색깔 등을 관찰하거나, 소리나 반응 등을 살펴보고 맛을 보거나 냄새를 맡는 등 다양한 방법으로 탐색한다. • 기초적인 탐구과정 요소인 관찰, 측정, 분류 영역 등을 경험함으로써 주어진 자료와 친숙해지고, 많은 정보를 수집하여 다음 활동단계로 갈 수 있는 준비를 하게 된다. 예 개구리알과 올챙이, 동물도감의 개구리를 자유롭게 관찰한다.

MEMO

탐색 결과 발표 단계	• 자유탐색 단계에서 자유롭게 관찰한 결과들을 발표하는 단계로, 학생들의 의사전달 능력을 신장한다. • 교사는 결과들의 발표가 탐구활동 자체의 특성에 맞는 활동과 내용이면 이를 격려하여 긍정적 강화를 줄 수 있으며, 전반적으로 각 요소의 특성에 맞게 활동을 진행했는지 확인하여 보완할 부분이 무엇인지 파악한다. • 다른 사람들의 발표 내용과 자신의 탐색 결과를 비교하고 토의하는 과정을 통해 주어진 자료에 대한 탐구 결과를 정리할 수 있다. ⑩ 알과 올챙이, 개구리의 관찰 결과를 발표한다.
교사에 의해 안내된 탐색 단계 (교사의 인도에 따른 탐색)	• 유아들의 관찰 결과에 대해 교사가 던지는 여러 가지 질문을 통해 유아들은 관찰이 미숙했거나 미처 생각하지 못한 점을 알게 된다. • 발표 내용 중 미흡하다고 생각되었던 부분들에 대해 과학적인 기준이나 방법을 제시하여 유아들이 새롭게 추가적인 탐색을 할 수 있는 기회를 제공한다. 　－ 자유탐색 결과 발표 단계에서 이루어진 발표의 내용이 잘못되었다는 관점보다는 또 다른 방법으로도 탐색할 수 있다는 관점에서 이루어진다. 　⑩ 교사의 인도에 의해 알과 올챙이, 개구리와의 관계를 탐색한다.
정리 단계	• 유아들이 자유탐색했던 내용과 교사의 인도에 따라 안내된 탐색 결과들을 정리하는 단계이다. • 교사가 전체 결과를 종합하여 정리하지만, 유아 자신들이 탐색한 결과들을 스스로 정리했다는 성취감을 얻을 수 있도록 해주는 것도 중요하다. ⑩ 개구리가 알에서 올챙이를 거쳐 개구리로 성장하는 한살이 과정을 정리한다.

2 발견학습 수업모형

배경	• 발견학습은 관찰을 통한 새로운 사실의 발견 및 귀납적 일반화를 통한 규칙의 발견을 강조한 브루너(1961)의 학습이론에 기반을 두고 있다. 이러한 특징으로 인해 발견학습 모형을 귀납적 모형으로 부르기도 한다(Eggen & Kauchak, 2006). • 브루너는 모든 학습자가 한 사람의 발견자가 될 수 있고 학습자가 스스로 발견한 결과는 후속학습에 강력한 영향력을 발휘한다는 입장에서 발견식 수업의 우월성을 주장했다. 　－ 브루너에 의하면 발견학습은 유아들이 학습 과정에 능동적으로 참여하게 함으로써 획득한 정보를 문제해결에 더 쉽게 적용할 수 있도록 하고, 발견 자체가 내적 보상으로 작용하여 학습자의 동기를 유발할 수 있다고 하였다.
개념	• 구체적인 물체를 대상으로 경험 수업이 이루어진 후에 투입할 수 있는 수업모형으로, 주변의 구체적 사례로부터 일반적인 과학개념이나 법칙을 이끌어 내는 경우에 효과적일 수 있다. • 발견학습 수업모형은 자연의 사물과 현상을 관찰하고 그 결과를 일반화하는 귀납적인 과학활동을 토대로 개발된 모형이다. 따라서 구체적인 사물과 현상에 대한 관찰을 중시하며, 유아들이 그들 사이에 존재하는 규칙성을 찾아내도록 하는 귀납적 방법을 사용한다. 　－ 제시된 자료를 통해 귀납적인 방법으로 개념을 형성하거나 일반화하는 과정에 초점을 둔다. 　－ 제시된 다양한 자료를 관찰한 후 규칙성이나 주요 개념을 추리해 이를 적용하여 문제를 해결하므로 적절한 자료를 준비하는 것이 가장 중요하다.

SESSION 03

우리나라에서는 카우체크와 에겐(Kauchak & Eggen, 1988)의 7단계 모형을 우리나라 실정에 맞춰 수정한 이범홍과 김영민(1983)의 발견학습모형이 가장 널리 적용되고 있다.

탐색 및 문제 파악 ➡ 자료 제시 및 관찰 탐색 ➡ 추가 자료 제시 및 관찰 탐색 ➡ 규칙성 발견 및 개념 정리 ➡ 적용 및 응용

절차와 방법 (이범홍·김영민, 1983)	탐색 및 문제 파악 단계	탐색활동, 자료 관찰, 문제 파악
		• 학습 자료를 탐색하고 문제를 파악하는 단계이다. • 교사는 수업목표를 알려주고 주어진 학습 자료를 활용하여 유아들이 원활하게 문제를 파악하도록 도와준다. - 학습 자료는 학생들의 동기유발에 도움이 되는 내용으로 제시하고, 학습자의 상황과 발달단계에 적절한 형태로 제시한다.
	자료 제시 및 관찰 탐색 단계	계획된 자료 제시, 관찰, 분류, 측정

		• 교사는 문제해결에 필요한 자료를 제시하여 유아들이 자유롭게 관찰·탐색하도록 도와준다.
		    - 이를 위해 교사는 관찰이 가능한 특징과 현상들 사이의 관계가 포함되어 있는 자료를 선정하여 제시한다.
		    - 또한 교사는 유아들이 실패의 두려움을 가지지 않고 가능한 한 다양하고 많은 관찰을 할 수 있도록 격려하며, 유아들이 관찰의 중요성을 정리하여 다른 유아들과 공유할 수 있도록 안내한다.

	추가 자료 제시 및 관찰 탐색 단계	추가자료 제시, 관찰, 분류, 측정
		• 교사는 추가 자료를 제시하여 앞서 얻은 관찰 결과와 비교하게 한다. - 보충자료는 목표하는 개념과 일치하는 자료도 있고 때로는 반대되는 자료도 포함되어 있어야 한다. 이를 통해 유아들이 앞서 얻은 관찰의 결과와 추가 관찰 사이의 공통점과 차이점을 알아낼 수 있도록 해야 하며, 교사는 열린 질문을 통해 이 과정을 안내한다.
	규칙성 발견 및 개념 정리 단계	모형 사용, 일반화, 그래프화, 문장화, 수식화

		• 관찰·탐색하여 얻은 결과를 발표·토의하는 과정을 통해 일반화하고 규칙성을 발견하게 한다.
		    - 교사는 유아들이 수업목표에 도달할 수 있도록 그들의 반응 범위를 좁혀주고, 개념이나 개념들 사이의 관계를 확인할 수 있도록 안내한다.
		    - 또한 유아들이 관찰한 결과를 발표하게 하고, 적절한 질문을 통해 일반화하도록 하며, 유아들의 다양한 표현을 과학적으로 정리하게 한다.
		    - 교사는 수업내용과 관련된 유아의 오개념에 대하여 사전에 이해하고 있어야 하며, 교사·유아 사이, 또는 유아·유아 사이의 상호작용을 통해 적절한 피드백을 제공함으로써 수업목표에 도달할 수 있도록 돕는다.

	적용, 응용, 설명하기
적용 및 응용 단계	• 개념의 정의나 규칙성을 기술할 수 있더라도 그것이 유아들에게 유의미해지려면 실제 상황에 적용할 수 있도록 해야 한다. - 교사는 발견한 규칙성을 다른 상황에 적용함으로써 규칙성을 확장하거나 응용할 수 있도록 하고 유의미한 경험으로 남게 한다.

발견학습모형의 절차와 방법

발견학습모형들 가운데에서도 카우체크와 에겐(Kauchak & Eggen, 1988)의 '안내된 발견학습모형'이 가장 널리 사용되고 있다. 카우체크와 에겐은 당초 7단계 발견학습모형을 제안하였지만, 지금은 5단계 발견학습모형으로 수정한 '안내된 발견학습모형'(Eggen & Kauchak, 2006)이 널리 적용되고 있다.

⌂ 7단계 발견학습모형의 단계별 활동

자료 제시	교사가 학생들에게 주제와 관련된 친숙한 실례를 제시한다.
관찰	교사는 학생들로 하여금 최대한 많이 정확하게 관찰할 수 있도록 돕는다.
추가 자료	교사는 비슷하거나 반대되는 예를 추가로 제시한다.
추가 관찰	교사는 학생들에게 처음 관찰한 결과와 추가로 관찰한 결과의 비슷한 점과 차이점이 무엇인지 찾아내도록 하고, 질문을 활용하여 자료와 관련성에 대해 집중할 수 있도록 학생들을 돕는다.
일반화 추리	학생들이 직접 관찰한 결과에 근거를 두어 개념이나 일반화를 도출한다.
정리	학생들이 도출한 개념과 일반화를 교사가 정확한 표현으로 정리해 준다.
확장	학습한 개념을 확장하고 응용하게 한다.

⌂ 5단계 발견학습모형의 단계별 활동

수업 안내	교사가 학생들에게 '자료에서 양상과 차이점을 살펴보는 것'이라고 과제를 안내하고 자료를 제시한다.
확산 단계	학생들은 자료에서 의미를 구성하고, 교사는 개방적 질문을 통해 학생들이 자료를 기술하고 비교할 수 있도록 한다.
수렴 단계	교사는 학생들이 반응하는 범위를 좁혀주고, 관계나 개념들의 특징을 확인하게 도와주며, 이를 통해 학생들은 구체적인 답에 수렴되어간다.
정리 단계	학생들이 개념의 특성이나 원리, 일반화 및 규칙을 설명한다.
적용 단계	학습한 내용을 새로운 주제나 실제 세계의 상황에 적용한다.

3 탐구학습 수업모형(가설검증 학습모형)

개념		• 넓은 의미에서 볼 때 경험학습이나 발견학습, 또는 가설검증적 탐구학습이 모두 탐구학습 범주에 속하며, 좁은 의미로는 대표적인 탐구방법으로 일컬어지는 '가설검증 학습모형'을 지칭한다. • 이는 과학의 본성을 체득시키기 위해 고안된 수업모형으로, 이를 통해 과학지식을 얻는 방법과 과학적인 방법을 익힐 수 있다. 　– 즉 과학의 본질적인 과정인 가설–검증 절차를 체득하는 모형으로서 과학자가 연구하는 과정을 경험하여 과학적인 방법을 익힐 뿐만 아니라, 과학지식을 얻는 방법까지 배우게 된다. • 과학개념과 탐구 기능을 종합적으로 적용한다는 점에서 실제적 활동의 검증 실험이나 열린 탐구와 유사하다. • 학습자 스스로 문제해결을 위한 가설을 세우고 관찰과 실험을 하면서 자료를 수집하고, 개념형성이나 일반화를 도출하게 하는 수업방법을 의미한다. • 교사로부터 주어지는 지식을 받아들이기만 하는 것이 아니라, 자신의 주변을 비판적으로 바라보고 문제에 대한 답을 스스로 찾아나가는 과정이다. • 발견학습과 탐구학습의 비교 　– 발견학습 수업모형에서는 먼저 자료가 제시되는 데 비해, 탐구학습 수업모형에서는 문제를 인식하고 가설을 형성하는 일이 먼저 시작된다. 　– 탐구학습에서는 실험 설계(변인 설정 및 통제 포함)가 중요하다. 발견학습에서의 실험은 자료수집이 목적이지만, 탐구학습에서의 문제해결은 실험 결과가 열쇠를 쥐고 있으므로 실험 설계가 제대로 되어있지 않으면 좋은 결과를 얻을 수 없다. • 저학년보다는 고학년에서 적용할 수 있으며, 비교적 많은 시간과 토의가 필요한 상위 수준의 모형이다. 　– 가설설정, 변인통제, 일반화 등 고차원적 사고 기능을 요하고, 가설을 세울 수 있는 상당한 기존지식이 필요하므로 형식적 조작기의 학생들에게 적합하다.
특징	공개된 토론 분위기	탐구교실의 분위기는 공개적이고 다른 사람의 의견을 받아들일 수 있어야 하며, 교실에서 발표되는 모든 견해의 진술은 조사해 볼 가치가 있는 명제로 받아들여야 한다.
	가설의 중시	• 탐구교실은 계속적으로 문제를 제기하고 가설을 세운다. 　– 문제 제기는 나아가야 할 일반적인 방향을 정하는 반면, 가설설정은 탐구의 도구이며 특수한 초점과 방향을 정해준다.
절차와 방법	탐색 및 문제 파악	• 자유로운 탐색을 통하여 문제를 파악하는 단계이다. • 유아가 문제를 스스로 발견하기 어려운 경우에는 교사가 시범 실험 등을 통해 문제 파악을 도와줄 수 있다.
	가설설정	• 토의를 거쳐 탐구문제에 대한 잠정적인 해답을 만드는 단계로 검증 가능한 일반적인 진술로 제시하도록 한다. • 엄밀한 의미에서 가설은 현상에 대한 인과론적 또는 모형적 설명을 의미하나 학생의 수준에 따라 서술적인 진술(일종의 예상)도 포함할 수 있다. • 교사는 학생들이 가설과 관련된 배경 가정들을 명확하게 인식할 수 있도록 돕는다.

	실험 설계	• 가설을 검증하기 위하여 변인을 확인하고 통제하는 방법과 실험에 사용될 기구를 정하고, 구체적인 실험 계획을 세우는 단계이다. – 교사는 학생이 공정한 검증을 할 수 있도록 실험 설계가 논리적이고 엄밀한지 살펴보고, 수준에 따라 적절한 안내를 제공한다.
	실험	• 변인을 통제하여 실제로 실험하고 관찰, 분류, 측정하는 과정 등을 통해 실험 자료를 수집하는 단계이다. • 교사는 실험에서 유의할 점이나 실험 안전에 관련된 내용을 학생이 숙지하고 있는지 확인하며, 실험을 통해 정확하고 객관적인 자료를 수집할 수 있도록 돕는다.
	가설검증	• 실험에서 얻은 자료를 표나 그래프로 정리하고 해석하여 가설을 수용하거나 수정 또는 기각하는 단계이다. – 실험 결과 얻은 자료가 가설검증에 타당하고 신뢰로운지 평가한다. – 증거에 문제가 발견되면 관련된 앞의 단계로 되돌아간다.
	적용 및 새로운 문제 발견	• 앞에서 얻은 과학 지식을 바탕으로 새로운 상황을 예상하거나 실제 상황에 적용하고 응용하는 단계이다. – 이 과정에서 새로운 문제를 발견하게 되면 다시 앞의 단계로 돌아간다.

4 순환학습모형

• 순환학습모형은 기본적으로 안내된 탐구기반 교수·학습모형을 보완한 것으로, 이는 새로운 개념의 구성과 추리 기능의 개선에 주된 목적이 있으며, 지금까지 3, 4, 5, 7단계의 순환학습모형이 개발되어 있다.

• 순환학습모형은 과학적 탐구 중심 교수·학습방법으로 설계되었기 때문에, 그 절차가 과학적 탐구 과정 및 발견의 과정과도 일치한다(Martin 외, 2009).
  – 스스로 구체적인 경험을 통해서 개념을 획득하고, 탐구 기능을 습득하며, 사고력의 신장을 돕기 위한 탐구지향적 학습모형이다.

• 순환학습모형의 이론적 배경은 발달심리학, 행동주의 학습이론, 귀납주의의 귀납법에 있다.
  – 경험주의와 피아제의 인지발달이론에 바탕을 둔 일종의 개념변화모형이라 할 수 있다.

• 탐색활동을 하면서 학습자가 자연스럽게 기존 개념을 적용하게 되며, 새로운 용어의 필요성을 느끼게 하는 과정을 통해 학습자가 스스로 해결할 문제에 대하여 탐색하고 새로운 규칙성을 찾아낼 수 있도록 하는 점에서 의미가 있다.

MEMO

(1) 3단계 순환학습모형

특징	• 로슨(Lawson, 1995)은 탐구수업의 일환으로 '탐색−용어소개−개념응용'의 3단계 순환학습모형을 정의하면서, 순환학습 과정에서 적용하는 사고의 유형 및 학습을 통해 찾을 답과 검증할 질문에 따라 '서술적(기술적) 순환학습모형', '경험−귀납적 순환학습모형', '가설−연역적 순환학습모형'을 제시하였다. − 세 가지 유형의 차이는 학생들로 하여금 기술적 형태의 자료만 수집하게 하느냐, 아니면 경험적·귀납적 형태에서 대안 개념을 검증(가설검증)하는 경험을 제공하느냐에 있으며, 모형마다 그 효과가 같지 않고 사고력의 변화를 촉진하는 데에도 그 효과가 다르다. • 세 가지 유형은 모두 탐색−용어소개−개념응용 단계로 구성되어 있으며, 세 가지 순환학습은 지속적이고 순환적인 과정이므로 모형 사이에 일부 중복되는 부분이 존재하게 된다.

순환학습의 3가지 형태	예비 단계 : 교사가 가르칠 개념, 또는 개념 관련 양상을 나타내는 현상을 확인한다(세 모형에 공통 적용).	
	① 서술적(기술적) 순환학습모형	• 기술적 순환학습모형에 따른 교수·학습에서는 학생들이 관찰한 것을 그대로 기술하며, 인과관계가 생성되거나 검증되지 않기 때문에 대부분의 경우 논증이 일어나지 않는다. • 학생들이 자연현상을 탐색하여 실태를 기술하거나 실태에 나타나는 양상을 기술하는 데까지만 관여한다.
		㉠ 탐색 : 학습자가 특정한 상황에서 현상을 탐색하여 자료를 수집하며, 그 자료에서 발견한 결과의 양상을 기술한다. ㉡ 용어소개 : 학생들이 수집한 자료를 발표하고, 교사는 자료에 나타난 양상에 이름을 붙이며, 그 양상과 관련된 용어를 설명한다. ㉢ 개념응용 : 다른 상황에서 현상을 탐색하면서 새로운 양상을 발견한다.
	② 경험−귀납적 순환학습모형	• 경험한 것의 탐색에서 시작하여 가설검증을 위해 실시한 실험의 결과에 대한 해석으로 끝난다. • 경험−귀납적 순환학습모형에서는 기술적 문제에 대해 답을 얻은 다음, 가설을 설정하고 실험을 통해 이를 검증하여 인과관계를 확인한다. • 특정한 현상과 관련된 인과적 질문과 함께, 더 나아가 이에 대한 가설을 생성하는 과정을 포함한다. 즉 경험−귀납적 순환학습은 질문과 가설을 비롯해 탐색 단계에서 수집된 자료를 활용할 수 있다.
		㉠ 탐색 : 한두 개의 기술적 질문으로 시작되며, 인과적 의문을 던진다. 학생은 기술적 질문에 답할 자료를 수집하고 그 질문의 답을 기술한다. 교사가 인과적 질문을 하면 대체 가설을 검증해 인과적 질문에 답한다. ㉡ 용어소개 : 교사는 탐색한 현상 또는 바람직한 가설에 의한 대체적 설명(인과적 가설)과 관련된 용어를 설명한다. ㉢ 개념응용 : 동일한 개념과 관련된 새로운 다른 현상에 관하여 토의하거나 탐색한다.

MEMO

③ 가설-연역적 순환학습모형		• 한두 개의 인과적 질문으로 시작하며, 가설-예상적 추리와 변인의 확인 및 통제로 이어진다. – 가설-연역적 순환학습은 인과적 질문으로부터 시작해 질문에 대한 잠정적 설명에 해당되는 가설을 생성하며 이를 검증하기 위한 실험을 설계하고 수행한다. • 가설-연역적 순환학습모형에서는 인과적 질문의 형태로 제시되는 가설을 검증하여 얻어진 자료로 탐색하는 현상을 설명한다. 즉 가설-연역적 순환학습모형에 따른 교수·학습에서는 증거의 분석과 논증이 수반된다.
		㉠ 탐색: 학생은 인과관계에 관한 의문을 제기하는 현상을 탐색하고, 교사는 인과적 질문을 던진다. 그 질문에 따라 대안적인 인과적 가설을 제안하고, 그 가설을 검증할 실험의 방법과 절차를 설계하며, 학생들이 가설을 검증할 실험을 수행한다. ㉡ 용어소개: 자료를 비교·분석하며, 가설과 관련된 용어를 설명하고, 결론을 도출한다. ㉢ 개념응용: 동일한 개념과 관련된 다른 새로운 현상에 관하여 토의하고, 탐색한다.

Plus⁺

순환학습의 3단계 모형(일반적 모형)

피아제의 인지발달이론을 토대로 하여 순환학습의 세 단계(동화-조절-평형화)로 이루어진 학습 주기(learning cycle)를 이용하는 모형으로, 조작 활동을 통해 자율조절 기능을 자극하여 스스로 문제를 능동적으로 해결할 수 있도록 한다.

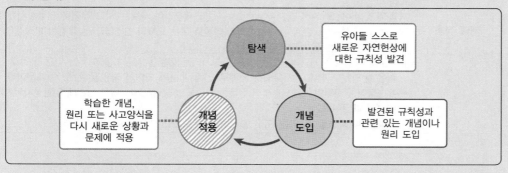

탐색	**유아들에게 발견할 수 있는 기회를 제공하는 단계** • 제기된 새로운 문제상황에서 유아 스스로의 행동과 반응을 통하여 문제에 내재한 규칙성을 발견하는 단계로서, 순환학습의 과정에서 가장 중요한 단계이다. • 최소한의 안내가 주어지고 새로운 물질과 생각을 탐색하도록 한다. • 유아 자신의 사전지식을 이용하여 부분적으로는 이해할 수 있다고 여겨지지만 전체적으로는 이해할 수 없는 상황을 제시함으로써 유아들에게 비평형 상태를 제공한다. – 비평형 상태의 제공: 유아들은 학생들이 가지고 있는 기존의 개념들 또는 사고양식으로는 해결할 수 없는 새로운 경험에 대하여 의문점을 가지면서 '비평형 상태'에 놓이게 되고, 이로 인해 인지적 갈등을 느끼게 된다. ➡ 이러한 인지적 갈등을 통한 해결 과정에서 유아들은 스스로의 자율적 조절기능, 즉 평형화 과정을 통해 새로운 자연현상에 대한 규칙성을 발견하여 개념을 스스로 획득하게 된다.

	• 탐색 단계에서의 교사 역할 – 토론기회의 제공을 통해 유아의 사전지식이 노출될 수 있도록 하고, 이것이 다른 유아들과 공유되도록 한다. ➡ 이를 통해 유아들 스스로가 자신들이 지녔던 개념들이 잘못되었음을 깨닫게 된다. – 교사는 유아에게 친숙하면서도 다양하고 구체적인 자료를 제공하여, 유아들이 직접 경험을 통한 학습으로 인지적 갈등을 해결해 나갈 수 있도록 돕는다. – 탐색 단계에서의 학습활동은 유아 스스로에 의해 이루어지도록 하고, 생각·토의하는 학습 분위기를 조성하여야 하며, 교사는 단지 학습의 안내자 역할만 수행하도록 한다. ⑩ 차가운 물체 알아보기, 뜨거운 물체 알아보기
개념 도입	교사가 용어를 소개하여 유아들이 발견한 패턴과 용어를 연결시킬 수 있는 기회를 제공하는 단계 • 탐색 단계에서 발견된 규칙성과 관련 있는 개념이나 원리들을 도입하는 단계이다. – 용어 도입에 앞서 가능한 많은 새로운 규칙성을 확인하도록 유아를 격려하는 것이 필요하다. • 개념이나 원리는 교사나 교과서, 시청각 매체 혹은 다른 매개체 등에 의해 설명될 수 있다. – 개념 도입 단계에서 유아 스스로 과학의 모든 복잡한 규칙성을 발견한다는 것은 무리이므로 이 단계에서는 교사의 최소 개입이 필요하다. • 개념 도입 단계는 탐색 단계의 마지막 정리 단계로 볼 수 있다. 유아들은 개념 도입 단계를 통해 탐색 단계에서 느꼈던 인지적 갈등이 새로운 개념과 원리의 도입에 의해 해소되므로, 인지구조와 외부 자극과의 새로운 평형 상태가 형성된다. • 구체적 조작기 수준의 아동들을 대상으로 할 경우, 완전한 평형 상태에 이르기보다는 여전히 어느 정도의 비평형 상태가 지속될 것으로 예상되므로, 새로운 상황에 개념을 적용할 수 있는 발달단계가 요구된다. ⑩ 온도의 개념 알기, 기온의 개념 알기
개념 적용	유아들로 하여금 학습한 개념, 원리 또는 새로운 사고양식을 다시 새로운 상황에 개념 적용해 볼 수 있도록 허용하는 단계 • 탐색 및 개념 단계를 통해 학습한 개념, 원리 또는 사고양식을 다시 새로운 상황과 문제에 적용시키는 단계로서 새로운 개념의 적용 가능성의 범위를 확장하여 발전적으로 전개하는 과정이다. • 자율적 조절기능을 위한 충분한 시간과 경험을 제공하여 새로운 사고 유형을 안정화시킨다. • 개념적 재조직화가 느린 구체적 조작기의 아동들 혹은 교사의 설명을 그들의 경험과 적절하게 연결시키지 못하는 유아들에게 도움을 줄 수 있다. • 유아들에게 새로운 개념의 적용범위를 확장시키는 활동을 제공하는 이유는 다음과 같다. – 처음 논의된 시점에서 사용되는 사례로 인해 개념의 의미가 국한될 수 있기 때문이다. – 유아들이 구체적인 사례들로부터 습득한 개념을 추상화하거나 다른 상황에 일반화시키기가 어렵기 때문이다. ⑩ 기온을 측정할 수 있는 도구 알아보기, 온도계를 이용하여 기온 측정하기

(2) 4E 순환학습모형

개념	• 4E 순환학습모형(마틴 외, 2009)은 기본적으로 학생들이 자료를 다루고, 과학교사가 관련 있는 개념을 설명하며, 습득한 개념을 더욱 깊게 교수·학습하고, 그 과정과 결과를 평가하는 과정을 통해서 이루어진다. • 개념의 형성과 발견에 목적이 있는 탐구 중심의 과학교수·학습모형으로서 모둠학습에 특히 효과적이다. 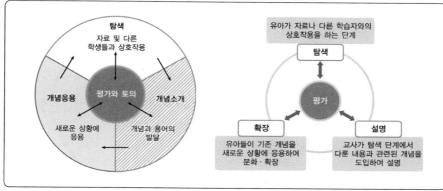 ◈ 4E 모형
탐색	자료 및 다른 학습자와 상호작용하는 단계로, 학생들로 하여금 질문에 답하고 관심을 갖게 하거나 참여하게 하며, 암시나 힌트를 제시함으로써 학생 중심의 탐구활동이 일어난다.
설명	• 개념을 형성·발견하며 그 의미를 구성한다. • 교사가 탐색 단계에서 다룬 내용과 관련된 개념을 도입하여 설명한다.
확장	• 학습한 개념을 새로운 상황에 응용하고, 이해한 개념을 확장한다. − 새로운 상황에서 학습자가 그 개념을 적용할 수 있는 사례와 적용할 수 없는 사례를 찾도록 하여 습득한 개념을 다듬는 활동을 제공한다.
평가	위의 탐색, 설명, 확장의 세 단계 모두에서 형식적·비형식적 평가가 이루어지며, 지필, 관찰, 포트폴리오 등 다양한 방법이 사용된다.

(3) 5E 순환학습모형

개념	• 5E 순환학습모형(BSCS, 1993)은 3단계 순환학습모형의 탐색 단계를 세분화하고 평가 단계를 추가하여 구성한 것이다. 　－ 평가 단계는 선형적 모형의 끝 단계가 아니라 순환과정의 가운데에 설정되어 있는데, 이는 순환학습모형에 따른 적용 과정에서는 교수·학습과 평가가 연합되어(Martin 외, 2009) 있음을 나타내고 있는 것이다. 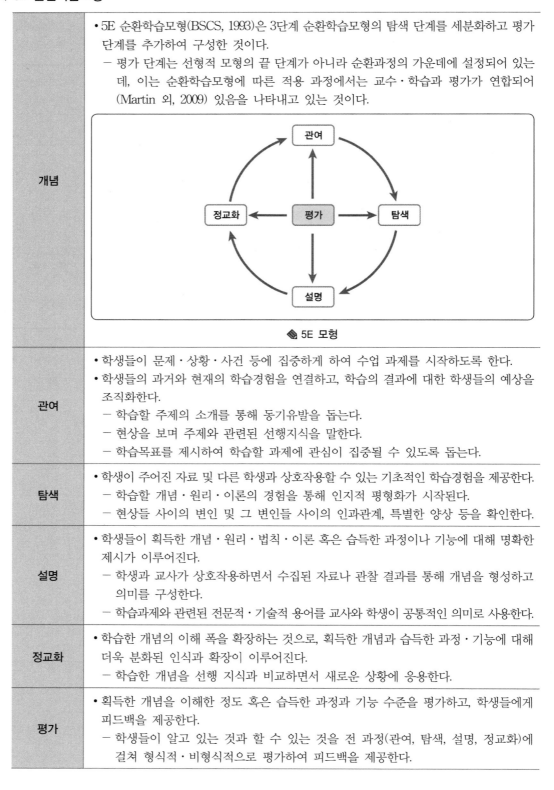 ◈ 5E 모형
관여	• 학생들이 문제·상황·사건 등에 집중하게 하여 수업 과제를 시작하도록 한다. • 학생들의 과거와 현재의 학습경험을 연결하고, 학습의 결과에 대한 학생들의 예상을 조직화한다. 　－ 학습할 주제의 소개를 통해 동기유발을 돕는다. 　－ 현상을 보며 주제와 관련된 선행지식을 말한다. 　－ 학습목표를 제시하여 학습할 과제에 관심이 집중될 수 있도록 돕는다.
탐색	• 학생이 주어진 자료 및 다른 학생과 상호작용할 수 있는 기초적인 학습경험을 제공한다. 　－ 학습할 개념·원리·이론의 경험을 통해 인지적 평형화가 시작된다. 　－ 현상들 사이의 변인 및 그 변인들 사이의 인과관계, 특별한 양상 등을 확인한다.
설명	• 학생들이 획득한 개념·원리·법칙·이론 혹은 습득한 과정이나 기능에 대해 명확한 제시가 이루어진다. 　－ 학생과 교사가 상호작용하면서 수집된 자료나 관찰 결과를 통해 개념을 형성하고 의미를 구성한다. 　－ 학습과제와 관련된 전문적·기술적 용어를 교사와 학생이 공통적인 의미로 사용한다.
정교화	• 학습한 개념의 이해 폭을 확장하는 것으로, 획득한 개념과 습득한 과정·기능에 대해 더욱 분화된 인식과 확장이 이루어진다. 　－ 학습한 개념을 선행 지식과 비교하면서 새로운 상황에 응용한다.
평가	• 획득한 개념을 이해한 정도 혹은 습득한 과정과 기능 수준을 평가하고, 학생들에게 피드백을 제공한다. 　－ 학생들이 알고 있는 것과 할 수 있는 것을 전 과정(관여, 탐색, 설명, 정교화)에 걸쳐 형식적·비형식적으로 평가하여 피드백을 제공한다.

----- MEMO

5 개념변화 수업모형

개념	• 드라이버(Driver, 1983)는 대체적 개념체계의 교환에 따른 개념변화를 중요시하고, 그와 같은 변화를 유발하기 위한 교수·학습전략을 제시한다.
	• 목적: 자연 사물이나 현상에 대해 유아들이 수업 전에 가지고 있는 선개념 중 오개념을 인지적 갈등을 통해 올바른 과학적 개념으로 변화시켜 주는 것이다.
	• 유아들이 자신들의 생각을 표현하고, 다양한 활동을 통하여 생각을 재구성하며, 재구성한 생각의 타당성을 평가한 뒤 이를 실생활에 응용하고 검토하는 단계로 이루어진다.
	   – 선행지식에 대한 인지갈등을 유발하여 자신의 생각에 불만을 갖도록 한 뒤 생각을 변화시킬 수 있도록, 과학개념은 이해 가능하고 그럴 듯하며 활용 가능성이 많음을 제시하는 과정을 포함한다.
	   – 유아들의 오개념을 과학개념으로 대체하거나 변화시켜 새로운 과학지식과 기능을 획득·구성하게 하는 유용한 방법이다.
	• 과학의 모든 내용에 적용 가능한 것이 아니라, 비교적 많은 유아들이 오인하고 있는 내용을 가르칠 때 사용한다.
	   – 과학 교과뿐만 아니라 다른 교과에서도 유아들이 가지고 있는 선개념을 보완·수정하며 새로운 개념을 획득해 가는 과정에서 폭넓게 활용될 수 있다.

모형	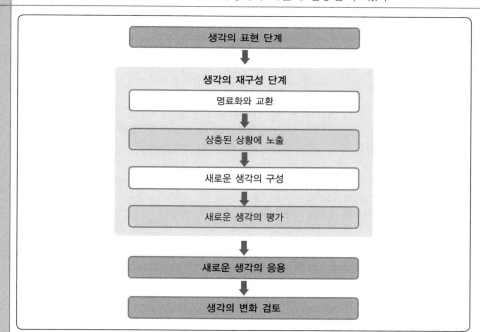 ◈ 개념변화 수업모형(Driver, 1983)
생각의 표현 단계	• 학습할 내용과 관련된 각자의 생각을 표현하는 단계이다. • 수업 전의 오개념 파악이 매우 중요하므로, 자신의 생각을 드러낼 수 있도록 충분한 표현의 기회를 제공한다. • 교사는 학습내용과 관련된 현상이나 예를 제시하고, 유아는 이를 관찰하여 자신의 언어로 설명한다. – 현상에 대한 자신의 생각을 글이나 그림으로 자연스럽게 표현한다.

생각의 재구성 단계	명료화와 교환	• 자신의 생각을 서로 발표하는 과정이다. • 다른 유아들의 생각에 비추어 자신들이 가지고 있는 생각의 의미를 명료화 한다. • 서로의 생각이 가지고 있는 장점과 단점을 생각해 볼 수 있다.
	상충된 상황에 노출	• 유아들의 생각과 상충되는 현상이나 사건을 제시한다. • 유아들은 자신의 생각으로 제시된 상황을 잘 설명할 수 없다는 것을 인식하고 불만을 갖게 되며, 현상에 대해 의문을 품게 된다.
	새로운 생각의 구성	• 자신의 부족한 생각을 대체할 수 있는 새로운 개념을 구성한다. • 유아가 스스로 구성하기 어려운 과학개념의 경우 교사가 제시할 수 있다. • 제시되는 과학개념은 유아들이 쉽게 이해할 수 있어야 하며, 유아들의 생각과 비교할 때 어떤 장점이 있는지 드러나도록 하여 잘 수용될 수 있도록 해야 한다.
	새로운 생각의 평가	• 새로운 생각의 타당성을 평가한다. • 유아가 얼마나 성취하였는지 알아보는 것이 아니라 새로운 생각이 얼마나 적절한지를 평가한다. • 평가를 위해 특정한 상황을 이용하게 되며, 새로운 생각이 이 상황을 설명하는 데 얼마나 적절한지를 느껴볼 수 있는 기회를 제공해야 한다. • 이 단계를 통해 유아들은 새로운 생각이 옳다는 것을 충분히 인식해야 한다.
새로운 생각의 응용		새롭게 구성된 개념에 대한 다양한 상황을 제시하여 재구성한 생각을 실생활에 적용 및 응용해 볼 수 있는 경험을 제공한다.
생각의 변화 검토		• 유아들의 생각이 얼마나 변화되었는지를 선개념과 비교하여 검토한다. • 재구성된 생각을 처음 생각과 비교하는 과정을 통해 알게 되며, 선개념이 아직 바뀌지 않았을 경우 피드백 과정에 의해 다시 개념변화를 시도한다. | 오개념을 과학적 개념으로 바꾸기 위한 네 가지 조건(Posner, 1982) | ① 자신의 생각에 불만을 가진다. ② 새로운 개념을 이해할 수 있다. ③ 새로운 개념이 그럴 듯하다. ④ 새로운 개념의 활용 가능성이 많다.

6 STS 수업모형

개념	• 과학－기술－사회(Science-Technology-Society)의 약자로서, 학교 과학교육의 방향을 재점검하고 다시 정의하려는 노력에 대하여 철학적 틀과 일상의 명칭을 제공하고자 하는 시도에서 붙여진 이름이다. • STS 교육은 세계적인 추세로 과학적 소양을 지닌 개인을 양성하는 것과 함께 과학－기술－사회와 관련된 태도를 고취하는 데 그 목적이 있다. 　－ STS 교육에서 말하는 과학적 소양에는 '문제해결, 가치 판단, 의사결정에 관한 지식과 그것들을 수행할 수 있는 능력'이 포함되어 있다. 　－ 단순히 과학을 위한 과학이 아니라, 기술과 사회 속에서의 과학임을 의미한다. • STS를 학교 교육에서 다룸으로써 유아들이 배운 과학 내용이 실생활과 어떻게 연관되며, 또한 과학·기술과 관련된 사회문제를 어떻게 해결할 것인가를 생각하게 해야 한다. 　－ STS 교육에서는 앞으로 유아들이 살아가는 과정에서 흔히 만날 수 있는 실제적 문제를 해결할 수 있는 능력을 길러주고자 한다. • 유아들이 지역, 사회, 국가, 세계적 수준의 과학기술 관련 문제를 인식하고, 스스로 해결 방안을 모색하게 하며, 책임 있는 의사결정을 내리는 것을 강조하므로 STS 학습모형에는 토의, 역할놀이, 현장 견학 등과 같은 방법이 많이 활용된다.

과정		
	• 예시 문제: 지구 온난화 • 목적: 지구 온난화로 인한 생태계 파괴가 우리의 삶과 관련되어 있음을 알고, 지구를 지키고자 하는 마음가짐을 지니는 것	
	문제로의 초대	• 과학: 자연 세계와 관련된 질문 • 기술: 환경에 대한 인간의 적응문제 • 동기유발 및 학습 문제의 확인 단계이다. 　－ 과학과 관련된 일상생활이나 사회 문제를 제기하여 학습에 흥미를 가질 수 있도록 한다. 　－ 문제의 심각성을 인식하고 발견하도록 한다. 　－ 호기심을 유발하기 위해 주변 환경을 관찰한다. 　　⑩ 북극곰이 보내온 편지를 통해 지구 온난화에 대하여 흥미를 갖게 하는 것
	탐색	• 과학: 탐구방법 • 기술: 문제해결 전략 • 문제에 대한 이해 및 심화, 관련된 과학 이론과 개념의 조사, 해결 방안 모색 단계이다. • 유아들이 중심이 되어 참여: 탐구문제에 대해 실험·조사·토의한다. 　⑩ 지구 온난화를 통해 생기는 문제를 동영상 자료를 통해 알고, 빙하가 녹아서 생기는 생태계의 변화를 재구성된 실험을 통해 알아보는 것

설명과 해결 방안 제시	• 과학 : 자연현상에 대한 설명 • 기술 : 인간적응 문제의 해결 • 앞에서 모색한 해결방법을 구체화하여 설명·의사소통하는 것이다. 　－ 또래들과의 토의를 통해 여러 가지 대안들 중 가장 좋은 대안을 공동으로 모색한다. 　－ 정보와 관념을 의사전달, 모델을 만들거나 설명, 새로운 설명에 대한 요구, 해결책에 대한 검토 및 토의, 동료의 평가를 이용한다. 　　🔘 지구 온난화에 대한 원인을 다양한 자료들을 통해 조사하고, 조사한 것들에 대해 또래들과 토의를 통해 발표하는 것
실행·실천	• 개인적·사회적 행동 및 적응 • 직접 행동에 옮기거나, 실행과 관련 있는 사람들에게 영향력을 행사한다. 　－ 의사결정, 지식 및 기능을 응용하고 전달, 정보와 생각 교환, 새로운 의문점 질문, 결과를 발달시키거나 생각을 촉진하도록 한다. 　　🔘 지구를 보호하기 위해 우리가 생활 속에서 실천할 수 있는 일들을 함께 정하고 지켜나가기 위한 다짐을 하는 것

UNIT 51 | 앳킨슨과 플리어(Atkinson & Fleer, 1995) — 교수·학습방법

1 전달식 교수법

개념	• 전달식 교수법은 유아의 궁금증이 일어난 상황에서 교사가 바로 과학적 지식을 알려주는 교수법으로 지식의 이해를 돕고 탐구의 기회를 확장하는 것이 가능하다. • 전달식 교수법에서는 과학이 유아에게 전달해야 하는 지식의 총체이고, 학습은 지식의 내용을 습득하는 수동적 과정으로 보며, 교수법으로는 설명이나 시범 등을 사용한다. 　－ 교사가 지식의 소유자인 동시에 제공자로서 유아의 학습에 핵심 역할을 하는 방법이다. 　－ 과학적 지식이나 사실에 대한 설명을 교사에게 듣고 유아가 수용하는 방법이다. 　－ 학습의 내용과 방향 등 가르칠 것이 무엇인지를 교사가 결정한 후 그 내용을 시범이나 설명을 통해 전달하는 방식이다. 　－ 유아에게 전달해야 할 지식의 총체로 과학을 보는 관점으로, 학습을 수동적 과정으로 보고 지식의 내용을 강조하지만 기술이나 태도는 강조하지 않는다. • 유아가 일과 중에 제기하는 지적 호기심을 즉각적으로 채워줌으로써, 지식의 이해를 돕고 탐구의 기회를 확장시키는 데 유용하다.
단점	• 과학활동이 개념이나 지식 위주로 진행될 가능성이 높다. ➡ 누군가에게 배워야 하고 외울 것도 많아 어렵고 지루한 공부로 인식할 수 있다. • 유아의 인지적 참여 여부보다는 가르친 내용을 잘 기억하고 암기하였는지가 중요하다. • 유아의 이해 정도를 다양한 방법으로 표상할 기회를 주지 않아 유아가 학습한 내용을 내면화하였는지에 대해 교사가 알기 어렵다. • 유아가 주의 집중에 한계를 보일 수 있다. • 개인차를 고려하는 개별 학습이 어렵다. • 유아의 직접적인 참여와 학습에의 자발성을 경시한다.

MEMO

교수·학습 과정	• 교사가 교육 주제와 유아의 사전 경험에 기초하여 활동을 미리 계획한 후 학습활동을 선택하고, 적당한 교수 수준에서 자료를 제공하며, 유아에게 자료의 특징과 활동 방법을 자세히 설명하여 시범을 보인다. - 이때 유아의 궁금증, 알고자 하는 지적 욕구와 호기심에 대해 교사가 즉각적으로 도움을 줄 수 있다. - 또한 실험이나 조사, 관찰 등의 활동으로 전개하기에 시간이나 상황이 여의치 않을 때 유아의 궁금증이 일어난 바로 그 상황에서 교사가 과학적 지식을 알려줄 수 있다. - 유아가 정확히 이해하는지 알아보기 위해 질문을 하면서, 교사가 하는 실험 결과를 중심으로 이야기 나누고 결론을 지어준다. - 유아의 직접적인 활동은 교사가 시범을 보이며 결론을 내리고 난 다음에 과학영역에서 개별적 혹은 소집단으로 이루어지며, 교사가 제공하는 자료들을 가지고 활동한다. 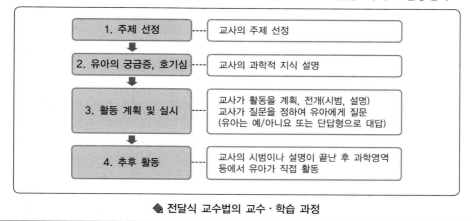 ◈ 전달식 교수법의 교수·학습 과정

2 발견적 교수법

개념	• 발견적 교수법(discovery approach)은 유아가 여러 가지 과학과정 기술을 활용하여 문제를 해결해 보는 방법으로 유아의 직접적인 관찰과 물리적 환경의 조작을 통해 유아 스스로 배우는 과정을 강조한다. - 자연 세계에 대한 탐구를 바탕으로 유아가 주변 세계에 대한 이해와 발견을 하는 과정을 과학으로 간주하고, 학습을 위한 유아의 직접적인 관찰과 물리적 환경의 조작을 통해 이를 스스로 배우는 과정을 강조하는 특징이 있다. • 환경을 자유롭게 적극적으로 탐색하는 탐구과정에 자발적으로 참여함으로써 과학적 학습이 보다 잘 이루어지고 탐구기술을 키워나갈 수 있다고 본다. - 유아는 다양한 도구와 자료를 가지고 자유롭게 놀이하면서 탐구하는 가운데, '왜, 무엇이, 어떻게' 등에 대한 해답을 자신의 방법대로 해결한다. - 교사는 유아가 활동하고 실험할 수 있는 자료와 도구들을 마련해 주고, 유아는 이를 관찰하고 직접 탐구함으로써 스스로 무엇인가를 발견하도록 돕게 된다. - 유아는 자유로운 발견을 통해 학습 상황을 스스로 고안하고 탐구할 수 있다. • 장점: 유아가 활동에 적극적으로 참여할 수 있고, 과학과정 기술을 학습할 수 있다. • 단점: 시간이 오래 걸리고, 풍부한 자료와 상호작용을 제공하는 것이 필수적이다.

교육의 순서	① 탐색	• 유아가 어떤 주제나 현상에 친숙해질 수 있도록 학습 자료를 탐색한다. • 유아가 스스로 의문을 던질 때까지 주제에 관계된 자료를 자유롭게 탐색한다. • 탐색을 통해 의문이 야기되면서 유아는 자신의 호기심을 충족시키기 위한 동기가 유발되고 발견학습이 가능해진다. • 발견적 접근이 효과적으로 이루어지기 위해서는 충분히 탐색할 수 있는 자료의 제공과 함께, 유아가 능동적으로 자료에 대처할 수 있는 허용적 분위기가 조성되어야 한다.
	② 고안	• 유아가 자신의 경험을 조직화할 때 도움이 될 수 있는 생각을 하도록 돕는다. • 이는 교사가 개방적 질문을 하거나 적절한 자료와 환경을 제시해 줌으로써 가능하다.
	③ 발견	• 고안해낸 과학적 생각이나 원리를 새로운 환경에 응용한다. • 유아는 자신이 알고 있는 여러 가지 방법을 활용하여 어떤 사실을 발견하게 된다. • 발견된 사실을 새로운 환경에 적용해 볼 수 있는 기회도 함께 제시되어야 한다.
교사의 역할		발견적 교수법에서 교사는 유아의 탐색을 돕기 위해 다양한 도구와 자료를 제공하고, 유아가 관찰하고 탐구하면서 스스로 무엇인가를 발견해 가도록 돕는 역할을 한다(Fleer, 1993). • 효과적인 탐구-발견을 위해서는 교사의 언어적 상호작용이 매우 중요하다. - 자신의 질문이 아동의 관찰, 분류, 가설설정, 실험 절차 만들어 보기, 개념에 대한 정의 내리기와 같은 활동을 할 수 있도록 하는 방법인지를 항상 염두에 두고 질문하며 격려해야 한다. • 효과적인 발견학습을 위해서는 마음껏 탐색할 수 있는 자유로운 분위기와 다양한 자료, 충분한 시간이 제공되어야 한다(◉ 유아가 실외 놀이를 하며 애벌레를 교실로 가져와 관찰하고 싶어 한다면 관찰도구, 기록지, 채집통 등을 준비해 주어 교실에서 관찰할 기회를 제공할 수 있다). - 스스로 호기심을 충족하려는 동기가 유발될 수 있다. - 유아 자신이 알고 있는 여러 가지 방법과 기술을 활용하여 어떠한 사실을 발견할 수 있다. - 발견된 사실이나 정보를 공유하고 나눔으로써 또 다른 새로운 과학적 발견으로 연결될 수 있다.
효과적인 탐구-발견을 위한 상호작용		• 설명을 적게 하고 질문을 많이 한다. • 확산적인 질문을 사용한다. • 창의적인 사고과정을 위한 질문의 체계를 준거로 자신의 질문을 평가해 본다. • 다양한 능력을 발견해 낼 수 있는 질문을 한다. • 맞는 답이 나왔다고 토론을 즉시 멈추지 않는다. • 기다려 주는 시간을 갖는다. • 아동 중심의 토론을 많이 하도록 이끈다. • 발견을 위한 토론 도중에 보상을 하지 않는다. • 필요한 보상은 해야 한다. • 침묵 시간을 갖도록 한다. • 질문을 중첩해서 하지 않도록 한다.

• 과잉 반응을 하지 않는다.
• 수렴적 사고를 깨도록 한다.
• 과잉 일반화를 경계한다.
• 아동에게 요점을 말하도록 한다.
• 사고를 확대하고 지속하도록 한다.
• 주제에 정서적으로 압도되는 것을 고려한다.
• 아동이 한 말에 부연 설명을 한다.
• 민감하게 듣는 기술을 사용한다.

3 과정적 교수법

개념	• 과정적 교수법(process approach)은 관찰, 토론, 분류, 예측, 가설설정, 실험 등의 과학적 방법을 적용하여 과학적 탐구능력을 적극적으로 익힐 때 과학학습이 이루어진다고 보며 (Atkinson & Fleer, 1995), 개념 이해보다 문제해결 과정에 적극 참여하는 것을 강조한다. 　－ 학습은 탐구과정을 통해 문제해결능력이 신장되면서 이루어진다는 것이 과정적 교수법의 핵심이다. • 과학은 학습을 위해 필요한 사고 기능으로, 탐구능력의 신장을 위해 가장 중요한 수단은 과학과정 기술이다. 과학적 탐구능력은 사물이나 현상을 탐색하거나 문제를 해결하는 과정에서 사용하는 능력으로, 과학과정 기술은 유아가 어려운 문제에 접했을 때 문제해결을 스스로 해 나갈 수 있도록 한다. 　－ 따라서 교사는 과학적 탐구에 필요한 활동과 자료를 다양하게 제공해 주고, 탐구능력이 균형 있게 발달할 수 있도록 교육과정을 계획해야 한다. 　－ 예를 들어 "고구마를 가지고 우리가 무엇을 할 수 있을 것 같니?"라고 물어본 후 "싹이 나도록 해 봐요"라는 유아들의 반응에 따라 고구마를 놓을 장소, 잘 자라도록 하기 위해 필요한 것들을 토의하고, 유아들이 원하는 곳에 놓은 후 어떻게 될 것 같은지를 예측하고 관찰해 보도록 할 수 있다. 햇빛이 드는 곳과 들지 않는 곳에 고구마를 놓았을 때 차이가 있을지, 왜 그런 차이가 생겼을지, 햇빛이 들지 않는 곳에 계속 두었을 때 어떻게 될 것 같은지에 대하여 추론해 보도록 도울 수 있다. 이후 유아들이 오늘의 토의를 통해 알게 된 고구마의 특징에 대하여 옆 반 친구들과 의사소통해 보도록 지도할 수 있다. • **장점** 과학적 태도, 지식, 과학과정 기술을 동시에 향상시킬 수 있다. • **단점** 　－ 교사의 균형 잡힌 교육계획, 적절한 상호작용능력 없이는 성공적인 수업이 어렵다. 특히 과학과정 기술에 치우치면 과학 내용의 중요성을 간과할 수 있는 등 학습이 과정에만 치우치고 내용이 무시될 수 있다. 　－ 해결 방안 : 교사는 과학을 하는 과정에 중점을 두되, 내용과 과정 간의 균형을 고려하면서 과학활동을 진행할 필요가 있다.
교사의 역할	• 유아 스스로 과학적으로 탐구하는 과정을 통해 과학에 대한 흥미와 탐구하는 태도를 갖고 사물과 현상을 이해하도록 돕는다. • 다양한 과학과정 기술을 적극적으로 활용할 수 있도록 격려하고 상호작용한다. • 과학적 탐구에 필요한 활동과 자료를 다양하게 마련해 주고, 모든 탐구능력이 발달할 수 있도록 균형 잡힌 교육과정을 계획한다.

4 상호작용적 교수법

기본 관점	• 유아가 주변 세계를 보다 잘 지각하고 이해하는 데 목적을 두고, 조사를 통해 궁금해하는 것에 대한 답을 유아 스스로 얻도록 교사도 적극적으로 참여하고 지원하는 교수법이다. 　－ 학습은 환경의 적극적인 탐색이 가능하고 사회적 상호작용을 통해 주변 세계에 대한 지각을 높일 수 있는 구성활동으로 이루어져야 한다고 본다. 　－ 과학은 문화적·사회적·역사적 맥락에서 이해되어야 하는 인간의 구성활동이며, 인간의 필요와 사고에 의해 변화되어야 한다고 본다. • 상호작용적 교수법에서 교사는 유아가 새로운 지식을 발견하고 스스로 의미를 구성할 수 있는 상황을 제공해 주는 촉진자의 역할을 한다. 　－ 따라서 교사는 '만약 ～ 하면 어떻게 될까?'라는 질문을 통해 탐구와 문제해결을 돕도록 해야 한다. 또한 유아들의 호기심을 자극할 수 있는 환경을 제공하고, 질문하는 것에 대해 공동으로 조사하며, 유아의 사고를 변화시킬 수 있는 역할을 해야 한다. • 유아의 학습은 집단구성원 간의 상호작용 과정에서 일어나는 것으로 유아가 형성한 사전 개념을 파악하는 것이 중요하며, 유아가 주도하고 교사는 협력적인 역할을 한다.
학습 과정	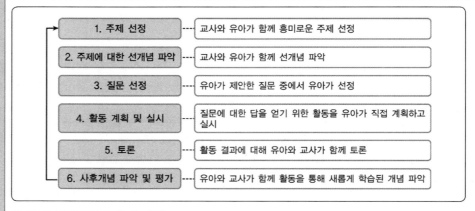 ① 주제 선정(유아의 흥미 파악) 　• 유아의 흥미를 자극할 수 있는 환경을 마련하고, 유아가 환경과 상호작용하는 과정에서 자연스럽게 흥미를 갖도록 한다. 　• 교사는 유아가 무엇에 관심이 있는지, 어떻게 자신의 관심사를 표현하는지 관찰하여 유아가 스스로 지식을 구성해 나가도록 도움을 주어야 한다. 　예 유아들에게 요즘 궁금해 하는 것을 물어보았을 때 빛, 나무, 백조 등이라고 답하면 다수결을 통해 주제를 선정할 수 있다. 이때 교사는 유아들이 흥미 있어 하는 주제를 지속적으로 탐구할 수 있는지와 유아들에게 필요한 활동자료를 적절히 제공해 줄 수 있는 것인지를 고려하여 주제로 선정하도록 한다. ② 주제에 대한 선개념 파악 　• 유아가 이미 알고 있는 것이 무엇인지 알아내는 것을 시작으로 유아가 주제에 대해 자신의 생각을 드러내도록 한다. 이를 위해 자신이 알고 있는 지식을 그림으로 그려보게 하거나 좀 더 다양한 언어로 표현하도록 하여 상호작용 과정에 참여할 수 있도록 이끌어 주어야 한다. 　예 유아들과 '빛'에 대해 살펴보기로 결정했다면 이후 유아들이 알고 있는 빛에 대한 개념을 파악하기 위해 "너희들은 빛 하면 무엇이 생각나니?"라는 질문을 통해 유아들의 반응을 살펴보도록 한다. 토론과정에서 교사는 빛이 주변을 밝게 하기도 하고, 살아 있는 생명체에게도 중요한 역할을 한다는 것을 유아들이 이해하고 있음을 파악할 수 있다.

③ 질문 선정(유아가 알아보고 싶은 것 선정하기)

- 유아의 사전개념, 즉 기존의 지식을 파악하였다면 교사는 유아들과 공동으로 새로운 지식을 증진시킬 수 있도록 도와야 한다. 유아가 알고 있는 것이 틀린 개념일지라도 관심을 보이는 행동을 격려하며 지속적인 흥미를 보일 수 있도록 분위기를 조성한다.
- 교사는 유아의 질문을 적어보며 유아가 알고 있는 것과 알아보고 싶은 것을 구분하여 목록으로 적어볼 수 있다.

예 질문을 선정하여 함께 알아보고자 하는 것을 파악하되, 유아들이 빛을 내는 물건은 어떤 것이 있는지, 햇빛은 얼마나 뜨거운지, 햇빛이 없다면 어떻게 될지, 햇빛은 어떤 일을 하는지, 그림자는 어떻게 생기는지에 대해 궁금해한다면, 교사는 유아들이 주제의 핵심에 초점을 맞추어 질문거리들을 생각해 볼 수 있도록 돕고, 유아들의 의견을 다시 한번 정리해서 이야기해 줄 필요가 있다.

④ 활동 계획 및 실시(활동해 보기)

- 유아가 궁금해하고 알아보고 싶은 것을 질문으로 시작하여 적어보았다면 실제 유아의 경험으로 가능한 활동이나 놀이가 무엇인지 함께 결정해야 한다. 상호작용적 교수법에서는 교사의 역할이 협력자, 조력자, 공동놀이자라는 것을 잊지 않아야 한다.
- 유아가 알아보고자 하는 것은 빠른 시간에 해결될 수 없으므로 유아들의 생각이 변화·확산될 수 있도록 상호작용하는 기회를 제공할 필요가 있다.
- 또한 교사 혼자서 물리적 환경을 갖춘다는 것도 어렵기 때문에 가정이나 지역사회의 협력이 필요하다.

예 쌀벌레에서 시작된 관심이 '쌀은 어떻게 자라는가?'로 연결될 때 쌀이 자란다는 지식은 잘못된 개념일 수 있지만, "쌀이 어떻게 자라니, 벼가 자라서 쌀이 되는 거야"라고 잘못된 개념을 바로 고쳐주지 않아야 한다. 경험을 통해 스스로 지식을 습득하고 수정하여 지식 확장에서의 능동성을 갖는 것이 상호작용적 교수법의 핵심이다.

⑤ 토론

- 교사는 다양한 실험을 한 후 유아들이 탐구, 조사 활동을 통해 주제에 대해 알게 된 것을 회상해 보고, 발표하며, 토론해 보도록 함으로써 자발적인 학습이 이루어질 수 있는 기회를 준다.

⑥ 사후 개념 파악 및 평가의 단계

- 전·후 개념망을 통해 유아의 변화된 개념을 비교해 볼 기회를 제공하고, 학습의 진전 정도를 인식할 수 있도록 도움을 주어야 한다.

| 교사의 역할 | • 유아와 환경과의 적극적인 상호작용이 이루어지도록 한다.
　− 유아의 사고와 질문을 자극할 수 있는 환경을 제공한다
• 유아의 질문에 대해 공동으로 조사하고, 적절한 정보와 효과적인 안내를 제공한다.
　− 유아의 연령이 낮을수록 조사 가능한 과학적 질문을 하기 어렵기 때문에 과학적이며 조사·실험이 가능한 질문을 하도록 하는 교사의 기술이 요구된다. |

UNIT 52 권영례(2011)가 분류한 교수 · 학습방법

1 탐구－발견 교수 · 학습방법

개념	• 유아가 스스로 어떤 것을 배우고자 하는지 발견하고 활동에 참여하며 학습하는 방법이다. • 교사는 질문을 만드는 역할을 하며, 언어적인 상호작용을 통해서 유아의 탐구과정이 효과적으로 이루어질 수 있도록 지원해야 한다. 　－ 따라서 질문을 하는 교사의 역할이 다른 어떤 교수 · 학습방법보다 강조된다. 　－ 교사는 효과적인 학습을 위해 관찰, 분류, 가설설정, 실험, 개념에 대한 정의 내리기 등의 활동을 할 때 질문을 적절하고 균형 있게 안배해야 한다.
교사의 역할	유아들이 적극적으로 자신의 관심사를 이어가고 새로운 발견을 할 수 있도록 돕기 위해 교사가 해야 할 역할은 다음과 같다. • '설명을 적게 하고 질문을 많이 하기'이다. 　－ 교사의 설명을 최소화하는 것이 탐구－발견학습의 핵심이라고 할 수 있다. 　－ 또한 수렴적인 질문보다는 확산적인 질문을 더 많이 하는 것이 중요하다. 　　🔎 "네가 좋아하는 것은 어떤 것이니?", "이것에 대해서 알아보기 위해서 우리가 할 수 있는 것은 무엇일까?" 　－ 이를 위해 교사는 질문의 체계를 준거로 질문에 대한 평가를 할 필요가 있다. 즉, 탐구－발견학습이 제대로 이루어지기 위해서는 교사의 질문에 관찰을 촉진하는 질문, 가정을 촉진하는 질문, 추론을 촉진하는 질문 등이 포함되었는지, 과학과정 기술과 관련하여 균등하게 배분되었는지 평가해야 한다. • 유아의 다양한 능력을 발견해 낼 수 있는 질문을 한다. 　－ 과학활동을 하면서도 심미감, 조직력, 의사소통능력, 창의성, 사회성, 계획성 등을 모두 발달시킬 수 있는 질문을 해야 한다. 　　🔎 "당시(선사시대) 사람들은 무엇을 타고 다녔을지에 대한 그림을 누가 그려볼 수 있겠니?" 　－ 또한 질문에 대한 정답이 나오더라도 토론을 멈추지 않고 어떤 것을 만들고 싶은지, 어떤 모양으로 변형시켜 보고 싶은지, 정답이라고 생각하는 것의 문제점은 무엇이라고 생각하는지에 대해서 유아들이 말할 수 있는 기회를 주도록 한다. • 기다려 주는 시간을 갖는 것이 중요하다. 　－ 교사는 유아에게 질문을 한 후 대답을 듣기까지 3초 또는 그 이상 기다려 주어야 한다. 또한 교사가 활동을 제안한 후 적어도 3명의 유아가 이야기한 다음에 교사의 발문 순서가 돌아오는 것이 좋다(T－C－C－C－T). 　－ 더 나아가 유아들이 많은 이야기를 했을 때 그 의견을 정리해 주는 교통정리형 교사가 되는 것도 바람직하다. • 효과적인 발견을 위해서는 발견을 위한 토론 중 즉시 보상하는 것을 지양한다. 　－ 토론 도중 즉각적으로 보상하면 보상받는 유아의 토론 내용에만 초점이 맞추어져 다른 유아들이 토론에 참여하지 못하는 경우가 생길 수 있다. 　－ 그러나 즉각적으로 보상하는 것이 적절한 경우도 있는데, 유아가 예전보다 더 나은 성취를 했을 때, 예전에는 생각하지 못한 것을 새롭게 생각해 냈을 때 등 유아의 특별한 개별 성취가 나타나면 이에 대한 보상은 바로 해주어야 한다.

• 중첩된 질문을 하지 않아야 하며, 유아가 여러 방향에서 문제를 바라볼 수 있도록 확산적 사고를 도와야 한다.

⑩ "이 문제를 해결하기 위해서 어떤 다른 방법이 있을까?", "다른 정보는 없을까?"

• 주제를 명료하게 하고, 과잉 일반화를 경계한다.

• 유아가 스스로 요점을 정리하여 말하도록 돕는다.

• 주제에 대해서 유아가 정서적으로만 반응하지는 않는지 고려한다.

• 민감하게 듣기 위한 기술적인 노력도 필요하다.

　　– 비언어적 반응, 즉 교사가 유아를 향해서 몸을 구부리고 집중하는 모습을 보여 주거나, 적절한 미소, 끄덕임, 제스처 등을 사용한다.

2 협동적 교수 · 학습방법

개념	• 협동적 교수 · 학습방법이란 공동의 과제를 집단 구성원 모두가 참여할 수 있도록 소집단으로 나누어 활동을 전개하는 학습방법이다. 　– 이 방법에서는 학습이 공동으로 이루어지고, 구성원들이 서로 협력하며 집단으로 작업이 이루어질 것을 강조하는데, 이때 비로소 협동학습의 의미가 살아날 수 있다. 　– 협의의 협동학습이란 교실 내 이질적 집단에 속한 유아들이 협동과제 구조에 몰두하여 많은 시간을 공동 작업에 쓰도록 만드는 기술을 사용하는 것이다. • 협동학습이 교육적으로 바람직한 결과를 가져오기 위해서는 협동적인 목표구조가 있어야 한다.

🏠 **목표구조**

협동적 목표구조	유아들과 관련된 다른 유아들이 그들의 목적을 얻을 수 있다면 자신들도 목표를 얻을 수 있다고 지각할 때 존재한다.
경쟁적 목표구조	다른 유아들이 그들의 목적을 얻는 데 실패하면 자신들이 목표를 얻을 수 있다고 지각할 때 존재한다.
개인적 목표구조	유아의 목표성취가 다른 유아의 목표성취와 관련이 없을 때 존재한다.

　– 협동학습을 제대로 하지 못하면 유아는 경쟁적 목표구조를 가질 수도 있으므로 한 유아의 목표 성취를 위해서 다른 유아의 목표가 상충되는 경우에는 협동학습이 적절하지 않다.

　– 또한 특수 유아의 교육에서는 협동학습이 적합하지 않고, 오히려 개인적인 목표구조를 가지는 것이 더 바람직하다.

이론에 근거한 교육적 가치	피아제	• 피아제는 협동학습을 중요한 인지발달과정의 하나로 받아들여야 한다는 입장이다. 　– 또래 간 상호작용은 결정적 인지갈등을 제공하며 발달을 자극한다. 　– 인지적 갈등은 유아가 믿는 것과 학습내용의 지각된 모순이며, 변화를 위한 촉매가 된다. 　– 유아는 또래 간 상호작용을 통해 사회적 · 인지적 가치를 모두 얻을 수 있다.

		① 사회적 가치 : 다른 사람이 나와 다른 견해를 가지고 있다는 것에 더 민감해지는 것을 의미하며, 의사소통 기술을 통해 개인과 다른 사람의 견해가 다를 수 있음을 인식하는 것이다. ② 인지적 가치 : 내가 알고 있는 개념과 다른 개념을 통해서 내 개념의 진실성 여부를 확인할 수 있는 기회를 가지는 것을 의미하며, 또래 간의 상호작용을 통해 얻게 되는 피드백으로 자신이 가진 개념을 재확인하는 것이다.
	비고츠키	• 비고츠키는 유아들이 의미 있는 타인의 도움을 통해 현재 발달 수준보다 한 단계 나아가 새로운 발달 수준에 도달할 수 있도록 하는 데 필수적인 것이 협동학습이라고 보았다. 즉 협동학습에 참여하며 근접발달지대를 넘음으로써 실질적 발달 수준이 증진된다고 보았다. - 유아가 자신보다 유능한 또래들과 협동하는 과정에서 더 많은 것을 배우고, 이를 통해 자연스럽게 비계를 제공받아 근접발달지대에 이를 수 있기 때문이다. • 협동학습 구성에서 고려할 점은 면대면 상호작용, 유아의 역할과 개인 책무감, 2~6명의 유아로 구성된 소집단 활동 기회, 소집단 구성 시 유아의 성별·능력·특성 등을 다양하게 구성하기 등이다. 또한 교사가 직접적으로 사회적 기술을 지도하거나 간접적으로 도움을 줄 수도 있다.
구성요소		협동학습의 학습전략은 개인이 아니라 팀을 보상하는 것, 팀 안에서 각각의 유아들이 맡고 있는 역할과 책임감을 느낄 수 있도록 도와주는 것, 모든 유아가 동등하게 참여할 수 있도록 균등한 기회를 제공하는 것 등이다.
	면대면 상호작용	• 유아들이 어떤 것을 함께 한다는 것을 의미한다. • 서로 이야기하고 묻고 대답하거나 어떤 과제를 서로 연결하여 수행한다. • 교사의 역할 : 아동들이 서로 상호작용하는 기회를 갖고 격려받을 수 있도록 학습경험을 구성한다.
	개인 책무감	• 동등성 기반 위의 상호작용을 의미한다. • 두 유아 중 한 사람이 모든 일을 다하고, 다른 한 사람은 아무것도 하지 않을 경우 협동학습의 목적을 충족시킬 수 없다. • 교사의 역할 : 활동 과정에서 모든 사람이 개인 책무감을 다하도록 계획을 세워야 한다.
	이질적 구성집단	• 한 집단에 유아들의 성, 능력, 특성 등이 세심하게 섞여야 한다는 것을 의미한다. • 집단 내에 활력을 주고 학습가치를 높일 수 있다. • 교사의 역할 : 대집단을 구성하기 전에 짝을 지어 활동하거나, 도움을 주고 받는 경험을 해보도록 격려한다.

	사회적 기술	• 사회적 기술의 학습을 돕는 방법이다.
		  - 직접적 도움을 통한 사회적 기술 학습
		  - 집단활동 구조를 통해 간접적으로 도움
		  - 사회적 기술의 관찰, 조언 및 수행

학습 과정		
	• 협동학습의 과정은 먼저 단원과 전이를 결정하고 집단이 어떻게 탐구할 것인가에 대해서 각 소그룹별로 계획을 세운 다음 탐구하고, 탐구 결과를 그룹별로 기록하여 전체 유아들에게 발표하도록 하며, 유아와 교사가 어떠한 수행을 했는지에 대해 평가하는 것으로 이루어진다. 따라서 탐구는 소집단으로 이루어지지만, 탐구 결과는 학급 전체가 공유할 수 있도록 기회를 마련해야 한다. ㅡ 협동적 탐색, 그룹토의, 협동계획 및 협동프로젝트를 소집단으로 실시한다. ㅡ 네 가지 기본요소(탐구, 상호작용, 해석, 내적 동기화)를 통합하여 활동한다.	
	단계 1	단원과 전이 결정
	단계 2	집단탐구 계획
	단계 3	집단탐구
	단계 4	결과기록 및 발표 계획
	단계 5	발표
	단계 6	교사와 유아들이 자신들의 수행을 평가

3 다른 교과와의 연계를 통한 과학교육의 방법

과학교육과 다른 교과와의 연계는 다양하게 이루어질 수 있다.
• 과학과 수학을 연계하는 것은 자연스럽게 이루어지는 하나의 과정이라고 할 수 있다.
  ㅡ 식물이 얼마나 자랐는지 관찰하다 보면 식물이 자라는 크기를 어림짐작하기, 길이 재 보기 등의 활동과 자연스럽게 연결되는데, 이 과정이 바로 과학과 수학의 불가분 관계를 나타낸다.
  ㅡ 실제로 수학과 과학을 연계해서 가르치다보면 유아들이 수학을 자연스럽게 배우기 때문에 시간을 경제적으로 활용할 수 있고, 수학적 개념을 배울 수 있는 의미 있는 상황을 제시할 수도 있다.
  ㅡ 수학과 과학을 자연스럽게 연계하여 활동을 계획하기 위해서는 직접적인 탐색 기회 제공, 자료 해석 및 기록, 그래프 활용, 그림 활용 등 네 가지 모델의 학습 환경을 제공할 수 있다.
  ㅡ 이러한 수학과 과학의 연계 활동에서는 과학 탐구과정에서 강조하는 요소가 모두 포함되어야 한다. 즉, 관찰하고 비교해 보는 활동에서 끝나는 것이 아니라 자료를 모으고 기록하여 비슷한 것끼리 분류한 다음 왜 비슷하다고 생각했는지 설명해 보고, 새로운 상황에 적용하여 일반화해 보면서, 추론하고, 가정과 가설을 세우고, 예측하는 과정이 포함되어야 한다. 연계 활동을 통해 과학의 한 부분만의 탐구과정이 아니라, 전체적인 탐구과정을 포함하도록 수학과 연계하는 활동을 구성해 볼 필요가 있다.
• 과학과 문학의 연계가 가능하며, 예컨대 유아들의 일상경험이 녹아 있는 동화책을 통해 과학적인 경험을 할 수 있다.
  ㅡ 문학을 통한 과학교육의 장점: 유아들에게 실제와 유사한 상황을 자연스럽게 제공하여 총체적인 발달을 촉진시킨다는 점, 줄거리가 있기 때문에 유아들이 과학적인 개념을 논리적으로 사고할 수 있어 지식의 구성이 용이하다는 점, 문학에서 과학적인 용어를 설명하기도 하므로 개념 학습에도 도움이 된다는 점 등이다.

- 과학교육을 위한 동화책을 선정할 때 유의해야 할 점 : 이야기 안에 과학과정과 내용이 포함되어야 하고, 유아들이 이야기를 잘 기억할 수 있도록 반복적인 구조를 가진 작품이 바람직하다는 것이다. 또한 유아들의 경험과 흥미에 초점을 두는 내용이 바람직하고, 풍부한 대화가 있는 것, 이야기 길이가 적절한 것, 이야기와 그림이 일치되는 것 등의 요소를 고려하여 과학과 연계한 문학을 선정해야 한다.
- 문학을 통한 교수·학습방법의 전개과정 : 활동을 위한 준비, 주의 집중을 위한 준비, 활동 목적 제시, 확장 활동 전개의 방식으로 진행하는 것이 바람직하다.
- 동화책을 읽은 후에는 집단 토의를 하고 관련 실험 또는 조사를 하거나, 수·언어·극놀이·조형·동작과 연계하는 활동을 해 볼 수 있다.
- 요즘에는 동화책뿐만 아니라 영상 등 미디어 매체를 활용한 동화 또는 문학적인 접근이 활발하게 이루어지고 있다.
• 과학과 사회교육의 연계가 가능하다.
- 과학과 연계가 가능한 주제 : 자원이나 과학자의 생애, 환경에 대한 물리적 과정의 영향, 에너지 사용으로 인한 사회적 영향 등이 있다.
- 일기예보를 보고 홍수가 나면 사람들에게 어떤 영향을 미치는지, 홍수를 예방하기 위해 어떤 준비를 하는 것이 좋을지에 대한 이야기를 한다면 자연현상이 사회에 미치는 영향을 탐색해 볼 수 있는 기회가 될 것이다.
- 태풍과 황사 현상과 같이 사회와 관련된 과학적 주제들도 어린 시기부터 다루어 볼 수 있다.

유아과학활동의 구성 및 교수원리

❶ 인지적 갈등을 경험하도록 한다.
- 유아가 갖고 있는 사전개념과 경험에 기초하여 의문을 가지도록 함으로써, 인지적 갈등을 유발하고 능동적으로 학습할 수 있도록 적절한 활동과 자료를 제공해야 한다.

❷ 유아 간의 과학적 대화를 격려한다.
- 과학적 대화는 이에 참여하는 사람들이 과학개념과 과정에 대해 의사소통하는 것뿐만 아니라, 서로가 학습 맥락을 이해하고자 자신의 가치와 신념을 사용하는 것을 의미한다.
- 과학활동 중에 유아는 활발한 과학적 대화를 통해 보다 적극적으로 탐구활동에 참여할 수 있고, 아이디어를 확장하여 발전시키는 계기를 마련한다.
- 유아의 과학적 대화가 활발하게 일어날 수 있는 공간과 시간적 여유를 충분히 제공해야 하고, 동시에 과학적 대화의 시도나 그 과정 등에 관심을 갖고 이를 격려해야 한다.
- 유아 간의 과학적 대화를 격려하는 방법으로는 과학적 질문하기, 과학적 지식 설명하기, 탐구의 방향 제안하기, 과학적 태도 칭찬 및 격려하기, 과학적 아이디어 수용 및 동의하기 등이 있다.

❸ 유아의 말과 질문의 중요성을 인식하고 귀를 기울이며 언어적 또는 비언어적으로 적합한 반응을 한다.
- 유아의 질문은 그들의 인지적 욕구를 표현하는 것으로 질문에는 유아의 사고와 개념 이해뿐만 아니라 현재의 관심과 욕구가 그대로 반영되어 있다.
- 유아의 과학적 질문을 바탕으로 학습 과정을 구성하는 것은 과학에 대한 유아의 자연스러운 내적 동기를 유발하며, 과학을 보다 가까이 느끼게 하고 다양한 과학과정 기술을 경험하는 기회를 제공한다.

❹ 구체적 조작 활동과 정신적 조작 활동이 함께 일어나도록 한다.
- 유아의 지식 형성은 감각을 통한 관찰과 사물과의 직접적인 상호작용을 통하여 이루어지므로, 유아기의 과학활동과 활동 자료들은 되도록 사물과 사건을 직접 조작하고 다루어 볼 수 있는 것이어야 한다.
- 유아가 단지 손으로 사물을 느끼고 조작하는 것만을 의미하는 것이 아니라, 유아가 조작하고 있는 것에 대해 정신적으로 이해할 수 있어야 한다는 것을 의미한다(Chaille & Britain, 1991).

❺ 과학활동의 진행과정에서 유연성과 융통성을 갖는다.
- 유아의 반응이 교사가 의도한 것과는 달라서 활동이 의도대로 진행되지 않을 경우, 교사는 자신의 계획을 고집하지 않고 유아의 반응에 따라 의미 있는 과정이 되도록 해야 한다.

❻ 적절한 질문을 통해 과학적 현상에 집중하게 하고, 사고의 범위를 확장시켜 사고 수준을 높일 수 있도록 돕는다.
- 교사의 질문 전략(Crain & Sund, 1989)
  - 설명보다 질문을 많이 하도록 노력한다.
  - 질문할 시기를 잘 선택한다.
  - 한 번에 한 가지 질문만 한다.

❼ 과학활동은 언제 어디서나 일어날 수 있음을 인식하고 적극적으로 반응한다.
- 과학영역 외에서의 우연적인 또는 일상적인 상황을 과학적 탐구의 기회로 잘 활용하기 위해서는 교사의 적극적인 태도와 적절한 안내가 필요하다.

❽ 과학활동의 자료와 내용은 유아에게 친숙한 것으로 제공한다.
- 유아의 생활이나 경험과 너무 동떨어지거나 어렵고 추상적인 내용이 가득한 실험 및 화학적 변화과정은 유아로 하여금 과학이 실생활과 연결된 친근한 활동이기보다 복잡하고 지루한 활동이라는 인식을 심어줄 수 있다.

❾ 유아가 적극적으로 참여할 수 있는 탐구 중심의 활동을 제공한다.
- 마치 유아 자신이 과학자가 된 것처럼 궁금증에 대한 문제해결방법을 직접 구상하고 실행하는 과학적 탐구 중심의 과학 경험을 제공해야 한다.

❿ 교사의 개인적 관심사를 공유한다.
- "유아교사는 머릿속에 가진 지식보다 태도를 통해 더 많이 가르친다(Holt, 1993)."
- 교사의 과학적 관심사나 알게 된 정보를 유아와 자연스럽게 이야기 나누거나 관련 활동을 통해 알아보고 소개하는 과정을 통해 유아는 교사의 과학적 소양과 태도를 본받게 된다.

Plus+ 과학 창의교육 방법

상호작용을 통한 직접적인 개입	• 선행경험에 따라 서로 다른 활동 방법 제시하기
	• 놀이자로 참여하기(새로운 활동 제안하기)
	• '왜?'라는 질문에 대해 적절한 반응하기
	• 질문하기
	  − 문제를 발견하고 사물이나 사건을 서로 관계짓도록 유도한다.
	  − 창의적 사고를 확장시키기도 하며 새로운 지식을 구성하기도 한다.
	  − 유아가 과학적 개념에 관심을 갖고 이를 명료화시키는 데에 도움이 된다.
	• 재실험 권유하기
	  − 교사의 세심한 관찰과 재실험의 권유를 통한 피드백은 과학적 오개념의 형성을 막고 과학적 지식을 정교화하는 중요한 요인으로 작용한다.

자료 제시를 통한 간접적 개입	① 반응적인 자료의 제시
	• 유아의 행위에 대해 어떤 반응의 자료를 제시하는지에 따라 과학적 사고의 확장이 달라진다.
	• 유아의 행위에 의한 결과가 분명한 자료를 제시한다.
	  − 유아는 성공감을 느끼고 활동을 지속시킨다.
	  − 활동이 지속되면 유아는 과학적 사고를 확장시켜 나갈 수 있다.
	  − 쉽게 결과가 나타나지 않는 자료의 경우 활동을 포기하게 하는 요인이 될 수 있다.
	• 결과가 시각적으로 크게 나타나는 자료를 제시한다.
	  − 유아에게 갈등이 일어나 과학적 사고의 확장에 도움이 된다.
	• 정확한 결과가 나타나지 않는 자료의 제시는 부적절하다.
	  − 과학개념 이해에 도움이 되지 않는다.
	② 변인통제를 위한 자료의 수
	• 유아들은 여러 가지 속성을 동시에 고려할 수 없기 때문에 자료에 의한 변인통제가 중요하다.
	  − 만약 여러 가지 자료를 동시에 제공한다면 변인통제가 되지 않아 오히려 유아의 과학적 사고를 방해할 수 있다. 이는 다양한 자료를 주는 것이 좋다는 생각에 익숙해져 있는 교사가 흔히 범하는 오류이다.
	
	  🖰 물의 압력실험 탐색 단계
	  • 구멍의 크기가 다양하고 높이가 다른 여러 개의 물통이나 물총을 주는 경우
	    − 유아의 누르는 힘과 크기 또는 크기와 높이 두 가지의 변인이 한꺼번에 작용하여 무엇에 의해 물이 멀리 나가는지 알 수 없으므로 단순 놀이가 될 수 있다.
	
	③ 자료의 매력성
	• 매력적인 자료는 유아의 흥미와 참여를 유발시켜 과학적 사고확장에 도움을 준다.
	• 유아들이 자료를 새롭게 인식하고 왕성한 흥미를 보일 때에는 충분히 탐색할 시간을 주어야 한다.
	  − 자료 자체에 대한 호기심이 충족된 후에 의미 있는 과학활동이 이루어질 수 있다.
	  − 이때 충분하지 못한 자료와 물리적 공간은 또래 간 갈등을 유발하고 사고의 확장에 방해가 될 수 있다.

상황에 따른 개입	<table><tr><th>상황</th><th>바람직한 교사의 개입방법</th></tr><tr><td>준비된 자료를 제공하는 경우</td><td>충분히 탐색할 시간을 제공한다.</td></tr><tr><td>자료에 대한 탐색과정을 통해 유아들의 호기심이 높아지고 있을 경우</td><td>"이것들을 가지고 무엇을 할 수 있을까?", "어떤 놀이를 할 수 있겠니?"라고 질문한다.</td></tr><tr><td>유아 자신이 창안해 낸 활동의 경우</td><td>각자 개별 활동으로 하도록 한다.</td></tr><tr><td>교사가 계획한 활동 방법을 유아가 스스로 알아내지 못할 경우</td><td>교사는 한 쪽에서 다른 유아와 함께 놀이자로 참여하여 그 활동을 해볼 수 있다.</td></tr><tr><td>유아의 활동이 다양하게 발전되지 못할 경우</td><td>"이렇게 해보면 어떨까?" 등 방향을 제시해 주는 질문을 통해 활동이 확장되도록 돕는다.</td></tr></table>

교사-유아 간 상호작용 유형

유아들은 서로 간의 활발한 상호작용을 통해 보다 적극적으로 탐구활동에 참여함으로써 과학적 학습이 이루어진다. 교사의 상호작용 패턴에 따라 유아들이 서로 간의 아이디어와 질문에 대해 얼마만큼 적극적으로 대화하고 토의하느냐의 정도가 달라진다.

Carin(1997)은 과학활동 중에 이루어지는 그룹 내 상호작용의 유형을 탁구식(Ping-Pong Discussion Pattern)과 농구식(Basketball Discussion Pattern)으로 나누어 설명하였다.

• **탁구식 패턴** : 교사가 어떤 말이나 질문을 하면 한 유아가 대답하고, 이에 대해 교사가 반응이나 또 다른 질문을 하면 다른 유아가 대답하는 식으로 교사-유아 간에 반복적으로 주고받는 상호작용 패턴이다. 이러한 유형의 상호작용은 유아들이 또래의 아이디어를 경청하고 자신의 생각을 검토해 볼 수 있는 기회를 주지 못한다.

• **농구식 패턴** : 교사가 무언가를 말하면 한 학생이 대답하고 이에 대해 다른 학생이 반응하며 자신의 생각을 말하는 방식으로 이루어진다. 따라서 교사-유아-유아-교사-유아-유아식의 상호작용이 이루어질 수 있으며, 이러한 방식이 유아의 과학적 사고 기회를 풍부하게 해주는 방법이다. 이를 위해 교사가 활용할 수 있는 질문의 예를 보면 "○○과 똑같거나 다른 생각을 가진 사람 있니?", "○○의 말에 좀 더 덧붙이고 싶은 말이나 아이디어가 있니?", "아직 우리가 알아내지 못한 질문이 무엇이지?" 등과 같다.
  ─ 다만, 질문으로 분위기가 분산될 가능성이 있다.

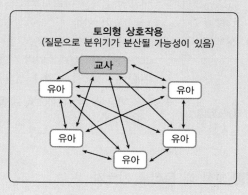

유아과학교육의 접근법

UNIT 53 자연탐구 접근법(자연친화적 접근방법)

자연친화 교육의 정의	자연친화교육은 자연을 공존해야 할 대상으로 생각하도록 돕기 위하여 자연과 상호 교류의 기회를 통해 전인적인 발달을 이루도록 하는 교육이라고 할 수 있다.

자연친화
교육의
필요성
	• 유아는 자연을 선호하는 경향을 가지고 태어나며, 유아기에 자주 자연에 노출되면 신체적 · 정서적 · 영적 발달을 돕는다는 것이 여러 연구에서 제시되고 있다.
	  − 이를 위해서는 어려서부터 자연을 자연스럽게 접하며 탐구해 가는 과정을 경험하도록 할 필요가 있다.
	  − 그러나 도시화 · 산업화로 인해 자연과 접할 수 있는 공간이 줄어들고 있으므로, 유아 교육기관에서 실내 · 외의 자연환경을 최대한 제공하여 자연과 더불어 살아가는 태도를 기를 수 있도록 도와줄 필요가 있다.

교육 방법	자연물을 활용한 유아과학교육 방법으로는 교실 내 동식물 기르기, 텃밭 가꾸기, 자연물 탐구 등이 있다.

1 교실 내 동식물 기르기

교육적 가치
(중요성)
	동식물 기르기는 유아들에게 생명체에 대한 사랑과 돌봄이라는 기회를 제공하여 다음과 같은 교육적 효과를 기대할 수 있다(조형숙 외, 2021).
	• 교실에서 동식물을 기르는 활동은 자연의 세계와 유아 간에 의미 있는 관계를 형성할 수 있는 기회를 준다.
	  − 이러한 관계는 동식물의 생태를 이해하는 인지적 차원과 정서적 유대감을 형성하는 정서적 차원으로 함께 이루어진다.
	• 동식물을 돌보는 가운데 생물체에 대한 책임감과 생명존중 의식을 기를 수 있다.
	• 자연에 대해 깊이 이해할 수 있도록 돕는 기회가 된다.
	  − 유아들이 어떤 대상에 대해 충분히 잘 알기 위해서는 오랜 기간 주의 깊게 살펴보는 경험이 필요한데, 교실에서 동식물을 기르는 동안 충분히 관찰할 수 있어 대상에 대해 잘 알게 된다.
	• 동물을 돌보는 방법의 탐구 기회를 통해 특정 동물에게 적합하거나 그렇지 않은 환경에 대한 지식을 넓혀갈 수 있다.
	• 일정한 주기를 가지고 변화하는 동물의 생태는 매력적인 탐구과정을 제공하여 유아들의 탐구능력을 신장하도록 돕는다.
	  ⓐ 유아들은 동물의 변화 과정을 관찰하고 새로운 의문을 갖고 문제해결하면서, 다양한 의사소통 기술을 함양할 수 있다.

MEMO

	• 동물의 행동 특성과 성장 과정은 신비함과 의문으로 가득 차 있기 때문에 동물을 가까이 관찰하고 보살피는 가운데 다양한 질문을 제기하여 유아 주도의 발현적 학습경험을 제공할 수 있는 기회를 준다. − 같은 동물을 기르더라도 교실에 따라 일어날 수 있는 상황이 다르므로 교수·학습의 내용이 달라질 수 있다.

동식물
기르기
지도방법
	• 동식물의 특성과 성장에 대한 탐구과정을 살펴보도록 돕기 위해서는 과학놀이 공간에 국한된 것이 아니라 교실 내의 다른 공간과 연계한 활동을 계획할 수 있으며, 실외 환경, 산책, 견학 등 다양한 방법을 활용할 수 있다.
	   − 교실 내에서 식물 기르기를 할 경우 유치원에서 키우고 싶은 식물에 대해 이야기를 나눈 후 정원의 특성을 탐색해 보고, 유치원 실내 정원 위치를 유아들과 협의해 정하여 설계도를 함께 만들어 보며, 여러 재료를 사용하여 실내 정원을 만들어 볼 수 있다.
	     ⑩ 식물 기르기의 경우 과학놀이 공간뿐만 아니라 햇빛이 드는 창가, 교구장 위 등에서 키울 수 있다.
	     ⑩ 페트병, 플라스틱 통, 낡은 유아용 장화, 깡통, 나무상자 등 다양한 재활용품을 활용하여 화분을 만들어 보고, 유아들이 꽃, 새싹채소, 수생식물, 공기정화식물 등 다양한 유형을 길러보도록 기회를 제공할 수 있다.
	 • 식물 기르기의 경우 유치원 실내 정원의 식물들이 잘 자랄 수 있도록 유아들과 토의하여 각자 맡아야 할 역할을 정하는 것도 필요하다(⑩ 식물의 잎 닦아주기, 물 주기, 전등과 물레방아가 켜 있는지 확인하기 등). 동물 기르기의 경우 먹이를 주는 역할, 동물이 죽었을 경우 대처하는 방법 등에 대해 사전에 유아들과 토의할 필요가 있으며, 동식물에 대한 관심을 지속할 수 있도록 다양한 방식으로 관찰 내용을 기록하는 것을 도울 수 있다.
	
	유의점
	 • 잘못된 사육과 재배를 할 수 있으므로, 동식물 관련 지식이 우선 필요하다.
	 • 동식물을 기르고는 있으나 처음에만 관심을 두고 거의 방치하는 일이 발생할 수 있다. 이 경우 유아들에게 동식물을 함부로 해도 괜찮다는 생각을 갖게 할 수 있으므로, 이는 기르지 않는 경우보다도 오히려 유아들에게 부정적인 영향을 줄 수 있다.

동식물 기르기 활동 방법	동식물 기르기 환경 구성	• 유아에게 해를 끼치지 않고, 돌보기가 수월하며, 유아의 관심과 흥미를 끌기에 적합한 동식물 선정하기 • 햇빛의 양에 따라 과학놀이 공간을 재배치하거나, 적절한 온도·습도 조절 및 먹이들을 준비해야 함
	예상 교육활동 계획 구안	동식물의 다양한 변화 양상, 양육 조건, 서식지의 특징 등에 대해 살펴보고, 통합적 교육활동을 미리 고안해 계획하기

	동식물의 생태
	관찰 활동
		• 동식물에 대한 관찰을 격려하고 적절히 반응해 주어 유아가 관찰에 적극성을 갖도록 돕기
		   − 동물의 움직임을 직접 몸으로 표현해 보거나, 먹이 그래프를 만들어 보기
		   − 동물이 내는 소리 녹음해 보기
		   − 식물의 성장과정 측정하기
		   − 꽃 이름 붙이기
		   − 하루 일과 회상 시간에 유아가 관찰한 동식물 관련 내용 발표하기

유아의 질문과 반응에 대한 탐구활동 계획과 전개	• 유아의 질문을 해결하기 위해 토의, 조사하기, 실험 구성하기, 관찰하기, 가정과 연계하기, 지역사회 연계 등의 탐구활동하기 　– 기르고 있는 동식물에 대한 다양한 정보 수집해 보기 　– 관련 동식물에 대해 많은 경험과 지식이 있는 학부모를 초빙하여 묻고 답하는 시간 갖기
연관 활동 전개	• 결과를 의미 있게 표상해 보거나 확장된 개념을 이해하도록 하기 위해 다양한 연관 활동하기

출처: 조형숙 외(2021)

2 텃밭 가꾸기

교육적 가치	• 텃밭을 가꾸다 보면 실내에서 식물을 기르는 것과는 달리 계절과 날씨의 변화, 수확에 대한 기쁨 등을 식물의 성장, 자연에 대한 책임, 흙의 생명력 등과 함께 배울 수 있다. • 또한 거름주기, 잡초 뽑기 등 식물을 이용한 기본 활동과 함께 지지대 세우기, 솎아내기, 진딧물 제거하기, 수확하기 등의 확장 활동을 실시하는 것이 가능하다(김혜경, 2013).
지도방법	• 텃밭 가꾸기는 다양한 공간에서 이루어질 수 있는데, 유치원 마당에 빈 공간을 확보하기 어려우면 옥상에서 큰 스티로폼 상자를 활용하여 작물을 가꿀 수도 있다. • 「열두 달 한 뼘 텃밭」 책을 활용하여 먹을 수 있는 식물로 정원 가꾸기 활동을 해 볼 수 있다.

3 자연물 탐구

개념	산책 활동이나 바깥놀이터, 체험학습장 등에서 자연물을 발견하고 관심 있는 부분의 자연물을 수집하여 활동을 전개할 수 있으며, 관련 주제를 심도 있게 알아볼 수 있다. 예 물옥잠이 물에 뜨는 것을 보고 어느 부분 때문에 뜨는지 알아보는 실험을 해 볼 수 있으며, 식물원에서 선인장을 보며 다른 식물과의 공통점과 차이점을 탐구할 수 있고, 물을 어느 정도 안 주어도 살 수 있는지에 대해 알아볼 수 있다.
지도방법	• 자연물을 활용한 유아과학교육에서 교사의 역할은 무엇보다 자연에 대해 교사 자신이 긍정적 태도를 갖고 적극적으로 활동에 임하는 것이다. 이렇듯 교사의 행동에 따라 유아들은 자연을 긍정적으로 받아들이는 정도가 달라질 수 있다. 　– 따라서 교사는 자연에 대해 충분히 탐색하고 유아들이 자연과 놀이할 때 민감하게 반응해 주어야 한다. 　– 또한 교실에서 기르는 동식물에 대한 정보를 유아들과 함께 적극적으로 수집하는 태도를 가질 필요가 있다. 　예 텃밭에서 유아가 개구리를 발견했을 때 개구리에 관한 책이나 인터넷 자료 등을 통해 어떤 개구리인지 알아보고, 우연히 발견한 무당개구리가 천연기념물이라는 것과 천연기념물이라는 개념에 대해서도 같이 살펴볼 수 있다. 이 외에도 사막에 대한 것을 알아보면서 선인장이 사막에서 잘 자라는 이유에 대해 함께 생각해 보고 선인장을 직접 관찰하는 기회를 가질 수 있다(조형숙 외, 2021).

- 자연친화교육을 위해 교사는 자연친화적 태도를 갖는 것이 가장 중요하다.
  - 이를 위해 교사는 키우기 쉬운 식물(⑩ 콩나물)부터 직접 키워 보거나, 작은 텃밭 키우기 활동을 하면서 스스로 자연과 함께하는 즐거움을 경험하는 것이 필요하다.
- 그리고 주변 환경을 통해 유아에게 자연을 접할 기회를 제공하고, 호기심을 갖고 이를 충분히 탐색할 수 있도록 도울 필요가 있다.
  - 유아가 자연을 관찰하는 과정에서 교사도 자연에 대해 탐색하는 것에 관심을 갖고 대하게 되면 유아는 자신의 호기심이 가치가 있다고 인정받는 마음을 갖게 되어 의미 있게 자연탐색을 하도록 도울 수 있다.
  - 유아들이 원할 경우 수집한 자연물을 교실에 가져와 심도 있게 탐색해볼 수도 있다. 나아가 식물이나 동물을 돌보도록 하는 것(⑩ 식물에 물 주기, 동물에게 먹이 주기), 잘 보살피는 방법 등을 유아와 함께 토의하고 다양한 전략을 세우는 것이 필요하다. 이때, 관찰일지 작성에만 초점을 두게 되면, 유아의 관심이 흐려질 수 있으므로 유의해야 한다.
    - ⑩ 비닐 쓰레기가 환경에 미치는 영향에 대하여 사진을 통해 생각해보고, 쓰레기를 가치 있는 제품으로 만드는 '업사이클링'의 의미를 알아보며, 폐비닐을 활용한 업사이클링 제품(파우치, 스마트톡, 화분 등)을 찾아본다.
    - ⑩ 버려진 과자봉지를 활용해 식물을 키우거나 만들기 재료로 활용하는 경험을 해 본다.

UNIT 54 요리를 통한 접근방법

필요성	• 요리와 과학은 「계획 ➡ 준비 ➡ 결과」의 순환과정으로 나타난다는 점에서 공통적이며, 유아들은 매일 먹는 음식을 자신들이 직접 만들어 보는 것을 즐거워하므로, 요리를 통해 과학교육에 접근하는 것은 효과적이다. • 과일 샐러드, 과일 주스, 송편, 전 만들기 등은 계절과 절기에 어울리는 음식을 생각해 볼 수 있는 기회를 갖도록 한다. • 요리 활동에서 직접적이고 관찰 가능한 자료를 사용하고, 오감을 자극받으며 요리하는 과정은 자연스럽게 관찰, 비교, 분류, 예측, 측정, 의사소통 등의 과학적 탐구과정을 경험하는 기회를 제공한다. – 유아들이 만든 음식을 맛있게 먹으면서 요리과정에 포함된 과학적 요소를 살펴볼 수 있도록 돕는다. 예를 들면 전을 만들기 위해 밀가루에 붓는 물의 정도에 따라 점성이 달라지는 것을 경험하게 된다. • 요리 활동은 껍질 벗기기, 썰기, 자르기, 휘젓기, 섞기와 함께 끓이기, 얼리기, 데우기, 볶기 등을 통해 열에너지와 관련한 물리적・화학적 경험을 하도록 돕는다. 열에너지 사용 시에는 시간에 따른 변화 등에 대해서도 배울 수 있다.

과학적 경험을 강조하기 위한 요리 활동	• 준비 과정에서 요리 재료를 탐색하며 오감각을 다양하게 사용할 수 있다.
	  – 감기에 걸린 유아가 코가 막혀서 맛을 잘 모르겠다고 할 때 맛과 코의 관계를 알아보기 위한 활동을 해 볼 수 있다.
	  – 눈을 뜨고 흰 우유, 바나나 우유, 딸기 우유, 초코 우유의 맛을 본 후 어떤 맛인지 표현해보도록 하고, 눈과 코를 막은 후 어떤 맛인지 맞혀보도록 할 수 있다.

- 두 우유를 섞었을 때 어떤 맛이 나는지, 또한 우유 간의 비율을 달리해서 섞었을 때 어떤 맛이 나는지, 내가 가장 맛있다고 느끼는 것은 어떤 우유들이 얼마만큼 섞인 맛인지를 알아보고 친구들에게 설명하도록 할 수 있다. 이때 단맛, 쓴맛, 신맛, 짠맛, 매운맛, 새콤한 맛, 새콤달콤한 맛, 얼얼한 맛, 포도 맛, 딸기 맛 등의 다양한 단어를 사용하도록 도울 수 있다.
- 과일 주스를 만들 때 과일의 색, 맛, 냄새, 촉감 등에 대해 이야기 나누어 볼 수 있고, 믹서기에 과일을 넣고 갈았을 때 나는 소리에 대한 부분도 이야기 나누며 오감의 자극을 받을 수 있다.
- 토마토가 달지 않고 맛이 없어서 싫다는 유아에게 단 토마토 고르는 방법을 실험으로 함께 알아볼 수 있다.
  - 물에 설탕을 한 스푼, 두 스푼, 세 스푼 넣었을 때 떠오르는 방울토마토를 순서대로 놓아 보고 어떤 것이 가장 단맛이 나는지 이야기해 보는 과정에서 물과 설탕의 비중을 통해 단 토마토를 잘 고르게 해준다는 과학적 개념 형성을 도울 수 있다.
- 화학적 · 물리적 변화를 관찰할 수 있다.
  - 부침개를 좋아하는 아이가 있어서 함께 '부침개 만들기' 요리 활동을 계획했다면, 밀가루에 물을 부으면 어떻게 변화하는지, 손으로 반죽을 할 때 느낌은 어떤지, 열을 가한 프라이팬에 반죽을 두었을 때 색깔이 어떻게 변하는지 등을 살펴볼 수 있다.
  - 강력분, 중력분, 박력분의 밀가루를 준비하여 어떤 밀가루로 만들었을 때 가장 맛있는 전이 되었는지도 이야기해 볼 수 있다.
  - 물의 농도에 따라 반죽의 단단한 정도가 어떠한 차이가 있는지, 밀가루의 점성 정도에 따라 부침개의 맛이 어떻게 다른지 등에 대해서도 이야기 나눌 수 있다.
  - 젤라틴에 열을 가하여 틀에 넣고 구미 젤리 만들기를 하면서 화학적 변화를 살펴볼 수도 있다.
  - 핫케이크를 만들 경우 블루베리만 넣었을 때, 블루베리와 레몬을 넣었을 때 색깔과 맛을 비교해 볼 수 있다.
  - 설탕, 설탕 + 베이킹파우더 조금, 설탕 + 베이킹파우더를 많이 넣었을 때 달고나의 맛과 부피를 비교해 보는 과정을 경험할 수도 있다.
- 교사가 일방적으로 요리 활동을 제안하기보다는 유아가 맛있게 먹거나 잘 먹지 않는 음식을 함께 만들어 보는 방법으로 진행할 때 유아들의 호기심과 교육적 효과를 더 크게 얻을 수 있다.
  - 예를 들면 요구르트 슬러시를 맛있게 먹을 때 유아들과 함께 우유와 유산균 요구르트를 섞어서 전기밥솥에 1시간 동안 보온하고, 8시간 동안 코드를 뽑은 상태로 밥통에 두어 발효한 후 맛을 볼 수 있다. 이때 가게에서 사 먹는 요구르트와 맛이 다른 이유에 대해 이야기를 나누고, 합성 재료 대신 원하는 과일을 넣어 만들면 더 건강에 좋은 요구르트를 먹을 수 있다는 것을 알게 된다.
- 냉장고 문의 자석, 열리지 않는 도시락 뚜껑 등 요리를 하면서 생기는 과학적 호기심에 대한 답을 찾아가도록 도와줄 수 있다.
- 놀이상황을 자연스럽게 요리 활동으로 연결할 수도 있다. 예를 들어 통밀 놀이터에서 놀다가 유아들이 통밀에 대해 호기심을 가질 경우, 통밀을 절구에 넣고 밀가루를 만들어 볼 것을 제안하여 통밀가루 반죽, 고운 밀가루 반죽으로 빵을 만들어 보고, 특징을 비교해 보는 활동을 할 수 있다.

요리 활동을
통한
과학교육의
전개과정

1. 주제의 선정과 도입
유아의 흥미, 발달, 숙련도, 주제 등을 고려하여 요리과정이 다채로운 요리 활동을 선정한다.

2. 주제에 대한 사전 개념 파악
요리 재료나 과정에 대한 유아의 과학적 경험을 바탕으로 사전 경험이나 유아의 사전 지식을 모아 본다.

3. 재료의 탐색
활동 재료나 도구를 오감각을 통해 자유롭게 충분히 관찰하여 재료에 대한 관찰, 비교, 분류 활동을 한다.

4. 요리 활동 전개
교사는 유아의 인지적 갈등이나 호기심을 불러일으킬 수 있는 질문과 문제를 제공하고, 전개 활동에서 분류하기, 비교하기, 실험하기, 예측하기, 추론하기, 의사소통하기 등의 과정을 중심으로 재료의 물리적·화학적 변화를 관찰·탐색하며 과학적 탐구를 격려하도록 한다.

5. 평가
유아가 요리하는 과정에서 무엇을 관찰·비교했는지를 표로 만들어 보고, 친구들과 서로 비교하며 이야기한다. 그리고 요리과정에 대한 기록, 녹음, 녹화, 발표를 통해 요리과정 중에 나타난 과학적 현상을 알아보고, 요리를 통해 새롭게 알게 되거나 발견한 과학적 사실 및 정보를 공유한다.

6. 표상 및 확장
요리 활동 경험을 회상하면서 유아 자신의 느낌, 생각, 아이디어 등을 다양하게 표상해 보고, 연관 활동을 한다.

출처 : 조형숙 외(2021)

◈ 요리 활동을 통한 과학교육의 전개과정

MEMO

| UNIT 55 | 스토리텔링을 통한 접근 |

| 개념 | • 스토리텔링은 story + tel + ing가 합쳐진 개념이다.
　– story란 어떤 사건에 대한 사실적 혹은 비사실적인 상황에 대해 누가, 언제, 어디서, 무엇을, 어떻게 했나에 대한 설명을 포함하지만, 스토리텔링이라고 하는 것은 이야기를 전하는 화자가 개인적 의미를 가지고 내용을 해석 및 재해석하는 과정이 포함되는 창조적인 활동이다(송정란, 2006).
　– 스토리텔링에서는 화자의 이야기를 통해 청자가 공감을 얻고 삶과 연관하여 문제를 해결하거나 가치를 재발견하게 되기도 하며, 청자를 고려하여 화자의 이야기 구성 방식(어조, 제스처, 강조점)이 달라지기도 한다.
• 브루너(Bruner, 1986)는 인간의 사고방식을 패러다임적 사고와 내러티브적 사고로 구분할 수 있다고 하였다.
　– 패러다임적 사고가 논리적·과학적 사고방식이라면, 내러티브적 사고는 맥락 의존적인 사고방식으로 주체 중심의 사고를 의미한다.
　– 기존의 과학교육이 과학적 개념 형성을 돕고자 패러다임적 접근을 했다면, 최근의 과학·수학교육에서는 맥락을 기반으로 하는 내러티브적 접근 방식을 취하고 있으며, 그것의 대표적인 예가 스토리텔링을 활용한 접근이다.
• 문학을 활용한 과학교육 vs 스토리텔링 과학교육 접근법
　– 문학을 활용한 과학교육은 문학적 가치에 초점을 둔 이야기책 중 과학교육을 위해 활용하기 적합한 것을 교사가 선정하여 활용하는 방법이다.
　– 이와 달리 스토리텔링 과학교육 접근법은 문학적 접근과 같이 이야기를 활용하지만, 문학 이외의 다양한 형식을 광범위하게 포함하며, 과학적 개념, 과학적 탐구에 초점을 둔 주인공의 상황이 명확하게 나타나도록 한다는 특징이 있다. 이러한 면에서 스토리텔링 과학교육 접근법은 문학적 접근의 상위 범주라 할 수 있다. |
| 교육적 가치 | 스토리텔링이 자연과학과 연계될 때 기대되는 교육적 효과는 다음과 같다(조형숙 외, 2015).

　　스토리는 정보를 기억하기 용이한 형태이고, 삶에서 실제로 발생하는 이야기와 유사한 구조를 가지고 있으며, 이야기의 문제를 현실적으로 느끼도록 한다. 이는 주인공이 당면한 문제를 함께 해결해 가고자 하는 마음을 갖도록 하여 문제해결력을 키워 준다.

• 스토리 속에서 자연과학을 행하는 사람에 대한 동질감을 형성하여 '내 경험으로, 할 수 있는 경험으로' 친근감을 가지게 한다.
• 자연과학적 지식을 인간적인 것으로 느끼게 해 준다.
• 실생활과 연결하려는 동기를 가지게 해 준다.
• 문제해결의 기회와 아이디어를 제공해 준다. |

MEMO

UNIT 56 STEAM 교육

개념	• STEAM : Science + Technology + Engineering + Arts + Mathematics
	• 과학, 기술, 공학, 예술, 수학 등 교과 간 융합과학을 통해 타 교과 영역 간 전이능력을 증진하고, 세상과 소통하는 능력을 함양하고자 하는 접근법이다.
	  – 미국의 STEM 교육 정책에 영향을 받아 우리나라 교육과학기술부에서도 2011년에 초·중등을 위한 STEAM 교육 정책을 도입하였다. 우리나라 초·중등 학생들이 성취도에 비해 흥미도가 낮은 것을 보완할 수 있는 융합인재교육을 하고자 미국에서 시행하고 있는 STEM 교육에 예술(Arts)까지 포함하여 제시하게 된 것이다.
	• 통합적 STEAM 교육은 STEAM 과목 중 2개 이상의 과목 내용과 과정을 통합하는 교육 접근 방식이다.
	  – 사회, 예술 등의 과목과도 연계를 통해 적용될 수 있으며, 기술과 공학의 문제해결 과정에 과학, 수학의 개념과 원리를 적용하여 실생활의 문제를 해결하는 데 중요한 역할을 할 수 있다(Sanders, 2009).
	  – STEAM 교육에서 특히 강조하는 것은 과학-기술-공학에 대한 흥미와 이해력, 창의적 문제해결력이다.
	• A-STEAM은 예술적 표현을 강조하는 접근이다. RST-STEAM은 Reverse Science from Technology의 약자로 생활 속 첨단제품의 기본 원리, 기능, 기술, 편리성을 이해하고, 이를 바탕으로 여러 가지 제품 창안에 대해 생각해 보며 설계하는 것이다. 최근에는 E-STEAM이라고 해서 환경(environment)과 연계하여 STEAM 교육이 이루어지기도 한다.

STEAM 교육의 교수·학습 과정	**상황 제시** • 유아가 일상생활 속에서 경험할 법한 과학기술 관련 문제상황 제시 • 주도적으로 문제를 해결하고자 동기와 관심 유발 • 스토리텔링, 이야기 나누기, 동요, 실물 탐색하기, 동영상 등으로 전개 **창의적 설계** • 상황 제시 단계에서 인식한 문제를 해결하기 위해 창의적인 문제해결방법 모색 • 문제를 해결하기 위한 아이디어를 공유하고 평면 혹은 입체적인 설계도 구안 • 놀이공간에서 유아의 설계 아이디어가 실물로 제작되는 과정에서 S. T. E. A. M. 요소의 융합적 경험 발생 • 설계와 실험, 피드백과 결과 공유를 복합적으로 수행 **감성적 체험** • 창의적 설계의 최종 결과물 공유 • 전시, 발표, 공연 등 다양한 형태로 최종 결과물 공유 • 성공적인 경험을 통해 제기되는 새로운 문제에 도전하고자 하는 욕구 발생 출처: 서울특별시교육청 유아교육진흥원(2018) STEAM 교육의 교수·학습 과정

	구분	개념	내용
유아 STEAM 교육 프로그램의 교육 내용	S (과학)	자연세계와 인간의 상호작용 과정을 이해하는 과정	물체와 물질, 생명체, 자연환경, 자연 현상
	T (기술)	다양한 재료와 도구를 활용하여 공학적 설계를 구현하기 위한 산출물을 제작 하는 과정	제조기술, 건설기술, 정보통신기술, 생명기술
	E (공학)	과학적 원리를 기반으로 일상생활 속 문제해결을 위한 창의적 설계 과정	기계공학, 금속재료 공학, 컴퓨터공학, 건축 및 토목 공학, 화학 공학, 환경 공학, 전기공학
	A (예술)	예술적 요소의 아름다움을 경험하고 자기만의 방법으로 표현하고 감상하는 일련의 과정	음악, 미술, 움직임과 춤, 극놀이
	M (수학)	사물의 특성을 수량화하며 구조와 순서, 단계를 이해하는 과정	수와 연산, 공간과 도형, 측정, 규칙성, 기초적인 자료수집 및 결과 나타내기

UNIT 57 메이킹 교육

정의	메이킹(Making) 활동은 학습자로 하여금 창의적 제작자가 되도록 돕기 위한 메이커 교육(Making Education)으로 디지털 기기와 실물 재료를 사용하여 생활 속 문제를 해결하고 필요한 도구나 물건을 제작하는 것이다.	
메이킹 활동과 연계된 STEAM 교육의 단계	유아교육에서 활용도가 높을 것으로 생각되는 메이킹 활동과 연계된 STEAM 교육의 단계를 살펴보면 다음과 같다.	
	팅커링	• 메이킹 활동에서 유아들이 문제해결을 위해 충분히 재료와 도구를 탐색하는 놀이과정이다. − 교사는 새로운 재료의 명칭이나 도구의 사용법 등을 알려줄 수 있다. − 메이킹을 위한 공간이나 키트 등이 제공될 수 있다. 예 시온 물감으로 그린 그림 작품을 영상으로 감상하는 것에서 시작하여, 유아들에게 시온 스티커를 제공하고, 스티커의 색이 변하게 하려면 어떻게 해야 할지, 어떤 색으로 변할 것 같은지를 물어보는 과정을 경험하도록 한다.
	상황 제시	• 해결해야 할 문제를 살펴보는 과정이다. − 교사는 사진이나 스토리를 통해 문제상황을 제시할 수 있다. − 이러한 문제상황이 주변(나, 가족)에서 일어났다고 생각하고 접근해 보는 것은 보다 적극적인 참여를 도울 수 있는 방법이 될 것이다.
	창의적 설계	• 문제해결을 위한 계획을 세우고 결과물을 만들어 보는 것이다. • 이를 위해 창의적 설계는 4단계로 진행할 수 있다(조형숙 외, 2021). − 발견한 문제를 정의하고 문제해결의 방향성 설정하기 ➡ 문제해결에 필요한 재료를 탐색하고 선정하기 ➡ 결과물을 어떻게 만들 것인지 구상하기(설계) ➡ 설계한 대로 제작하기이다. • 이 과정에서 유아들이 가장 적합한 것을 찾을 수 있도록 안내하는 것이 필요하다. − 무엇을 만들 것인지 미리 생각해 보거나 설계도로 만들어 보고, 이를 활용하여 제작하도록 도울 수 있다. − 유아들이 제작했지만, 의도한 대로 결과물이 작동되지 않을 수도 있다. 이런 경우를 생산적 실패(productive failure)라고도 하며, 이는 학습의 기회가 된다. 예 뜨거운 음료가 마실 수 있을 정도로 따뜻해졌다는 것을 알리기 위한 방법을 생각하면서, 시온 스티커를 이용하여 만드는 방법을 적용해 볼 수 있다. 컵받침이나 컵홀더를 어느 정도 크기로 붙이는 것이 좋을지 생각하고 이를 디자인하여 붙여보도록 할 수 있다.
	감성적 체험	• 결과물을 사용 후 평가해 보는 것이다. − 유아들이 개선할 점을 찾아보고, 직접 혹은 성인의 도움으로 개선할 수도 있다.

MEMO

TMSI(Thinkering, Making, Sharing, Improvement) 모형

황중권 외(2016)는 마티네즈와 스테이거(Matinez & Stager, 2013)가 제시한 TMI(Thinkering, Making, Improvement) 모형에서 한 단계 나아가, 만든 결과물 공유하기(Sharing)를 강조하는 접근이 교육에 필요하다고 보고 TMSI 모형을 제시하였다.

❶ **팅커링(Thinkering)** : 기존의 물품, 기성품을 분해·조합해 보고, 다시 만들어 보기도 하며, 자신만의 만들기를 위해 필요한 아이디어를 탐색적으로 알아보는 과정이다.

❷ **만들기(Making)** : 결과물을 만들고 문제상황에 적용해 보는 과정이다.

❸ **공유하기(Sharing)** : 온·오프라인에서 자신이 만든 것을 공유하며 피드백을 받는 것이다.

❹ **개선하기(Improvement)** : 이전 단계에서 만들었던 결과물의 문제점을 파악하고 수정하여 개선 방향을 찾아보는 것으로, 마지막 단계라고 생각하기보다 다시 팅커링을 통해 새로운 해결 방안을 찾아보기 위한 과정으로 갈 수도 있다는 생각으로 접근해야 한다.

창의적 실험 구성 접근법

정의	교실 안팎에서 과학뿐만 아니라 다양한 형태의 활동을 진행하는 과정 혹은 일과 중에, 유아나 교사가 제시한 흥미로운 과학적 질문에 대한 해답을 찾기 위하여 마치 과학자처럼 구조적이고 통제된 실험을 유아와 교사가 공동으로 구성하고 실행하는 과정 중심의 과학교수 방법이다.	
목적	창의적 실험 구성활동은 유아들이 자연과학적 지식에 대한 이해를 넓혀가는 것보다는 주변의 사물과 현상에 대해 끊임없이 새로운 질문을 제기하고 체계적인 과정을 통해 이를 해결하기 위한 과학적 방법을 경험하고 학습하도록 하는 데 초점이 있다.	
실험지도 고려사항	실험 선정	• 생활 주제와 연계되는가? • 교육적으로 가치가 있는가? • 유아의 발달에 적절한가?
	매체	• 안전을 고려하였는가? • 사용된 도구가 실험에 적절한가? • 실험도구가 유아 수준에 적절한가?
	실험지도 과정	• 관찰하는 시간을 갖는가? • 실험 방법을 고안해 보는가? • 준비물 및 도구를 탐색하는 시간을 갖는가? • 예측할 기회를 주는가? • 실험할 기회를 주는가? • 기록할 기회를 주는가? • 실험 결과에 대하여 설명해 주는가? • 추론할 기회를 주는가?
	마무리	• 실험 내용을 종합하는가? • 실험 시간이 끝났음을 알린 뒤, 다음 활동을 소개하는가?

IV 유아과학교육과 교사

| UNIT 58 | 교사의 역할 |

기본 관점	• 구성주의 입장에서의 교사는 사회·문화적 요인을 적극적으로 활용하며, 근접발달영역 내에서 단계별 지지를 통해 또래 간 협동학습을 격려한다. － 이를 위해 예기치 않았던 사건을 만듦으로써 유아의 이해를 지지하고, 협동적 대화에 적극적으로 참여하도록 도우며, 탐문 중심 교수·학습방법으로 '교수'에 대한 인식을 재정립한다.
동기부여자	동기부여자로서 교사의 역할은 '유아 스스로, 또는 유아들이 서로 질문하도록 격려하기', '유아가 학습의 방향을 책임감 있게 전개하도록 격려하기', '유아의 호기심을 자극할 수 있는 흥미로운 상황 만들기', '다른 사람과의 의견 차이를 통해 학습동기를 자극하기' 등이다.
관찰자, 진단자	• 관찰자 및 진단자로서 교사는 유아를 관찰함으로써 유아의 생각과 관심사에 대해 정확히 파악하고, 자신이 개입할 필요가 있는지, 그리고 필요하다면 어떻게 개입해야 하는지 등을 결정해야 한다(Chaille & Britain, 1997). － 관찰(observation)은 교사가 하는 모든 일의 기초가 되므로 교사는 일과 속에서 유아의 흥미와 사전 지식을 파악하고, 유아들이 이해하고 흥미를 가지는 것에 대한 정보를 얻을 수 있다. 즉 교사는 유아의 현재 활동을 관찰하면서 유아가 어떻게 이해하고 있는지를 파악할 수 있게 된다. － 또한 관찰을 통해 유아 개개인의 욕구를 이해하고, 문제해결을 도울 수 있는 실마리를 찾으며, 개입 여부나 개입의 정도를 결정할 수 있다. • 효과적으로 관찰하기 위해 교사는 하루 일과나 놀이에서 관찰한 유아들의 과학 관련 사건, 궁금증, 문제 등을 기록하는 것이 좋다. － 바쁜 일과 속에서 교사가 의미 있게 관찰한 것을 기록하지 않으면 과학교육을 지원할 수 있는 기회를 놓칠 수 있기 때문이다. － 현재 유아·놀이 중심 교육과정에서는 유아와 함께 '만들어 가는 교육과정'을 권하고 있으므로, 기록을 통해 영유아의 놀이와 관심, 문제와 맥락 등을 파악함으로써 개별 및 소집단 유아의 과학 관련 경험을 전체 유아로 확장시킬 수 있다. － 또한 교사가 관찰하는 과정에서 유아의 과학 관련 경험 지원이나 교수 방법 등에 고민이 있을 경우 놀이상황을 사진 및 영상으로 기록해 둠으로써, 동료 교사와 이를 공유하여 함께 지원방법을 모색할 수 있어 유용하다. 이때 과학 경험과 관련되는 놀이 흐름과 맥락을 파악하기 쉽도록 따로 기록을 모아두는 것이 효과적이다.

안내자, 제시자	• 과학활동의 안내자로서의 교사는 유아가 호기심을 갖고 탐색하려고 한다면 그것이 어떤 것이든 과학활동을 인정해야 하며, 유아의 과학적 탐색 활동을 위하여 유아에게 직·간접적인 방법으로 안내를 해야 한다.
	   − 서두르거나 참여를 꺼리는 유아를 격려하며, 잘못된 가정이나 추론에 대해 유아들이 인식할 수 있도록 도우면서 많은 예를 제공하고, 생각의 응용을 돕는 다양한 방법과 형태에 대한 자료를 제시해 준다.
	   − 활동을 시작할 때 "~을 하자"라고 지시하기보다 유아가 과학활동에 흥미를 느낄 수 있도록 교구 및 자료를 배열하거나 암시를 줌으로써, 활동의 최종 선택과 주도는 유아가 할 수 있도록 유도한다.

개혁자	개혁자로서 교사는 지적인 자극을 제공할 수 있는 새로운 방법을 개발한다. 예 "특히 도입이 중요한 것 같아요. 도입 방법은 흔히 하는 수수께끼일 수 있는데 도입 자체를 한 번은 그림자로 알아보고, 다음번에는 만져 봤다면, 그다음에는 또 다른 방법으로 … 다양한 방식으로 이전에 경험해 보지 못한 방법으로 제시해요."(조형숙·유은영, 2011)
실험자	실험자로서 교사는 유아들의 사고에 교수가 미친 영향에 대해 체계적으로 평가한다. 예 "봄이 지난 후에도 봄꽃을 다시 볼 수 있는 방법은 없을까 했더니 아이들이 꽃은 원래 시드는 거래요. 그래서 봄꽃을 그대로 보관할 수 있는지 제가 먼저 실험해 보았어요. 각얼음통, 죽통, 재활용 동그란 통 등에 벚꽃, 개나리, 진달래를 넣어서 얼려 보았어요. 그런데 한겨울에 꽃이 언 것처럼 된 것이지요. 아이들이 얼마나 좋아할까 … 이런 생각에 저도 너무 좋은 거예요."(조형숙·유은영, 2011)

환경제공자	• 유아교사는 아이들이 실수를 긍정적으로 받아들이는 과정을 통해 학습할 수 있는 심리적 환경을 제공해야 할 뿐만 아니라, 교육적 가치가 있고 유아의 흥미와 발달에 부합하는 과학교육 환경 및 자료를 준비·제공하는 물리적 환경제공자로서의 역할도 해야 한다.
	   − 사회적 환경제공자 : 과학에 대한 긍정적인 태도를 가지고 유아가 자발적인 학습을 할 수 있는 수용적이고 따뜻한 분위기를 제공하는 역할을 한다.
	   − 물리적 환경제공자 : 유아에게 제공하는 물리적 환경은 유아의 발달에 직접적인 영향을 미치기 때문에, 유아가 탐구하는 데 필요한 도구와 설비들이 과학활동 영역에 충분히 준비되어 있어야 하며, 주변의 자료를 활용해 과학활동을 하거나 실험을 해 보도록 도울 수 있어야 한다.

질문자	• 교과서가 없는 유아교육의 경우 학습상황에서 교사와 유아가 주고받는 상호작용은 매우 중요하며, 교사와 학습자는 교수·학습 상황에서 주로 발문−응답−피드백을 이루는데, 이런 발문−응답 과정은 상호작용에 있어서 핵심적인 역할을 담당한다.
	   − 유아가 주도하는 과학활동 과정 속에서는 유아 스스로 흥미를 갖고 문제를 발견·해결하여 결론에 도달하는 교수 방법을 사용하기 때문에, 지식을 촉진하기 위해서는 유아의 호기심을 자극하고 지적 갈등을 유발하는 질문자로서의 역할이 중요시된다.
	   − 적절한 시기의 질문을 통해 유아가 현재 다루고 있는 과학개념을 인식하게 하며, 과학 용어를 익숙하게 사용할 수 있도록 돕는 역할(Forston & Reiff, 1995)을 해야 한다.
	• 질문자로서의 교사 역할을 잘 수행하기 위해서는 교사의 주의 깊은 관찰이 선행되어야 한다. 교사는 관찰을 통해 질문을 통한 지원이 필요한가를 결정한 후에, 질문의 내용과 수준, 개입 여부 등을 결정한다.
	   − 질문의 내용과 수준을 결정함에 있어서는 유아들의 발달 수준과 특성을 고려해야 하며, 질문을 통해 유아의 인지적 갈등을 경험할 수 있도록 이끌어 주는 것이 필요하다.

MEMO

	– 이때 질문은 유아들이 현상에 대해 관찰한 것을 토대로 예측하기, 추론하기 등을 위하여 질문하는 것이 좋은데, 이는 유아들이 질문을 통해 과학적 지식을 나름대로 구성해 나갈 수 있도록 돕는 방법이 된다. • 교사의 질문이 유아의 과학적 사고를 돕기 위해서는 폐쇄적 질문보다 확산적 질문을 해야 하는데, 확산적 질문은 수량화, 비교·대조, 감정·주장·의인화, '만약 ~이라면'에 관한 질문들이다.

지원자	2019 개정 누리과정에서는 유아·놀이 중심의 교육과정 운영을 위해 지원자의 역할을 강조하고 있다(2019 개정 누리과정 놀이실행자료, 2021).
	• 유아가 잘 놀았다고 느껴질 정도로 놀이 시간을 충분히 운영해야 한다.
	• 일상생활이 융통성 있고 유아 주도적으로 이루어지도록 하는 것이 필요하다.
	  – 유아가 유치원 입구뿐만 아니라 교실에도 수족관이 있으면 좋겠다고 할 때 교사는 유아들과 함께 간단하게 벽돌과 비닐 등을 활용해 교실에 만들 수 있는 수족관을 유아들과 함께 디자인하여 만들어 보고, 유아들이 역할을 정해 물고기를 돌볼 수 있도록 한다.
	• 놀이와 연결하여 활동을 운영하는 것이 필요하다.
	  – 놀이와 연결되는 이야기 나누기, 노래, 동화, 게임 등을 통해 과학적 호기심을 즐거운 배움으로 연계하도록 도울 필요가 있다.
	• 일과를 융통성 있게 운영할 필요가 있다.
	  – 이를 위해 일과가 놀이의 흐름을 끊지 않게 운영하고, 필요할 때는 다음날 일과의 한 부분이라도 유아가 스스로 정해 보도록 한다.

전문가	• 전문가적인 자기 발전의 의지 및 열의가 없다면 교사는 다른 역할들을 효과적이고 열정적으로 수행할 수 없다(Chaille & Britain, 1997). 따라서 교사는 전문가로서 자신의 능력과 자질을 위해 끊임없이 노력해야 한다. • 구성주의 과학에서는 유아를 스스로 지식을 구성해가는 존재로 볼 뿐만 아니라 교사 역시 끊임없는 학습자로서 스스로 지식을 구성해 나가려는 자세를 가져야 한다고 본다. • 교사는 과학과 자신을 되돌아보고 반성하며, 자신의 오류에 대해 인식하고 있어야 한다. – 교사가 솔직하게 자신의 과학에 대한 태도를 되돌아 볼 때, 자신이 피하거나 두려워한 과학교육의 방해요인(例 성에 대한 편견, 자연물에 대해 갖고 있는 편견 등)을 찾아낼 수 있다.
촉진자	• 유아들이 반복적인 활동만을 하고 더 이상 활동을 확장시켜 나가지 못할 때 활동을 심화·촉진시킬 수 있는 역할을 의미한다. – 유아과학교육에서 무엇보다 중요한 것은 유아가 능동적이고 주도적으로 탐구하며 스스로 과학적 지식을 구성해 나가는 것이다. 그러나 때로는 유아들이 반복적인 활동만을 하고 더 이상 놀이를 확장시켜 나가지 못하거나, 이로 인해 관심과 흥미가 줄어들 수 있다. 이때 교사는 유아의 호기심을 유지하고 놀이를 확장시킬 수 있도록 촉진자로서의 역할을 해야 한다.

공동학습자	• 공동학습자로서의 교사 역할은 구성주의 과학교육을 효과적으로 전개하기 위한 교사의 노력이라고 할 수 있다. 이는 교사가 과학지식과 개념을 가르치고 전달하는 사람에서 벗어나 유아들이 관심을 갖는 주제에 관해 함께 들여다보고 고민하며 문제해결을 지원하는 공동학습자로 존재하기를 기대하는 것이다. − 교사가 유아와 대등한 위치에서 과학활동에 참여할 때 유아의 활동은 더욱 풍부해지고 확장될 수 있으며, 모델의 역할도 하게 된다. • 아울러 교사 스스로 과학에 관심을 갖고 긍정적인 태도로 과학을 바라보며, 스스로 과학지식을 구성해 나가려는 자세가 필요하다. 특히 이와 같은 교사의 태도와 자세는 교실에서 유아들에게 그대로 보여지게 되므로, 유아들의 과학에 대한 관심과 과학적 탐구를 촉진하게 되어 타고난 과학적 자아를 더욱 증진시켜 줄 수 있을 것이다.

UNIT 59 교사의 자질

1 유아과학교육을 위한 교사의 자질

유아과학 교육을 위한 교사의 자질		• 과학적 교양인으로의 기초 형성을 지향하는 유아과학교육을 적극적으로 하기 위해 필요한 교사의 과학적 소양은 구체적으로 무엇인지를 알아보고, 이를 스스로 함양할 수 있는 방안을 모색하는 것이 중요하다. • 교사들 스스로 즐거운 과학적 경험이 부족하면 과학에 대한 흥미와 탐구적인 태도 부족으로 이어진다. − 교사의 과학과 과학교육에 대한 긍정적인 태도가 중요하므로, 과거 부정적인 과학 관련 경험을 대체할 수 있는 활동에 참여하여 개선할 필요가 있다.

교사의 과학적 소양을 키우기 위한 방법	과학 자서전 쓰기	• 과학과 관련하여 현재 자신의 과학에 대한 인식이나 태도에 영향을 준 사건이나 경험을 재현하여 에세이를 쓰듯 작성한 글을 의미한다.
		  🔢 어린 시절 집 주변에서의 자연 경험에 대한 기억, 학교에서 배운 과학 수업과 교사에 대한 기억, 부모와 함께 했던 과학활동 경험 등을 말한다.
		• 자서전을 쓰기 위한 과정
		  − 세월을 거슬러 올라가 초·중·고등학교에서 과학을 공부하던 학생 시절, 또는 가족, 친구, 박물관, 잡지와 다른 자원들을 통한 자신만의 과학과 관련된 경험 가운데 가장 생생한 기억들을 떠올려 본다.
		  − 떠오르는 생각들을 시간의 순서나 내용의 관련성 등에 상관없이 기록한다.
		  − 두서없이 써 놓은 것을 읽으면서 각 에피소드 별로 덧붙일 경험의 내용이나 현재의 느낌 등을 첨가하여 글이 전체적으로 매끄럽게 되도록 정리한다.

	과학 저널 쓰기	• 일상생활이나 유치원 교실에서 일어나는 과학과 관련된 자신의 경험이나 특별한 사건에 대해 개인적인 느낌과 생각을 수필 또는 일기 형식으로 기술한 글을 의미한다. ℹ️ 텔레비전에서 본 환경 문제에 관한 프로그램의 내용을 간략히 적고 자신의 생각을 정리한 것, 유치원에서 유아들과 과학활동을 하는 중에 일어난 에피소드와 그에 대한 자신의 평가를 간략히 적은 것 등을 말한다. • 의의: 스스로의 과학적 탐구에 대한 흥미를 조성할 수 있으며, 이것이 유아 과학교육을 위한 교사의 자질을 키우는 데 밑거름이 될 수 있다. • 과학 저널을 쓰는 과정 　- 특정한 대상을 관찰하거나, 경험한 사건에 관해서 간략하게 기술한다. 　- 관찰한 것 혹은 문득 떠오르는 호기심과 이해하지 못한 것에 관해 질문을 기록한다. • 이러한 방법으로 과학저널을 지속적으로 작성하여 파일에 정리하면 일종의 과학 포트폴리오가 될 수 있다.

2 교수 방법 점검하기

과학교수에서 잘못된 교수	욕심내기	• 교사의 욕심이 앞서 계획한 내용을 모두 전달하기 위한 수업 진행을 하다 보면 유아의 의견을 무시하거나 다른 반응이 나올 수 없도록 상호작용이 이루어지게 된다. • 유아들의 참여나 흥미는 전혀 기대할 수 없다.
	재촉하기	정해진 시간에 정해진 분량을 하려다 보면 유아의 생각이나 의견을 묻기보다는 교사의 일방적인 전달로 끝나게 된다.
	직접적으로 유도하기	• 교사가 자기 의도대로 교수 상황을 끌고 나가거나 활동에 유아를 참여시키기 위해 직접적으로 개입을 한다. • 처음에는 유아 주도의 교수를 계획했지만 결국 그 기회를 유아에게 주지 못하고 교사 주도로 수업을 진행해 나가기도 한다.
	방해하기	교사는 유아를 항상 관찰하며 무엇을 생각하는지, 앞으로의 활동 방향은 어떠해야 하는지 결정을 내려야 하는데, 이러한 관찰과정 없이 교사가 개입하는 것은 방해자로서의 역할만 할 뿐이다.
	감정적 개입하기	교사가 일방적으로 계획하고 의도한 것이 뜻대로 되지 않을 때 감정적으로 개입하거나 반응함으로써 결국 교사의 권위를 드러내게 된다.
	계획 없는 교수활동 하기	내일 혹은 현재의 교수활동에 적용될 계획은 구체적이고 상세화되어 있어야만 그 효과를 발휘할 수 있다.
	이론과 실제에 괴리감 느끼기	많은 교사들이 학교에서 배운 이론적 지식과 실제 교육 현장에서의 적용은 괴리가 있고 이론이 실제에 별 도움이 안 된다고 생각하나, 이는 자신이 이론을 형성하는 주체임을 인식하지 못함에서 비롯된다.

교사가 범하는 오류	과정의 주도성	• 생각은 유아 주도이나 실제는 교사 주도가 되는 경우가 생긴다. • 유아 주도의 활동 과정 ① 도입 단계 : 유아의 직접적이고 자유로운 탐색 ② 실험 단계 : 유아의 반복적인 실험 및 관찰 ③ 정리 단계 : 반복적인 관찰을 토대로 결론 도출
	과학적 개념정리에 대한 강박감	• 유아에게 적절한 지각적·현상학적 수준의 개념을 선정한다. • 유아가 스스로 반복적인 실험의 과정을 통해 인지하고 수정해 갈 기회를 제공한다.
	방향성이 없는 단순 놀이	• 과학적 사고력의 변화가 일어나지 않는 단순놀이는 과학이 아니다. • 사전에 교사의 체계적인 계획이 중요하며, 계획한 방향과 전혀 다른 곳으 로 활동이 전개될 때 활동의 방향을 이끌어 주는 교사의 역할이 필요하다.
	집단 구성의 모호함	• 드러나는 형태는 소집단 구성이나, 실제 대집단으로 활동하는 경우가 있다. － 인원수에 있어서 수가 줄어들었을 뿐이지 그 속에서의 탐색이나 상호 작용은 대집단으로 운영하는 형태의 수업과 거의 유사하다. • 개별 유아의 직접적이고 구체적인 탐색과 경험을 제공하는 소집단을 운영 해야 한다.
	변인통제 없는 다양한 자료	자료에 의한 변인통제 및 통제된 자료의 순서적 제시가 필요하다.
	난이도가 높은 실험	유아가 직접 행위를 해보고 자신의 활동을 변화시키며 그 결과를 관찰해볼 수 있는 실험이어야 한다.
	결과와 정답을 얻기 위한 실험	유아가 직접 행위를 해보는 과정에서 다양한 사고를 하고 다양한 방법으로 탐구해보는 과정 그 자체에 가치를 둔 실험을 해야 한다.

UNIT 60 교사의 질문

1 유아의 과학적 탐구를 격려할 수 있는 질문의 유형

개방적·확산적 질문	질문에 대한 대답이나 행동이 하나로 국한되지 않고 넓은 범위로 다양하게 확장될 수 있는 질문 예 바퀴가 크면 어떤 점이 좋을까? 예 거북이는 어떤 음식을 좋아할 것 같니? 왜 그렇게 생각했니?
폐쇄적·수렴적 질문	질문에 대한 대답을 확장시킬 수 없고, 비교적 짧고 구체적이며, 옳은 답을 요구하는 질문 예 이건 무슨 색이니? 예 우리가 소금을 넣으니 어떻게 되었지?
과정 기술의 활용을 격려하는 질문	유아가 여러 상황에서 다양한 과정 기술을 활용할 수 있도록 교사가 도움을 주거나 격려하는 질문 예 자세히 보니 무엇을 알 수 있니? (관찰) 예 왜 이렇게 되었다고 생각하니? (추론) 예 이것들 간에 다른 점이 무엇이니? (비교) 예 이것들을 어떻게 분류할 수 있을까? (분류) 예 무엇을 어떻게 세어(재어)볼 수 있을까? (측정) 예 어떻게 될 것이라고 생각하니? (예측)
주의 집중 및 활동에 도전을 주는 질문	유아가 새로운 사물이나 특성을 탐색할 때 사용하는 질문 예 이 매미는 지난번에 관찰한 매미와 어떤 점이 다르지? 예 지금 어떤 일이 일어나고 있니?
탐색 방안 및 아이디어를 알아보는 질문	유아가 어떤 상황에 새로운 탐색 방안을 궁리하여 실험 설정을 하거나, 탐구를 위한 아이디어를 알아보기 위한 질문 예 더 센 바람을 만들 수 있는 재료는 무엇일까? 예 장수풍뎅이가 어두운 곳을 좋아하는지 알아보려면 어떻게 해야 할까?
인식하기를 강조하는 질문	활동의 결과에 대해 스스로 정리해보도록 하여 탐구과정을 재인식할 수 있도록 하는 질문 예 자석으로 클립을 많이 붙이기 위해 어떤 방법을 사용했니? 예 네가 알아낸 방법을 친구들에게 말해 줄 수 있겠니?
비판적 사고를 강조하는 질문	활동이 모두 끝난 후에 활동 내용 중 무엇이 의미 있었는지, 어떤 점을 수정·보완하면 더 좋은지를 비판적으로 사고할 수 있도록 도움을 주는 질문 예 우리가 실험, 계획한 것 중에서 어떤 점이 가장 좋았니? 예 다음에 또 다른 실험을 할 때 어떤 것을 바꾸고 싶니? 그 이유는 무엇일까?
탐구하는 현상과 일상의 경험을 연결하는 질문	과학적 현상이나 상황을 유아의 일상경험과 연결시킴으로써 현상을 보다 자세히, 다양하고 폭넓게 사고하는 기회를 주는 질문 예 토끼가 왜 귀를 쫑긋하고 있지? 우리도 저렇게 귀를 쫑긋하는 순간이 있을까?

2 확산적 사고를 위한 질문

수량화 질문	목적	재생산적 질문과 생산적 질문의 균형
	주 활동	브레인스토밍
		• 교사는 재생산적·생산적인 사고가 균형을 이루도록 두 가지 질문을 조화롭게 사용해야 한다. 　– 재생산적 질문: 이미 알고 있거나 알아야 하는 어떤 지식과 정보를 재생산해 내도록 하는 양적 질문으로 수준 높은 사고력과 창의력을 약화시킨다. 　– 생산적 질문: 유아는 가능한 많은 아이디어를 창출하게 되어 브레인스토밍이 이루어지게 된다.
비교·대조 질문	목적	높은 수준의 사고 자극
	주 활동	관련성 강조
		• 단순한 사고과정에서 복잡한 사고과정을 개발하는 이상적인 질문이다. 　– 질문은 구체적인 것에서 추상적인 것으로 이동한다. 　　예 두 가지 물체, 아이디어, 개념을 같은 범주에서 비교·대조하다가 점차 관련성 강조를 요구하는 어렵고 복잡한 범주로 진보하는 것 • '~와 같은', '~와 다른'을 사용한다.
감정·주장·의인화 질문	목적	유아와 교사의 동기화, 유아의 주장을 가치롭게 하기
	주 활동	협동하기
		• 견해·참여 질문이라고도 하며, 교사와 유아가 정서적으로 동일한 느낌을 갖게 한다. 유아의 연령, 흥미, 능력에 맞출 때 동기화는 강해진다. • 교사는 유아가 자신의 선택과 감정을 분석하도록 돕기 위해 충분한 시간을 주어야 한다. • 의인화 질문은 사건이나 사물을 다른 관점에서 볼 수 있도록 돕는다. 　예 '초록색이 말을 할 수 있다면, 보라색에 대해 어떻게 느낄까?'
'만일 ~라면 어떤 일이 일어날까?' 질문	목적	창의적 사고(현실의 재조직)
	주 활동	웃음
		• '만일 ~라면'의 질문(예 '만일 사람이 불을 발견하지 않았다면 어떻게 되었을까?')을 조장하는 교사는 지도자로서, 웃음과 창의적 사고의 모델로서 책임을 가져야 한다. 　– '엄숙함'은 사고과정을 차단하며, 웃음은 확산적 사고의 포인트가 된다. 　– 유아의 사고를 확산적 사고에서 수렴적 사고로 전환시키기 위한 안내자로서의 역할이 필요하다.

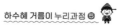

3 창의적 사고를 위한 질문 - 존슨(Johnson, 1990)

행동을 격려하는 질문	• 만약 네가 ~의 크기(모양, 색깔)를 바꿀 수 있다면 어떻게 하겠니? • 만일 ~에서 ~을 빼면 어떻게 될까?
미래지향적 질문	• 여기에 ~을 보탠다면 어떻게 하겠니? • 각기 다른 재료가 쓰인다면 어떤 일이 생길까?
문제해결을 격려하는 질문	• ~에 대해 알고 싶으면 어떻게 알아볼 수 있을까? • 이것을 어떻게 고치고 싶니? • 더 나은 방법은 무엇이 있을까? • 어떻게 하면 ~이 될까?

UNIT 61 | 교수 효능감 - 과학교수 불안 및 과학교수 효능감

과학교수 태도	• '과학에 대한 태도'란, 과학에 대한 취미, 과학 관련 직업, 과학학습 및 과학실험과 같은 과학에 관련된 구체적 대상에 대해 감정적·인지적·행동적 평가 반응을 나타나게 하는 학습된 정신적 경향성을 의미한다.
	  - 과학에 대한 흥미, 과학 및 과학자에 대한 태도, 과학의 사회적 가치를 포함한다.
	• '과학교수 태도'란 교사가 과학을 가르치는 것에 대해 스스로가 갖는 긍정적 또는 부정적 정서의 상태를 말한다.
	  - 교사들은 유아기부터 초·중·고등학교에 이르기까지 과학과 관련된 경험을 통해 과학교육에 대한 부정/긍정적 느낌을 갖게 되고, 이것이 교사로서의 과학교수행위에 대한 정서로 이어지는 경우가 많다(Mechling, 1984).
	  - 관련 연구에서 과학교수에 대한 긍정적 태도를 지닌 교사들은 교실에서 과학을 촉진시킬 뿐만 아니라 유아들에게 과학에 대한 긍정적인 태도를 길러줄 수 있다고 나타나고 있다(Coble & Koballa, 1996). 즉 유아교사의 과학교수 태도는 유아의 과학태도로 연결될 수 있으므로 매우 중요하다.

과학교수 불안	• 유아교사는 놀이 속에서 발현된 과학개념 및 원리와 관련하여 과학교육을 계획하고 놀이를 지원하거나 교사가 계획한 과학교육을 실행하는 가운데 걱정, 두려움을 느낄 수도 있고, 반대로 즐거움이나 흥미를 느낄 수도 있다. 이와 같이 교사가 과학을 가르쳐야 하는 상황에서 나타나는 긴장의 경험(불안, 두려움, 근심, 걱정 등)을 '과학교수 불안'이라고 한다.
	• 상태 불안과 특성 불안으로 구성된다.
	  - **상태 불안** : 과학 수업을 실시하고 있을 때 느끼는 긴장의 경험으로서 두려움, 근심, 걱정 등의 불안을 의미한다.
	  - **특성 불안** : 과학 수업뿐만 아니라 일반적으로 느끼는 불안을 의미한다.

MEMO

	• 관련 연구에서는 '과학교수 불안'이 낮은 교사는 과학교수에 자신감을 갖고 다양한 교수 방법을 사용하여 교육하는 반면, '과학교수 불안'이 높은 교사는 과학교육을 회피하고 지식 전달유형과 같은 부적절한 교수 방법을 사용하는 것으로 나타났다. • 특히 유아교육에서는 고정된 과학 수업 시간이나 교과서가 존재하지 않으므로 과학교육의 계획과 실행은 전적으로 교사에게 맡겨진다. 연구에서 밝혀진 바에 따르면 과학교수 불안이 높은 교사일수록 과학교육을 회피하므로 유아들이 과학교육에 대한 기회를 갖기 어려울 수 있다.
과학교수 불안 감소 전략	• 과학에 대한 긍정적 경험 - 교사 자신의 과학 내용지식 향상 - 유아교육기관의 풍부한 과학 지원 환경 • 유아의 과학에 대한 흥미 향상 방안 모색 - 유아 발달에 적합하면서 유아가 주도적으로 참여할 수 있는 과학활동을 제공한다. 과학교육을 어려워하고 피하고 싶어 하는 교사라 할지라도, 자신이 준비한 활동에 유아들이 관심과 흥미를 보이게 되면 이를 통해 격려받게 되어 활동을 지속하게 되기 때문이다. • 과학에 대한 사회 전반의 긍정적 인식
과학교수 효능감의 개념 (Enochs & Riggs, 1988)	• 과학교수 *효능감은 교사가 과학교육에 대해 갖는 효과적인 과학교수 수행능력에 대한 기대와 함께 자신이 계획하고 수행한 과학교수가 유아들에게 효과적인 영향을 미칠 수 있을지에 대해 갖는 기대감을 말한다. 따라서 교사의 과학교수 효능감은 과학태도와 함께 유아교육의 질을 결정짓는 데 중요한 역할을 한다. • 과학활동에서 개인의 수행능력에 대한 신념을 의미하는 과학교수 효능감은 과학교수 개인 효능감과 과학교수 결과 기대로 나뉜다. - 과학교수 개인 효능감: 과학을 효과적으로 지도할 수 있는지의 능력에 관한 신념 - 과학교수 결과 기대: 학생의 과학학습에 미치는 영향력에 대해 갖는 신념 • 교사가 강한 교수 효능감을 가질 때 과학교수에 대한 긍정적인 태도를 형성하게 되며, 이에 따라 과학활동을 계획하고 실행하는 데 보다 적극적으로 될 수 있다. - 교사의 과학교수 효능감 수준에 따른 교수실제 차이를 살펴본 연구결과에 따르면, 과학교수 효능감이 높은 교사들은 학생 중심의 교수전략과 탐구중심의 교수전략을 선호하는 반면, 과학교수 효능감이 낮은 교사는 지식 전달식의 교수전략을 사용하는 것으로 나타났다.
과학교수 효능감 증진 전략	• 양성교육과정에서의 긍정적 경험 • 자신의 능력에 대한 자부심 • 과학에 대한 흥미와 긍정적 태도 형성 • 지속적 학습 • 유아교육기관의 지원적인 환경

*효능감(efficacy) 개인의 노력으로 의미 있는 결과를 가질 수 있다는 기대를 말하는 것으로서, 어떤 문제를 자신의 능력을 통해 성공적으로 해결할 수 있다는 신념이나 기대감이다.

자신의 과학교수 효능감 진단하기

–STEBI(Science Teaching Efficacy Belief Instrument, Enochs & Riggis, 1990)

🏠 과학교수 개인 효능감

문항	전혀 아니다	아니다	보통이다	그렇다	항상 그렇다
1. 나는 끊임없이 효과적인 교수 방법이 무엇인지 알아내고자 한다.					
2. 나는 아무리 노력해도 다른 영역만큼 과학활동을 잘 지도하지 못한다고 느낀다.*					
3. 나는 유아들에게 효과적으로 과학을 지도하기 위한 단계를 알고 있다고 느낀다.*					
4. 나는 과학활동을 지도하는 데 있어 그다지 유능하지 못하다.*					
5. 나는 과학을 비효과적으로 지도한다고 생각한다.*					
6. 나는 유아들의 과학활동을 지도하는 데 필요한 과학개념을 이해하고 있다고 생각한다.					
7. 나는 왜 과학활동을 하는지 유아들이 이해하도록 하는데 어려움을 느낀다.*					
8. 나는 유아들이 과학에 관한 질문을 할 때 적절하게 대답할 자신이 있다.					
9. 나는 유아들의 과학활동을 지도하는 교사로서 필요한 능력을 가지고 있는지 염려된다.*					
10. 나는 나의 교수능력을 외부전문가로부터 객관적으로 평가받는 것이 꺼려진다.*					
11. 나는 유아가 과학활동에 어려움을 나타낼 때 어떻게 지도해야 할지 몰라 당황한다.*					
12. 나는 과학활동을 지도할 때 유아의 질문을 반기고 격려한다.					
13. 나는 유아들이 과학에 관심을 갖도록 하기 위해 어떻게 해야 할지 모르겠다.*					
총 점수(평균점수)					

(*역채점 문항)

⌂ 과학교수 결과 기대감

문항	전혀 아니다	아니다	보통이다	그렇다	항상 그렇다
1. 유아가 평소보다 적극적으로 과학활동을 하는 것은 교사의 노력 때문이다.					
2. 유아들이 과학에 대한 관심을 더 많이 갖게 된다면 교사의 효과적인 과학교수 방법 때문이다.					
3. 유아가 과학활동에 관심을 보이지 않는 것은 교사의 적절하지 못한 과학교수 방법 때문이다.					
4. 유아의 부족한 과학지식은 교사의 효과적인 교수 방법에 의해 향상될 수 있다.					
5. 몇몇 유아가 과학활동에 흥미 없어 하는 것을 교사의 탓이라고는 할 수 없다.*					
6. 과학활동에 관심이 없던 유아가 점점 활발한 참여를 하는 것은 교사의 적극적인 지도 때문이다.					
7. 교사가 과학교수에 많은 노력을 기울여도 유아의 과학에 대한 태도는 변하지 않을 수 있다.*					
8. 과학활동에 대한 유아의 관심과 흥미 정도는 일반적으로 교사에게 책임이 있다.					
9. 유아의 적극적인 과학활동 참여는 교사의 과학교수능력과 직접적인 관련이 있다.					
10. 유치원의 과학활동에 대해 유아의 흥미가 높아지고 있다고 하는 부모의 반응은 교사의 적절한 교수 때문일 것이다.					
11. 과학활동을 전혀 관심 없어 하는 유아에게는 교사의 효과적인 과학교수 방법이 영향을 미치지 않는다.*					
12. 뛰어난 과학교수능력을 지닌 교사라도 과학활동을 동기화할 수 있는 유아는 있다.					
총 점수(평균점수)					

(*역채점 문항)

MEMO

하수혜 거름이
누리과정
⑤ 자연탐구

SESSION
04

유아
과학교육의
이해

I 유아과학교육의 기초

| UNIT 62 | 과학교육과 유아의 발달 |

과학교육의 필요성	• 과학이 우리 생활 깊숙이 파고들고 있는 현대사회에서는 일반인들조차도 일상생활 속에서 과학을 이해하고 활용할 수 있는 능력이 필요할 뿐만 아니라, 과학이 가져온 환경 파괴 등 다양한 문제를 해결해 나가기 위하여 과학적 지식과 이해에 기초한 의사결정을 할 수 있는 능력이 요구된다. • 오늘날 과학기술의 발전은 국가 발전의 척도로 인식되며, 많은 국가에서 과학의 선진화를 위한 기초작업으로 과학교육을 강조하여 과학적 소양을 갖춘 교양인을 길러내는 데 주력하고 있다. • 우리나라에서도 국가적 차원에서 과학교육을 진흥시키기 위하여 중·고등 교육기관은 물론이고 유아교육에까지 범위를 확대하여 과학교육의 중요성을 강조하고 있다.

과학과
인지발달
	• 과학은 다른 어떤 교과보다도 인지발달과 밀접한 관련이 있다.
	• 전조작적 인지발달단계에 있는 유아(Piaget, 1952)에게 과학활동이 중요한 이유는 다음과 같다.
	  − 유아는 과학을 통해 사물의 속성을 파악할 뿐만 아니라 사물과 사물 간의 공통점을 발견하고 차이점을 변별하는 등 사물에 대한 이해력, 논리적 사고력 및 문제해결력을 발달시킬 수 있다.
	  − 전조작적 사고 단계의 유아에게 인지적 비평형 상태를 경험하게 하고, 자연현상을 객관적인 것으로 이해하는 데 도움을 줄 수 있다.
	
	🖱 전조작적 사고 단계의 유아들에게서 나타나는 특징
	• 논리적으로 판단하기보다 사물이 어떻게 보이는가에 따라 사물을 판단한다.
	• 변화를 추적하거나 자신의 사고를 처음으로 돌려 가역적으로 사고할 수 없으며, 사물의 한 가지 두드러진 면에 집중하고, 보존성에 관한 문제를 풀 수 없다.
	• 전조작적 인지 특성은 과학적 경험의 중요한 가치인 원인과 결과에 대한 유아의 이해에 영향을 미쳐 물활론이나 인공론과 같은 사고를 하게 한다.

과학과
언어발달
	• 유아는 과학적 경험을 할 때마다 새로운 어휘를 배우게 되고, 과학교육에서 획득한 지식을 공유하기 위해 의사소통능력을 발달시키게 된다.
	• 과학교육은 문자 언어발달에 필요한 기초를 제공하기도 한다.
	  − 과학교육을 하면서 유아가 사용하는 짝짓기, 변별하기, 순서짓기, 분류하기 등의 기술은 읽기와 쓰기에 필요한 지각적 기술이다.
	  − 사물들을 세밀하게 구별할 수 있는 유아는 글자와 단어를 변별할 준비를 갖추었다고 할 수 있다(Charesworth & Lind, 2003).
	
	지도방법
	유아기에는 아직 상징적 표상 능력의 발달이 부족하므로 과학교육 시 유아가 통상적 의미에서 벗어난 용어를 사용하거나 긁적거리기를 할 때, 또는 문법이나 맞춤법에 맞지 않는 글자로 표현할 경우에도 이를 존중해 주어야 한다.

MEMO

과학과
정서발달
	• 유아들은 곤충이나 개 등의 동물을 무서워하고, 천둥, 번개, 밤과 같은 자연현상에 대해 공포를 느낄 수 있으며, 익숙하지 않은 기계나 도구에 의해 놀라기도 하는데 이러한 두려움은 대상에 대한 불완전하고 부정확한 지식에서 비롯된 경우가 많다.
	   – 유아들은 이러한 두려운 대상에 대해 정보를 얻거나 주의 깊게 탐구함으로써 어느 정도 두려움을 완화시킬 수 있게 된다.
	• 유아는 과학적 경험으로 인하여 정서적 안정감을 갖게 될 뿐만 아니라 과학교육을 통해 자신감을 얻을 수도 있다.
	   – 과학적 문제해결 과정에서 가설을 실제로 실험하여 가설이 지지되었음을 확인하면서 유아는 무한한 성취감과 만족감을 느낄 수 있다.
	   – 경험은 유아 스스로에 대한 자신감으로 이어져 더욱 적극적으로 과학교육을 수행하게 하는 원동력으로 작용할 수 있다.
	   – 동·식물을 직접 키워보며 성장 과정을 관찰하는 과정에서 유아는 생명의 소중함과 경이로움을 느끼며, 자신보다 약한 존재를 돌본다는 긍정적인 자기의식을 경험할 수 있다.
	
	(지도방법)
	교사는 유아가 안정적인 분위기에서 자유롭게 탐색을 할 수 있는 환경을 조성하여 유아의 과학적 능력과 정서 발달을 도와주어야 하고, 유아는 자신이 흥미를 갖지 않는 주제보다 흥미를 갖는 주제에 대해 심도 깊은 지식을 구성하게 되므로 유아의 정서 발달을 고려하여 과학교육의 효율성을 높일 수 있어야 한다.

과학과
사회성 발달
	• 실험은 두 사람 이상이 모여서 하는 경우가 많으므로 사회성 발달의 기회도 제공할 수 있다.
	   – 과학교육을 통해 유아는 서로 협력과 도움이 필요하다는 것을 인식하고, 다른 사람들의 다양한 사고와 시각을 수용하여 자신의 시각과 타인의 것을 조화해야 할 필요성을 경험한다.
	• 최근에는 소집단을 중심으로 한 과학교육의 중요성이 강조되고 있다.
	   – 소집단을 통한 과학교육은 또래 간의 다양한 교류를 유발시킴으로써 타인의 다양한 관점을 수용할 수 있는 능력 등 사회성 발달에 긍정적인 영향을 미친다(신은수 외, 1999).
	• 자신이 발견한 과학적 사실을 친구들과 공유하는 것은 과학교육 자체를 더욱 즐겁게 만들 수 있으므로 유아로 하여금 보다 적극적인 과학교육을 하게 할 수 있는 원동력이 된다.
	• 과학활동은 다른 활동에 비해 열을 가하거나 깨뜨려 다치기 쉬운 여러 기구들을 많이 사용하므로 안전의 문제가 특히 중요하다는 점에서도 사회성 발달과 관련된다.
	   – 질서를 지키지 않고 싸우거나 규칙을 어기면 위험한 상황이 일어날 수 있고, 과학실험도 성공할 수 없으며, 서로 협력하고 규칙을 지키면 안전한 가운데 과학교육을 성공적으로 수행할 수 있음을 경험함으로써 사회성 발달을 도모할 수 있다.

과학과
신체 발달
	• 유아는 교사가 수행한 실험을 관찰하는 수동적 학습보다는 직접적인 조작(hands-on)을 통한 학습을 해야 하는데, 과학은 이러한 직접적인 조작이 가장 필요한 영역이며, 직접조작을 통한 실험을 하려면 기본적인 신체를 작동시키는 능력이 필요하다(Butzow & Butzow, 2000).
	• 또한 과학교육을 통해 대근육 운동기술이나 소근육 운동기술 등 신체 발달이 촉진되기도 한다.
	   ⑩ 대근육 운동기술 증진 : 조립하기, 지레 사용하기, 도르래 움직이기, 정원 및 텃밭 가꾸기 등
	   ⑩ 소근육 운동기술 증진 : 가위로 자르기, 밀가루 반죽하기, 특징에 따라 씨앗 분류하기 등

• 유아는 과학교육에 사용되는 도구를 조작해보면서 눈과 손의 협응력을 기르고, 오감각을 사용하여 사물을 탐색하는 과정을 통해 감각 기능이 정교해질 수 있다.

(지도방법)
교사는 자신이 편안해하거나 우세한 감각 양식이 무엇인지 인식하고 다양한 감각 양식을 사용함으로써, 유아 역시 우세한 감각 양식을 통해 학습함과 동시에 그 외의 감각 양식들도 사용하도록 자극받는 것이 바람직하다(Dunn, 1990; Martin, 2001).

과학과 놀이

• 유아는 놀이를 통하여 인지, 사회정서, 언어 및 의사소통, 감각운동적 신체 발달 등 전인 발달을 이룬다.
• 유아의 놀이는 즐거움을 추구하는 능동적인 참여 유발 학습의 최적 조건을 제공함으로써 유아 스스로 주변의 사물과 현상에 대한 과학적 지식을 자연스럽게 구성하도록 촉진한다.
• 유아는 놀이를 통하여 자신의 사전개념과 오개념을 적용하면서, 과학적 기본개념을 자연스럽게 습득하게 된다.
• 유아의 놀이는 내적 동기가 유발되는 과정 지향의 행동이므로, 과학적 문제해결 과정에 중요한 과학의 과정 기술을 증진시킬 수 있는 유용한 기회를 제공한다.
• 유아의 놀이는 자유선택에 의하여 긍정적 정서를 유발하는 자발성과 주도성에 기초한 행동으로, 과학적 태도를 형성하도록 지원할 수 있다.

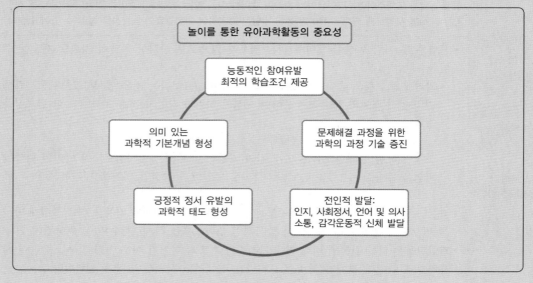

UNIT 63 과학교육의 목표

1950년대 후반~ 1980년대	• '유능한 과학자'를 양성하는 것 　– 모든 국민이 과학적으로 유능해지기를 기대하기보다는, 산업기술시대에 새로운 과학을 만들어 낼 수 있는 창의적이고 유능한 과학 엘리트를 양성하고자 하였다.
1980년대 중반~ 1990년대	• '과학의 대중화' 　– 과학을 소수의 엘리트 집단만이 관심을 갖는 분야로 인식한 것이 아니라, 평범한 모든 국민이 과학을 이해하고 실생활에 활용할 수 있는 과학적 소양을 지니도록 교육하고자 하였다. 　– 과학 전문가가 일반 대중에게 과학을 가르치고 전파하는 일방적인 커뮤니케이션이 존재하였기 때문에 실생활에서 과학을 의미 있게 만나고 활용하는 과학적 소양 증진에는 한계가 있었다.
1990년대 초반~ 1990년대 후반	• '과학의 대중화'의 한계를 극복하기 위한 '대중의 과학화' 추구 　– 과학적 지식의 보급보다는 과학적 소양 가운데 과학적 태도와 탐구능력을 모든 대중이 갖춤으로써, 일상생활 문제뿐만 아니라 사회적 문제해결을 위해 보다 과학적인 사고방식과 태도로 임할 수 있는 소양을 함양하는 것을 목표로 삼았다.
현대	• 과학이 우리의 삶을 편리하게 해준다는 긍정적인 영향 이면에 생명 경시 풍조, 전쟁의 발달, 환경문제 등의 부정적 영향도 있음을 인식하기 시작하였고, 이러한 추세에 따라 우리 삶과 보다 가까이 맞닿을 수 있도록 하는 '인본주의적 과학'이 요구된다. 　– 과학이 진정으로 사람을 위해 존재하기 위해서는 과학교육이 세상에 대한 따스한 관심과 배려, 가치 지향, 예술적 감성을 담아낼 수 있어야 하고, 무엇을 바라보고 무엇을 지향하기 위해서는 그 대상에 대해 진정한 관심 갖기를 기본으로 삼아야 함을 강조하게 되었다. • 21세기 사회에서는 일상생활 속에서 과학을 이해하고 활용할 수 있는 능력을 요구하고, 과학의 발달이 가져온 문제점에 대해 과학적 지식과 이해에 기초하여 의사결정 할 수 있는 능력, 즉 과학적 소양을 갖춘 과학적 교양인이 되는 것을 필요로 한다. 　– 유아가 일상생활 속에서 과학적 태도를 가지고 스스로 탐구하는 과정을 통하여 문제를 해결하고 과학적 개념을 형성하도록 도와줌으로써 유아기부터 과학적 소양 능력이 길러질 수 있도록 하는 것이다. • 사회적 요구에 비추어 볼 때 유아과학교육은 유아가 생활 속에서 맞닥뜨리는 과학적 문제를 인식하고 해결하려는 태도와 능력을 갖춘 과학적 소양인의 기초를 다지는 것이라고 할 수 있다.

MEMO

 참고

과학교육을 통해 유아에게 길러주어야 할 소양

• 일상생활 속에서 접하는 사물과 현상에 대해 호기심을 갖는다.
• 주변에 대해 의문을 갖고 적극적으로 탐구하려는 과학적 태도를 기른다.
• 생활에서 활용하는 간단한 과학적 도구 및 기계를 비판적으로 활용하는 능력을 갖춘다.
• 과학과정 기술을 증진한다.
• 유아의 생활 및 경험과 관련된 과학적 지식을 습득한다.
• 자연에 대한 체험을 통해 자연환경의 중요성과 가치를 인식한다.
• 창의적이며 비판적인 사고를 기른다.
• 과학의 가치를 인식한다.
• 과학과 사회와의 관계에 대해 인식한다.
• 생활 속에서 과학을 활용할 수 있는 능력을 길러준다.
• 과학자로서의 삶에 대해 관심을 갖는다.

II 유아과학교육의 배경

UNIT 64 유아과학교육의 역사적 배경

1 역사적 흐름

고전적 유아교육이론	코메니우스 (Comenius)	16세기에 감각을 통한 실물교육의 필요성을 강조하였다.
	로크 (Locke)	실제적이고 구체적인 경험의 중요성을 강조하는 감각과 실물을 통한 경험 중심의 교육을 제안하였다.
	루소 (Rousseau)	• 유아의 흥미에 입각한 자연주의적 경험을 강조하는 자연교육을 주장하였다. - 페스탈로치(Pestalozzi)의 감각과 경험을 통한 실물교수법과 함께 오웬 (Owen)의 견학활동을 통한 자연관찰을 강조하는 교육이론에 직접적인 영향을 주었다.
	프뢰벨 (Froebel)	• 유아교육을 위한 교육과정에서 실제적인 경험이 가능한 은물과 작업을 고안하여 직접적인 자기활동과 자연학습에 중심을 둔 교육활동을 제시하였다. • 오웬과 프뢰벨은 교실 내외의 모든 장소에서 자연을 관찰하고 감상할 수 있는 활동을 중시하여, 정원에서 여러 가지 돌이나 나뭇잎 전시하기, 자연에 관련된 책 읽어주기 등의 활동을 제공하였다.
	몬테소리 (Montessori)	경험을 통한 감각교육을 강조하는 프로그램을 개발하여 20세기 유아과학교육이론의 기초를 제공하였다.
20세기 초		• 20세기 이전 유아교육 이론가들의 과학교육에 대한 급진적인 생각에도 불구하고 20세기 초까지의 과학교육은 설명적인 방법을 벗어나지 못하였다. - 교사가 과학적인 사실을 언어로 설명하고 전달하면 유아가 교사의 설명을 암기하는 식의 과학지식 전달과 암기식 교육 방법을 사용하였다. - 유아과학교육에서 과학적 사실의 암기가 강조된 이유는 유아의 추론 능력이 없고 자연현상을 이해할 수 없다는 유아의 학습 능력에 대한 불신에서 나온 것이다.
20세기 중반		20세기 중반에 접어들면서 유아과학교육은 유아 교육과정에서 과학교육을 중요한 부분으로 인식하여야 한다는 듀이(Dewey)의 이론에 영향을 받아, 자연을 감상하는 것보다는 기초적인 과학적 개념과 방법을 이해하는 과학적 활동에 관심을 두게 된다.
	듀이(Dewey)	• 과학교육은 학습단원에 의해 계획하는 것이 아니라, 유아의 흥미와 함께 유아에게 친숙한 환경에서 시작되어야 한다고 주장하였다. • 가정과 유치원을 포함하여 정원과 숲속에서 자연을 관찰하고 실내에서 실험하기 등 일상생활 내의 다양한 경험이 필요다고 강조하였다. • 유아과학교육의 교수 방법을 변화시켜 유아의 이해수준과 유아의 흥미에 기초한 과정 중심의 방법을 지지해야 한다고 보았다.

		• 유아를 위한 과학교육센터가 듀이에 의해 시카고 대학의 실험학교에 세워졌고, 듀이가 뉴욕에 있는 대학으로 자리를 옮기자 잭맨(Jackman)이 맡아 운영하였다.

1957년 ~ 1980년대		• 1957년 10월 구소련의 스푸트니크호의 발사는 미국 사회 내부에 교육에 대한 전반적이고 대대적인 반성의 기회를 제공하였다.
		  − 이 사건을 계기로 미국은 구소련과 같은 과학기술을 확보하고자 과학·수학 등과 직접적으로 연관이 있는 학문 분야에서의 개혁을 시작하였으며, 이러한 결과로 진행된 과학교육의 변혁은 전 세계적으로 영향을 주게 되었다.
		• 1960년대에 와서 유아를 위한 과학교육에 관심이 일어나기 시작하였고, 유아의 인지발달에 관한 피아제(Piaget)의 구성주의 이론과 브루너(Brunner)의 '연령에 상관없이 유아의 인지발달단계에 맞는 주제라면 어떠한 주제든 효과적으로 가르칠 수 있다'는 주장은 현대 유아과학 교육과정을 변화시켰다.
		• 1960년대 초반 과학교육에 대한 관심의 부활과 유아의 인지발달에 관한 주장은 초등 과학교육에 대한 관심과 지원을 강화시켜, 유치원에서부터 초등학교 6학년까지의 아동을 위한 과학교육 프로그램들이 개발되었고, 이러한 프로그램에서는 논리적 사고, 과학적 사고, 과학적 개념의 발달을 강조하였다.
		• 대표적인 프로그램
		  − ESS(Elementary Science Study)
		  − SCIS(Science Curriculum Improvement Study)
		  − SAPA(Science-A-Process Approach)

	피아제 (Piaget)	• 인지발달이론에 의하면 유아기에는 전조작적 사고의 특징을 보이므로, 사물과의 직접적인 상호작용을 통한 유아 스스로의 구체적 지식형성과 논리−수학적 사고의 발달을 촉진해야 한다. • 유아에 관한 인지이론은 현대 과학교육의 핵심이 되어, 과학활동에 대한 유아의 능동적인 참여와 직접적인 경험을 중시하는 다양한 유아과학교육 프로그램 개발의 이론적 기초를 제공하였다.
1980년대 중·후반		• 1960년부터 1970년대의 미국을 중심으로 진행된 과학교육 분야에서의 대대적인 변화와 움직임은 실제적으로 효과가 미미한 것으로 밝혀졌고, 과학사회가 급진적으로 변화함에 따라 새로운 과학교육의 필요성이 대두되었다. • 정보화 시대에 접어들기 시작한 1980년대 중반 미국의 과학진흥위원회(AAAS)에서 과학교육의 개혁이 이루어졌다.
1990년대		• 과학적 경험이 보다 합리적인 문제해결을 할 수 있는 능력의 기초가 된다는 점을 인식하고 '대중의 과학화'가 과학교육의 궁극적 목적으로 대두되었다. − 대중의 과학화: 과학적 지식의 보급보다는 모든 대중이 과학적 태도와 탐구능력을 갖춤으로써 일상생활 문제뿐만 아니라 사회적 문제해결을 위해 보다 과학적인 사고방식과 태도로 임할 수 있는 소양을 함양하는 것이다.
2000년대 이후		• 인류는 역사적으로 과학의 힘을 빌려 의식주 문제를 보다 진보된 방식으로 다양화하여 해결하였고, 생존 도구뿐만 아니라 사회, 정치, 예술 그리고 문화에도 지대한 영향력을 미쳐왔으나, 대량 살상무기, 생명 경시풍조에 따른 전쟁의 발생, 인류의 생존을 위협하는 환경에 대한 문제 등 부작용도 나타나게 되었다.

• 위기의식 속에서 새로운 과학의 지향점을 모색해야 하는 상황에 봉착하게 되면서 '지속 가능한 발전'이라는 개념이 태동하였다.

🏠 지속 가능한 발전

정의	• 생태계가 수용할 수 있는 한계 내의 발전으로, 미래 세대의 필요를 충족시킬 수 있는 여건을 파괴시키지 않으면서 현재 세대의 필요를 충족시키는 발전적인 활동을 의미한다. • 지속 가능 발전 교육 : 지속 가능한 미래와 사회 변혁을 위해 필요한 가치, 행동, 삶의 방식을 배울 수 있는 사회를 지향하는 교육을 말한다.
기본 입장	• 과학이 가진 본질에 가까운 모습으로 재정립을 해야 할 필요성을 제시하고자 한다. ─ 과학의 본질은 사람의 삶의 질을 향상시키고 생존적·문화적 욕구를 충족하기 위해 자연을 이해하고 활용하기 위한 노력의 과정이므로, 과학의 결과가 인간의 생존과 도덕적, 문화적 삶을 해친다면 과학의 본질이 왜곡되는 것이다. • 과학을 통해 보다 행복하고 인간적인 가치를 실현할 수 있는 진정성을 가진 '인간화'를 추구해야 하며, 이는 실현 가능한 것이어야 한다는 입장이다.
교육 개념	• 인권 존중, 생태적 다양성 존중, 문화적 다양성의 존중 ─ 자연과 사람의 다양성과 개성을 존중하고 함께하는 공존적 의식의 함양과 실천을 위한 태도, 기술, 지식교육을 뜻한다.

• 이러한 추세에 따라 과학의 모습이 우리 삶에 가까이 맞닿을 수 있도록 하고, 인본주의적인 과학의 모습을 드러낼 수 있도록 하는 노력이 다양하게 이루어졌다.
 ─ 과학의 대중화, 대중의 과학화에 이어 과학과 인문학과의 만남, 과학과 예술과의 만남과 같은 융합화의 노력은 과학의 인간화를 위한 새롭고 의미 있는 시도라고 할 수 있다.

참고

과학교육의 동향

시기	1957년 ~ 1980년대	1980년대 중·후반	1990년대	2000년대 이후 ~
목표	유능한 과학자	과학의 대중화	대중의 과학화	과학의 인간화
내용	관찰과 실험 중심의 다양한 과학적 경험을 제공함으로써 소수의 과학적 엘리트 양성 '과학을 배워서 과학자가 되자.'	모두가 과학적 소양을 가진 사람으로 성장할 수 있도록 과학적 지식을 쉽고 친숙하게 전달 '쉽게 알려줄 테니 모두 배우자.'	과학을 잘 할 수 있는 소양뿐만 아니라 일상생활 속에서 과학 이해와 합리적 문제해결능력 증진 '생활 속에서 과학을 만나고 활용하자.'	과학이 우리 삶과 가까이 맞닿을 수 있도록 인본주의적이고 간학문적인 측면에서 과학 접근 '과학으로 삶의 가치를 추구하자.'
과학과 대중의 관계	계몽		이해	관계

출처: 조형숙 외 4명, 「유아과학교육」, p.53

2 새 과학교육과정(1960년대 초)

ESS 프로그램		• 미국의 교육개발센터에서 전통적인 과학교육의 방법을 개선하기 위해 개발한 프로그램으로, 벌린(Berlyne), 브루너(Brunner), 호킨스(Hawkins), 헤인(Hein), 홀트(Holt), 피아제(Piaget) 등의 이론에 근거한다. • 유치원에서 중학교까지 사용할 수 있는 물리학, 생물학, 지구과학 및 수학을 포함한 56개 단원으로 구성되어 있다. • 학습에서 유아의 흥미는 가장 강력한 힘이 된다고 가정하고, 유아의 흥미, 호기심, 탐구 등을 통해 유아 스스로 학습하는 아동 중심적 지도방법을 택하고 있다.

	교육 목적	• 유아의 탐구심과 능력을 키우는 것이다.
		  – 유아 스스로 다양한 자연현상과 사물들을 조작하고 탐구하여 과학적 발견의 즐거움을 경험하도록 한다.
		  – 구체적 목표는 합리적 사고과정 기르기, 조작하기, 의사소통하기, 개념 알기, 과학에 대한 긍정적 태도 기르기 등 인지적·정의적·정신운동적인 면의 발달을 돕는 데 있다.

	교육 내용	• 56개 단원 가운데 유치원 교육과정에 관련된 것으로는 교실 내의 동물, 콩의 한 살이, 나비, 올챙이, 식물 기르기, 햇빛과 그늘, 프린트, 모빌, 악기 만들기, 균형 등이 있다. • 단원마다 교사가 참고할 수 있는 지침서가 있고 한 단원이 여러 학년에 걸쳐 나선형으로 전개되는데, 유아의 흥미 및 호기심에 따라 유동적으로 사용할 수 있다.
	교수전략 (Hawkins, 1965)	① 교사의 사전실험 단계 ② 비구조적 환경에서 제시된 자유롭게 탐색하고 스스로 발견하는 도입 단계 ③ 제시된 자료를 여러 방법으로 이용하고, 글이나 그림으로 된 지침이 제공되는 활동 진행 단계 ④ 유아의 경험과 실험에 의해 구체적 개념에서 추상적 개념으로 이동하는 일반화 단계
	교사의 역할	• 관찰자, 활동의 지시자, 활동의 촉진자, 자료 제공자, 안내자의 역할 – 유아가 활동하는 것을 주의 깊게 관찰함으로써 유아의 학습 능력을 찾아내야 한다.
	평가	단원별 평가가 아니라 종합적인 관점에서 이루어지는데, 수량화된 객관적 시험 및 행정가나 교사가 고안한 주관적인 평가 방법이 실시된다.
SCIS 프로그램		• 캘리포니아 대학에서 피아제 이론에 근거하여 과정을 강조하는 프로그램을 개발한 것으로, 유아 스스로 자료를 탐색하고, 예상했던 개념을 자료와 상호작용하면서 유아가 발견하며, 개념을 창조하는 과정을 중시한다. • 유아가 이미 알고 있는 지식을 바탕으로 현상을 탐구하게 함으로써 과학에 대한 긍정적인 태도를 길러주는 것에 중심을 두고, 내용(content), 과정(process), 태도(attitude)를 통합하여 전개한다.
	목적	유아의 관찰력, 식별력, 과학에 대한 이해뿐만 아니라 언어의 발달을 돕는 것이다.

MEMO

	내용	• 유치원의 과학교육 단원 'Beginnings' – 색깔, 모양, 질감, 냄새, 소리, 크기, 양, 위치, 생물체 등의 9개 주제를 제시하였다.
	교수전략	• 활동을 전개하기 위한 교수 단계 – 학습주기(Learning cycle) ① 탐색(exploration) ② 창안(invention) ③ 발견(discovery) • 이후 'SCIS Ⅱ'라는 이름으로 개정되면서 학습 주기의 개념도 달라지고 수정되었다. ① 탐색(exploration) ② 개념(concept) ③ 적용(application)
	교사의 역할	① 탐색 단계: 구체적인 자료를 제시해 주고, 유아가 탐구하도록 언어적으로 요구하는 질문 제공자로서의 역할을 수행한다. ② 개념 단계: 교사가 계획한 활동에 유아가 참여하도록 구체적·언어적으로 지시하고 설명하는 역할을 수행한다. ③ 적용 단계: 유아가 개념 단계에서 학습한 것을 적용하는 데 중점을 두게 되므로 놀이나 토의 지도자로서의 역할을 수행한다.
	평가	• 평가는 각 부의 마지막 활동으로 이루어진다. • 각 부에 제시된 마지막 단원은 과학활동에 대한 유아의 이해 정도를 알 수 있도록 하는 평가 활동을 제시하고 있다. • 유아가 작업 혹은 활동하는 동안 교사가 관찰함으로써 유아 개개인의 이해 정도를 파악하며, 각 활동에 대한 부분 평가는 실시하지 않는다.
SAPA 프로그램		• 위계적인 학습이론과 과학의 과정활동에 의해 이루어지는 프로그램이다. • 지적 발달은 학습의 결과에 의한 것이라고 가정한다. – 유아가 주어진 과제를 수행하지 못하는 것은 인지발달 수준과 관계된 것이 아니라 경험과 지식의 부족이라고 본다. • 과학학습은 간단한 것에서 복잡한 것으로 위계적인 순서에 따라 구조화된 교수 방법이 더 효과적이라고 주장한다. – 유아는 준비가 되어 있는 것에 대해서만 이해해 나갈 수 있으며, 학습은 유아의 자연적 호기심 및 탐구보다는 과학을 하도록 이끌어 주는 과학적 기술(skill) 습득에 의해서 이루어진다고 본다. – 교사를 위한 지침서에는 행동목표들과 과학활동을 지지하는 방법을 도표로 제시하였다. – 창의적으로 생각하기, 개념 발명하기 등을 간과하고 인지발달단계를 고려하지 못했다는 비판을 받았다.
	목적	• 유아가 과학의 지식 및 자연세계를 스스로 이해할 수 있도록 돕고, 고도로 일반화된 과정인 과학적 과정 능력을 습득할 수 있게 도와주는 것이다. • 복잡한 과학학습을 위해서 과학의 과정을 세심하고 체계적으로 이용할 수 있는 기술을 미리 발달시키는 것이다.

내용	• 논리적 사고능력을 증진시킬 수 있는 물리과학과 생물과학을 통합한 개념이며, 각 수준마다 15개의 단원으로 총 105개의 단원이 위계적으로 구성되어 있다. • 과학과정의 기술을 습득할 수 있는 것으로 이루어져 있다.
교수전략	• 유아를 연습시키고 기대한 학습결과를 성취하도록 하는 교수 방법을 강조하였다. • ① 도입, ② 학습활동, ③ 일반화로 이루어지고, 교사의 사전계획 아래 구조화된 내용을 단순한 활동에서 복잡한 활동의 위계적 순서로 구성하여 진행한다.
교사의 역할	안내자, 질문 제공자, 평가자의 역할을 한다.
평가	• SAPA 프로그램은 관찰 가능한 세부적 행동목표 습득을 목표로 하므로 각각의 수업에는 유아의 행동목표가 구체적인 행동용어로 나와 있다. • 교사는 이러한 행동을 직접 관찰하여 평가하며, 활동 종료 시 목표달성 여부를 알아보기 위한 평가를 활동 평가지를 통하여 실시한다.

참고

유치원 교육과정의 변천

시행연도	교육과정 영역	과학교육 내용
1969년 제1차 교육과정	자연생활 영역	자연현상 관찰, 과학적 사고력
1979년 제2차 교육과정	인지발달영역	자연현상에 대해 흥미를 갖고 표현하기, 탐구력, 적응력
1981년 제3차 교육과정	인지발달영역	자연현상에 대한 기초력, 문제해결능력
1989년 제4차 교육과정	인지발달영역	자연현상에 관한 기본개념 놀이를 통한 상상력, 창의력, 문제해결능력
1995년 제5차 교육과정	탐구생활 영역	과학적, 논리·수학적, 창의적 사고
2000년 제6차 교육과정	탐구생활 영역	과학적·수학적·창의적 탐구
2007년 유치원 교육과정	탐구생활 영역	탐구 태도, 과학적·수학적 탐구
2011년 유치원 교육과정	5세 자연탐구 영역	탐구 태도, 과학적·수학적 탐구
	3, 4세 탐구생활 영역	
2015년 유치원 교육과정	자연탐구 영역	탐구 태도, 과학적·수학적 탐구
2019년 유치원 교육과정	자연탐구 영역	탐구과정 즐기기, 생활 속에서 탐구하기, 자연과 더불어 살기

UNIT 65 과학교육과 구성주의

1 기본 관점

도입 시기	• 구성주의는 1980년대 중반에 소개되어 1990년대 이후 유아교육 프로그램의 기초 이론으로 자리를 확고히 하고, 초·중등 과학교육에서도 관심이 확대되어 가고 있다. • 비고츠키의 이론을 지지하는 학자들이 생각을 모아 사회문화적 구성주의라는 관점으로 입장을 밝혔다.

유아
과학교육에
미치는 영향
	• 구성주의 이론이 유아과학교육에 도입된 것은 카미와 드브리스(Kamill & DeVries, 1978)의 「물리적 지식활동」을 통해서라고 할 수 있다.
	   – 물리적 지식활동이 소개되면서 물체의 움직임이나 변화에 관한 활동 또한 유아단계에서 적합하다는 인식이 생겼다.
	   – 지식의 세 가지 유형 중 물리적 지식활동에 기초를 두고 과학의 과정을 강조하였다.
	• 포맨과 힐(Forman & Hill, 1980)은 「구성적 놀이」 프로그램에서 지식의 구성에 초점을 두고, 과학의 과정에 유아들이 구체적으로 볼 수 있도록 하는 놀이 중심의 활동을 강조하였다.
	• 구성주의 이론이 유아과학교육 프로그램에 도입됨에 따라 효율적인 과학교육을 위한 교사 중심의 설명 및 지시적 유형의 교수법보다는 유아의 직접적 경험과 자료 탐색을 통한 지식형성 및 사고를 자극할 수 있는 교수법이 효과를 보게 되었다.
	• 과학의 개념뿐만 아니라 과학의 과정을 강조하고 유아 스스로 지식을 구성해가도록 해야 한다는 구성주의 과학교육의 관점은 누리과정 중 자연탐구 영역의 방향과도 일치된다.
	   – 누리과정에서는 자연탐구에 대해 유아가 자신이 둘러싸고 있는 주변 세계에 대한 호기심을 가지고 궁금한 것을 해소하기 위해 탐구하며, 일상생활에서 부딪히는 현상이나 문제해결을 통해 수학적·과학적으로 생각하는 기초능력 태도를 기르기 위한 영역으로 그 성격을 규정하고 있다.
	• 과학교수 방법의 차이가 유아의 행동에 미치는 영향에 대한 공통적인 연구가 이루어졌다.
	   – 유아과학교육에서는 과학적 개념을 유아에게 주입시키는 것이 아니라 유아들이 직접 관찰, 분류, 측정 및 의사소통하는 과정을 통하여 능동적이고 탐구적으로 문제를 해결해 갈 수 있도록 그 과정 또한 중요시해야 하며, 이들의 과학적 사고를 확장시켜 줄 수 있는 교사의 역할이 중요하다고 보았다.
	• 이처럼 구성주의 이론은 유아과학교육 내용의 폭을 넓히고, 유아에게 적합한 과학개념이 무엇인가에 대한 사고의 변화를 가져왔으며, 과학적 탐구과정과 태도의 중요성을 부각시켰다.

구성주의의 배경	• 지식은 발견되는 것이 아니라 인간이 완성하는 것, 항상 주관적인 것, 인간 내부에서 끊임없이 구성되어 가는 상대적인 것이라고 보았다. • 과학교육에 있어서도 과학적 지식이나 개념을 '정답'으로 보고 학습자가 그 지식을 단순히 수용하도록 하는 것이 아니라, 과학적 지식의 상대성을 인정하고 학습자가 능동적으로 참여하여 스스로 의미를 재구성하면서 발전해 가는 것으로 봐야 한다는 관점이다.

인지적 관점(Piaget)	사회적 관점(Vygotsky)
• 지식이란 인간 개인의 경험을 통해 자신만의 방법으로 구성되는 것 • 개인의 인지 구성 과정에 초점	• 유아가 문화적 상황 속에서 겪는 실제적인 경험은 지식 구성에 중대한 영향을 미침 • 사회문화적 영향력에 초점

	• 인지적 · 사회적 구성주의 모두 지식의 상대성을 중요시하고, 인간사고 발달의 원동력은 인간 내부에 있으며, 사회적 상호작용을 통해 지속적으로 확장된다는 점을 강조하였다. • 지식의 이해를 돕기 위해서는 유아 스스로 관찰하고 경험하면서 끊임없이 사고하는 과정을 통해 이루어져야 한다는 것을 시사한다.
구성주의에 기초한 교수 원리 (Yager, 1991)	• 과학활동을 계획할 때 유아가 이미 알고 있는 과학적 지식이나 개념, 경험을 고려한다. • 유아가 기존에 갖고 있는 경험과 개념에 새로운 도전을 할 수 있는 활동을 계획한다. • 과학 학습은 유아가 직접적인 실험, 관찰 등의 탐구활동에 참여하는 방법으로 이루어져야 한다. • 유아가 과학활동에 참여하면서 제시하는 다양한 아이디어를 격려한다. • 유아가 흥미를 갖는 대상에 관해 적극적으로 탐구할 수 있는 기회를 제공한다. • 유아의 질문을 해결하기 위해 구체적인 실험뿐만 아니라, 책이나 전문가 등의 다양한 정보원을 활용한다. • 유아가 현재 관찰할 수 있는 결과의 원인을 추론해 볼 수 있는 활동을 경험하게 하여 다양하게 사고하는 기회를 제공한다. • 어떤 질문에 대한 해답을 교사가 말하거나 책을 찾아보기 전에, 유아의 아이디어를 물어본다. • 실험이나 관찰의 결과를 유아 스스로 정리하도록 하여 새로운 개념의 확장을 위한 반성적 사고의 기회를 갖도록 한다. • 협동학습의 기회를 주어 유아들 간 다양한 의사소통과 아이디어의 교류를 통해 학습을 촉진한다.
구성주의의 교육 방향	• 지식의 이해보다는 주변에 대한 호기심과 탐구능력을 길러주는 데 보다 강조점을 둔다. • 관찰이나 실험만이 아니라 모든 영역과의 통합적 접근을 통해 이루어져야 한다. • 과학교육의 장소로 교실뿐만 아니라 교실 밖의 자연환경, 시설 등을 적극적으로 탐색하고 활용한다. • 과학 · 기술 · 사회 간의 유기적 관계를 인식하고 이에 관련된 문제해결능력을 키우기 위한 유아기 환경교육은 자연탐구활동을 통해 이루어져야 한다. • 사회에서 일어나는 과학적 사건(예 우주선 발사, AI로봇 등)을 과학교육을 위한 주제로 적극 활용한다. • 유아들이 일상적으로 접하는 사물이나 현상에 대해 보다 창의적으로 탐구할 수 있는 기회를 제공함으로써 스스로 설정한 문제에 대한 해답을 찾기 위해 탐구과정에 몰입할 수 있도록 한다. • 과학활동에 있어서 유아의 생각과 질문을 중시함으로써 단순히 감각을 통해 직접 조작(hands-on)하는 것을 넘어 유아의 정신적 조작(minds-on)이 함께 이루어지도록 해야 한다. • 새로운 과학교육은 모든 사람이 과학적 교양인이 될 것을 지향한다는 것을 염두에 둘 때, 교사 자신의 과학적 소양을 키우고자 하는 적극적 노력이 필요하다.
구성주의의 시사점	• 유아과학교육의 목적은 단순히 과학적 사실을 주입시키는 것이 아니라 유아가 능동적으로 과학적 지식을 구성해 가도록 하는 데에 초점을 두어야 한다. – 학습이란 정보의 기록이나 전달에 의해 일어나는 것이 아니라 학습자의 능동적인 정보의 해석에 의해 지식을 구성하는 과정이다.

- 유아에게 직접 만져 볼 수 있는 활동을 주는 것이 중요하다.
  - 물체를 만지는 자체에만 머물지 말고 지식의 구성을 위해 적극적으로 참여할 수 있어야 한다.
  - 행위 자체가 사고와의 연결을 통해 확장되지 않는다면 과학교육에서의 의미를 갖지 못한다.
  - 신체적 활동과 물체와의 조작행위를 정신활동의 중요 부분으로 전이될 수 있도록 하는 것이다.
- 학습경험을 다양화해야 한다.
  - 유아의 개인차를 극복하기 위하여 수준별 학습 등을 통해 학습과제와 학습방법을 다양화해야 한다.
- 학습을 실제 관련 상황과 연계시켜야 한다.
  - 지식은 지적·물리적·사회적 맥락에 의존하기 때문에 학습은 실제 관련 상황에서 연습하고 습득되는 것이 바람직하다.
  - 학습자들이 이미 습득한 다양한 지식을 새롭게 당면한 문제와 연관시킴으로써 실제적 상황 속에서 적합한 이해가 이루어지도록 해야 한다.
- 유아들 간의 공동 협동학습을 강화해야 한다.
  - 실제 과학기술과 사회문제해결은 독자적이기보다는 협동적인 과정에 의해 이루어지기 때문에 과학 학습에서도 협동적 학습이 강조되어야 한다.
- 유아의 과학적 사고의 발달을 위하여 교사는 유아가 인지적 갈등을 일으키도록 끊임없이 개입해야 하며, 지식의 '구성'이라는 측면에서 교사는 유아의 과학적 지식이 끊임없이 심화·확장되도록 도와주어야 한다.

2 구성주의 이론의 교육적 의의

인지적 불일치를 통한 개념 변화	인지적 불일치	유아가 자신이 이미 알고 있는 것(선개념)과 과학활동 중에 일어나는 실제 현상 간에 차이가 있을 때 기존의 지식에 대해 의문을 갖게 되는 것을 의미한다.
	개념변화	• 개념변화는 한 개인이 계속적으로 구성하고 재구성하는 과정을 말한다. • 인지적 갈등이 학습의 필수 선결조건이라는 것이 구성주의 접근의 기본 원칙이다. • 구성주의 교사들은 유아들이 기존의 선개념에 의문을 가지도록 격려하고, 무슨 일이 일어날 것인지 궁금해하는 상황을 설정하여 인지적 비평형 상태를 유도한다. - 유아는 선개념을 중심으로 상황에 대해 예측하려고 노력하고, 예측이 맞지 않을 때 자신의 선개념에 의문을 갖게 되어 새로운 정보를 받아들이거나 수정하며, 자신에게 의미 있고 가치가 있는 방법으로 자신의 신념을 재구성할 수 있다. • 선개념을 다시 구성하면서 지식을 구성해가도록 돕기 위해 교사는 유아 스스로 직접 탐구하도록 격려한다. • 유아들은 새로운 현상, 생각, 경험을 자신에게 적절한 방법으로 이미 가지고 있는 지식과 연결한다.

	교수 방법의 원리	과학활동이 유아들의 잘못되거나 협소한 선개념이 갈등을 일으키도록 하는 요소를 가진 것일 때, 유아가 보다 적극적으로 탐구과정에 참여하여 과학적 개념을 학습하게 한다.
스스로 구성한 개념화의 타당성		• 유아가 새로운 개념을 지속적으로 받아들이기 위한 세 가지 요인 　① 새로운 개념화는 반드시 설명력을 가지고 있어야 한다. 　　예 자석놀이의 선행경험을 토대로 동전이 자석에 붙을 것이라 믿을 때 직접 여러 동전으로 시도하고, 이러한 과정을 통해 자신의 이전 개념이 실제로는 그렇지 않다는 것을 분명하게 설명해 주어야만 동전이 자석에 붙지 않는다는 개념을 내면화하게 된다. 　② 새로운 개념화는 예측력을 가져야 한다. 　　예 동전이 자석에 붙지 않는다는 새로운 개념화는 또 다른 동전들도 자석에 붙지 않을 것이라는 예측을 하게 한다. 　③ 새로운 개념화는 다른 연구자, 관찰자에게도 확인되고 밝혀져야 한다. 　　예 교실에서 누군가가 동전이 자석에 붙는다고 한다면 그렇지 않다고 생각하는 유아는 어떻게 해서든 새로운 개념화를 위하여 지식을 활용해야 한다.

UNIT 66 과학교육과 인지적 구성학습이론 – 피아제(Piaget)

개념		• **지식의 구성**: 개인 내적이며 지속적으로 성취해가는 과정으로, 성숙, 경험, 사회적 상호작용에 의해 영향을 받지만, 무엇보다 개인의 평형화가 가장 중요한 요인이 된다. • 인간의 인지활동은 주위 환경(content)과 인간의 인지구조 간의 상호작용이라고 본다. 　- 주위 환경: 인간이 이해하고자 하는 모든 외적인 자극을 의미하는 것으로 흐르는 물에서부터 정체된 모든 환경에 이르기까지 여기에 해당된다. • **환경과 인지구조의 상호작용**: 동화와 조절을 통해 이루어진다. 　- 동화: 기존의 도식 안에 새로운 지식이 들어가는 것이다. 　- 조절: 기존의 도식 안에 새로운 도식이 형성되는 것이다. • 동화와 조절을 통해 스스로를 규제해 가는 역동적인 평형화를 중요시한다. 　- 평형화: 개인의 지속적인 탐색과 갈등을 통해 개인이 가지고 있는 지식 구성의 가능성을 실현해 가는 역동적인 과정이다.
	인지적 평형 상태	• 동화와 조절 작용이 특별한 무리 없이 진행되는 상태이다. 　- 주어진 문제를 충분히 이해할 수 있을 뿐만 아니라, 어떤 문제에도 자기의 인지구조를 효과적으로 적응 또는 조절할 수 있다는 것을 뜻한다.
	인지적 비평형 상태	자신의 인지구조를 외부조건에 맞게 조절할 수 없는 상태이다.
목표		• 유아가 탐구와 실험, 토의를 통해 스스로 의미를 구성해가는 것이다. 　- 단순히 물체를 만져보거나 주어진 절차를 따르는 것이 아니라, 실험에 참여하는 유아의 사고작용이 병행되어야 한다.

MEMO

내용	반드시 유아의 발달단계와 일치해야 하며, 그 수준 이상의 것은 의미가 없다.
교수 방법	• 유아들이 직접 사물을 조작하는 것을 중요시한다. • 교사가 언어적으로 개입하기보다는 유아 스스로 활동할 수 있는 지지적인 분위기를 조성한다. • 교사는 관찰자와 촉진자의 역할을 한다.

UNIT 67 과학교육과 사회적 구성학습이론 – 비고츠키(Vygotsky)

개념	• 지식이 인간 내부에서 구성된다는 점에서 피아제와 입장을 같이하지만, 사회적 매개 요인의 영향을 강조한다. 　– 비고츠키는 유아가 환경 속에서 자신이 발견한 것이 무엇인지 아는 것으로 대처할 수 없으며, 자신의 사고와 행동의 결과인 언어로 중재할 수 있다고 주장한다. • 피아제와 비고츠키 모두 유아의 지식과 그들 주변 세계 이해의 성장에 초점을 두었으나, 피아제는 유아의 내면적인 지적 과정을 더 강조하고 비고츠키는 과학개념과 다른 지식의 발달 속에서 교수와 사회적인 상호작용의 역할을 더 강조한다.
목표	• 유아들이 관심 갖는 과학영역이나 주제를 선정한다. • 문제를 해결해 가는 과정이나 절차만 중요시할 것이 아니라, 습득한 세부적 지식을 토대로 융통성 있게 문제를 풀어갈 수 있도록 하는 것에 초점을 둔다.
내용	일상적 개념이 작용하는 부분이나 개인적 관심이 높은 부분에 대해서는 선행적 과학교육이 가능하므로 이를 과학교육의 내용으로 선정하여 확장시켜주는 것이 중요하다.
교수 방법	• 인지적 구성주의에 비해 성인의 적극적인 역할을 중요시한다. • 이미 정해진 지식을 직접 가르치는 것은 바람직하지 못하지만, 유아의 지식 구성 과정을 도와주기 위하여 적극적인 활동을 해야 한다고 본다. • 인지적 상호작용이 일어날 수 있도록 상황을 마련하고, 상호작용이 원활하지 않을 경우 적극적으로 개입한다. • 모델링 : 교사는 유아가 행동을 내재화할 때까지 가르치고, 격려할 행동과 기술을 시범 보인다. • 협동학습 : 유아의 집단활동을 일상적으로 계획하여 협동학습이 일어나도록 한다. • 또래의 개인지도 : 개별 유아가 서로 도울 수 있으며, 교사는 유아들에게 어떻게 서로에게 좋은 선생님이 되고 어떻게 개인지도를 받아들여야 하는지 가르쳐주어야 한다.

과학교육의 방법	협동학습	• 소집단을 구성하는 모든 유아가 주어진 학습과제나 목표를 공동으로 노력하여 달성하는 것이다. • 또래와의 상호작용을 통해 자신의 관점을 규명해봄으로써 자신이 가진 지식의 틀에서 벗어나 구성원들이 상호 인정하는 지식을 구성하게 된다.

MEMO

	• 혼합연령집단 구성의 장점을 강조하였다. 　- 자신의 현재 발달 수준을 약간 넘어선 것을 하도록 도전받았을 때 인지 　　발달이 가장 잘 이루어진다는 근접발달영역 개념에서 볼 때, 유아들은 　　자신보다 약간 나이가 많거나 좀 더 유능한 또래와의 협동을 통해 많은 　　도움을 받을 수 있기 때문이다. 　- 혼합연령집단은 단일연령집단보다 목표지향적이고 구성적인 놀이가 　　더 많이 나타나며 남녀분리는 덜 나타난다는 점에서 특히 과학교육에 　　효과적일 수 있다.
상호 교수	• 교사와 2~3명의 유아들이 학습 집단을 형성하고, 질문하기, 요약하기, 명 　료화하기, 예측하기 등 4가지 인지적 책략을 차례로 적용한다. 　- 먼저 교사는 유아들이 상호작용에 참여할 수 있도록 전략을 설명하고 　　시범을 보인다. 　- 유아들이 능숙해져감에 따라 교사는 자신의 역할을 점차 줄여가면서 　　지지하고 반응을 제공한다. 　- 4가지 인지적 책략들의 체계적 사용은 유아들이 새로운 정보를 이미 획 　　득한 정보에 연결하여 파악하고, 논의의 방향을 유지하며, 자신의 생각 　　을 정교화하고, 이를 통해 학습한 내용이 새로운 문제를 해결하는 데 　　사용될 수 있도록 재활용한다.

 Plus

인지적 구성주의와 사회문화적 구성주의의 관점 비교

❶ 목적

인지적 구성주의	• 과학의 내용보다 과정을 중시하고 개별 유아의 사고 구조 발달에 초점을 둔다. • 개별 유아의 사고과정에서 지식의 구성이 내적으로 유도된다고 보며, 유아들이 자기 스스로 　교실이나 일상생활에서 만나는 사물이나 현상과의 상호작용을 통해 개념을 발견하게 되는 것 　이 교수의 목적이 된다는 가설검증적인 접근을 나타낸다. • 과학교육의 목적은 유아가 탐구와 실험, 토의를 통해 스스로 의미를 구성해 가는 데 있다. • 실험이란 자신의 가설이 지지되는지 알아보는 것으로 단순히 물체를 만져보거나 주어진 절차 　를 따르는 것이 아니라 실험에 참여하는 유아의 사고 작용이 병행되어야 한다.
사회문화적 구성주의	• 과학의 내용을 중요시한다. • 과학의 과정을 배제한 내용만의 강조를 의미하는 것은 아니며, 특정 내용을 과학의 목적으로 　삼을 수 있다는 것으로서 논리·수학적인 구조만을 강조하지 않고 특정 영역의 세부 지식을 　중요시한다. • 유아들이 관심 분야의 세부 지식을 축적해 가면 그 부분의 학습을 쉽게 할 수 있고, 그것이 　학습의 구속 능력으로 작용하게 된다. • 교사는 유아들이 관심을 갖는 과학영역이나 주제를 선정해야 하는데, 여러 영역에 대해 초보 　적인 지식을 갖게 하는 것은 바람직하지 않으며, 유아 개개인이 관심 있는 세부 영역에 대한 　지식을 심도 있게 쌓아갈 수 있게 하는 것이 중요하다. • 문제를 해결해 가는 과정이나 절차만을 중요시한 것이 아니라 습득한 세부적인 지식을 토대 　로 융통성 있게 문제를 풀어갈 수 있도록 하는 것에 초점을 둔다.

❷ 내용

인지적 구성주의	• 과학의 내용이 반드시 유아의 발달단계와 일치되어야 하며 그 수준 이상의 것은 의미가 없다. • 인지발달의 단계별 진보는 보편적이며 예측 가능하다고 보았으므로, 이는 선정된 과학적 개념이 학습자의 발달 수준에 적합한지 결정하는 가장 중요한 기초로 활용된다. • 유아들이 배울 수 있고 배워야 할 것을 결정하는 데에 있어서 유아 개인의 사전 경험이나 과학적 맥락, 주변 상황이나 개인적인 흥미도 고려되어야 하나, 인지적 수준보다 우위에 둘 수 없다.
사회문화적 구성주의	유아 개인의 타고난 구속능력이 강하게 작용하는 부분, 즉 일상적 개념이 작용하는 부분에 대해서는 일찍 과학교육이 가능하므로, 이를 과학교육의 내용으로 선정하여 확장시켜 주는 것이 중요하다.

❸ 교수 방법

인지적 구성주의	• 유아들이 직접 사물을 조작하는 것을 중요시한다. • 교사가 언어적으로 개입하기보다는 유아 스스로 활동할 수 있는 지지적인 분위기를 조성해 주고 관찰자와 촉진자의 역할을 한다. • 예를 들면 물리적 지식활동에서 유아들이 직접 물체를 밀고 당기거나 굴리고 입으로 부는 등 물체에 행위를 가하고 그 반응을 관찰하는 과정을 중요시하는데, 이때 교사는 유아들의 놀이활동을 도와주고 이끌어 주는 소극적인 개입을 한다.
사회문화적 구성주의	• 인지적 구성주의에 비해 보다 적극적인 성인의 역할을 중요시한다. • 교사가 유아에게 이미 정해진 지식을 직접 가르치는 것은 바람직하지 못하지만, 유아의 지식 구성 과정을 도와주기 위하여 사회문화적 구속 능력을 적극적으로 활용할 필요가 있으며, 학급 내에서 교사는 보다 적극적인 활동을 해야 한다. • 교사는 과학 학습을 이끌 수 있는 문화시설이나 도구를 활용하고, 유아들의 과학적 탐구의 시작과 확장에 도움이 되는 초인지적 신념을 갖도록 이끌어 주어야 하며, 또래 간에 인지적 상호작용이 일어날 수 있도록 상황을 만들어 주고 상호작용이 원활하게 이루어지지 않을 경우에는 개입해야 한다. • 지시적인 방법은 효과적이지 못하며, 유아로 하여금 물리적 세계에 대한 실험에 몰두하게 하고 일상적인 활동을 통해 얻은 지식을 정교화하도록 해야 한다. • 교사는 깊이 있게 아는 것이 중요하고, 새로운 것을 배우는 것이 즐거운 일이라는 등 학급의 문화 속에 초인지적 신념을 형성함으로써 과학적 탐구를 유도하는 역할을 해야 한다. • 교사는 사회적 구속 능력으로서 또래와의 상호작용이 일어날 수 있는 상황을 만들어 주어야 함과 동시에 이들의 사고를 촉진시켜 줄 수 있도록 적극적으로 개입해야 한다.

UNIT 68 과학교육과 탐구학습이론 – 브루너(Brunner, 1915~2016)

🎒 브루너(Brunner)

스스로 탐구과정을 거쳐 과학적 개념을 발견해야 의미가 있다고 강조한 브루너는 1950년대 행동주의를 대체하려 했다는 점에서 인지 혁명의 선구자로 불리운다.

1957년 스푸트니크호가 발사된지 2년 후인 1959년 하버드대학교의 저명한 심리학 교수였던 브루너는 이러한 시대적 배경을 통해 학문중심교육으로 교육과정의 변혁에 박차를 가하게 함으로써 과학 분야에 지대한 영향을 미친 학자라 할 수 있다.

1 지식의 구조

- 브루너는 '무엇을 가르칠 것인가?'라는 질문에 대해 해당 교과지식의 기본적인 구조를 가르쳐야 한다고 설명하였다.
  - 지식의 구조는 물리학, 생물학, 수학 등의 개별 학문의 구조를 말하며, 지식의 구조를 가르친다는 것은 각 교과마다 가지고 있는 해당 학문의 특성과 핵심적인 개념, 원리를 가르친다는 것이다.
  - 지식의 근본적인 구조는 학습자가 이해할 수 있도록 충분히 단순한 형식으로 되어 있어야 하며, 학생들의 경험으로 인식될 수 있는 형식이어야 한다. 이처럼 지식의 구조는 복잡한 지식체를 조직적으로 단순화시켜 놓은 것이므로, 일단 지식의 구조가 밝혀지면 어떠한 수준의 학습자라도 복잡한 지식을 학습할 수 있을 것으로 보았다.
  - 브루너는 학습자가 정보를 가장 잘 이해할 수 있는 방식으로 지식을 구조화하는 것이 가능하다고 보았다. 그러나 그가 말하는 지식의 구조를 단순히 각 교과에 등장하는 일반적인 개념이나 원리와 동일시하는 것은 제한된 시각이라고 볼 수 있다. 지식의 구조를 가르친다는 것은 학자들이 그 학문을 탐구하는 것과 같은 활동을 가르친다는 뜻으로 이해해야 한다.
    - 예 브루너는 그동안의 지식교육이 올바른 교육이 되지 못한 까닭은 지식의 본래 성격인 '지적 탐구활동'을 강조하지 않은 채 지적 탐구의 결과물로서의 지식만을 학생들에게 습득시키는 데 몰두하였던 것에 있다고 하였다.
- 당시 교육 내용은 일상생활의 문제를 해결하는 데에 도움이 되어야 한다는 입장에서 지식의 '기능'이 강조되고 있었다.
  - 이에 비해 브루너는 각 학문의 고유한 기본개념이나 원래의 내적 체계를 지칭하는 지식의 '구조' 또는 학문의 '구조'가 각 교과의 교육 내용이 되어야 한다고 주장했다.

2 표상양식

개념	• 브루너는 표현양식을 달리함으로써 '어떤 개념이라도 어느 누구에게나' 가르칠 수 있다고 주장하였다. • 피아제는 교육 내용이 '학습자의 지적 발달 수준과 어떻게 일치하는가'를 중요시했다면, 브루너는 학습자의 특성보다는 '가르칠 내용을 어떻게 조직하는가'를 고려해야 한다고 보았다.
표상양식	• 브루너는 유아의 지적 성장의 특징을 관찰한 후, 경험이나 지식을 표상할 때 발달단계에 따라 3가지 표상양식으로 구분하였다. 　- 브루너는 인지발달단계를 표상양식이라는 개념을 적용하여 제시하였다. 그는 모든 학문의 지식을 세 가지 표상양식, 즉 동작적 표상, 영상적 표상, 상징적 표상으로 나타낼 수 있다고 보았고, 학습자의 수준을 고려한 양식을 활용하면 효과적인 학습이 가능하다고 주장하였다. • 동일한 지식내용도 상이한 표상양식으로 사용될 수 있다는 관점에서 표상양식만 조절하면 유아에게도 성인의 내용을 가르칠 수 있다는 입장을 지니고 있다. • 표상양식이 제시하는 교육 원리 　- 브루너는 아동의 인지발달은 환경을 이해하고 표상하는 능력의 증가에 의해서 결정된다고 보았다. 그러므로 아동의 인지발달 순서에 따라 학습내용을 동작적 표상, 영상적 표상, 상징적 표상의 순으로 서열화해야 한다고 주장하였다.

– 브루너는 아동의 인지발달은 외부환경을 인식하는 인지구조가 동작적 표상양식에서 영상적 표상양식을 거쳐 상징적 표상양식으로 진행된다고 보았다.

표상양식	내용
동작적 표상	• 피아제의 전조작기인 4~5세에 해당하는 시기로 구체적인 행위에 의해서 사물을 파악해 가는 가장 초보적인 단계이다. • 동작적 표상은 가장 기본이 되는 학습단계로, 신체적 반응이나 동작을 통해 지식을 표현하는 방식이다. 예 무게중심의 원리를 시소를 타면서 체험하거나, 음의 높고 낮음을 손이나 몸을 사용하여 그 위치를 표현함으로써 개념을 익히는 것을 의미한다.
영상적 표상	• 구체적 조작기에 해당하는 시기로서 자연계의 사물을 시각이나 청각을 통해서 인식하고 그림이나 영상을 통해 표상하는 단계이다. • 영상적 표상은 지식의 의미를 그림, 도표, 사진 등 쉽고 구체적인 시각적 이미지를 이용하여 표현하는 방식이다. 아동이 어떤 것에 대해 정신적 이미지를 형성할 수 있게 되면 더 이상 사물이나 경험을 직접적으로 할 필요가 없게 된다. 그러므로 아동은 그림이나 사진, 또는 영상을 이용하는 학습이 가능하다. 예를 들면 양팔저울 그림을 통해 저울의 균형을 맞출 수 있으며, 그림악보를 보고 음의 높낮이와 음의 길이 등 음악의 개념을 이해할 수 있다.
상징적 표상	• 모든 사물을 언어적, 개념적, 논리적으로 파악할 수 있는 단계로서 형식적 조작기에 해당한다. – 단어나 숫자와 같은 상징을 이해하고 표상하는 단계이다. • 상징적 표상은 언어나 명제, 공식 등으로 지식을 표현하는 방식이다. 아동의 추상적 사고가 가능해지면 상징적 표상으로 제시된 지식을 이해할 수 있게 된다. 이 시기의 아동은 지식을 언어적, 개념적, 논리적으로 파악하여 학습한다. 예 물리공식을 통해 힘의 크기를 이해하고, 오선악보 위의 음표와 조표 등을 통해 곡을 이해하는 것이다.

과학교육에 주는 시사점

• 브루너는 지식의 구조를 제공하여 이를 통해 원리를 근원적으로 이해할 수 있도록 하는 교육과정을 구성해야 한다고 보았다.
  – 각 학문의 기초를 이루는 일반적인 아이디어나 기본 원리, 즉 지식의 구조를 가르쳐야 한다고 보았다.
  – 이는 표상양식을 달리하면 유아의 발달 수준 이상의 것을 가르칠 수 있다고 하는 것으로서 측정, 확률 등 과거에는 높은 연령의 아동에게만 가르치던 과학개념을 교육 내용으로 포함하게 하였다. 따라서 표상수준을 고려한 교수를 도울 수 있는 매체(시청각 또는 구체적 자료) 사용을 장려하였다.
• 각 학년별로 특정 주제를 나선형 교육과정의 형태로 계발하여 학습시킬 경우 기본 분류체계를 습득할 수 있으며, 유아의 발달단계에 알맞은 올바른 교수방식을 제공한다면 어떠한 주제라도 다룰 수 있다고 보았다.
• 발견학습은 설명적 학습과 달리 유아에게 의미 있는 학습으로서 내적 학습동기 유발에 효과적인 방법으로 평가된다. 따라서 교사는 먼저 충분한 예를 제공하고 유아가 과학개념이나 원리를 스스로 도출하게 하는 여러 가지 대상을 직접 관찰·측정함으로써, 얻어진 여러 사실을 종합하고 분석하여 일반적인 원리나 법칙을 이끌어 내는 귀납적 방법을 사용해야 한다.
• 그리고 유아는 스스로 탐구과정을 거쳐 과학개념을 발견해야 의미가 있으므로 교사의 지시는 최소한으로 줄이고 유아가 자발적인 발견 과정을 통하여 스스로 학습해야 한다고 하였다.

3 학습이론

교과의 구조화	• 과학의 구조는 개념적 구조를 통해 교수할 수 있는데, 이는 유아가 기본 구조를 이해했을 때 훨씬 쉽게 내용을 이해할 수 있기 때문이다. • 구조의 정의 　－ 사실, 관찰, 측정 이론을 의미한다. 　－ 기존의 지식에 근거하여 새로운 지식을 연결시켜주는 인과관계를 의미한다. 　－ 개념적인 구조들이나 교과의 기본 원리로 구성되어 있고, 그 교과가 학문으로 성립되도록 하는 관념들을 의미한다.
나선형 교육과정	• 유아가 이미 알고 있는 개념을 점점 나선형으로 되풀이하며 확대시키는 것이다. 　－ 원리 : 각 부분의 기본개념은 가능한 지적인 성격을 유지하면서 발달단계에 따라 가르쳐야 한다는 것이다.
발견학습	• 브루너는 인지발달단계를 표상양식이라는 개념을 적용하여 제시하였다. • 서로 단절된 사실들은 쉽게 망각하게 되지만, 원리나 개념을 중심으로 특수한 사실들을 조직하고 그것으로부터 다른 특수한 사실들을 추리해 내면 기억이 오래 지속될 수 있으므로 지식의 구조를 가르쳐야 한다고 하였다. • 교과 기본 구조의 효과적인 전달방법은 학습자 자신이 교과의 구조를 발견할 수 있도록 생생한 계열로 교재를 제공하는 것이다. 　－ 교과의 구조를 단지 지식으로 전달하는 것은 바람직하지 못하므로 학습과 탐구의 태도, 예측과 예상을 세우는 태도, 스스로 문제를 해결해 나가는 태도를 형성하는 것이 중요하다고 보았다.
발견학습의 장점	**지적 잠재성의 계발**　학습내용에서 연관성과 규칙성을 발견함으로써 지적 잠재성을 계발할 수 있다.
	내면적 보상 획득　유아의 인지활동을 유도하는 주요한 변인으로, 학습자는 발견학습 상황에서 자신의 능력이나 자기성취에 대해 보다 의미 있는 보상을 얻게 된다.
	유용한 학습기술　문제해결의 기회를 많이 제공할수록 다양한 과제에 부딪히게 되어 그 속에서 발견한 내용을 일반화할 수 있는 능력이 생성된다.
	기억과정 기술향상　학습자 스스로 발견할 수 있도록 하는 활동이나 학습자세는 더욱 나은 기억과정을 위해 필요하다.

Ⅲ 유아과학교육의 환경 구성

UNIT 69 교육기관 환경

1 과학영역의 실내 환경 구성

(1) 기본 구성

정의	• 여러 가지 과학 기자재를 활용하여 생물과 무생물, 물질의 성질, 자연현상 등 유아가 접하는 자연환경을 관찰, 실험, 탐구, 감상하는 활동을 하는 영역이다. • 주변의 환경이나 사물, 생명체에 대해 알고 지속적으로 탐색하며 과학적인 사고를 형성할 수 있도록 돕는 영역을 말한다.	
구성 원리	• 과학영역은 대체로 유아들이나 교사가 수집한 자료들을 감각적으로 탐색할 수 있는 감각 테이블과 교육 주제에 관련된 과학활동 자료를 제시한 학습 테이블, 과학활동에 필요한 자료를 정리해 놓은 정리장, 과학개념에 관한 도서 전시장, 식물이나 동물 기르기 테이블, 유아들이 활동할 수 있는 빈 테이블과 의자 등으로 이루어진다. • 과학영역의 가구를 배치하고 구성할 때 융통성이 있게 하여 유아들의 왕래가 자유롭도록 해야 한다. • 과학영역은 유아들이 흥미를 가질 수 있도록 변화를 주고 잘 정돈해야 한다. • 과학활동을 위해 위험성이 있는 자료가 필요한 경우, 과학영역에 상비해 두지 말고 교사 자료실에 놓았다가 필요 시에만 제시한다. • 측정이나 관찰을 위해 필요한 기본적인 도구는 과학영역에 상비해 둔다. • 과학영역은 채광이 잘 되고 물과 전기를 쉽게 이용할 수 있는 곳에 설치한다.	
영역의 배치	곤충이나 작은 동물, 식물을 기를 경우 조용하고 햇볕이 잘 드는 안정된 장소이면서 물 공급을 쉽게 받을 수 있도록 수도 가까이에 해당 영역을 배치한다.	
자료와 도구	기본 도구	거울, 자석, 돋보기, 현미경, 프리즘, 전지, 온도계, 습도계, 관찰용지, 필기도구, 자, 저울 등
	동·식물, 자연물	식물, 자연물(⑩ 나뭇잎, 열매, 씨앗, 솔방울, 조개껍데기 등), 동물(⑩ 거북이, 금붕어, 햄스터, 병아리, 토끼, 개구리 등), 어항, 새장, 개미집, 동식물 관련 책, 표본, 부화기, 인체 모형 등
	기계류	시계(⑩ 손목시계, 모래시계 등), 라디오, 텔레비전, 컴퓨터 등의 부속품, 열쇠와 자물쇠, 다양한 바퀴, 여러 가지 물체와 물질 등
	자연현상 관련 자료	기후 관련 사진이나 그림, 기상도, 구름 사진이나 그림, 돌, 흙, 달, 별, 해 등의 사진이나 그림 등

	• 일반적인 물체뿐만 아니라 그림이나 사진자료 도구, 측정기구 및 특수기구, 동·식물, 물모래 놀이 등 다양한 자료와 함께 과학 동화, 과학 CD, 과학 관련 인터넷 사이트 등을 활용할 수 있다. • 교사가 주변에서 또는 부모나 주변 사람들의 도움을 통해 다양한 방법으로 수집할 수 있는 재활용품, 자연물과 상업적 도구를 활용한다.
유의점	• 과학영역의 교재·교구는 계절, 생활 주제, 유아의 흥미에 기초하여 다양한 자연물이나 실물을 제시한다. • 유아 스스로 관찰 탐색 활동이 가능한 자료를 준비한다. • 또래와 함께 찾아볼 수 있는 과학 사전, 그림책, 사진 등을 충분히 비치한다. • 일회성 실험이나 전시보다는 유아가 지속적으로 관찰하고 예측하며 그 결과를 기록해 볼 수 있도록 기록지를 준비한다. • 큰 동물을 사육할 경우 유아들과 자유롭게 뛰어다닐 수 있는 넓은 공간을 마련하거나, 실내와 실외가 연결되도록 구성한다. • 생물을 기를 경우 교실에서 충분히 관찰한 후 자연을 소중하게 여기도록 원래 있었던 곳(예 연못, 공원, 숲 등)으로 보내주는 과정이 필요하다.

목공놀이와 요리 활동의 안전수칙

조형(목공) 놀이	• 조형(목공)놀이 안전·보호장구 착용 방법 알아보기 　- 자기 신체에 맞는 보호장구를 착용한다. 　- 놀이에 알맞은 보호장구를 착용한다. 　　(바느질-골무 / 망치 또는 목공용 톱-장갑, 보호경) • 안전한 조형(목공)놀이 방법 알아보기 　- 종이 도화지는 부드러워 보이나, 가장자리에 베이거나 뾰족한 모서리에 눈이 다칠 수 있 　　으므로 주의해서 만진다. 　- 물과 크레파스, 접착제(풀, 본드)가 묻으면 씻어내고, 묻은 손으로 입을 만지거나 손을 입 　　에 넣지 않는다. 　- 피부에 닿는 것만으로도 해로울 수 있으므로, 묻은 손으로 친구의 얼굴을 만지거나 물감 　　을 친구에게 뿌리지 않는다. 　- 머리보다 높게 공구를 들지 않는다. 　- 물감이나 접착제를 함부로 맛보거나 냄새를 맡지 않는다.
요리 활동	• 날카로운 도구를 사용할 때 주의점에 대해 이야기 나눈다. 　- 빵칼이나 날카로운 도구로 장난하지 않으며, 어른과 함께 사용한다. 이때 교사는 유아들 　　에게 플라스틱 빵칼도 긁히거나 찔릴 수 있으니 조심해서 사용해야 함을 알려주어야 한다. 　- 날카로운 도구를 가지고 이동할 때는 조심해야 한다. 　- 손가락을 오므리고 칼질한다. 　- 사용한 칼은 제자리에 정리하여 사고를 예방한다. 　- 지나치게 힘을 주거나 빨리 사용하지 않는다. • 요리 활동 전 준비사항에 대해 알아본다. 　- 요리 전 책상을 깨끗이 닦는다. 　- 요리에 알맞는 복장(◉ 머릿수건, 앞치마 등)을 착용한다. 　- 요리 활동 전에 비누로 손을 깨끗이 씻는다. 이때 교사는 유아들에게 깨끗이 씻은 손을 　　입에 넣거나 발을 만지면 다시 세균이 묻을 수 있다는 점을 알려준다. • 불이나 뜨거운 것을 사용할 때의 주의점에 대해 이야기 나눈다. 　- 조리 전 소화기가 어디에 있는지 미리 확인한다. 　- 불이나 뜨거운 물건은 어른과 함께 사용한다. 　- 요리할 때 가스 불이나 뜨거운 물건과는 안전거리를 유지한다. 　- 키친타올, 비닐 등 불에 잘 타는 물건을 가스레인지 근처에 두지 않는다. 　- 프라이팬은 물기를 잘 닦은 후 사용한다. 　- 맨손으로 냄비나 프라이팬을 만지지 않는다. 　- 선생님이나 어른이 뜨거운 물건을 이동할 때는 큰소리로 "뜨거워요"라고 주변에 알려 서 　　로 조심할 수 있도록 한다. • 넘어짐 사고를 예방하는 방법에 대해 이야기 나눈다. 　- 바닥이 미끄럽지 않도록 물기가 있으면 바로 닦는다. **유의점** 실제 요리 활동에서 칼이나 불을 사용할 때는 교사가 적절히 개입하여, 유아가 직접 조 　　리하고 활동해 볼 수 있도록 기회를 배려하면서도 적절히 제한한다.

MEMO

(2) 과학영역의 연령별 환경 구성

만 3세	발달 특징	살아 있는 생물, 움직이는 동물에 대해 관심이 많은 시기이므로, 교사는 유아가 좋아하는 동물에 대해 자주 이야기할 기회를 제공한다.
	환경 구성	• 관심을 보이는 동식물에 대해서는 관심을 집중하며 오랫동안 탐색할 수 있도록 동식물을 키울 수 있는 공간을 마련한다. • 과학적 탐색을 하면서 자료들을 벽에 부착할 수 있으므로 과학영역에 쉽고 안전하게 붙일 수 있는 작은 게시판을 비치한다.
	활동 방안	• 다양한 감각 경험을 할 수 있는 거울, 색안경, 촉감 상자, 소리 상자 등을 제공한다. • 직접 관찰 또는 비디오나 사진, 그림책을 통해 작은 곤충에서 큰 동물까지 자주 경험할 수 있도록 한다. • 동·식물에 관심을 가질 수 있도록 식물이나 개미, 달팽이 등을 기르는 활동을 제공한다.
만 4세	환경 구성	• 관찰하고 탐색하기 쉽도록 관찰대나 낮은 탁자를 사용할 수 있다. • 자유롭게 탐색할 수 있는 분위기를 형성한다.
	활동 방안	• 자석, 현미경, 확대경, 기계류, 저울, 낙엽, 씨앗, 개미집, 조개껍질 등을 계절에 맞게 제시한다. • 돋보기, 프리즘 등의 도구를 제공하여 다양한 탐색 활동이 이루어지도록 격려한다. • 동·식물, 곤충류를 기르며 성장 과정이나 변화를 그림으로 나타낼 수 있도록 관찰기록 용지를 준비한다.
만 5세	활동 방법	• 동·식물 기르기 • 다양한 수집물 관찰하기 • 과학적 도구 사용해 보기 • 기계와 부품 탐구하고 조립하기 등의 활동을 할 수 있도록 마련
	활동 방안	• 실험의 결과를 예측해 보고 실험 결과를 비교해 볼 수 있는 기록지를 제공한다. • 동·식물 기르기 활동을 제공하고, 성장 과정이나 변화를 그림이나 글로 나타낼 수 있도록 관찰기록 용지와 쓰기 도구를 준비한다. • 스스로 탐색하고 실험할 수 있도록 그림책, 백과사전, 활동 카드, 녹음기 등을 제공한다.

2 과학영역의 실외 환경 구성 – 구성 원리 및 활용 방법

① 안전을 고려하여 유아가 안정감을 느낄 수 있도록 한다.

- 유아들이 뛰거나 기어오르는 공간의 바닥은 충격을 흡수할 수 있는 재질을 사용하여 만든다.
- 교사가 한 눈에 쉽게 감독이 가능한지를 고려한다.
- 어린 영아들과 큰 유아들의 활동 공간을 분리하는 것이 좋다.
- 갑작스런 기후 변화로 인해 대피할 수 있는 공간을 마련한다.
- 날카로운 가시나 독성이 있는 식물이 있는지를 살펴야 한다.
- 자연 속의 평온을 느낄 수 있도록 유아들이 휴식을 취할 수 있는 장소를 마련한다.

② 유아들이 동물과 식물을 탐색하고 감상할 수 있는 공간과 환경을 구성한다.

- 교육적으로 활용성이 높은 채소를 심어 가꿀 수 있는 텃밭을 마련한다.
- 다양한 나무(과실나무면 더욱 좋음)와 관목을 심고 가꾼다.
- 새나 곤충들이 모여들 수 있는 공간을 마련한다.
  - 예 나무에 새 먹이통을 달거나 종이컵에 단 음식을 넣어 두어 곤충들이 모여들게 한다.
- 날씨를 관측할 수 있는 자료와 공간을 마련한다.
  - 예 커다란 온도계를 매달아 둠 ➡ 바깥놀이 시간에 겨울철과 여름철의 온도 비교
  - 예 페트병을 잘라 눈금을 표시하여 매달아 둠 ➡ 강우량 측정 가능

③ 모래 놀이터와 물놀이 영역은 서로 가까운 곳에 설치하며, 두 영역 모두 한 번에 적어도 3~4명이 동시에 놀이할 수 있는 공간을 마련한다.

- 모래 놀이터와 물놀이 영역을 가까이 설치함으로써 모래와 물을 섞어 다양한 형태 만들기, 수로 만들기, 모래밭에 웅덩이 만들기 등을 하며 다양한 과학적 탐구를 할 수 있다.
- 모래 놀이를 할 때 번거롭더라도 양말을 벗고 모래의 감촉을 느끼며 놀이를 할 수 있도록 한다. 요즘 유아들은 자연물을 몸으로 느껴보기가 쉽지 않으므로 좋은 기회가 될 수 있다.
- 여러 가지 물놀이 보조 자료를 제공하여 다양한 방법으로 물의 특성에 관한 물리적 개념을 탐구할 수 있도록 한다.

④ 다양한 신체놀이 기구도 유아들의 과학적 탐구를 위한 좋은 시설이다.

- 시소나 그네, 미끄럼과 같은 놀이시설은 마음껏 몸을 움직이는 가운데 균형, 방향, 속도, 마찰, 힘과 같은 물리적 개념을 경험할 수 있는 과학적 도구이다.
- 신체놀이 기구는 무엇보다 안전성을 정기적으로 검토해야 한다.

⑤ 경사와 곡선 길, 그리고 울퉁불퉁한 표면과 부드러운 표면이 함께 있는 자전거 길을 구성한다.

경사진 곳, 곡선 길, 여러 형태의 바닥 길에서 유아가 자전거를 타거나, 자동차 장난감 또는 바퀴를 굴리면서 힘과 운동, 속도에 관한 다양한 탐구가 가능하다.

⑥ 필요에 따라 과학 탐구를 위한 보조 자료들을 즉각적으로 쉽게 사용할 수 있도록 실외에 보관 장소를 마련한다.

- 다양한 물놀이와 모래놀이 도구를 실외 보관 장소에 두었다가 필요에 따라 꺼내준다.
- 교실에 전시해 두었거나 새로 수집한 돌, 조개껍질과 같은 자연물을 이동 가능한 수레에 담아 두어 유아들이 실외놀이에 사용하면서 자세히 탐색할 수 있도록 한다.
- 물뿌리개, 모종삽 등을 구비해서 유아들이 텃밭이나 꽃밭을 가꿀 때 쉽게 사용할 수 있도록 한다.
- 투명하고 빈 통과 망사를 구비해서 유아들이 발견한 곤충이나 벌레를 한동안 자세히 관찰할 수 있도록 돕는다.

UNIT 70 가정환경

가정에서 경험할 수 있는 과학		• 전기, 물, 난방, 냉방, 전화, 텔레비전, 컴퓨터, 인터넷, 재활용 등 일상적으로 접하는 경험들은 모두 유아의 과학적 탐구과정을 발달시킬 수 있는 잠재적인 자원이 된다. • 부모는 자녀에게 모든 감각을 이용해서 자세히 관찰하고, 무슨 일이 일어날지를 예측하며, 어떻게 정보를 더 구할 수 있는지 생각해보도록 장려한다. • 가정연계 활동을 통해 유아교육기관에서 이루어지는 과학활동을 지원·강화할 수 있다.
부모의 참여를 높일 수 있는 방안	가정통신문	가정통신문에는 탐구주제, 방법, 활동, 목표와 목적, 기대 결과 등의 내용을 담고, 가정에서 자녀와 함께 관련 서적, 컴퓨터 활동, 인터넷 자료, TV나 영상매체 등을 통한 확장활동이나 심화활동을 할 수 있음을 제시한다.
	과학수업 지원	• 부모는 과학활동에 필요한 교구를 구하거나 준비, 배열하는 실험조교의 역할을 함으로써 과학 수업에 도움을 제공할 수 있다. • 교구 제작을 돕거나 현장학습과 같은 행사에 도우미로 활동할 수 있으며, 과학에 특별한 관심이 있거나 전문가인 부모라면 초빙교사가 될 수도 있다.
	부모 초청일	• 부모가 과학 프로그램의 특성, 목표 및 목적에 익숙해질 수 있도록 '부모 초청일'을 계획하여 평소 유아들과 하는 활동을 부모가 직접 해보거나 참여할 수 있다. • 활동이 끝난 후 부모들과 과학 프로그램의 목표와 목적에 대해 이야기 나누고, 부모가 가정에서 자녀의 과학교육에 참여할 수 있는 방법에 대해 토의한다.

UNIT 71 지역사회 환경

과학교육을 위한 지역사회 환경		유아과학교육을 위한 지역사회 환경은 주변의 산이나 연못, 약수터 등과 같은 '자연환경'과 동물병원, 자동차 수리점 등과 같은 '과학 관련 사업장', 박물관이나 과학관과 같은 '비형식적 교육기관' 등으로 나눌 수 있다.
	자연환경	산, 언덕, 연못, 놀이터, 대학 캠퍼스, 숲, 강, 약수터, 수목원, 공원, 과수원, 밭, 농장 등
	과학 관련 사업장이나 공공기관	동물병원이나 상점, 목공소, 자동차 정비소, 자전거 수리점, 전파사, 병원, 소방서 등
	비형식적 교육기관	동물원, 식물원, 박물관, 과학관, 특별 전시관 등

지역사회 환경의 활용	현장학습	• 지역사회 환경은 탐구 주제에 따라 적합한 장소를 선정하여 계획된 현장학습을 함으로써 교실 활동 중에 제기된 문제에 관해 실물을 탐구하고 전문가와의 대화를 통해 해답을 얻을 수 있다. • 현장학습에서 얻은 정보와 관찰 결과를 교실에서 연장하여 탐구해 보는 방식으로 활용함으로써, 보다 의미 있고 체험적인 과학교육을 할 수 있다. 🖱 **현장학습에서의 교사의 역할** • 유아들이 풍경을 그냥 지나치지 않도록 주의 환기시킨다. 산책이나 견학을 가는 길에서 접하게 되는 꽃이나 나무, 곤충, 하늘, 여러 가지 풍경들은 모두 흥미로운 관찰 대상이 될 수 있다. • 자연환경을 눈으로만 관찰하기보다는 만지고, 듣고, 보고, 냄새 맡는 등 오감을 충분히 활용하도록 하며, 탐색, 관찰, 조사를 격려한다. • 현장체험 장소에서 발견한 자연물을 이용해 다양한 놀이 및 동화, 노래 짓기 등을 유도한다.
	전문가 초빙	• 의사, 간호사, 수의사, 엔지니어, 건축가 등 지역사회 전문가들을 교실로 초청하는 것을 말한다. • 지역사회 과학자를 초빙하면 과학교육이 심화될 뿐만 아니라 과학자들 입장에서도 과정지향적인 구성주의 과학교육이 무엇인지 경험할 수 있는 좋은 기회가 될 수 있다.

IV 유아과학교육과 사고

UNIT 72 창의성의 기초

개념	새롭고 유용한 아이디어나 산물을 산출하는 능력을 말한다.		
핵심 요소	창의성을 정의하는 핵심요소는 '새로움'과 '적절성'이다.		
	창의성 = 새로움(독창적, 독특한, 새로운, 신선한, 예기치 못한) + 적절성(유용한, 구체화된, 가치 있는, 의미 있는) — 사회적 맥락		
	새로움	독창성, 독특한, 새로운, 신선한, 예기치 못한 등과 연결된다.	
	적절성	유용한, 구체화된, 가치 있는, 의미 있는, 과제조건을 충족시키는 등과 연결된다.	
과학창의성	개념	일반창의성을 바탕으로 과학이라는 특수 상황에 적합하게 재정의된 것으로 과학영역에서 새롭고 유용한 무엇을 산출하는 능력을 의미한다.	
	구성요소	• 창의성의 구성요소는 창의성의 개념을 어떻게 정의하느냐에 따라 다소 다른 관점이 존재한다. • 과학 내용지식 + 과학적 탐구기능 + 창의적 사고기능 + 창의적 사고성향으로 구성된다.	
		① 인지적 특성을 구성요소로 제시한 관점(Guilford)	• 창의성을 지능의 측면에서 파악하여 지적 능력의 한 특성으로 간주한다. • 민감성, 유창성, 융통성, 독창성, 정교성 등
		② 정의적 특성을 구성요소로 제시한 관점(Torrance)	용기, 호기심, 독립적인 사고, 일에 대한 집중, 낙관, 위험 등
유아 창의성 교육의 필요성	• 만 3~5세는 사고와 언어를 관장하는 전두엽이 집중적으로 발달되는 시기로 창의성 계발의 최적기이므로 논리적 사고보다 상상력을 포함하는 창의성 교육이 필요하다. • 유아기에 창의성 교육을 받지 못하면 성인이 되어서도 창의성을 발달시키기 어렵다. • 유아의 삶은 창의적 특성의 근원이 되며, 일상생활 속에서 문제해결을 위해 탐구하고 즐기는 과정을 갖는 것이 중요하다.		

MEMO

창의성 요소 모형 (Amabile, 1996)			• 창의성에 영향을 미치는 내적 요인보다는 외적 요인에 초점을 맞춤으로써 학습이나 사회적 환경이 기여할 수 있는 부분을 강조하였다. • 창의성이 발현되는 과정에서 사회적 환경, 개인, 창의성 간의 관계를 설명하기 위하여 '창의성 요소 모형'을 제시하였다. • 창의성 요소 모형을 '수프 만들기'에 비유하였다.
	① 영역 관련기술 (기본 음식 재료)	지식, 기술, 재능	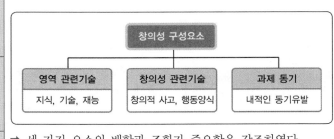
	② 창의성 관련기술 (잘 배합된 양념)	창의적 사고, 행동양식	
	③ 과제 동기(불)	내적인 동기유발	➡ 세 가지 요소의 배합과 조화가 중요함을 강조하였다.

창의성 체제 모형 [칙센트미하이 (Csilszent- mihalyi)]	개인영역(기본지식, 역량, 정보 등)에서 새로운 산출물을 생성한 것이 사회영역(새로움, 구체성, 유용성 등)에서 인정을 받고 그러한 것들이 모아져서 문화영역을 구성한다는 관점이다. 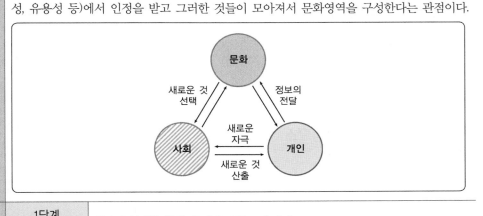

창의성 및 창의성 교육의 역사적 패러다임 3단계	1단계 He-패러다임	극소수의 '천재'에 초점을 두는 것이다.
	↓	
	2단계 I-패러다임	• '창의적 개인'에 초점을 두는 것이다. - 누구나 노력과 교육을 통해 창의적 인재가 될 수 있다.
	↓	
	3단계(최근) We-패러다임	특정 개인의 인지적 능력보다는 사회문화적 환경에 의해 창의적 인재가 형성된다고 보는 관점으로 창의성에 대한 사회심리학적 또는 문화심리학적 접근을 중시하고 있다.

창의성 활동의 구분	과학적 창의	• 자연현상에 대한 창의적 탐구과정(유아의 호기심, 발견, 탐구)이 초점이 된다. • 특정 사례나 개별성보다는 모든 경우에 적용될 수 있는 객관성, 공유의 관점이 중요시되며, 과학적 지식이나 범주를 토대로 사고가 이루어지게 된다.
	예술적 창의	• 각자의 생각과 느낌에 기초하여 이를 다양하게 표현하고 감상하는 과정 이 초점이 된다. • 개별성과 다양성을 격려하고 지원하게 되며(Wolpert, 1992), 이를 통하 여 상상력과 개방성, 조화의 경험을 누릴 수 있도록 한다. • 이러한 경험은 예술적인 요소를 수용하고 감상하는 능력뿐만 아니라 일상 생활에서 만나는 여러 가지 문제들을 해결하는 데 필요한 확산적 사고, 협응적 사고의 발달에 기여하게 된다. • 창의성 교육 프로그램은 유아가 예술적 향유와 표현을 할 수 있도록 감수성과 상상력을 자극하고 심미적 능력, 창의적 소양을 계발하는 데 목적을 두고 활동을 구성한다.
	사회적 창의	• 개별적인 활동 외에도 공동체의 경험을 통해 공감적 이해, 협동성, 책임 감, 공동체 의식을 형성하는 창의적 사고과정이 초점이 된다. • 이러한 활동 과정은 유아가 타인의 관점을 수용하여 사회적 맥락 속에서 창의성을 발달시킬 수 있는 기회를 제공하는 것을 목적으로 한다.

UNIT 73 창의성의 구성요소

구성요소	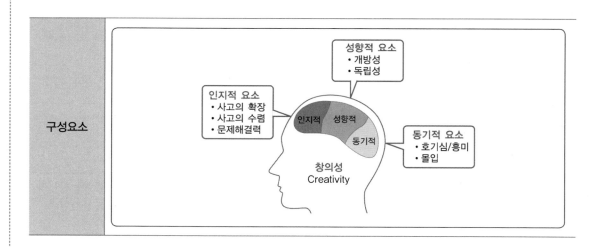

인지적 요소		• 확산적 사고, 수렴적 사고, 문제해결력이 포함된다.
		  − 확산적 사고를 통하여 산출물의 독창성, 수렴적 사고를 통하여 산출물의 적절성을 평가하게 된다.
		  − 확산적 사고는 새로운 아이디어 생성을 위해 필요하고, 수렴적 사고는 산출물이 얼마나 유용하고 적절한지를 판단하는 것으로, 이 두 가지 사고는 서로 상보적으로 창의적 과정에서 작용하게 된다.
		  − 공통적으로는 문제 파악하기, 문제와 관련된 정보 찾기, 정보로부터 해결책 찾기, 제안된 해결 방안을 평가하고 수정하기 등의 과정이 인지적 요소로 포함된다.

	사고의 확장	• 확산적 사고
		  − 다양한 관점에서 새로운 가능성이나 아이디어를 다양하게 생성해내는 사고능력을 말한다.
		• 상상력 / 시각화 능력
		  − 이미지나 생각을 정신적으로 조작하고, 마음의 눈으로 사물을 그릴 수 있는 사고능력에 해당한다.
		• 유추 / 은유적 사고
		  − 사물이나 현상, 또는 복잡한 현상들 사이에서 기능적으로 유사하거나 일치하는 내적 관련성을 알아내는 사고능력을 말한다.

	사고의 수렴	• 논리 / 분석적 사고
		  − 부적절한 것에서 적절한 것을 분리해 내고 합리적인 결론을 끌어내는 사고능력이다.
		• 비판적 사고
		  − 편견, 불일치, 견해 등을 인식할 수 있는 능력, 객관적이고 타당한 근거에 입각하여 판단하는 사고능력을 말한다.

	문제해결력	• 문제 발견
		  − 새로운 문제를 찾고, 형성하고, 창조하는 것이다.
		• 문제해결
		  − 문제를 인식하고 현재 상태에서 목표 상태에 도달하기 위해 진행해 가는 일련의 복잡한 사고활동이다.
		• 문제 발견 ➡ 자료탐색 및 해결안 생성 ➡ 실행 및 평가의 과정을 거친다.

성향적 요소		창의적 성취에 필요한 성향을 정의하는 것(Sternberg & Lubart, 1995)

	개방성	• 다양성
		  − 다양한 아이디어나 입장을 수용하는 열린 마음을 말한다.
		• 복합적 성격
		  − 서로 모순되는 정반대(양극)의 성격을 동시에 가지고 있는 것이다.
		• 애매모호함에 대한 참을성
		  − 해결 중인 문제의 부분들이 서로 맞지 않거나, 구분이 명확치 않을 때 생겨나는 애매모호함을 잘 견뎌냄으로써 문제를 해결해 나가고자 하는 것을 말한다.
		• 감수성
		  − 미세하고 미묘한 뉘앙스를 잘 느끼고 감지하는 것 또는 정서·자극에 대한 민감성을 말한다.

독립성	• 용기(남과 다르게 독창적으로 할 수 있는 것) 　- 모험심, 위험 감수, 개척자 정신, 도전 정신을 나타낸다. • 자율성 　- 타인의 말에 쉽게 흔들리지 않고 스스로 선택하고 행동하는 성향이다. • 독창성 　- 자기만의 방식으로 현상을 판단하고, 유행을 따르지 않는 성향을 말한다.
동기적 요소	• 인간의 창의적 사고는 하고 싶은 마음이 있을 때 가능하다는 점에서 내적 동기를 강조하였다. • Amabile(1989)은 내적 동기가 낮을수록 창의력도 낮은 점수를 나타낸다고 하였으며, 창의성과 내적 동기의 중요한 연관성을 강조하였다. 　- Amabile의 '내적 동기 원리'는 과제 그 자체에 대한 흥미, 즐거움, 만족 및 도전에 의해 동기화될 때 창의적 사고가 최대화될 수 있다고 보고 있다.
호기심·흥미	주변의 사물이나 현상에 대해 끊임없는 의문과 관심을 갖는 성향을 말한다.
몰입	어떤 일에 시간이 가는 줄 모르고 몰두하게 되는 완벽한 주의 집중 상태이다.

UNIT 74 창의적 사고

창의성의 하위요소	• 길포드(Guilford, 1970)에 따르면 창의성이란 "새롭고 신기한 것을 낳는 힘", 즉 새로운 사고를 생산해내는 것이다. 　- 그는 창의성을 지적 특성으로 이해하고, 창조적 사고 요인으로 구성된다고 하면서 인간의 사고를 수렴적 사고와 발산적 사고의 두 양식으로 구분하였다. 창의적 산물은 특정 문제에 대한 발전적 사고와 동일한 것으로 강조하고, 요인분석 결과 창조적 사고를 유창성, 융통성, 독창성, 정교성, 민감성으로 보았다. 　- 발산적 사고: 유창성, 융통성, 독창성 같은 아이디어 생성을 강조하는 사고이다. 　- 수렴적 사고: 확산적 사고와 대비하여 생산해 낸 아이디어를 사용 가능한 구체적인 아이디어로 평가하고 발전시켜 나가는 사고이다.		
	구분	**개념**	
	발산적 사고	민감성	• 지각력과 관계가 있어 주변 환경에서 오감을 통해 들어오는 다양한 정보에 대해 민감한 관심을 보이고, 이를 통하여 새로운 영역을 탐색해 나가는 것을 의미한다. 　- 일상생활에서 접할 수 있는 문제나 주위 환경에 대해서 세심한 관심을 가지고, 당연히 여겨지는 것에 대해서도 의문을 품고 생각해 보는 능력으로, 새로운 아이디어를 생각해 낼 수 있는 사고 기능을 말한다.

유창성	• 특정한 문제상황에서 가능한 많은 아이디어나 해결책을 산출해 내느냐 하는 아이디어의 풍부함과 관련된 양적인 능력이다. – 반응의 질이 문제가 아니라 양이 중요하므로 자연스러운 분위기 속에서 많은 양의 아이디어를 낼 수 있도록 해야 한다.
융통성	• 고정적인 관점, 시각, 사고방식 자체의 틀을 깨고 변환시켜 다양하고 광범위한 아이디어나 해결책을 산출해 내는 등 아이디어의 질적인 측면이 고려된 능력이다. – 즉 어떤 문제를 해결하거나 아이디어를 내는 데 있어 한 가지 방법에 집착하지 않고, 여러 가지 해결책으로 접근하여 반응하려고 하는 능력이다.
독창성	• 기존의 사고에서 탈피하여 희귀하고 참신하며 독특한 아이디어나 해결책을 산출하는 능력으로 창의적 사고의 궁극적인 목표라고 할 수 있다. – 유연한 사고에서 진전하여 자기만의 독특한 아이디어를 산출하는 능력으로, 참신함에 대하여 의식적으로 노력하는 데서 아이디어가 나올 수 있다. – 다른 사람이 이미 생각했던 아이디어나 문제해결방법은 개인이나 사회에 별로 의미가 없다는 점을 고려한다면, 독창적인 아이디어는 창의적인 사고에서 최고 수준의 사고능력이라고 볼 수 있다.
정교성	• 처음 제안된 아이디어를 다듬어 발전시켜 표현하는 능력으로, 주어진 문제를 세부적으로 검토하거나 문제에 포함된 의미를 세밀하게 파악하는 능력이다. 또한 문제에 결여된 부분을 찾아 보완하고 면밀하게 다듬는 사고능력을 뜻한다. – 즉 기존의 다듬어지지 않은 아이디어에 유용한 세부사항을 추가하여 보다 가치로운 것으로 발전시키는 능력이다.

Plus

상상력
• 과거의 경험을 기초로 하여 앞으로의 행동을 계획할 수 있도록 하는 새로운 표상을 만드는 능력으로 창의적인 사고력의 원동력이다.
– 상상력은 현실의 창조적인 반영으로 상상력이 발달하려면 이전의 경험이 축적되어야 하고, 여러 다른 심상을 새로운 상황 속에서 통합할 수 있는 능력이 있어야 한다.
– 또한 현실에서 일어날 수 있는 가능한 변화를 깨닫는 능력의 발달이 필요하다.
– '내가 만약 …라면', '내가 만약 그와 같은 입장에 처했다면'과 같이 상상을 토대로 하는 입장 전환은 타인의 입장을 나의 감정으로 느끼고 이해해 봄으로써 상상력을 기반으로 한 공감능력을 불러일으키도록 돕는다.
– 사람의 가장 기본적인 심리학적 경험 중 하나가 상상력인데, 그 상상력은 유아기에 나타나고 형성된다.

		비판 및 평가	어떠한 사실이나 상황의 옳고 그름과 좋고 나쁨을 가려내는 능력이다. 예 젖으면 색깔이 변하는 우산, 모자처럼 쓸 수 있는 우산, 핸즈프리 우산, 반구 모양의 투명 우산 등이 실생활에 유용할지 판단해 본다.
	수렴적 사고	논리 및 추론	경험적 증거나 타당한 논리를 근거로 사고의 전개에 있어 전·후 관계가 일치하도록 하는 능력이다. 예 반구 모양의 투명 우산을 만들어 여러 사람에게 사용해 보도록 한 후, 장단점을 도출해 낸다.
		분석	언뜻 보기에는 하나처럼 통일되어 보이는 개념이나 사물을 그 속성이나 요소로 분해하여 이해하는 능력이다. 예 비닐하우스에서 새로운 우산을 만들기 위한 아이디어를 얻기 위해 비닐하우스의 구조와 재료 등을 분석해 본다.
		종합	나열되거나 대립되어 있는 사물의 개념을 통일시켜 하나의 의미로 정립시키는 능력이다. 예 반구 모양의 투명 우산을 더 가볍게 만들고 시야를 확보한다면 유용한 발명품이 될 것이라는 결론을 내린다.

- 창의적인 사람이 일반적으로 지니고 있는 공통된 특성이나 경향을 의미한다.
- 과학 관련 태도의 정의적 측면인 과학적 태도와 유사한 특성으로 볼 수 있다.

	구분	개념	세부 특성
창의적 사고 성향	개방성	인간의 태도, 생각, 경험 따위가 기존의 사고의 틀에 얽매이지 않고 거리낌 없이 시공간을 자유롭게 드나들면서 교류하게 하여 새로운 가능성을 탐색하는 성향이다.	• 명확하지 않은 상황에서 관용이 있다. • 판에 박힌 사고방식에 따르지 않는다. • 사고와 행동이 독립적이다. • 새로운 경험에 대해 개방적이다. • 복잡하고 불균형적인 현상을 좋아한다.
	과제 집착력	특정 주제나 상황에 주의를 집중하고 문제가 해결될 때까지 끈질기게 물고 늘어지는 성향이다.	• 잘 풀리지 않는 과제에 끈기 있게 매달린다. • 일에 대한 열정과 지속성이 있다.
	호기심	주변 사물에 대해 의문을 갖고 끊임없이 질문을 제기하는 성향이다.	• '저 물체는 왜 저렇게 생겼을까?', '어디서 그랬을까?'와 같이 늘 현상과 사물에 의문을 던진다. • 현재에 만족하지 않는다.
	자발성	문제상황에 적극적으로 대처하고, 타인의 요구나 강요가 아니라 자신의 내적 동기에 의해 필요한 아이디어를 산출하려는 성향이다.	• 문제에 적극적으로 접근한다. • 과제에 몰두하는 자체에 만족감과 흥미를 느낀다.
	자기 신뢰감	자신이 생각해 낸 아이디어에 대한 가치를 인정하고 다른 사람들의 평가로부터 구애받지 않으려는 성향이다.	• 다른 사람의 의견에 휩쓸리지 않는다. • 자신에 대한 확신과 믿음이 있다.
	민감성	일상생활에서 접할 수 있는 문제나 주위 환경에 대해서 세심한 관심을 가지고, 당연히 여겨지는 것에 대해서도 의문을 품는 성향이다.	• 주변 환경에 민감한 관심을 보인다. • 새로운 탐색 영역을 넓힌다. • 사물을 통찰하고 그 결과에 의해 판단한다.

| UNIT 75 | 창의성 신장방법 |

1 브레인스토밍

특징 및 활용법	• 오스본(Osborn, 1953)이 개발한 브레인스토밍은 '두뇌'라는 뜻의 브레인과 '폭풍'이라는 뜻의 스토밍이 결합된 단어로 '두뇌폭풍'을 의미한다. 특정한 문제나 주제에 대해 두뇌에서 마치 폭풍이 몰아치듯이 생각나는 아이디어를 모두 내놓는 기술이다. 이는 집단 발상 방법으로 문제해결의 단계에서 빠른 시간에 많은 아이디어를 낸다는 것에 역점을 둔 아이디어 발상법이다.
	  ⁃ 특정 주제나 문제해결을 위해 최대한 많은 아이디어를 여럿이 함께 생각해 보는 사고 기법이다.
	  ⁃ 자유분방하게 사고할 수 있는 분위기를 만들고 아이디어에 대한 평가는 유보한다.
	  ⁃ 집단의 효과를 살려 참여자들 간에 서로 연쇄 반응적으로 아이디어를 유발하게 함으로써 최대한 창의적이면서도 많은 아이디어를 이끌어낼 수 있다.
	• 브레인스토밍은 적용하는 대상과 익숙한 정도에 따라 진행하는 방법에서 조금씩 차이가 있을 수 있으나, '브레인스토밍 이전, 브레인스토밍 진행, 브레인스토밍 이후'로 나누어 진행하는 것이 일반적이다.

유의점	• 아이디어는 엉뚱하고 자유로운 것이 더 참신할 수 있다는 전제를 가진다. • 유아가 주제와 동떨어진 아이디어를 이야기하더라도 수용해주는 분위기 조성과 격려가 중요하다. • 다른 사람의 의견을 절대로 비판하지 않으며, 다른 사람의 의견을 변형시킬 수 있음을 사전에 알려준다. • 집단 구성은 5명 정도의 소집단이 적절하며, 브레인스토밍 주제를 안내하는 도입과정을 흥미 있게 제시하는 것이 필요하다. • 아이디어에 대한 평가는 브레인스토밍을 통해 다양한 아이디어가 나온 이후 함께 평가에 참여하는 과정을 통해 진행할 수 있다. • 수줍어서 비참여 행동을 보이는 유아, 글씨나 그림, 언어가 원활하지 않아 표현하지 못하는 유아들이 있을 수 있으므로 유아의 개인차를 충분히 고려하여야 한다. 우리 교실 유아의 성격, 특성, 연령을 충분히 고려하여 모두가 골고루 참여할 수 있는 방법으로 브레인스토밍을 적절하게 변화시키는 교사의 창의성이 필요하다. • 브레인스토밍의 주제는 유아와 친숙한 것으로 시작되는 것이 바람직하다. 다양한 생각이 폭넓게 나올 수 있고 누구나 생각이 가능한 주제를 선택함으로써 아이디어의 산출이 용이하고 흥미를 가질 수 있도록 계획하는 것이 필요하다. • 소그룹으로 브레인스토밍을 진행할 시 역할을 구분하는 과정에서 유아들은 대부분 리더의 역할을 수행하기를 희망하므로, 유아들이 리더의 역할을 골고루 수행해 볼 수 있도록 하는 교사의 중재가 필요하다. • 진행 과정에서 자신의 발언 순서를 기다리는 동안에 앞 순서 유아가 자신과 동일한 생각을 먼저 표현하는 경우가 발생된다. 이런 경우 막상 자신의 순서가 다가왔음에도 다른 아이디어가 떠오르지 않을 수 있으므로 이럴 때에는 '통과'라고 말할 수 있도록 하며, 다만 통과를 사용하는 횟수에 제한을 둔다. 아이디어를 생각하지 않고 계속하여 통과를 사용할 수 있기 때문이다.

예시		• 유치원 교실에서 나는 소리 생각해보기 　－ 문 여는 소리, 친구 부르는 소리, 피아노 소리, 뛰어다니는 소리, 놀잇감 소리 등 　－ 들리지 않지만 교실에 있는 소리 : 숨소리, 눈 깜박이는 소리 등
브레인 스토밍을 위해 엄수해야 하는 원리 (규칙)	① 평가 금지	• 창출된 아이디어를 비난하거나 평가해서는 안 된다. 　－ 산출되는 아이디어에 대해서는 끝날 때까지 평가를 하지 않는다.
	② 다양한 아이디어의 산출	• 아이디어는 많을수록 좋다. 　－ 아이디어의 질에 관계없이 가능한 많은 아이디어를 산출하도록 한다.
	③ 결합과 개선	• 제안된 아이디어에 새로운 아이디어를 결합시켜 개선방안을 모색한다. 　－ 이미 제안된 아이디어로부터 다른 아이디어를 이끌어 낼 수 있도록 하는 　　 것이다.
	④ 자유로운 사고	• 아무리 우스꽝스러운 아이디어라도 수용되어야 한다. 　－ 과거의 지식, 경험, 전통 등에 구애됨이 없이 새로운 아이디어를 산출하 　　 도록 한다.

Plus 브레인스토밍 진행방법

진행 이전	브레인스토밍 진행 이전에는 주제 안내하기, 그룹 짓기와 역할 분담하기, 워밍업 하기, 기본 준비물 준비하기를 할 수 있다. ① 주제 안내하기 　－ 브레인스토밍 진행 이전에 미리 주제를 게시하거나 언급해 주는 것이 좋다. 유아들이 주제 게시나 안내에 따라 사전에 관심을 갖고 아이디어를 떠올려볼 수 있기 때문이다. 또한 소극적이거나 생각이 나지 않아 당황하는 유아들을 배려하는 측면에서도 주제를 미리 게시해 준다면 골고루 참여를 유도하는 데 효과적이다. 　－ 때때로 브레인스토밍해야 할 주제에 대하여 유아와 함께 의논해 결정하는 경우도 발생하게 된다. 예를 들어 우리 교실 내 문제를 해결해 보기 위한 주제, 앞으로 진행하게 될 놀이를 정하는 주제 등에 대해서는 유아가 주도권을 가지고 주제를 선정하도록 하는 경험도 필요하다. ② 그룹 짓기와 역할 분담하기 　－ 보통 유아교육기관에서 브레인스토밍의 초기에는 교사가 리더자이면서 기록자의 역할을 수행하게 되고, 이때 유아들은 참여자의 역할을 하게 된다. 　－ 만약 브레인스토밍이 익숙해진 경우라면 소그룹을 지을 수 있다. 각 유아의 수준과 성향, 개성 등을 생각하여 교사가 소그룹을 정하거나, 경우에 따라서는 유아의 적극적인 참여를 위해 유아들이 직접 팀을 구성하는 방법도 융통성 있게 사용될 수 있다. 소그룹 인원은 5명 내외가 적당하며, 가급적이면 홀수 구성이 바람직하다. 홀수 구성을 하는 것은 의견을 결정해야 하는 상황이 있을 수 있기 때문이다. • 리더자의 역할 : 주제에 대한 안내, 순차적으로 아이디어를 낼 수 있도록 설명, 규칙을 어겼을 때 주의 주기 • 기록자의 역할 : 아이디어 기록하기 • 참여자의 역할 : 아이디어 산출하기

	③ 워밍업 하기 　- 손유희나 브레인스토밍 약속에 대한 노래를 하면서 자연스럽게 워밍업을 하는 방법이 있다. 브레인스토밍 이전에 진행되는 워밍업은 유아들의 긴장이나 생각의 이완을 돕는 역할을 한다. 따라서 통상 가벼우면서도 신체를 함께 움직이거나 사용하는 워밍업이 긴장 완화를 돕는다. 　- 유아의 호기심과 흥미를 유발하기 위한 워밍업을 진행할 수도 있는데, 여러 그림 자료나 실물을 통해 앞으로 진행될 브레인스토밍 주제에 대한 흥미를 유발하도록 한다. 흔히 유아교육기관에서 사용하는 비밀상자를 통한 수수께끼 방식이나, 스무고개 등을 활용하여 워밍업할 수 있다. 　- 유아의 이해를 돕는 워밍업이 있다. 종종 정답 찾기에 익숙한 유아의 경우, 다양한 생각을 하는 것에 대하여 낯설어 하는 경우들을 볼 수 있다. 때때로 유아의 이해를 돕기 위해 관련 그림책을 소개할 수도 있고, 잠시 진행될 주제에 대하여 예시 형태로 아이디어를 내볼 수도 있다. ④ 기본 준비물 준비하기 　- 아이디어의 순서를 나타낼 수 있는 깃발, 브레인스토밍 시간을 알릴 수 있는 타이머, 규칙을 어겼을 때 주의를 알릴 수 있는 종이나 호루라기 등 기본 준비물을 준비한다.
진행	교사는 브레인스토밍의 진행 시 대상 연령이나 그룹의 특성에 따라 융통성 있게 진행하는 것이 무엇보다 필요하다. ① 주제를 이야기한다. ② 리더자는 아이디어를 발언하는 순서를 정한다. 특정 참여자만 발언하는 것이 아니라 누구나 발언할 수 있게 순서를 정하도록 한다. ③ 아이디어를 표현한다. 　- 소그룹을 지어 진행하는 경우, 유아들이 아직 글쓰기에 익숙하지 않으므로 대부분의 경우에는 각자 먼저 그림이나 글로 표현하여 순서를 정해 돌아가면서 아이디어를 산출하는 형태가 된다. 　- 반면 기록자가 있다면 기록자가 글을 원활하게 쓸 수 있도록 서로 간에 배려하는 마음이 필요하다. ④ 진행과정에서 브레인스토밍의 4가지 규칙(원리)을 어기는 경우가 생길 때 리더자는 종, 호루라기, 깃발 등을 이용하여 주의 또는 경고의 메시지를 줄 수 있다. ⑤ 정해진 시간 동안 순서에 따라 돌아가면서 아이디어를 다양하게 산출한다. 유아들이 브레인스토밍을 통해 민주적인 방법으로 아이디어를 산출하고 서로의 생각에 대하여 경청하는 태도를 형성할 수 있도록 하는 경험을 격려하도록 한다.
진행 이후	• 브레인스토밍 진행 이후에는 산출된 아이디어에 대하여 평가하고, 실행해 볼 수 있다. 　- 이 과정은 아이디어를 함께 들어보면서 더 깊이 탐구하고 아이디어를 재정리하는 시간으로 만들 수 있다. 　- 평가를 통해 선택된 아이디어를 실제로 계획하거나 실행해 보는 것도 의미가 있다.

2 속성열거

특징 및 활용법	• 속성열거법은 제품의 개선을 위한 아이디어를 얻고자 개발된 사고 기법으로, 사물의 속성을 열거하고 어떻게 기능을 개선할 것인지 생각해보도록 하는 방법이다. • 개선 대상을 명사적 특성, 형용사적 특성, 동사적 특성으로 나누어 깊이 있게 분석하고 새로운 아이디어를 이끌어낼 수 있다. 　- 유아들에게 친숙한 사물의 모양, 크기, 색깔, 특성 등의 중요한 속성을 중심으로 관찰하고, 새로운 방법이나 용도 등을 생각해 보게 할 때 활용할 수 있다.	
	명사적 특성	예 이 주전자의 뚜껑에서 개선할 수 있는 아이디어는?
	형용사적 특성	예 주전자를 보다 가볍게 하려면 어떻게 할 수 있을까?
	동사적 특성	예 이 주전자의 안을 쉽게 닦을 수 있는 방법은 무엇이 있을까?

유의점	• 유아에게 친숙한 사물과 대상을 선정한다. • 명사적, 형용사적, 동사적 특성은 교사가 유아들의 생각을 이끌어낼 때 활용할 수 있으며, 유아들에게는 모양, 크기, 색, 움직임, 용도 등에 초점을 맞추어 사고할 수 있도록 한다.

예시	• 새로운 저금통 만들기
	   – 저금통의 속성 찾기(브레인스토밍, 속성열거)
	   – **명사적 속성**: 동전을 넣는 구멍, 동전이 모이는 공간, 손잡이
	   – **형용사적 속성**: 귀여운, 무거운
	   – **동사적 속성**: 동전이 떨어진다, 부딪힌다
	   – 찾아낸 속성을 조합하기: 동전이 잘 들어가게 하려면, 동전이 많이 들어가게 하려면, 종이돈이 들어갈 수 있으려면

3 색다른 용도법

특징 및 활용법	• 원래 용도 외에 다른 용도로 사용할 수 있는 방법을 찾아보는 기법이다. 다른 용도로 전환시키는 아이디어를 산출해 봄으로써, 유연한 사고능력을 함양할 수 있도록 돕는다.
	• 색다른 용도법은 창의성뿐만 아니라 환경교육, 경제교육 등에도 도움을 준다. 처음 적용할 때에는 일상생활에서 흔히 볼 수 있는 익숙하고 간단한 것에서 시작하여, 복잡하고 생소한 것으로 확장해 나갈 수 있게 계획하도록 한다.
	   – 유아교육기관에서의 원활한 진행을 위하여 교실에 폐품 코너 또는 재활용 코너를 두어 유아들이 생활 속에서 자연스럽게 관심을 갖고 접근할 수 있도록 배려한다. 색다른 용도에 대해 언어적인 표현방법에서 벗어나 직접 내가 만들고, 그리며, 몸으로 나타내 보는 실행경험을 갖는 것이 중요하다.
	• 진행방법
	 ① 동기유발 및 워밍업을 진행한다.
	   – 유아가 흥미를 갖도록 유도하기 위하여 재미있는 상황을 설정해 주는 것이 좋다. 예를 들면 제2의 인물이나 인형을 등장시켜 소개하거나, 우리가 살지 않은 미지의 세계 또는 장소에서 이 사물을 보게 되는 가상적 상황으로 가정하여 워밍업을 할 수 있다.
	 ② 해당 사물을 제시한다.
	   – 색다른 용도법의 주제는 종이컵, 화장지 속심, 우유갑, 고무줄, 클립, 신문지, 넥타이 등 우리 주위에서 볼 수 있는 다양한 물건들을 손쉽게 생각해 볼 수 있다. 이는 유아들에게 친숙한 것에서 그렇지 않은 것까지 다양하게 활용될 수 있다. 이러한 색다른 용도법을 적용할 주제는 교사 또는 유아에 의해서도 제안될 수 있으며 교사와 유아가 함께 의논하여 제시될 수도 있다.
	 ③ 아이디어를 떠올린다.
	   – 브레인스토밍의 4가지 규칙(원리)에 바탕을 두고 다양한 아이디어를 산출해 보도록 한다. 색다른 용도를 표현함에 있어, 다른 사람이 생각하지 않은 독특한 아이디어를 산출할 수 있게 무엇보다 수용적인 분위기를 형성하도록 한다.
	 ④ 아이디어를 실행해 본다.
	   – 초기에는 가짓수를 많이 연상하는 것이 필요하지만, 익숙해졌다면 참신한 아이디어가 나올 수 있도록 격려하는 것이 필요하다.
	 ⑤ 아이디어를 직접 실행한 느낌을 서로 나눈다.

유의점	물건의 색다른 용도를 떠올려 볼 때 기초적인 단계에서는 모두 수용되지만, 너무 환상적이고 불가능한 아이디어를 평가하는 경험을 갖는 것도 필요할 때가 있다. 무엇보다 유아들이 산출한 아이디어를 직접 실행해 봄으로써 사고하는 즐거움을 갖도록 한다.

4 PMI

특징 및 활용법	• 아이디어에 대한 좋은 점, 좋아하는 이유, 긍정적인 측면(Plus), 나쁜 점, 싫어하는 이유, 부정적인 측면(Minus), 아이디어에 관해 발견한 흥미로운 점(Interest)의 약자이다. • 대상의 긍정적인 면과 부정적인 면, 흥미로운 점에 대해 다각적 측면에서 생각하고 문제를 분석·평가함으로써 새로운 아이디어를 얻을 때 활용되는 사고 기법이다. • 타인의 아이디어와 의견을 듣고, 객관적으로 분석하며, 평가·수용하기 위한 방법으로도 활용된다. − 어떤 문제에 대해 충동적으로 결정하는 것을 막고, 시야를 넓혀주며, 열린 마음을 갖게 해주는 기법이다.
유의점	• 유아가 다른 유아의 아이디어를 전적으로 따르거나 반박하지 않도록 유아 나름의 비판적 사고과정을 지도하도록 한다. • 유아가 다각적 측면에서 아이디어를 평가하며 타인의 아이디어를 수용하는 개방적 태도를 격려한다.

예시	• '버스 안에 있는 의자를 모두 없앤다면'
	  − 버스 안 의자를 모두 없앴을 때 장점, 단점, 흥미로운 점 찾아보기(브레인스토밍, PMI)
	  − P : 버스에 더 많은 사람이 탈 수 있다, 버스를 타거나 내리기 쉽다, 버스를 금방 만들 수 있다.
	  − M : 손잡이가 줄어들어 버스가 갑자기 서면 사람들이 넘어진다, 노인이나 어린이가 서 있기 힘들다.
	  − I : 접는 버스 의자를 만들면? 버스 한 쪽 줄만 의자를 놓으면?

5 스캠퍼(SCAMPER)

특징 및 활용법	• 스캠퍼는 브레인스토밍의 4가지 규칙(원리)을 보완하기 위하여, Eberle(1971)이 고안한 7개 항목의 첫 글자를 따서 이름 붙여진 체크리스트 기법이다.
	• 기존의 것에 대하여 새로운 아이디어를 낼 수 있는 질문을 통해 고정된 사고의 틀에서 벗어남으로써 다각적인 측면에서 사고하도록 돕는 데 활용되는 기법이다.
	• 대체, 결합, 응용, 변형, 다른 용도, 제거, 뒤집기, 재배열의 영어 단어 첫 철자를 의미한다.
	  − 각 약자에 따라 사고를 전개하므로 초보자도 활용할 수 있도록 문제 인식을 습관화할 수 있다.
	  − 또한 특정 문제에서 출발하여 그것을 변형시키는 방법으로 유연한 상상력을 동원하도록 하며, 용도 개발 혹은 품질을 개선하거나 실용성을 증진하는 등에 유용하게 활용된다.
	  − 스캠퍼는 아이디어를 다양한 분야로 생각해 볼 수 있도록 유도하는 방법이며, 제시된 약자에 적합하게 아이디어를 산출해야 하므로 주제에 대한 적절성을 고려한 아이디어 산출을 돕는다.

	• 진행방법 ① 스캠퍼의 약자에 대한 이해를 돕기 위해 노래로 흥미를 유발할 수 있다. ② 7개 약자의 의미를 친숙하게 하기 위하여 생활 속에서 해당되는 사물을 찾아본다. ③ 스캠퍼를 적용하고자 하는 대상을 제시하거나 선정한다. ④ 7개 약자에 따라 아이디어를 산출한다. 이때 7가지 요소에 따른 아이디어를 모두 산출해야 하는 것은 아니며, 이에 대한 부담을 갖지 않도록 한다. 대상의 특성이나 유아의 이해도에 따라 적용 가능한 범위를 점차 확장해가며 스캠퍼에 익숙하도록 돕는다. ⑤ 아이디어를 만들기, 그리기, 설명하기 등으로 구체적으로 표현해 본다.
S	• 다른 무엇으로 대체하기(Substitute) 예 종이컵은 컵의 재질을 종이로 대체한 것이다. 　- 다른 누가? 다른 무엇으로? 다른 성분으로? 　- 애완동물로 공룡을 기른다면 어떨까?
C	• 다른 무엇과 결합하기(Combine) 예 매직후프(훌라후프 안쪽에 돌기를 부착한 후프) 　- 새로운 무엇과 결합시키면? 여러 가지 목적을 결합하면? 　- 얼룩말과 새가 결혼하면 어떤 동물이 나올까?
A	• 순응하기, 적용하기(Adapt) 예 벨크로는 씨앗이 옷에 달라붙는 원리를 응용한 것이다. 　- 무엇과 비슷한 것은? 과거의 것과 비슷한 것은? 　- 캥거루처럼 우리 몸에도 배 주머니가 있다면? 　- 찍찍이 원리를 적용한 가방과 운동화, 바지 등
M	• 수정하기(Modify), 확대하기(Magnify), 축소하기(Minify) ① **수정하기(Modify)**: 수정은 어떠한가? 이것을 약간 변형하면? 색, 모양 등은 어떻게 바꿀 수 있는가? 　- 다양한 모양의 우산, 다양한 맛의 우유 ② **확대하기(Magnify)**: 확대는 어떠한가? 　- 크기가 큰 TV, 크기가 큰 냉장고 ③ **축소하기(Minify)**: 작게, 보다 가볍게, 짧게 만들 수 있는 방법은? 　- 가벼워진 노트북, 작아진 가방 　- 우리의 몸이 개미만큼 작아진다면 어떨까?
P	• 다른 용도 찾기(Put to other use) 예 사용할 수 없는 버스를 음식점으로 활용한 것이다. 　- 다른 사용 용도는? 　- 비행기 음식점이 있다면?
E	• 제거하기(Eliminate or Elaborate) 예 자동차의 덮개를 없애서 만든 오픈카 　- 이것을 없애버리면? 없어도 할 수 있는 것은? 　- 온 세상의 물이 사라진다면?

R	• 반대로 하기/뒤집기(Reverse), 재배열/재정리하기(Rearrange or Reverse) 📕 뒤집어 입는 옷, 지붕 모양을 땅으로 가도록 디자인한 집 – 순서나 모양을 뒤집어 보면 어떠한가? – 어떻게 재정리할 수 있는가? – 반대로 하는 것은 어떠한가? – 내가 엄마가 되고, 엄마가 내가 된다면?
유의점	• 스캠퍼에 대한 친밀감이 형성되도록 하기 위해서는 우리 주변에서 다양한 창의적인 아이디어들이 함께 하고 있음을 발견해 보도록 한다. 뿐만 아니라 유아들의 생각을 자유롭게 표현할 수 있도록 수용하는 교사의 태도와 아울러 아이디어를 산출하는 과정을 함께 즐기는 교사의 역할이 중요하다. • 단계를 모두 활용해야 하는 것이 아니라 필요에 따라 적절한 질문을 선택하여 사용한다. • 유아의 아이디어나 창의적 결과물보다는 생활 주변에서 경험한 것을 새롭게 관찰하고 다른 대안을 제시해보는 과정에 초점을 둔다.

6 육색 사고모자(여섯 색깔 사고모자 기법)

특징 및 활용법	• 여섯 색깔 사고모자 기법은 de Bone(1986)에 의해 개발되었으며, 여섯 가지 색깔 모자에 부여된 상징성에 따라 아이디어를 산출하여 균형적 사고를 도모하는 기법이다. • 여섯 가지 각기 다른 색의 모자를 쓰고, 모자 색깔이 의미하는 유형의 사고를 하는 것으로 새로운 기획이나 아이디어 발상 등에 활용되는 사고 기법이다. • 진행방법 ① 여섯 색깔의 모자를 준비한다. ② 여섯 색깔 모자의 상징을 이해할 수 있도록 한다. 　– 초기에는 색깔별로 각각 익숙해지는 것이 필요하다. 모두 함께 동일한 색깔의 모자를 썼다고 가정하고 아이디어를 내볼 수 있다(📕 우리 이번에는 ○○ 모자를 쓰고 생각해 볼까?). ③ 주제를 선정하여 여섯 색깔 모자에 따라 균형적인 사고를 할 수 있도록 경험한다. 만약 여섯 색깔 모자의 상징을 모두 이해하였다면, 각각 다른 모자의 색을 쓰고 토의를 진행할 수도 있다.

모자 색깔	사고 형태	역할
흰색 모자	중립적, 정보, 지식에 대한 사고	• 객관적 사고를 돕는 모자로 정보나 사실을 수집하는 모자이다. – 정확한 정보에 기초하고, 이미 검증된 중립적이고 객관적인 사실을 제시한다.
초록 모자	새로운 생각, 대안, 창조적인 사고	• 창의적인 사고를 돕는 모자로 창조성, 새로운 아이디어 등을 수집하는 모자이다. – 창의적이고 확산적인 새로운 측면을 제시한다.
노란 모자	이익, 장점, 긍정적인 사고	• 긍정적 사고를 돕는 모자로 이익, 낙관적 측면, 장점 등을 수집하는 모자이다. – 긍정적이고 낙관적인 측면을 제시한다.

검은 모자	단점, 위험, 비판적, 부정적인 사고	• 부정적인 사고를 고려하는 모자로 위험, 주의, 단점 등 비판적인 측면을 수집하는 모자이다. − 부정적이고 비판적인 측면을 제시한다.
빨간 모자	직관적, 느낌, 감정적인 사고	• 직관적 사고를 돕는 모자로 감정, 느낌, 정서를 수집하는 모자이다. − 자신의 분노, 두려움, 직관과 같은 감정이나 사고를 제시한다.
파란 모자	요약, 결론, 통제적인 사고	• 통제의 모자로 사회자처럼 정리, 요약, 결론을 내려보는 모자이다. − 정리, 요약, 결론적인 내용을 제시한다.
유의점	• 여섯 색깔 사고모자 기법에서는 하얀 모자, 초록 모자, 노란 모자, 검은 모자, 빨간 모자, 파란 모자의 순서를 따르는 것이 일반적이지만, 반드시 이 순서를 따를 필요는 없다. − 미리 계획된 순서대로 모자를 사용할 수도 있고, 토의의 흐름에 따라 모자를 쓰게 될 수도 있다. 또한 모두 함께 동일한 모자를 동시에 쓸 수도 있지만, 어떤 유아에게 특정한 모자를 쓰자고 이야기할 수도 있다. • 활동을 처음 소개하거나 유아가 활동에 익숙하지 않을 때 모자 색깔의 수를 줄여 활동하고, 점차 그 수를 늘려 활동해 본다. • 여섯 색깔의 사고 모자는 사고의 전환이 색의 상징에 따라 이루어지기 때문에 직설적으로 사고의 전환을 요구하지만, 이러한 요구는 자연스럽고 지시받는다는 느낌이 없으면서도 균형적인 사고를 할 수 있도록 유도한다. − 유아들에게 마치 역할놀이를 하듯 자연스럽게 모자의 색이 갖는 상징을 이해할 수 있도록 평소에도 '우리 ○○ 모자를 써보자'와 같이 생활 속에서 접근해 보도록 하는 것이 좋다. • 사용되는 6가지 색에 대하여 유아가 좋은 모자, 나쁜 모자 등 색에 대한 편견을 갖지 않도록 사고의 특성에 초점을 맞추어 진행한다. • 활동 후 유아가 다른 색깔의 모자로 바꾸어 써 보고 다시 활동해 본다.	
예시	• 내가 만약 '강아지 똥'이라면 − 강아지 똥이 어디에 있었니? (흰 모자) − 사람들 모두가 강아지 똥을 떠났을 때 강아지 똥의 마음은 어떠했을까? (빨간 모자) − 강아지 똥이 잘못 생각한 점은 무엇이었을까? (검은 모자) − 민들레는 강아지 똥이 왜 필요하다고 했을까? (파란 모자)	

7 강제결합법

특징 및 활용법	• 강제결합법은 Whiting(1974)이 창안한 것으로 억지로 아이디어 간의 관계를 맺어보도록 하는 방법이며, 독창적인 아이디어를 산출하도록 돕는 연합사고활동이다.

• 강제결합법은 Whiting(1974)이 창안한 것으로 억지로 아이디어 간의 관계를 맺어보도록 하는 방법이며, 독창적인 아이디어를 산출하도록 돕는 연합사고활동이다.
• 겉으로는 관련성이 전혀 없어 보이는 두 가지 이상의 사물이나 아이디어를 강제로 연결 시켜 봄으로써 새로운 아이디어를 생각해 내게 하여 의외의 사고를 이끌어내는 기법으로 활용되고 있다.
• 진행방법
  − 강제결합법 중 유아교육 현장에서 가장 손쉽게 접근할 수 있는 방법은 임의의 강제결 합법이다. 임의의 강제결합법은 문제의 진술을 하지 않은 경우와 문제를 진술한 경우, 뽑은 카드를 결합하여 아이디어를 내는 경우로 구분하여 살펴볼 수 있다.

문제의 진술을 하지 않은 경우	① 임의의 강제결합법 상자를 준비한다. 사물이나 카드를 담을 수 있는 큰 그릇이나 플라스틱 바구니 또는 상자면 가능하다. 여기에 사물의 이름을 적은 쪽지나 실물 또는 그림카드를 넣어둔다. ② 두 개를 뽑아 읽고 그것을 함께 연결시켜 독창적인 문장을 만들어 본다. 이러한 방법은 사고의 유연성을 격려한다.
문제의 진술을 하는 경우	① 문제를 진술한다. ② 임의의 강제결합법 상자에서 카드나 실물을 뽑는다. 처음에는 한 개를 뽑는 것이 좋고, 방법에 익숙해졌다면 카드의 개수를 늘려서 뽑을 수 있다.
뽑은 카드를 결합하는 경우	① 강제결합법 상자에서 2개(또는 그 이상)의 카드 또는 실물을 꺼낸다. ② 두 카드 또는 실물을 서로 결합할 수 있는 아이디어를 낸다.

효과	강제결합법은 유사한 아이디어들이 연속되거나 더 이상 새로운 아이디어가 산출되지 않을 때 전혀 관련 없는 두 사물을 연결시켜 의외의 사고를 이끌어 낸다는 점에서 참신한 아이디 어나 독창적인 아이디어를 산출하는 데 촉진적인 역할을 한다고 볼 수 있다.
유의점	• 관계없는 사물이나 대상은 임의로 정한다. • 연결할 대상에 대한 구체적인 특성을 알아보고 난 후 사물이나 아이디어를 연결한다. • 유아가 흥미롭게 생각하는 문제를 준비하도록 한다. • 적용 초기에는 강제결합법 상자 등에 제공하는 카드나 실물이 문제와 용이하게 관련지을 수 있는 것으로 준비해 둔다. • 유아들이 강제결합법 상자에 넣어 사용할 카드를 직접 만들어서 활용하도록 격려한다. 이는 유아들의 적극적인 참여를 독려할 수 있다. • 유아들이 아이디어가 필요할 때, 생활 속에서 강제결합법 상자를 활용해 보도록 한다. • 흥미 영역에 강제결합 상자를 놓아두었다면, 뽑은 카드를 이용하여 어떤 아이디어를 만 들었는지 게시할 수 있는 장소를 함께 마련해 두도록 한다. • 우리 교실을 두 그룹으로 나누어 서로 다른 문제에 같은 목록 제공, 즉 강제결합법 상자 에서 뽑은 카드나 실물을 두 그룹이 동일하게 사용하여 각 그룹의 문제를 해결해 본다. 이를 통해 선의의 아이디어 겨루기를 경험할 수 있다. • 강제결합법은 다양한 방법으로 변형하여 유아교육기관에서 놀이로 접근할 수 있다.

예시	• '고양이와 운동화'
	  − 고양이와 운동화 각각의 고유한 특성 찾기(속성열거법)
	  − 고양이와 운동화의 특성이 결합된 새로운 운동화 생각해 보기(강제결합)
	  − 고양이 발톱같이 미끄러지지 않는 바닥의 운동화
	  − 고양이의 반짝이는 눈처럼 밤에 걸으면 불빛이 나오는 운동화

MEMO

8 납작한 나의 여행

특징 및 활용법	• 'Flat Stanley'라는 이야기책의 내용과 주인공 납작이를 활용하는 활동이다. • 납작이 인형을 활용함으로써 유아의 흥미를 유발하고 관심을 유지할 수 있다.
유의점	• 유아가 납작이 인형과 여행에 익숙해질 수 있도록 유아에게 '납작이가 된 스탠리'(시공사, 1999)의 이야기를 활동 전에 들려준다. • 유아와 충분한 시간동안 이야기를 나누어 납작이의 여행 목적과 일정을 잘 이해하도록 지도한다.

예시	• '자'가 없었던 아주 옛날에는 어떻게 길이를 재었을까?
	  — 유아 자신의 납작이 인형 만들기
	  — '자'가 없었던 아주 옛날 시대로 여행하기
	  — '자' 대신에 길이를 잴 수 있는 방법 생각해 보기(눈대중, 손 뼘, 두 팔, 발 뼘 등)
	  — '자'를 사용하던 상황으로 이동하기(옛날의 자를 알아보기)
	  — 납작이 여행을 마치고 돌아오기
	  — 옛날과 요즘의 길이 재는 방법과 도구에 대해 알아보기

9 4개 축사고(축사고 기법)

특징 및 활용법	• 시간, 공간, 인물, 주제의 축으로 사고과정을 범주화하여, 경험이나 습관을 벗어나 다양하고 새로운 사고의 경험을 하도록 하는 기법이다. — 모든 활동에 활용이 가능하고, 특히 언어, 사회, 과학활동에서 활용 가능성이 높다. 🏠 **4개 축사고** <table><tr><td>시간축</td><td>문제를 해결하는 과정에서 과거, 현재, 미래로 시간을 옮겨 사고하는 것</td></tr><tr><td>공간축</td><td>문제를 해결하는 과정에서 장소를 달리하여 사고하는 것</td></tr><tr><td>주제축</td><td>문제를 해결하는 과정에서 주제를 달리하여 사고하는 것</td></tr><tr><td>인물축</td><td>문제를 해결하는 과정에서 주요 인물이 되어 사고하는 것</td></tr></table>
유의점	• 유아가 제시된 축에 초점을 맞추어 생각할 수 있도록 하며, 활동을 마치면 다른 축에서 생각해 보도록 격려한다. • 시간축, 공간축, 인물축, 주제축의 정해진 순서나 단계에 의해 진행되는 것이 아니므로 자유롭게 활용한다. • 유아들의 사고과정을 자유롭게 하는 허용적인 분위기를 제공한다.

예시	• '임금님 귀는 당나귀 귀'라는 동화를 듣고 축사고 기법을 통해 이야기 나누기
	  — 시간축 : '어렸을 때 임금님 귀는 어땠을까?'
	  — 인물축 : '내가 임금님 귀처럼 당나귀 귀를 가졌다면 어땠을까?'
	  — 공간축 : '이발사가 대나무 숲이 아닌, 산꼭대기에서 임금님의 비밀을 외쳤다면 어땠을까?'
	  — 주제축 : '임금님의 귀가 아니라, 코가 길었다면 어땠을까?'

10 생각그물(마인드맵)

특징 및 활용법	• 마음속의 생각을 시각적으로 나타내는 확산적 사고 기법으로, 핵심단어나 주제를 색깔이나 그림으로 표현한다. 따라서 머릿속에 떠오르는 것을 그림, 단어, 문장, 기호, 상징 등으로 마음껏 종이에 옮겨보는 것이 중요하다. • 마음속의 아이디어를 써 보거나 그림으로 그려보는 활동으로, 무언가 생각날 때 메모하는 것에서 발전되고 확장된 개인적인 브레인스토밍이라고 할 수 있다. – 하나의 아이디어는 어떤 주제 단서로부터 출발해 여러 방향이나 발전 경로를 거쳐 참신한 아이디어로 만들어진다는 것을 기본 전제로 한다.
유의점	• 아이디어를 내는 유아뿐만 아니라 다른 유아의 아이디어를 듣고 시각화된 도식을 보는 것으로도 유아의 창의성을 자극할 수 있으므로 다른 유아의 아이디어에 대해 유아들이 생각해 볼 수 있도록 격려한다. • 프로젝트나 주제망 활동을 하는 경우에 유아가 흥미 있어 하는 주제나 대상에 대한 생각그물 활동을 해볼 수 있다. • 즐거운 마음으로 여유 있게 활동할 수 있도록 격려하며, 중요한 아이디어를 표시할 수 있도록 적절한 그림 자료나 필기도구 등을 지원한다. • 유아가 그림이나 상징, 단어, 문장 등을 활용해 아이디어를 다양한 방식으로 나타낼 수 있도록 지도한다.

11 희망열거법과 결점열거법

• 희망열거법과 결점열거법은 각각 적용할 수도 있고, 함께 진행할 수도 있다. 함께 진행할 경우 대상의 불편한 점을 찾아본 후, 희망사항을 나열하게 하면 보다 구체적이고 유용하다.
• 희망열거법과 결점열거법 주제를 선정하는 방법
  – 교실에서 자주 사용하는 물건 중에서 찾아본다.
  – 생활주제와 관련된 사물을 직접 가정에서 가지고 와서 적용한다.
  – 비밀상자에서 물건이나 카드를 뽑아서 적용한다.
  – 교사가 임의로 주제를 정해주고 적용한다.

(1) 희망열거법

특징 및 활용법	• 원하고 바라는 희망을 찾아보는 것으로, 사물이나 상황에 대해 좀 더 바람직한 눈으로 희망사항을 나열해봄으로써 새로운 방법이나 아이디어를 이끌어 내는 사고 기법이다.
	  – '이런 것이 있었으면' 또는 '이렇게 되었으면', '이런 일이 일어난다면 좋겠다'와 같이 희망에 대하여 표현해봄으로써, 참신한 아이디어를 구할 수 있다.
	  – 희망사항을 열거하는 과정에서 유아의 심리적 표상이 나타나는 경우도 있어, 유아들의 잠재된 욕구나 바람을 들여다보고 마음을 읽어줄 수 있는 기회가 되기도 한다.
	• 유아에게 반드시 결과물을 만들어 활용하기보다는, 사고의 자유로움을 경험하도록 하고 대상에 대한 흥미를 유발하는데 목적을 두고 활용될 수 있다.

	• 진행방법 ① 대상을 제시하거나 유아와 함께 자유롭게 주제를 선택해 본다. ② 대상에 대한 희망사항을 떠올려 본다. 　－ 희망 열거하기 　－ 실천할 수 있거나 좋은 아이디어 고르기 ③ 대상에 대한 희망사항을 직접 그려 보거나 만들어 보도록 한다.
유의점	• 교사는 유아들이 어떤 아이디어라도 수용될 수 있는 즐겁고 편안한 분위기 속에서 자신의 생각을 자유롭게 이야기할 수 있도록 지원해주고, 나열된 희망 아이디어를 면밀하게 살펴보는 것이 필요하다. 　－ 산출된 아이디어를 좀 더 구체적으로 확장해 볼 수 있도록 격려해 줄 수 있으며, 유아들이 나타낸 아이디어에 심리가 반영되어 있다면 이를 이해하려는 노력이 꼭 필요하다. • 아이디어는 글이나 그림, 동작 등 다양한 방법으로 표현해 본다. • 유아가 희망이나 소망을 이야기할 수 있는 분위기와 익숙한 상황에서 활용한다. • 유아가 희망을 열거할 때 긍정적인 측면을 생각하도록 격려한다. • 유아가 사물에 대한 희망사항을 열거할 때 아이디어의 제시가 어느 한 곳에 편중되지 않고, 다양하고 독창적인 아이디어가 많이 나올 수 있도록 격려한다.
예시	• '나는 이런 옷을 입고 싶어요' 　－ 주제에 대하여 희망 이야기하기(브레인스토밍) 　－ 가벼운 옷, 원하는 대로 색깔이 변하는 옷, 자동으로 체온을 조절해주는 옷, 입고 있으면 살이 빠지는 옷 등 유아의 희망 내용을 기록하고 정리하기 　－ 유아의 다양한 희망 중에서 해 볼 수 있는 아이디어 정하기

(2) 결점열거법

특징 및 활용법	• 결점열거법은 미국의 호르포인트 회사에서 나온 발상법으로, 토론자들이 모여서 제품의 아주 작은 흠이라도 열거하면서 가능한 한 많은 결점을 찾아내는 데서 시작되었다. 즉 현재의 상태에 만족하지 않고 결점을 찾아보는 것에서 시작하여 새로운 아이디어를 구하는 방법으로서 특히 신제품 개발에 활용도가 높다. • 결점 자체를 찾는 것이 창의성이라고 말할 수는 없지만, 이렇게 결점을 떠올리다 보면 이를 해결하기 위해 다양한 해결책을 생각해 내거나 새로운 아이디어를 모색해 낼 수 있게 된다. 이러한 점에서 볼 때, 유아과학교육을 위한 창의적 접근에서 결점열거법은 과학의 고마움을 알게 되는 출발점이 된다. • 진행방법 ① 대상을 제시하거나 유아와 함께 주제를 선택해 본다. ② 선택된 대상의 결점을 찾아본다. ③ 결점열거법에 의해 변화된 아이디어를 말해본다.
유의점	• 처음 도입 시 우리 주변에서 흔히 볼 수 있는 물건으로 선정하는 것이 좋으며, 유아들이 직접 실물자료를 사용해 보고 불편한 점을 느껴보게 한다. • 교사는 결점열거법을 진행하기 전에 제시할 주제의 결점을 나열하고 분석해 보는 것이 필요하다. • 진행 중에 아이디어가 잘 나오지 않을 경우, 교사는 미리 분석해 놓은 것을 토대로 적절한 때에 힌트를 부여해 아이디어 고갈에 대한 도움을 줄 필요가 있다.

예시	• '신발'의 결점 열거하기 　- 유아들이 자신의 신발에 대한 경험을 나누고 탐색하는 과정을 통해 결점들을 찾아 이야기 나눈 후, 이를 해소할 수 있는 아이디어를 모아 보는 활동을 해볼 수 있다.

12 두 줄 생각

특징 및 활용법	일상에서 겪는 여러 가지 문제들을 두 줄로 표현해 봄으로써 언어의 유창성과 융통성을 기를 수 있으며, 연상력을 높이고 효과적으로 독창적인 생각을 만들어 낼 수 있다.
유의점	• 유아가 엉뚱한 낱말이나 관련성이 적어보이는 낱말을 제안하더라도 격려한다. • 두 줄 생각의 글들을 함께 볼 수 있도록 게시하여 서로의 생각을 공유하는 기회를 갖도록 한다. • 글로 표현하기 어려워하는 유아에게 글 대신 그림으로 그려보게 할 수 있다.
예시	• 우리 선생님은 ○○이다. / 왜냐하면 ○○이기 때문이다. 　- 제시된 낱말(우리 선생님)과 관련되거나, 전혀 관련 없는 낱말로도 연상해 보기 　- 두 낱말 연결하기: ~은 ~이다. 　- 그 이유를 다음 줄에 완성하기: 왜냐하면 ~이기 때문이다.

13 아이디어 목마

특징 및 활용법	• 다른 사람의 경험이나 아이디어를 기초로 자신의 아이디어를 추가하는 것으로, 더 나은 것을 얻기 위한 목적에서 진행되는 활동이다. • 일종의 창조적 모방 활동으로 다른 사람의 좋은 아이디어나 결과물에서 출발하기 때문에 사고의 공유와 협조를 이룰 수 있다.
유의점	• 모든 활동에 적용할 수 있으나, 생각을 보다 정교화하거나 확장하는 활동에 특히 더 효과적이다. • 이야기 짓기, 쓰기 활동에 익숙하지 않은 유아의 경우 다른 친구들의 생각에 자신의 생각을 부가하는 형태로 참여를 도모할 수 있다. • 동시의 일정 부분을 바꾸어보기, 동화 장면을 바꾸어 지어보기, 그림을 보고 이야기 바꾸기 등 다양한 방법으로 활용할 수 있다.
예시	• 그림을 보고 다른 이야기 꾸며보기 　- 그림 감상하기 활동 　- 그림을 보고 생각나는 느낌 이야기하기 　- 그림을 보며 다른 이야기 꾸며보기 　- 친구가 지은 이야기 들어보기 　- 친구가 지은 이야기를 다시 바꾸어보기

14 시각화 / 심상

특징 및 활용법	• 눈을 감고 보이지 않는 것을 일정한 형태가 있는 것으로 상상해보게 함으로써 생각을 이미지화하는 기법이다. • 긴장을 풀고 편안한 분위기에서 눈을 감고 이야기나 장면을 머릿속으로 그려보게 하므로, 유아의 상상력을 길러주며 자신감을 갖게 하는 데 효과적이다. • 책이나 사진 속에 등장하는 사물이나 개념을 폭넓게 이해하는 데 효과적이므로, 예술 영역뿐만 아니라 여러 교과활동에 모두 적용 가능하다.
유의점	• 유아가 긴장을 풀고 편안함을 느낄 수 있는 분위기에서 전개한다. • 상상의 주제나 상황을 구체적으로 설명한다.
예시	• 타임머신을 타고 서당에 가 보기 　－ 김홍도의 「서당」 그림을 감상하기 　－ 서당에 있는 아이가 되어보기 　－ 서당에서 볼 수 있는 장면이나 상황들을 이야기해 보기

15 생각 이어나가기

특징 및 활용법	• 인간의 사고는 '방향'을 가지고 있고 확장될 수 있다고 가정하여 사고의 방향을 바꾸며 끊임없이 확장시켜 보는 활동이다. • 이야기를 듣고 순서를 떠올리며 나라면 어떻게 했을지 생각해 보기, 인물의 모습을 상상해서 여러 가지 방법으로 표현하기, 이야기 장면을 더 자세하게 상상하기, 다음에 이어질 이야기 상상하기, 뒷이야기 꾸미기, 앞 친구의 말에 연이어 단어 덧붙여서 말하기 등 다양한 방법으로 활용할 수 있다.
유의점	동화나 언어활동에만 국한하지 않고, 사회나 과학 등의 영역에서 다양한 방법으로 활용한다.
예시	• '자석'이 쓰이는 곳 　－ 눈을 감고 집과 교실을 상상하며 자석을 이용하는 예 찾아보기 　－ 집과 교실을 넘어 다양한 장소에서 자석이 사용되는 경우 상상해 보기 • '괴물들이 사는 나라' 　－ '괴물들이 사는 나라' 이야기를 회상해 보기 　－ 괴물들이 사는 나라를 더 자세하게 상상해 보기 • '시장에 가면 ○○가 있고' 　－ 먼저 시장에 가면 볼 수 있는 것들을 생각해 보기 　－ 한 사람씩 돌아가면서 시장에 가서 볼 수 있는 것을 이야기하고, 뒷사람은 앞사람 이야기에 하나씩 자기의 생각을 덧붙이기

MEMO

16 역할극

특징 및 활용법	• 상상의 장면 속으로 현실을 끌어들여 인간의 상호작용을 일으키는 방법이다. • 문제에 대해 이야기하는 것이 아니라 직접 무엇인가를 동작하고 행동으로 나타냄으로써 개인과 집단 내에서의 문제해결능력을 신장시킨다. • 역할놀이 참여자를 선정할 때 참여자의 의견과 자발적 참여가 중요하며, 역할놀이 후 구성원들이 함께 경험과 의미를 나누는 과정도 중요하다. • 극놀이를 통한 문제해결을 경험하도록 하는 것으로, 어떠한 문제가 생겼을 때 해결할 수 있는 방법을 인식하도록 한다.
유의점	• 유아와 교사가 문제를 정한 다음 유아가 자발적이고 즉흥적으로 해 볼 수 있도록 격려한다. • 자유롭게 생각하고 놀이할 수 있는 개방된 장소와 분위기를 조성한다. • 역할놀이 후 다른 각도에서 다시 해 볼 수 있도록 제안한다.
예시	• '미운 오리새끼' − 미운 오리새끼의 이야기를 듣기 − 미운 오리새끼의 이야기 회상하기 − 이야기에서 일어난 주요 사건과 관계 알아보기 − 미운 오리 이야기 중에서 역할극으로 해 보고 싶은 장면 정하기 − 역할극으로 표현하기

17 창의적 극놀이

특징 및 활용법	• 다양한 극놀이 소재에 적합한 대사나 동작을 창작해서 표현하거나, 이야기를 들은 후 유아들이 등장인물과 줄거리를 해석한 것을 창의적으로 언어와 동작을 사용하여 극으로 표현하는 기법이다. − 역할극에 비해 극놀이의 내용을 제한하지 않으면서, 유아 나름의 진행을 하도록 한다. • 즐겁게 참여함으로써 긴장을 없앨 수 있고, 협동심을 길러주며 창의적으로 표현할 수 있는 기회를 제공한다. • 유아의 창의력, 문제해결능력, 친사회적 능력, 긍정적 자아개념, 의사소통능력을 신장시킬 수 있다.
유의점	• 극적인 요소, 명확한 주제, 시간, 공간의 자유로움이 포함된 적합한 주제나 이야기를 선정하는 것이 중요하다. • 유아가 흥미로운 장면을 선택하도록 하고, 준비 과정에서도 주도적이고 자발적 참여를 할 수 있도록 격려한다. • 창의적 극놀이와 연계하여 극놀이를 할 수 있도록 자료와 소품을 준비하고, 필요 시 이를 유아와 함께 만들어 볼 수 있다. • 활동 후 평가할 수 있는 충분한 시간을 제공한다.

예시	• 이야기 듣고 극놀이 하기
	   — 이야기 회상하기
	   — 주요 사건, 등장인물의 성격 파악하기
	   — 재미있었던 장면이나 이야기 전체를 극놀이로 표현해 보기
	   — 활동 평가하기
	• 거울놀이
	   — 교실에서 일어난 상황이나 친구, 교실에 있는 물건이 되어 따라해 보기
	   — 활동 후 느낌을 표현해 보기

18 형태 분석

특징 및 활용법	주어진 문제의 속성 중 두 가지를 선택하여 각각 가로축과 세로축에 놓고, 가로축과 세로축의 속성을 새롭게 결합해 봄으로써 새로운 아이디어를 생각하게 하는 방법이다.
유의점	• 유아가 활동에 익숙하지 않을 때 교사가 시범을 보여줄 수 있다. • 유아가 활동에 익숙해지면 가로축과 세로축에 넣을 다양한 속성을 유아와 함께 찾아보면서 활동을 진행할 수 있다.

예시	• '새들의 결혼식' 노래의 노랫말 바꾸기
	   — 노래를 불러보며 노랫말을 바꿀 수 있는 부분 찾아보기(브레인스토밍)
	   — 장소와 동물의 종류를 바꾸어보기
	     (주인공 : 새, 개미, 다람쥐 / 숲속, 길가, 나무 위, 물속 / 후렴구 : 짹짹짹짹짹)
	   — 가로줄에 동물, 세로줄에 장소를 적어보기
	   — 가로줄과 세로줄의 내용을 합쳐서 노랫말을 바꾸어보기
	   — 새로 지은 노랫말의 후렴구 바꾸어보기

MEMO

SESSION

05

누리과정의
이해

2019 누리과정의 이해 - 자연탐구

1 목표 및 내용

(1) 목표

거름이 tip

다른 영역과 마찬가지로 과정을 즐기는 것을 강조하였으며, 무언가를 기르기보다는 탐구하는 것으로 기술하고 있다. 또한 지속 가능한 사회를 위해, 기존에 없었던 '생명과 자연을 존중한다'라는 자연과 더불어 살아가는 태도를 목표에 진술하고 있다.

3~5세 연령별 누리과정(2015)	2019 개정 누리과정
• 호기심을 가지고 주변세계를 탐구하며, 일상생활에서 수학적·과학적으로 생각하는 능력과 태도를 기른다. 1. 주변의 사물과 자연 세계에 대해 알고자 하는 호기심을 가지고 탐구하는 태도를 기른다. 2. 생활 속의 여러 상황과 문제를 논리·수학적으로 이해하고 해결하기 위한 기초 능력을 기른다. 3. 주변의 관심 있는 사물과 생명체 및 자연현상을 탐구하기 위한 기초 능력을 기른다.	• 탐구하는 과정을 즐기고, 자연과 더불어 살아가는 태도를 가진다. 1) 일상에서 호기심을 가지고 탐구하는 과정을 즐긴다. 2) 생활 속의 문제를 수학적, 과학적으로 탐구한다. 3) 생명과 자연을 존중한다.

(2) 내용범주와 내용

3~5세 연령별 누리과정(2015)	2019 개정 누리과정
탐구하는 태도 기르기	탐구과정 즐기기
수학적 탐구하기	생활 속에서 탐구하기
과학적 탐구하기	
과학적 탐구하기, 다른 사람과 더불어 생활하기	자연과 더불어 살기

탐구과정 즐기기	• 주변 세계와 자연에 대해 지속적으로 호기심을 가진다. • 궁금한 것을 탐구하는 과정에 즐겁게 참여한다. • 탐구과정에서 서로 다른 생각에 관심을 가진다.

MEMO

생활 속에서 탐구하기	• 물체의 특성과 변화를 여러 가지 방법으로 탐색한다. • 물체를 세어 수량을 알아본다. • 물체의 위치와 방향, 모양을 알고 구별한다. • 일상에서 길이, 무게 등의 속성을 비교한다. • 주변에서 반복되는 규칙을 찾는다. • 일상에서 모은 자료를 기준에 따라 분류한다. • 도구와 기계에 대해 관심을 가진다.
자연과 더불어 살기	• 주변의 동식물에 관심을 가진다. • 생명과 자연환경을 소중히 여긴다. • 날씨와 계절의 변화를 생활과 관련짓는다.

거름이 tip

자연탐구 영역은 3개의 내용범주와 13개의 내용으로 구성되어 있다. 유아가 호기심을 가지고 궁금한 것을 적극적으로 탐구하는 과정을 즐기면서, 생활 속에서 나타나는 현상이나 문제들에 대한 수학적, 과학적 경험을 통해 주변의 동식물에 관심을 가지고 생명과 자연환경을 소중히 하는 내용으로 구성되어 있다. 탐구하는 태도 기르기는 '탐구 과정 즐기기'로, 수학적 탐구하기와 과학적 탐구하기로 구분되었던 내용은 '생활 속에서 탐구하기'로 제시하였으며 덧붙여 '자연과 더불어 살기'를 하나의 내용범주로 추가하여 유아가 생명과 자연환경의 소중함을 경험하는 내용으로 새롭게 편성하였다.

(3) 목표 및 내용범주 이해하기

자연탐구 영역의 목표와 내용범주는 유아가 호기심을 가지고 궁금한 것을 적극적으로 탐구하는 과정을 즐기며, 생활 속의 문제를 수학적, 과학적으로 탐구해 보면서, 생명과 자연환경을 존중하는 내용으로 구성하였다.

3~5세 연령별 누리과정(2015)	2019 개정 누리과정
'탐구하는 태도 기르기'	'탐구과정 즐기기'는 유아가 주변 세계와 자연에 대해 호기심을 가지고 즐겁게 탐색하는 모습을 반영하여 제시하였다.
'수학적 탐구하기' '과학적 탐구하기'	'생활 속에서 탐구하기'는 일상의 문제를 수학적, 과학적 방식으로 탐구하는 유아의 경험을 반영한 것이다.
[사회관계 영역] 세부 내용 : '자연과 자원을 아끼는 습관을 기른다' [자연탐구 영역] 내용 : '생명체와 자연환경 알아보기', '자연현상 알아보기'의 세부 내용	'자연과 더불어 살기'는 유아가 생명과 자연환경의 소중함을 경험하는 내용으로 새롭게 편성한 것이다. 기존 누리과정에서 사회관계 영역의 세부 내용인 '자연과 자원을 아끼는 습관을 기른다'와 세부 내용들을 종합하여 지속 가능한 사회를 위한 삶의 태도를 형성하는 내용으로 구성하였다.

탐구과정 즐기기	유아가 주변 세계와 자연에 대해 지속적으로 호기심을 가지고, 궁금한 것을 탐구하는 과정에 적극적으로 참여하면서 서로 다른 생각에 관심을 갖는 내용이다.
생활 속에서 탐구하기	유아가 물체의 특성과 변화를 여러 가지 방법으로 탐색하고, 물체를 세어 수량을 알아보고, 물체의 위치와 방향, 모양을 알고 구별하며, 길이와 무게 등의 속성을 비교하고, 반복되는 규칙을 찾아보고, 모은 자료들을 기준에 따라 분류하며, 도구와 기계에 관심을 가지고 생활 속의 문제를 다양하게 탐구하는 내용이다.
자연과 더불어 살기	유아가 주변의 동식물에 대해 관심을 가지고, 생명과 자연환경을 소중히 여기며, 날씨와 계절의 변화를 생활과 관련짓는 내용이다.

2 내용범주의 이해 및 실제

(1) 탐구과정 즐기기

목표	일상에서 호기심을 가지고 탐구하는 과정을 즐긴다.

내용	• 주변 세계와 자연에 대해 지속적으로 호기심을 가진다.
	  - 유아가 물질, 물체, 동식물, 자연현상 등에 호기심을 가지고, 놀이에서 지속적으로 궁금한 것을 찾아가거나 표현하는 내용이다.
	• 궁금한 것을 탐구하는 과정에 즐겁게 참여한다.
	  - 유아가 궁금한 것을 알아보기 위해 관찰, 비교, 분류, 예측, 실험 등의 다양한 탐구과정을 자발적으로 즐기는 내용이다.
	• 탐구과정에서 서로 다른 생각에 관심을 가진다.
	  - 유아가 탐구하는 과정에서 자신의 생각을 또래나 교사와 함께 공유하고, 서로 다른 생각에 관심을 가지는 내용이다.

유아 경험의 실제	① 유아들의 모래 구덩이 만들기가 계속되고 있다. 오늘은 유아들이 모래 속으로 물을 붓는다. 한 유아가 "물이 자꾸 없어져."라고 말한다. 옆에 있던 유아들도 함께 "왜 자꾸 없어지지?", "땅을 더 파야 해.", "아니야, 빨리 물을 부어야 해."라고 이야기 나누며 물이 스며드는 것에 호기심을 가진다. ② 어제는 메뚜기를 발견하여 관찰하던 유아들이 오늘은 방아깨비를 이리저리 살펴보며 이야기를 나눈다. 수연 : 방아깨비 발밑이 찐득찐득해. 너도 해볼래? 가현 : 약간 간지러운데, 찐득해. 풀에 붙으려고 그런가봐. 규리 : 음... 먹이를 잡아먹으려고 그런 거야. 수연 : 이거 봐. 찐득한 발로 내 손을 잡으려고 하는 것 같아.

(2) 생활 속에서 탐구하기

목표	생활 속의 문제를 수학적, 과학적으로 탐구한다.
내용	• 물체의 특성과 변화를 여러 가지 방법으로 탐색한다. 　– 유아가 주변에서 쉽게 발견할 수 있는 친숙한 물체나 물질의 크기, 모양, 색, 냄새, 소리, 질감과 같은 기본적 특성에 관심을 갖는 내용이다. 　– 나아가 그 물체나 물질을 자르고 섞는 등 다양한 방법으로 변화시켜보며, 변화되는 특성과 변화되지 않는 특성이 무엇인지 탐색해 보는 내용이다. • 물체를 세어 수량을 알아본다. 　– 유아가 일상에서 수에 관심을 가지고, 수량을 세어 많고 적음 및 수량의 변화를 알아보는 내용이다. • 물체의 위치와 방향, 모양을 알고 구별한다. 　– 유아가 자신과 물체를 기준으로 앞, 뒤, 옆, 위, 아래 등 공간 안에서 위치와 방향을 알아가는 내용이다. 　– 유아가 주변 환경에서 네모나 세모, 둥근 기둥, 상자 모양 등을 찾고 다양한 모양에서 공통점과 차이점을 알아가는 내용이다. • 일상에서 길이, 무게 등의 속성을 비교한다. 　– 유아가 일상에서 길이나 무게 등 측정 가능한 속성을 알고, 이 속성을 기준으로 물체를 비교하여 순서 지어보는 내용이다. 　– 이 과정에서 유아는 자신의 신체를 비롯하여 다양한 물체를 활용하고, 다양한 비교 어휘를 사용하면서 순서를 지어보는 내용이다. • 주변에서 반복되는 규칙을 찾는다. 　– 유아가 생활 주변에서 사물이나 사건의 양상이 일정한 순서로 반복 배열되는 것에 관심을 갖고 즐기며, 반복되는 배열에 숨어 있는 질서와 규칙을 발견하여 다음에 올 것이 무엇인지를 예측하는 내용이다. • 일상에서 모은 자료를 기준에 따라 분류한다. 　– 유아가 일상생활에서 흥미와 관심에 따라 필요한 자료를 다양한 방법으로 모으고, 수집한 자료의 공통점과 차이점을 탐색하며, 이를 하나 또는 그 이상의 다양한 기준(예 모양, 크기, 색깔 등)에 따라 정리하고 조직해 보는 내용이다. • 도구와 기계에 대해 관심을 가진다. 　– 유아가 일상생활에서 사용하는 다양한 도구와 기계에 관심을 가지고 직접 사용해 보면서, 도구와 기계가 우리의 생활에 어떠한 도움을 주는지에 대해 관심을 가지는 내용이다.
유아 경험의 실제	① 우리밀 과자를 만드는 과정에서 유아들은 버터와 계란, 밀가루를 숟가락으로 휘저으며 놀라운 표정으로 말한다. "어? 이것 봐! 반죽이 점점 갈색으로 변하고 있어.", "색깔이 진하게 변한다.", "점점 찐득찐득해지고 있어.", "섞는 게 힘들어. 이제 네가 해봐." ② 유아들이 모여 하고 싶은 놀이에 대해 자유롭게 이야기를 나누고 있다. 민지: 야, 우리 같이 놀자. 뭐할까? 현우: 나는 술래잡기. 민지: 나는 꼬마야 줄넘기할래. 현우: 우리 손 들어서 정하자. 술래잡기하고 싶은 사람 손! … 한 명, 두 명, 세 명. 그러면 줄넘기하고 싶은 사람 손! 민지: 똑같잖아. 술래잡기도 3명이고, 줄넘기도 3명이잖아.

③ 유아들이 숨바꼭질을 한다. 한 유아가 "선생님, 쉿! 나 여기 밑에 숨어 있다고 말하면 안 돼요."라고 말하곤 미끄럼틀에 올라가는 계단 아래쪽으로 들어가 숨는다. '내 앞에 계단이 있으니까 친구들에게 난 잘 안 들키겠지? 하하'라고 혼잣말을 하며 웃는다.

④ 복도에서 5세 수진이가 3세 승우와 4세 민석이를 만난다. 수진이가 "내가 키 재줄게. 너희 둘이 여기에 서 봐."라고 말한다. 승우와 민석이가 등을 마주 대고 서자 수진이는 "너가 좀 더 큰데. 내가 누가 무거운지도 봐 줄게."하며 두 유아를 차례로 뒤에서 두 팔로 안고 들어 올린다. 수진이는 "너보다 애가 좀 더 무거워."하며 웃는다.

⑤ 바깥놀이터에서 유아가 친구들에게 "우리 이 열매 모으자. 개미는 이걸 좋아하거든."하며 제안하자, 유아들이 "여기 많다."라고 말하며 바닥에 떨어진 작은 열매를 줍기 시작한다. 한 유아가 솔방울을 내밀자, "아니야. 솔방울은 너무 커, 좀 작은 게 필요해. 동그랗게 이거랑 똑같이 생긴 것만."하고 말한다. 잠시 후 유아들이 주운 열매를 모으고, "이것 봐, 진짜 다 똑같은 열매다.", "그런데 여기 빨간 건 잘 익은 건가?", "내일 오면 개미가 빨갛게 익은 건 다 먹었겠지?"라고 말하며 빨간 열매와 초록 열매를 골라낸다.

⑥ 유아들이 선생님과 함께 콩나물 무침 요리를 하고 있다. 작은 절구를 보던 한 유아가 "와! 맷돌이다."라고 말하자, 다른 유아들이 "저건 콩콩 찧는 거야.", "맷돌이 아니고...?"하며 선생님을 쳐다본다. 선생님이 "이건 절구인데."라고 말하자, 유아들이 "오늘 콩나물 무침에 쓰려고요?"하고 묻는다. 선생님은 "그래. 이걸로 깨소금을 만들어 볼까?"라고 말하며 절구 안에 깨를 넣는다.

(3) 자연과 더불어 살기

목표	생명과 자연을 존중한다.
내용	• 주변의 동식물에 관심을 가진다. 　－ 유아가 등·하원, 산책, 바깥놀이터, 교실에서 접할 수 있는 동식물을 관찰하거나 직접 길러 보면서, 동식물의 특성에 관심을 가지고 탐구하는 내용이다. • 생명과 자연환경을 소중히 여긴다. 　－ 유아가 동식물뿐만 아니라 동식물이 살아가기에 좋은 환경에 대해 관심을 가지고, 이들을 생명체로서 소중히 여기는 내용이다. • 날씨와 계절의 변화를 생활과 관련짓는다. 　－ 유아가 낮과 밤, 날씨, 계절의 변화를 느끼고, 자연의 변화가 자신의 옷차림, 놀이 등 일상생활에 영향을 준다는 것을 이해하고 적절하게 대처하는 내용이다.
유아 경험의 실제	① 성민 : 저, 도토리 엄청 주웠어요. 교사 : 벌써 도토리가 떨어져 있었어? 성민 : 네. 다람쥐들이 도토리를 많이 먹으라고 조금만 주웠어요. 교사 : 어머! 네가 주워온 도토리를 보니까 정말 가을이 온 걸 알겠구나. 네 말대로 다람쥐들은 맛있는 도토리를 먹는 가을이라서 신나겠다. 성민 : 저는요. 가을이 제일 좋아요. 교사 : 아~ 그렇구나. 왜? 성민 : 가을은 진짜 시원하잖아요. 난 더운 날씨가 싫어요.

MEMO

② 유아가 개미를 발견하고 모두 놀란다. "야 개미다.", "여기 봐.", "으~악", "무서운 거 아니야." 한 유아가 "열매 같은 걸 가져가나봐. 무겁겠다.", "배가 고픈가 봐.", "어디로 가지?", "밟지 마."라고 이야기하며 개미가 지나갈 수 있도록 몸을 옆으로 비키며 개미를 쳐다본다.

3 자연탐구 영역의 통합적 이해

(1) 사례

 꿀벌처럼

① 첫 번째 날

유아들은 바깥놀이터에서 바닥에 힘없이 널브러져 있는 벌을 발견한다. "아! 여기 벌이 있어. 죽었나 봐!" 유아의 외침에 화단에서 곤충을 찾던 유아들이 모여든다. 그때, 죽은 듯이 움직이지 않던 벌이 바르르 떨며 꿈틀거린다.

유아들은 "으악! 도망쳐!"라고 말하며 벌떡 일어나 사방으로 흩어져 달아난다.

② 두 번째 날

유아는 선생님에게 「꿀벌나무」 그림책을 읽어달라고 한다. 유아들이 선생님 주위로 모여든다. 그림책을 읽은 뒤, 유아는 "꿀벌들은 말도 못하는데, 어떻게 그렇게 집으로 잘 돌아가요?"하고 호기심을 가진다. 선생님은 "사람은 목소리로 이야기를 하는데 꿀벌은 어떻게 말을 할까?"라고 묻자 유아는 "엉덩이로 말해요."하며 엉덩이를 좌우로 흔든다. 선생님도 "이렇게?"하며 유아를 따라 몸을 움직인다. 선생님은 점심 식사 시간에 <꿀벌의 여행> 동요를 들려준다. 유아들은 밥을 먹으며 제자리에서 엉덩이를 흔들며 까르르 웃는다.

③ 세 번째 날

오전에 선생님은 <꿀벌의 여행> 동요를 다시 들려준다. 유아들은 꿀벌처럼 두 팔을 벌려 날갯짓하며 친구의 옷, 사진, 화초, 꽃무늬, 창문에 전시한 압화, 선생님의 물병 등에서 꽃을 찾는다. 이제 교실에서는 더 이상 꽃을 찾기 어려워지자 유아가 교사에게 말한다.

유아 : 선생님. 꿀벌은 꽃이 있어야 돼요. 붕붕이가 배고파서 꿀을 먹어야 돼요.

교사 : 그럼 어떻게 하면 좋을까?

유아 : 우리가 꽃을 그려줘요.

유아들은 미술영역으로 가서, 제 나름대로 꽃을 그리고 색을 칠하고 오리고 수수깡을 붙여 꽃자루도 만든다. 선생님은 유아들이 꽃을 만드는 동안 꿀벌을 그리고 오려서 수수깡을 붙인다. 선생님은 벌을 유아들의 꽃에 살포시 얹어 꿀을 빨아먹는 시늉을 하며 함께 놀이한다. 과학영역에서 자석 놀이를 하고 있던 유아가 "이거 재미있는데"하며 놀이에 참여한다. 은호와 지율이는 "꿀을 많이 먹어서 이젠 좀 쉬어야겠다. 히히."하며 교실 바닥에 드러눕는다.

유아들은 선생님께 "선생님, 밖에 나가요. 밖에는 꽃이 많아요."하며 큰 소리로 요청한다. 선생님은 "그래. 이따 점심 먹고 나가 보자. 꿀벌은 꽃을 많이 먹어서 배부르겠다. 너희도 맛있게 점심 먹으렴."하며 즐겁게 유아들의 제안을 받아들인다. 오후 바깥놀이터에서, 유아들은 꽃을 찾기보다는 개미, 공벌레, 송충이 등 곤충들을 찾아다닌다. 지율이의 자전거 짐칸 바구니에는 공벌레 몇 마리가 기어다니고 있다. 유아는 "공벌레한테 자전거 태워 줄 거예요."하며 자전거를 타고 힘차게 달린다.

④ 네 번째 날

교사는 유아들이 꿀벌에 많은 관심과 흥미가 있다는 것을 이해하여, 유아들의 흥미를 재미있게 지속시키고 싶었다. 그래서 교사는 꿀벌 머리띠도 만들고 꿀벌 날개도 만들 계획을 한다. 그러나 교사는 여러 가지 고민 끝에 꿀벌 머리띠와 꿀벌 날개를 구입하기로 하고, 유아들과는 꿀벌 날개가 햇빛에 비칠 때 반짝거리는 느낌을 꾸미는 활동을 하는 것으로 계획을 변경한다. 교사는 꿀벌 머리띠와 꿀벌 날개를 어떻게 유아들에게 전달하고 소개해야 꿀벌 활동이 놀이처럼 보다 즐겁고 재미있게 지속될 수 있을지 고민한다.

교　사 : (택배 상자를 보여 주며) 얘들아, 우리가 꿀벌을 좋아한다고 붕붕이가 꿀벌 머리띠를 선물해 줬어.

유아들 : 와! 붕붕이가 우리한테 선물해 줬대. 붕붕아 고마워.

교　사 : 우리 붕붕이에게 고맙다고 인사해야 하는데, 어떻게 인사를 하지?

유　아 : 엉덩이춤으로 말해 줘요.

유아들은 선생님과 함께 창문 밖에 꿀벌이 있는 듯, 꿀벌을 향해 엉덩이를 흔들어 준다.

유아들과 선생님은 꿀벌 머리띠와 날개를 달고 바깥놀이터로 나가 벌을 찾으러 다니기도 하고, 흙을 파고 지렁이와 개미, 공벌레를 찾아 탐색하기도 하고, 손으로 잡아 자전거 짐칸 바구니에 넣고 달리며 놀이한다.

⑤ 다섯 번째 날

바깥놀이터 미끄럼틀 근처에 피어 있는 노란 민들레꽃 위에 벌이 내려앉았다. 벌은 민들레꽃 위에서 방향을 바꾸며 엉덩이를 흔든다. 유아들은 꿀벌이 빨아먹고 있는 꿀맛에 대해 이야기를 나누며 벌을 관찰한다. 그리고 민들레 옆에서 기어가고 있는 송충이를 발견하고 서로 이야기를 주고받으며 오랫동안 관찰한다.

⑥ 여섯 번째 날

오전 시간, 유아는 곤충 그림책을 읽는다. 그림책에는 육각형으로 표현된 벌집 그림이 있다. 유아는 선생님에게 벌집에 관해 묻는다. 유아들과 선생님은 벌과 벌집에 대한 영상을 감상한 뒤 벌집을 만들기로 한다.

⑦ 일곱 번째 날

오늘도 유아들은 꿀벌 머리띠와 꿀벌 날개를 달고 교실의 이곳저곳에 있는 꽃, 꽃을 닮은 무늬를 찾아다니며 놀이한다. 유아가 갑자기 놀이를 멈추고 미술영역으로 가더니, A4용지, 가위, 투명 테이프를 활용하여 벌의 '침'을 만들어 자기 엉덩이에 붙여 달라고 한다.

거름이 tip

유아의 흥미가 지속되어 계속 확장해 갈 수도 있으나, 여기에서 끝나도 괜찮으며, 선생님들은 유아의 놀이가 늘 확장되어야 한다는 부담감을 가지지 않아도 괜찮다. 유아들은 상황에 따라 짧게 혹은 길게 스스로 놀이하므로 유아의 놀이 흐름을 자연스럽게 따라가는 것이 필요하다.

⑵ 5개 영역의 통합적 이해

① 신체운동 · 건강

신체 활동
즐기기
	• 신체 움직임을 조절한다.
	  – 유아들은 개미나 공벌레를 잡을 때 손가락 힘을 조절하며, 미술활동의 결과물인 꿀벌 집에서 발꿈치를 들고 다니고 몸을 웅크리며 움직임을 조절한다.
	• 기초적인 이동운동, 제자리 운동, 도구를 이용한 운동을 한다.
	  – 유아들은 벌을 찾아 걷기도 하고 달려가기도 한다.
	  – 벌을 탐색할 때는 가만히 멈춰 서고, 벌을 따라 옆으로 움직인다.

② 의사소통

듣기와 말하기	• 말이나 이야기를 관심 있게 듣는다.
	  – 유아들은 벌을 발견한 친구의 외침과 친구들이 하는 벌에 대한 이야기를 관심 있게 듣는다.
	• 상대방이 하는 이야기를 듣고 관련해서 말한다.
	  – 유아들은 친구들이 하는 말을 듣고 관련해서 말한다.

책과 이야기
즐기기
	• 책에 관심을 가지고 상상하기를 즐긴다.
	  – 유아들은 곤충도감을 보며 꿀벌 집과 꿀벌의 천적에 대해 알게 된다.
	  – 유아들은 벌과 관련된 그림책을 선생님에게 읽어 달라고 요청한다.
	  – 유아들은 그림책의 내용을 즐겁게 상상하며 엉덩이춤을 춘다.

③ 사회관계

더불어 생활하기	• 서로 다른 감정, 생각, 행동을 존중한다.
	  – 유아들은 벌에 대한 친구의 생각과 행동을 잘 들으며, 꿀벌처럼 날갯짓하거나 꿀을 먹는 흉내 내는 것을 함께 즐거워한다.
	• 친구와 어른께 예의 바르게 행동한다.
	  – 유아들은 친구와 달리 교사에게 말을 할 때 존칭어를 사용하며 예의 바른 행동을 한다.

④ 예술경험

창의적으로
표현하기
	• 신체나 도구를 활용하여 움직임과 춤으로 자유롭게 표현한다.
	  – 유아들은 꿀벌 머리띠와 꿀벌 날개를 활용하여 꿀벌 날갯짓을 하고 엉덩이를 흔들며 꿀벌 춤을 춘다.
	• 다양한 미술재료와 도구로 자신의 생각과 느낌을 표현한다.
	  – 유아들은 다양한 재료를 활용하여 꽃 그리기, 꿀벌 날개 꾸미기, 꿀벌 집 만들기 등을 하고, 나아가 꿀벌 침을 창의적으로 표현하는 과정을 즐긴다.

⑤ 자연탐구

탐구과정 즐기기	• 주변 세계와 자연에 대해 지속적으로 호기심을 가진다. 궁금한 것을 탐구하는 과정에 즐겁게 참여한다. 　– 죽은 벌과 살아 있는 꿀벌에 관심을 가지고, 이후 지속적으로 벌이 사는 집, 벌의 말과 움직임 등에 호기심을 가지며 그것을 알아보는 과정에 즐겁게 참여한다. • 탐구과정에서 서로 다른 생각에 관심을 가진다. 　– 유아들은 친구들, 선생님, 그림책, 곤충도감 등에서 벌에 대한 정보를 얻고, 서로 다른 사람의 생각을 들으며 관심을 가진다.
생활 속에서 탐구하기	• 물체를 세어 수량을 알아본다. 물체의 위치와 방향, 모양을 알고 구별한다. 　– 유아들은 벌집 모양을 그리며 수를 세거나, 벌집의 8각형 모양을 알고 다른 모양과 다름을 구별하는 경험을 한다.
자연과 더불어 살기	• 주변의 동식물에 관심을 가진다. 　– 유아들은 개미, 공벌레, 노린재 등을 찾으러 다닌다. 　– 누군가 "찾았다!"하고 외치면 그곳으로 달려가 한참 동안 지켜본다. • 생명과 자연환경을 소중히 여긴다. 　– 꿀벌을 친구로 여기고 소중하게 생각한다. 　– 꿀벌을 잡지 않고 날아가게 한다.

4 비교 – 2015 누리과정

(1) 내용범주의 이해 및 실제 – 탐구하는 태도 기르기

연령별 특성	3세	• 이 시기 유아의 호기심은 사물에 대해 관심과 흥미를 갖는 것이다. • 살아 있는 생물 특히 움직이는 동물에 대해 관심이 많다. • 유아 스스로 궁금한 점을 알아가는 과정에 흥미를 가진다.
	4세	• 관심 있는 사물이나 현상에 대한 호기심을 지속적으로 유지할 수 있다. • 궁금한 것을 알아가기 위해서 기초적인 탐구기술(탐색, 비교, 관찰)을 활용할 수 있다.
	5세	• 사물과 현상에 대한 호기심을 주어진 환경에서 다양한 방법으로 탐색, 조사하고 관련된 활동을 경험하면서 유지, 확장한다. • 또래와 함께 다양한 방법(관찰, 비교, 실험)으로 탐구하는 것을 좋아한다. • 또래 또는 교사와 함께 의사소통하고 토의하는 과정에 적극적으로 참여한다. • 관심 갖는 문제를 해결하기 위해 좀 더 다양하고 복잡한 탐구기술을 활용할 수 있다.
지도 원리		• 주변 환경과 자연세계에 대하여 지속적으로 호기심을 가지고 알아보는 과정을 통해 탐구하는 태도를 갖는 것에 중점을 둔다. • 유아가 관심 있는 사물이나 현상에 대해 다양한 탐구기술을 활용해봄으로써 탐구능력과 사고 기술의 기초를 형성하는 데 주안점을 둔다.

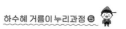

MEMO

환경 구성	공통	• 과학영역 : 여러 가지 과학 기자재를 활용하여 생물과 무생물, 물질의 특질, 자연현상 등 유아가 접하는 자연환경을 관찰, 실험, 탐구, 감상하는 활동을 하는 영역이다. • 유아는 과학영역의 활동을 통해 주변의 환경이나 사물, 생명체에 대해 알고 지속적으로 탐색하고, 과학적인 사고를 형성한다. • 과학영역에서 곤충이나 작은 동물, 식물을 기를 경우 조용하고 햇볕이 잘 드는 안정된 장소로 물을 쉽게 받을 수 있도록 수도 가까이에 배치한다.
	3세	• 유아가 좋아하는 동물에 대해 자주 이야기할 기회를 제공하고 작은 곤충에서 큰 동물까지 직접 또는 비디오나 사진, 잡지 혹은 그림책을 자주 경험할 수 있도록 한다. • 유아가 관심을 보이는 동・식물에 대해서는 관심을 집중하여 오랫동안 탐색할 수 있도록 동식물을 키울 수 있는 공간을 마련한다. • 과학적 탐색을 하면서 자료들을 벽에 부착할 수 있으므로 과학영역에 쉽고 안전하게 붙일 수 있는 작은 게시판을 비치한다. • 실외에는 주변의 친숙한 동물이나 토마토, 고추 등 성장 속도가 빠르고 열매가 맺히는 식물을 기르도록 한다.
	4세	• 과학영역에 관찰하고 탐색하기 쉽도록 관찰대나 낮은 탁자를 비치한다. • 자석, 현미경, 확대경, 기계류, 저울, 낙엽, 씨앗, 개미집, 조개껍질 등을 계절에 맞게 제시해주어 유아가 자유롭게 탐색해 볼 수 있게 한다. • 실외에는 씨를 뿌리거나 모종심기를 하여 꽃밭과 텃밭을 가꾸며 식물을 기르도록 하고, 동・식물의 성장과정이나 변화를 그림으로 나타낼 수 있도록 한다.
	5세	• 과학영역에서 직접 경험이 가능하도록 동식물 기르기, 다양한 수집물 관찰하기, 과학적 도구 사용해 보기, 기계와 부품 탐구하고 조립하기 등의 활동을 할 수 있도록 하고 기록용지와 쓰기 도구를 제공한다. • 스스로 탐색하고 실험할 수 있도록 그림책, 백과사전, 활동카드, 녹음기 등도 제시한다. 실외에는 동식물의 성장에 관련된 다양한 정보를 주는 사전이나 책 등의 자료를 제공한다. • 자기 몫을 정하여 꽃밭과 텃밭을 가꾸며, 자신이 기르는 동식물의 성장 과정이나 변화를 그림이나 글로 기록할 수 있도록 관찰 기록용지를 준비한다.

① 탐구하는 태도 기르기 - 호기심을 유지하고 확장하기

	구분	지도 중점
3세	주변 사물과 자연세계에 대해 호기심을 갖는다.	교사는 유아가 관심 갖는 사물이나 현상을 탐구할 수 있도록 주의 깊게 관찰하고, 유아의 말을 경청한다.
4세	주변 사물과 자연세계에 대해 지속적으로 호기심을 갖는다.	• 유아가 무엇에 관심이 있는지를 경청하고 주의 깊게 관찰하여 적절한 환경을 구성해줌으로써 지속적이고 흥미로운 탐색이 일어나는 상황으로 유도한다. • 유아가 호기심을 갖는 사물이나 현상에 대해 적극적으로 관찰, 조사, 실험해볼 수 있도록 물리적 환경을 구성해 준다.

5세	주변 사물과
	자연세계에 대해
	지속적으로
	호기심을 갖고
	알고자 한다.
		• 유아가 호기심을 갖는 주변의 사물을 주의 깊게 탐색할 수 있도록 하여
		  궁금한 점을 발견할 수 있도록 한다.
		• 유아가 가지게 된 궁금함이 구체화되도록 한다.
		  <div>예</div> 유아가 찾아낸 궁금한 점들을 이야기하거나 언어와 그림 등의 다양한 방법으로
		  표현하기
		• 유아의 호기심을 지속적으로 확장하기 위해서 교사는 유아 스스로
		  관찰과 조사, 실험이 가능하도록 흥미 영역에 구체적인 자료를 제시
		  하거나 집단 활동을 계획한다.
		• 유아가 궁금해 하는 내용을 스스로 탐색할 수 있도록 충분한 시간을 제
		  공하고, 단순히 지식을 알려주려는 목적으로 언어적 상호작용을 하지
		  않도록 유의한다.
		[초등학교 교육과정 연계]
		유아가 호기심을 갖고 탐구과정에 참여하며 즐기는 자체에 중점을 두어
		지도한다.

② 탐구하는 태도 기르기 - 탐구과정 즐기기

	구분	지도 중점
3세	궁금한 점을 알아보는 과정에 흥미를 갖는다.	• 탐색하고 발견해가는 과정에 흥미를 갖도록 도와준다. • 유아의 질문과 생각에 관심을 갖고 반응해 준다.

4세	궁금한 점을
	알아보는
	탐구과정에
	관심을 가지고
	참여한다.
		• 궁금한 점을 알아가기 위해 적극적으로 탐색, 관찰, 실험해 보는 탐구과
		  정에 참여하도록 격려한다.
		• 흥미로운 특성에 대해 관찰하거나, 여러 사물의 속성에 대해 비교해 보
		  도록 격려한다.

5세	궁금한 점을
	알아보는
	탐구과정에
	참여하고 즐긴다.
		• 문제해결을 위해 관찰, 비교, 분류하기 등 다양한 방법을 활용한다.
		  <div>예</div> 오감각과 도구를 사용하여 물체의 특징과 변화를 관찰하고, 관찰한 것을 그림
		  으로 그리거나 기록하기
		• 유아가 고안한 방법에 오류가 있다 하더라도 직접적인 답을 주지 않고
		  오류를 변경할 수 있는 충분한 시간을 준다.
		• 탐구하는 과정에서 자신이 생각한 가설과 결과가 다를 수 있음을 알 수
		  있도록 한다.

	탐구과정에서
	서로 다른 생각에
	관심을 갖는다.
		• 문제해결 과정에서 나의 생각이 다른 사람과 다를 수 있음을 알고 논의
		  를 통해 새로운 방법을 계획하여 실행해보도록 한다.
		• 토의하는 과정에서 자신의 생각만 주장하지 않고, 다른 사람의 생각도
		  존중해 주도록 안내한다.
		• 교사도 유아와 함께 탐구과정을 즐기려는 태도를 갖도록 한다.

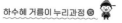

③ 탐구하는 태도 기르기 – 탐구기술 활용하기

구분		지도 중점
4세	일상생활의 문제를 해결하는 과정에서 탐색, 관찰 등의 방법을 활용해 본다.	• 다양한 문제를 해결하는 과정에서 나타나는 현상과 사물들을 구체적으로 탐색하고 주의 깊게 관찰하도록 돕는 환경을 구성한다. • 시각뿐만 아니라 청각, 후각, 미각, 촉각을 활용하여 탐색하도록 격려한다. • 교실에서 일어나는 여러 가지 문제상황에 유아가 관심을 갖도록 상호작용한다. • 문제를 해결하는 과정에서 탐색하고 관찰한 내용을 다양한 방법으로 표현해 보도록 한다.
5세	일상생활의 문제를 해결하는 과정에서 탐색, 관찰, 비교, 예측 등의 탐구기술을 활용해 본다.	• 탐구과정에서 얻은 결과를 기초로 유사한 문제나 상황에서 해결책을 예측하고 추론하도록 한다. 🄰 이미 알고 있는 지식을 이용하거나 새로 얻은 지식에 기초하여 앞으로 일어날 일을 미리 예측하고, 예측한 것을 직접 조사하거나 다른 요소를 첨가, 제거하면서 실험하기 • 유아가 고안해낸 방법으로 탐구할 수 있도록 하고, 객관적 사실보다 감정적이거나 비과학적인 결과로 결론이 나지 않도록 유의한다.

(2) 내용범주의 이해 및 실제 – 수학적 탐구하기

연령별 특성	3세	• 자신의 나이를 말하거나 주변에서 수를 세는 것을 보면서 수에 흥미를 보인다. • 육안으로 알 수 있을 만큼 수량의 차이가 큰 경우 지각에 의존하여 차이를 판단할 수 있다. • 수량을 알기 위해 수세기를 하는 것에 관심을 갖기 시작한다. • 일상생활이나 놀이 속에서 각 물체의 모양이 다르게 생겼음을 알고 모양을 구별할 수 있다. • 일상생활에서 자연스럽게 두 물체의 길이나 크기를 비교하면서 길이와 크기 속성에 대한 직관적인 이해가 가능하다. • 두 개의 물체를 비교하고 '길다/짧다, 크다/작다'와 같은 비교 어휘를 사용한다. • 관찰과 모방 행동에 의해 단순하게 반복되는 규칙을 배우고 즐긴다. • 주변 일상 속 친숙한 물체들 중에서 같은 것끼리 짝지어볼 수 있다.
	4세	• 수는 물체를 헤아려 수량을 알아보기 위해서 사용될 뿐만 아니라 순서를 나타내기 위해서 또는 이름 대신으로도 사용되는 것을 안다. • 10개 이하의 물체를 가지고 수량을 비교하여 수량이 '같다', '더 많다', '더 적다'와 같은 수의 비교를 토대로 수들 간의 관계를 점차적으로 이해할 수 있다. • 1에서 10까지의 수를 순서대로 말할 수 있으며 열 개 가량의 물체를 세어보고 그 수량을 알아볼 수 있다. • 기본 입체도형을 탐색하고 '굴러가는 것과 굴러가지 않는 것', '쌓을 수 있는 것과 쌓을 수 없는 것'과 같은 특성을 알 수 있다. • 전체적인 시각적 외양을 토대로 세모, 네모, 동그라미에 대한 자신의 시각적 이미지를 형성하고 이를 기초로 기본도형을 인식한다. • 시각적으로 구분이 가능한 길이나 크기를 기준으로 두 개의 물체를 비교하는 것뿐만 아니라 무게를 통한 비교도 가능하다.

		• 두 개의 물체를 비교하면서 '무겁다/가볍다'와 같은 어휘를 사용할 수 있다. • 일상생활에서 반복되는 상황이나 사물에 관심을 가지고 궁금해하며, 단순한 규칙성을 인식하고 말로 설명하거나 찾아볼 수 있다. • 모양, 크기, 색깔, 재질 등과 같이 공통된 한 가지 속성에 따라 자료를 분류할 수 있으며, 어미와 새끼, 손과 장갑 등과 같이 관련이 있거나 어울리는 것끼리 모을 수 있다.
	5세	• 수는 물체를 헤아려 수량을 알아보기 위해서 사용될 뿐만 아니라 순서를 나타내기 위해서 또는 이름 대신으로도 사용되는 것을 안다. • 수세기를 통해 '몇 개'라는 수량적 의미를 알게 되며 이에 기초하여 점차 수들 간의 관계를 이해하게 된다. • 1에서 10까지 수세기를 하면서 수이름과 해당되는 수량을 대응하는 것에 익숙해질 뿐만 아니라 10까지의 숫자읽기와 쓰기도 가능하다. • 1에서 9까지의 수세기에서 사용된 수이름의 순서가 10 이상의 수에도 '십일, 십이, 십삼…'과 같이 반복하여 사용되는 규칙이 있음을 알 수 있다. • 한 자리수의 구체물을 조작하면서 물체를 합하면 처음보다 수량이 많아지고, 물체를 덜어내면 처음보다 수량이 적어지는 결과를 알 수 있다. • 위나 옆에서 바라본 입체도형의 모양을 비교하거나, 입체도형을 굴리고 세워보는 등 여러 가지 방법으로 탐색하면서 도형들 간의 공통점과 차이점을 알 수 있다. • 도형을 다른 크기와 방향으로 제시하거나 비전형적인 모양으로 제시되어도 각 도형을 인식할 수 있다. • 여러 개의 다른 도형들이 모여서 하나의 도형을 만들 수 있고 반대로 하나의 도형이 여러 개의 다른 도형으로 나누어질 수 있음을 알 수 있다. • 물체를 길이, 크기, 무게뿐만 아니라 그릇에 담을 수 있는 용량, 즉 들이를 기준으로도 비교할 수 있다. • 물체를 길이, 크기, 무게, 들이를 기준으로 반복적이며 연속적인 비교를 하여 순서대로 배열할 수 있다. • '가장 길다/짧다', '~보다 더 길다/더 짧다', '가장 크다/작다', '~보다 더 크다/더 작다' 등과 같은 비교어휘를 사용하여 비교 및 순서짓기 결과를 나타낼 수 있다. • 규칙성을 단순하게 인식하고 따라하는 수준을 넘어서 다음에 올 것을 예측할 수 있다. • 제시된 규칙의 중간에 빠진 것을 추론하여 찾아보거나 단순한 규칙을 한 가지 유형에서 다른 유형으로 전이할 수 있다. • 수집된 자료를 모양이라는 한 가지 기준에 따라 분류한 후 색깔이라는 또 다른 기준을 사용하여 재분류할 수 있다. • 수집한 자료의 결과를 다른 사람들도 알아보기 쉽게 그래프로 나타낼 수 있고, 그래프가 보여주는 결과를 설명할 수 있다.
	지도 원리	• 유아가 놀이와 일상경험을 기반으로 생활 속 구체적인 문제를 해결하는 과정에서 기초적인 수학적 개념과 기능을 학습하고 사용하는 것에 중점을 둔다. • 자신의 수학적 생각을 다양한 방법으로 나타내고 다른 사람들과 의사소통을 하는 데 주안점을 둔다.

MEMO

환경 구성	공통	• 수·조작 영역은 개별적 탐색활동이 많이 이루어지는 곳으로 주의 집중이 잘 되도록 조용한 곳에 배치한다. • 난이도가 다른 다양한 놀잇감을 준비하여 유아의 발달 수준과 흥미에 따른 수·조작 활동이 이루어지도록 한다.
	3세	• 수·조작 놀이를 위해 의자와 책상에 앉는 것보다 낮은 책상을 활용하는 것이 좋으며 바닥에는 카펫을 깔아준다. • 수·조작 영역에는 수 활동을 위해 1~10까지 셀 수 있는 구체물(⑩ 작은 동물 모형, 조개류, 솔방울 등), 크기를 비교할 수 있는 놀잇감, 각종 수세기판, 주사위, 윷, 큰 글자의 시계, 달력, 분류자료(⑩ 조개, 열매, 병뚜껑 등) 등을 제시한다.
	4세	• 개별 놀이와 소집단 놀이를 모두 수용하도록 수·조작 영역을 구성해준다. • 수 활동을 위해 색깔이나 형태, 크기가 다른 끼우기 블록, 수 막대 등 구체물을 제시한다.
	5세	• 수·조작 영역에는 책상과 함께 게임판이나 교구를 바닥에 놓고 사용할 수 있도록 바닥에 카펫을 깔아준다. • 5세는 전략적인 수 놀이 게임을 즐기며, 개별적인 탐색을 즐기는 조작활동을 하므로 교구와 유아들 간의 상호작용과 전략을 유발하는 그룹게임이나 일대일 게임 등이 이루어질 수 있도록 다양한 게임판을 제시한다.

① **수학적 탐구하기 – 수와 연산의 기초개념 알아보기**

구분		지도 중점
3세	생활 속에서 수에 관심을 갖는다.	• 일상생활에서 자연스럽게 경험하는 수에 적극적으로 관심을 갖도록 한다. ⑩ 자신의 나이를 말하기, 주변에서 수를 세는 것을 보고 듣기
	구체물 수량의 많고 적음을 비교한다.	• 수세기가 요구되는 놀이나 게임, 숫자 노래, 일상 경험 등 수세기를 할 수 있는 기회를 다양하게 제공한다. • 눈으로 봐서 쉽게 알 수 있을 만큼 수량 차이가 크게 나는 두 물체의 수량을 눈으로 비교하는 경험과(직관적인 수량 비교), '많다', '적다'와 같은 수량을 지칭하는 언어 사용의 경험을 제공한다.
	5개가량의 구체물을 세어보고 수량에 관심을 갖는다.	• 유아가 기계적인 수이름을 암송한다고 해서 반드시 이에 해당하는 수량을 아는 것은 아니므로 적은 수량의 물체를 직접 세어보면서 '몇 개인지'의 수량에 주목할 수 있도록 한다.
4세	구체물 수량에서 '같다', '더 많다', '더 적다'의 관계를 안다.	• 점차적으로 차이가 적은 두 집합의 크기를 비교하도록 하여 하나의 사물의 양을 기준으로 이것과 비교해서 같은지, 더 많은지, 더 적은지의 관계를 알 수 있도록 한다. 🔵 10개 이하의 물체를 제시하고 다른 물체로 같은 수량을 만들어 본 후, 동일한 수량의 두 집합 중 한쪽에만 1~2개의 수량을 추가하고 어느 집합이 더 많은지/더 적은지를 비교하기
	10개가량의 구체물을 세어보고 수량을 알아본다.	• 집합의 크기를 비교할 때는 일대일 대응이나 수세기를 하도록 격려한다. • 유아가 물체를 셀 때 한 개씩 손가락으로 가리키며 세어보거나 헤아린 물체를 한쪽으로 놓는 등 효과적으로 수를 세는 방법을 안내한다. • 마지막에 센 수단어를 강조하여 수량을 세어보도록 한다.

MEMO

4, 5세	생활 속에서 사용되는 수의 여러 가지 의미를 안다.	4, 5세 공통	수가 수량을 알아보기 위해 사용될 뿐만 아니라 첫 번째, 두 번째 등과 같이 순서를 나타낼 때, 전화번호나 버스 번호와 같이 이름처럼 사용되는 다양한 상황을 통해 수의 의미를 이해하도록 한다.
		4세	ⓔ 블록이 모두 몇 개인지 세어보고, 블록을 아래에서부터 위로 쌓아가며 첫 번째 블록은 무슨 색인지, 다섯 번째 블록은 무슨 색인지 이야기하기
		5세	ⓔ 아래에서부터 길게 쌓아놓은 블록을 보며 아래에서부터 세 번째 블록, 위에서부터 네 번째 블록 등으로 기준점을 달리하여 세어보고, 유아들이 직접 문제를 내며 서로 맞혀보기
5세	구체물 수량의 부분과 전체 관계를 알아본다.		• 특정 수부터 이어세기, 거꾸로 세기, 띄어 세기 등 수세기의 여러 방법을 경험하게 한다. • 부분과 전체의 관계를 인식할 수 있도록 한다. ⓔ 5와 10을 기준으로 수를 생각해볼 수 있도록 5칸(10칸)으로 나뉜 종이판을 준비한 후 교사가 7을 부르면 유아가 5칸(10칸) 안에 구체물을 넣고 나머지를 종이판 위에 놓아 몇 개가 더 있는지 생각해 보기
	20개가량의 구체물을 세어보고 수량을 알아본다.		• 더하기나 빼기가 요구되는 일상의 구체적인 상황이나 조작할 수 있는 구체물을 가지고 더하거나 빼는 경험을 해보도록 한다. • 구체물이 아닌 숫자와 기호를 사용하여 덧셈과 뺄셈을 반복하는 형식적인 활동이 되지 않도록 주의한다. [초등학교 교육과정 연계]
	구체물을 가지고 더하고 빼는 경험을 해본다.		• 1에서 9까지의 수세기에서 사용된 수이름의 순서가 10 이상의 수에도 반복되어 사용되는 규칙이 있음을 알고 유아가 점차 더 많은 수의 물체를 직접 세어보고 수량을 알 수 있도록 지도한다. • 구체적이고 조직적인 경험을 통해 더하고 감해지는 수량의 변화를 충분히 경험하고 이해할 수 있도록 지도한다.

② 수학적 탐구하기 – 공간과 도형의 기초개념 알아보기

구분		지도 중점
3세	나를 중심으로 앞, 뒤, 옆, 위, 아래를 알아본다.	• 자신을 기준으로 물체의 위치와 방향을 인식하고 이를 표현할 수 있는 기회를 제공한다. • 일상생활에서 접하는 여러 가지 물건을 탐색하면서 시각적인 외양을 토대로 물체의 모양에 흥미를 갖도록 한다. • 촉감을 이용한 감각운동적 경험을 통해 여러 가지 물체를 탐색하면서 물체의 모양에 대해 지속적으로 호기심을 갖도록 격려한다.
	물체의 모양에 관심을 갖는다.	
4세	기본 도형의 특성을 인식한다.	주변 사물 중 기본 도형 모양인 것을 찾아보면서 각 도형의 형태와 이름에 익숙해질 수 있도록 한다.

4, 5세	위치와 방향을 여러 가지 방법으로 나타내 본다.	4, 5세 공통	위치와 방향을 인식하고 '책상 위', '책꽂이 뒤', '창문 앞쪽으로', '현관 쪽으로'와 같이 공간적 어휘 및 블록과 같은 구체물이나 그림으로 그려서 표현하도록 한다.
	기본 도형을 사용하여 여러 가지 모양을 구성해 본다.	4세	• 친숙한 장소까지의 경로를 인식하여 간단한 지도를 만들면서 옆, 앞, 뒤, 멀리, 가까이 등과 같은 공간관계를 알 수 있도록 한다. 　◉ 교실 문에서부터 흥미 영역으로 이동하는 경로를 말하면서 블록으로 각 흥미 영역의 위치를 표시하기 • 여러 도형을 사용하여 새로운 형태를 구성하는 경험 자체에 중점을 둔다. 　◉ 탱그램으로 여러 모양 만들기
		5세	공간에 대한 심적 지도를 형성할 수 있도록 주요한 지형지물을 사용하여 경로를 설명하고 간단한 지도 만들기 경험을 제공한다. 　◉ 교실이나 바깥놀이터의 지도를 만든 후 교사와 유아가 함께 물체를 숨길 공간을 지도상에서 미리 정하여 숨기고, 유아가 그 위치를 찾아 보기
5세	여러 방향에서 물체를 보고 그 차이점을 비교해 본다.		• 여러 방향에서 본 물체의 형태를 표현하거나 비교하는 활동을 제공한다. • 각 도형별로 다양한 크기를 제시하거나 도형을 놓는 방향을 다르게 하는 등 다양한 예를 접하게 하여 도형의 속성을 비교해 보게 한다. • 공, 둥근기둥, 상자 모양의 기본 입체도형과 동그라미, 세모, 네모의 기본 평면도형을 모두 경험할 수 있도록 유의하여 지도한다. • 하나의 도형이 여러 다른 도형으로 만들어질 수 있음을 보면서 도형 나누기와 도형 합하기에 관심을 갖도록 한다.
	기본 도형의 공통점과 차이점을 알아본다.		◉ 패턴블록과 여러 가지 모양 틀을 도형으로 채우고 다른 유아와 모양틀을 채운 방법이나 사용한 도형에 대해 비교하기 [초등학교 교육과정 연계] • 친숙한 장소에서 위치와 방향, 거리를 인식할 수 있도록 지도한다. • 기본 입체도형과 평면도형을 모두 경험하게 하여 기본도형에 대한 이미지와 감각을 형성하도록 지도한다.

③ 수학적 탐구하기 - 기초적인 측정하기

구분		지도 중점
3세	두 물체의 길이, 크기를 비교해 본다.	• 놀이 및 일상에서 길이나 크기를 기준으로 두 개의 물체를 시각적으로 비교해 볼 수 있도록 한다. • 두 개의 물체를 비교하고 '길다/짧다, 크다/작다'와 같은 비교 어휘를 사용하는 경험을 제공한다.
4세	일상생활에서 길이, 크기, 무게 등을 비교해 본다.	• 시각적으로 구분이 가능한 길이나 크기를 기준으로 두 개의 물체를 비교하는 것뿐만 아니라 무게를 통한 비교도 가능하도록 경험을 제공한다. 　◉ 손이나 양팔 저울 위에 두 개의 물체를 얹어 놓고 비교하면서 '무겁다/가볍다'와 같은 비교 어휘 사용하기 • 두 물체를 직접 들어보면서 눈으로 보기에는 더 작은 물체이지만 손으로 들어보았을 때 더 무거울 수 있다는 것을 알 수 있도록 한다.

MEMO

5세	일상생활에서 길이, 크기, 무게, 들이 등의 속성을 비교하고 순서를 지어본다.	• 놀이 및 일상에서 유아가 길이, 크기, 무게, 들이 등을 인식하고 '~보다 많다', '~보다 더 길다', '~보다 크다'와 같은 비교용어를 사용하며 비교하고 순서지어 보도록 한다. • 측정을 위해 손 뼘, 발 길이, 블록, 연필과 같은 임의단위를 사용하도록 한다. 손 뼘이나 발 길이와 같은 신체 단위는 사람에 따라 다르므로 측정 결과가 달라진다는 점을 인식할 수 있도록 한다. • 측정 과정에서 나타나는 문제점을 경험하고 해결하는 과정에서 측정할 속성에 적합한 단위를 선정하고, 동일한 단위를 반복하여 측정할 때 기술을 인식할 수 있도록 지도한다. 예 단위를 반복할 때 사이가 벌어지지 않게 정확하게 연결하거나 물체들의 한쪽 끝을 맞추어 배열하는 등의 측정기술이 필요함을 인식하기
	임의 측정단위를 사용하여 길이, 면적, 들이, 무게 등을 재 본다.	• 측정은 실생활에서 많이 접하는 경험이므로 교사는 유아가 필요에 의해 직접 측정할 수 있는 허용적인 분위기를 조성한다. [초등학교 교육과정 연계] • 놀이 및 일상생활에서 유아가 길이, 높이, 무게, 들이 등의 속성을 인식하고 비교하거나 순서지어 볼 수 있도록 한다. • 측정을 위해 손 뼘, 발 길이, 블록, 연필과 같은 임의단위를 사용하도록 한다.

④ 수학적 탐구하기 - 규칙성 이해하기

구분		지도 중점
3세	생활 주변에서 반복되는 규칙성에 관심을 갖는다.	일상생활 속에서 자주 경험하는 익숙한 상황이나 사물의 양상이 일정하게 반복 배열됨에 호기심을 가지고 즐길 수 있도록 한다. 예 노래 속에서 반복되는 리듬과 몸 움직임, 동물 소리 등을 통해 자연스럽게 반복되는 규칙에 관심을 가지고 따라하고 즐기기
4세	생활 주변에서 반복되는 규칙성을 알아본다.	• 생활 주변에서 단순하게 반복되는 규칙성에 관심을 가지고 적극적으로 알아볼 수 있도록 격려한다. • 단순하게 반복되는 규칙을 제시하면 유아는 규칙성을 이해하고 그 규칙을 그대로 따라해 보도록 한다. 예 OX 또는 OOXX 유형과 같이 단순하게 반복되는 규칙을 제시하면 이를 인식하고 그대로 따라하기
	반복되는 규칙성을 인식하고 모방한다.	
5세	생활 주변에서 반복되는 규칙성을 알고 다음에 올 것을 예측해 본다.	• 사물이나 일상적 상황에 나타난 규칙성을 발견하도록 도와준다. 예 하루 일과, 옷이나 포장지의 무늬, 나뭇잎이나 동물의 무늬, 예술작품에 들어 있는 규칙성을 말이나 그림으로 표현하기 • 청각적 패턴, 시각적 패턴, 운동적 패턴과 같은 다양한 패턴이 있음을 인식하고 규칙성을 재구성해 보도록 한다. 예 반복되는 동작이나 숫자에 빈칸을 만들어 다음으로 무엇이 올지 예측해 보게 한 후 다른 유형의 패턴으로 바꾸기 • '빨강-파랑-빨강-파랑'과 같이 반복되는 규칙성을 보고 다음에 이어지는 것이 무엇인지에 초점을 맞추기보다는 규칙성의 핵심요소인 A-B를 파악하는 데 주의를 기울이도록 한다. [초등학교 교육과정 연계] 구체물뿐만 아니라 그림이나 기호 등을 사용하여 규칙적 관계를 나타내는 다양한 유형의 패턴활동을 제공한다.
	스스로 규칙성을 만들어 본다.	

⑤ 수학적 탐구하기 – 기초적인 자료수집과 결과 나타내기

구분		지도 중점
3세	같은 것끼리 짝을 짓는다.	다양한 사물의 같은 점과 다른 점을 구별하고 같은 것끼리 짝지어 보는 기회를 제공한다. 예 크기가 큰 동그라미와 작은 동그라미, 큰 세모와 작은 세모, 큰 네모와 작은 네모 등으로 준비하여 같은 모양끼리 짝짓기
4세	한 가지 기준으로 자료를 분류해 본다.	색, 모양, 크기, 재질 등 익숙한 사물의 한 가지 속성에 기초하여 사물을 분류해 보고 분류의 준거를 말해 보게 한다.
4, 5세	필요한 정보나 자료를 수집한다.	**4, 5세 공통** 필요한 정보나 자료를 수집하기 위해서 의견 조사하기, 책 찾아보기, 관찰하기, 실험하기 등의 다양한 방법 중에서 탐구하려는 문제에 가장 적절한 방법을 선택해보는 활동을 제공한다.
		4세 예 가을에 떨어지는 나뭇잎을 알아보기 위해 바깥놀이터에서 떨어진 나뭇잎을 모아서 관찰하기
		5세 예 가을에 떨어지는 나뭇잎을 알아보기 위한 방법을 논의한 후, 유아용 사전이나 인터넷 검색, 바깥놀이터에서 떨어진 나뭇잎 관찰하여 모아 오기 등의 방법을 이야기하고 원하는 방법을 선택하여 조사하기
5세	한 가지 기준으로 분류한 자료를 다른 기준으로 재분류해 본다. 그림, 사진, 기호나 숫자를 사용해 그래프로 나타내 본다.	• 사물의 한 가지 속성에 기초하여 분류한 것을 또 다른 속성을 생각해 보고 이에 따라 다시 분류할 수 있도록 지도한다. • 수집한 자료를 그림, 사진, 기호, 숫자 등을 사용하여 표나 그래프로 표현해 보도록 도와준다. • 그래프를 만들 때 그래프를 만드는 것 자체에 초점을 두기보다는 조사하고 수집한 자료를 나타내는 방법으로 사용된다는 것에 유의해 지도한다. [초등학교 교육과정 연계] 실생활에서 친근하게 느낄 수 있는 소재를 기준을 정해 분류하며, 분류한 것을 그림, 사진, 기호, 숫자 등으로 나타내 보도록 지도한다.

(3) 내용범주의 이해 및 실제 – 과학적 탐구하기

연령별 특성	3세	• 생활 속에서 사용되는 물체와 물질에 대해 탐색하는 것을 즐긴다. • 자신의 몸을 탐색하면서 신체의 이름과 위치, 기능에 관심을 갖게 되고, 점차적으로 출생과 성장에 대해서도 알고 싶어 한다. • 주변의 동식물에 관심을 가지게 되면 직접 만져보거나 상호작용하기를 원한다. • 생명체에 대하여 자연스러운 친근함과 흥미를 가지고 있다.
	4세	• 물체나 물질에 관심을 갖는 것에서 더 나아가 물체나 물질의 크기, 색, 모양, 질감 등과 같은 특성을 구체적으로 알고자 한다. • 관심을 가진 물체나 물질을 발견하면 어떻게 움직이고 변화시킬 수 있을지를 탐구하고 실험한다.

		• 자신의 몸을 탐색하면서 신체의 이름과 위치, 기능에 관심을 갖게 되고, 점차적으로 출생과 성장에 대해서도 알고 싶어 한다. • 자신이 관심을 갖는 동식물의 특성에 대해 적극적으로 조사하고 탐색하고 싶어 한다. • 생명체에 대하여 자연스러운 친근함과 흥미를 가지고 있다. • 주변에서 자주 볼 수 있는 여러 가지 도구와 기계를 직접적으로 사용하고 싶어 한다.
	5세	• 4세 시기에 탐색한 물체와 물질의 범위를 더 넓혀 다양한 방법으로 기본적 특성을 알아가게 된다. • 관심을 가진 물체나 물질을 발견하면 어떻게 움직이고 변화시킬 수 있을지를 탐구하고 실험한다. • 현재 자신의 신체조건을 출생 시와 비교하면서 성장의 의미를 이해하고, 변화의 개념을 알아간다. • 관심 있는 동식물의 특성뿐만 아니라 성장과정에 대해서도 궁금해하며 알아보고자 한다. • 생명체에 대하여 자연스러운 친근함과 흥미를 가지고 있다. • 환경친화적 태도를 형성할 수 있는 중요한 시기이다. • 생활에 많은 도움을 주고 있는 컴퓨터나 스마트폰, 로봇과 같은 새로운 도구와 기계에 많은 관심을 가지고 있다.
지도원리		• 주변 환경에 호기심을 가지고 탐색할 수 있도록 환경을 구성해주고, 관련된 다양한 자료를 제공해주어 유아가 자발적으로 실험하고 탐구하도록 격려하는 것에 중점을 둔다. • 유아를 주의 깊게 관찰하여 유아의 생각을 알아내고, 적절한 질문을 통해 능동적으로 탐구하도록 안내하는 것에 주안점을 둔다.
환경 구성	공통	• 과학영역: 여러 가지 과학 기자재를 활용하여 생물과 무생물, 물질의 특질, 자연현상 등 유아가 접하는 자연환경을 관찰, 실험, 탐구, 감상하는 활동을 하는 영역이다. • 유아는 과학영역의 활동을 통해 주변의 환경이나 사물, 생명체에 대해 알고 지속적으로 탐색하고, 과학적인 사고를 형성한다. • 과학영역에서 곤충이나 작은 동물, 식물을 기를 경우 조용하고 햇볕이 잘 드는 안정된 장소로 물을 쉽게 받을 수 있도록 수도 가까이에 배치한다.
	3세	• 유아가 좋아하는 동물에 대해 자주 이야기할 기회를 제공하고 작은 곤충에서 큰 동물까지 직접 또는 비디오나 사진, 잡지 혹은 그림책을 자주 경험할 수 있도록 한다. • 유아가 관심을 보이는 동식물에 대해서는 관심을 집중하여 오랫동안 탐색할 수 있도록 동식물을 키울 수 있는 공간을 마련한다. • 과학적 탐색을 하면서 자료들을 벽에 부착할 수 있으므로 과학영역에 쉽고 안전하게 붙일 수 있는 작은 게시판을 비치한다. • 실외에는 주변의 친숙한 동물이나 토마토, 고추 등 성장 속도가 빠르고 열매가 맺히는 식물을 기르도록 한다.

4세	• 과학영역에 관찰하고 탐색하기 쉽도록 관찰대나 낮은 탁자를 비치한다. • 자석, 현미경, 확대경, 기계류, 저울, 낙엽, 씨앗, 개미집, 조개껍질 등을 계절에 맞게 제시해주어 유아가 자유롭게 탐색해 볼 수 있게 한다. • 실외에는 씨를 뿌리거나 모종심기를 하여 꽃밭과 텃밭을 가꾸며 식물을 기르도록 하고, 동식물의 성장과정이나 변화를 그림으로 나타낼 수 있도록 한다.
5세	• 과학영역에서 직접 경험이 가능하도록 동식물 기르기, 다양한 수집물 관찰하기, 과학적 도구 사용해 보기, 기계와 부품 탐구하고 조립하기 등의 활동을 할 수 있도록 하고 기록용지와 쓰기 도구를 제공한다. • 스스로 탐색하고 실험할 수 있도록 그림책, 백과사전, 활동카드, 녹음기 등도 제시한다. • 실외에는 동·식물의 성장 관련 다양한 정보를 주는 사전이나 책 등의 자료를 제공한다. • 자기 몫을 정하여 꽃밭과 텃밭을 가꾸며, 자신이 기르는 동·식물의 성장 과정이나 변화를 그림이나 글로 기록할 수 있도록 관찰 기록 용지를 준비한다.

① 과학적 탐구하기 – 물체와 물질 알아보기

구분		지도 중점
3세	친숙한 물체와 물질의 특성에 관심을 갖는다.	• 주변에서 쉽게 발견할 수 있는 친숙한 물체나 물질의 크기, 모양, 색, 냄새, 소리, 질감과 같은 기본적 특성에 관심을 가지고 자연스럽게 탐색하도록 한다. • 물체의 움직임이나 물질의 크기, 모양, 색 등의 특성에 관심을 가질 수 있도록 적절한 환경을 구성한다.
4세	친숙한 물체와 물질의 특성을 알아본다.	친숙한 물체나 물질에 대해 지속적으로 관심을 갖고 경험하면서 자연스럽게 물체나 물질의 특성을 알아보도록 한다. 예 주변에서 익숙하게 볼 수 있는 자석이나 구슬과 같은 물체나, 밀가루 반죽과 같은 물질 등을 가지고 놀이하기
4, 5세	물체와 물질을 여러 가지 방법으로 변화시켜 본다.	**4, 5세 공통** 물체나 물질을 변화시켜 보기 위해 열을 가하거나 힘의 강도를 다르게 하는 등 여러 가지 방법을 사용해보도록 격려하고, 변화 과정을 탐색해볼 수 있게 한다.
		4세 • 물체나 물질을 움직여보거나 잘라보고 또는 다른 것과 섞거나 분리해 내는 등 여러 가지 방법으로 변화시켜 보도록 한다. • 물체와 물질의 크기, 모양, 색, 질감 등의 속성에서 변화되는 특성은 무엇이고, 변화에도 불구하고 변치 않는 속성은 무엇인지에 대해 알 수 있도록 한다. 예 유아에게 화장지나 신문지를 물에 넣으면 어떻게 변화될지 예측해보도록 한 후 실제로 물에 넣어 관찰, 종이가 물속에서 걸쭉해지는 것을 손으로 만져보고, 공처럼 뭉쳐보는 등 다양한 방법으로 변화시켜 보기
		5세 예 물속에 종이를 넣어 종이가 어떻게 변화하는지 탐색한 후 가루나 녹말 가루, 분말 물감 등을 넣어 다시 변화 과정을 탐색, 변화된 종이를 가지고 유아들이 만들고 싶은 물건을 만들어 말려서 비교하기

| 5세 | 주변의 여러 가지 물체와 물질의 기본 특성을 알아본다. | • 주변의 다양한 물체나 물질의 기본적인 특성을 파악하고 세부적인 특성에도 관심을 가질 수 있도록 한다.
　예 여러 가지 물건들의 크기, 모양, 색, 움직임에 대해 알아보기, 비밀 상자 안에 들어있는 물건들을 만져보고, 느낌을 언어로 표현하기
• 실내외 환경에서 다양한 물체와 물질을 경험할 수 있도록 환경을 미리 계획하여 구성한다.
• 한 번에 여러 종류의 물체와 물질을 제공해 주어 지나친 자극이 되지 않도록 주의한다.
[초등학교 교육과정 연계]
주변의 다양한 물체나 물질의 기본적인 특성을 파악하고 세부적인 특성에도 관심을 가질 수 있도록 한다. |

② 과학적 탐구하기 – 간단한 도구와 기계 활용하기

구분		지도 중점
3세	생활 속에서 간단한 도구와 기계에 관심을 갖는다.	매일 다루는 지퍼나 단추, 가위와 같은 아주 간단한 도구에 대한 관심부터 이끌어 내고, 점차적으로 생활 속에서 사용되는 다양한 도구와 기계에 대해 관심을 갖도록 한다.
3, 4세	도구와 기계의 편리함에 관심을 갖는다.	**3, 4세 공통** 도구와 기계가 우리의 생활에 어떤 편리함을 주는지 구체적으로 알아보도록 안내한다.
		3세 예 우리 생활에 편리함을 주는 다양한 도구(국자, 숟가락과 젓가락 등)를 사용한 경험에 대해 이야기를 나누고, 실제 도구를 가지고 도구의 어떤 점이 편리함을 주는지 알아보기
		4세 예 카메라 다루어보기, 기계가 주는 편리함 알아보기
4, 5세	생활 속에서 간단한 도구와 기계를 활용한다.	**4, 5세 공통** 생활 속에서 필요한 도구와 기계를 올바르게 활용하는 경험을 제공한다.
		4세 예 생활 속에서 활용되는 도르레나 지렛대를 제공하여 유아가 탐색하고 놀이와 연계해 교실에서 활용해보도록 안내하기
		5세 예 믹서, 사진기, 청소기와 같은 도구와 기계가 필요한 여러 상황을 소개하고, 각 상황에서 필요한 도구와 기계를 직접 활용해보기
5세	변화하는 새로운 도구와 기계에 관심을 갖고 장단점을 안다.	• 교사는 컴퓨터와 스마트폰과 같은 새로운 첨단 기계가 지속적으로 개발되어 생활의 편리함을 제공해주지만, 잘못 활용할 경우 여러 가지 부작용과 피해를 줄 수 있다는 것도 알려주는 활동을 계획하여 제공한다. • 유아가 도구와 기계의 변화 과정을 개념적 원리보다는 여러 가지 특성(크기, 모양, 작동방법 등)과 관련지어 이해하도록 지도한다. [초등학교 교육과정 연계] 생활 속 다양한 생활도구를 직접 활용해보는 경험을 제공한다.

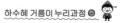

③ 과학적 탐구하기 − 생명체와 자연환경 알아보기

구분		지도 중점
공통	생명체를 소중히 여기는 마음을 갖는다.	동식물의 관점을 잘 표현해낸 그림책을 읽거나 동식물의 입장이 되어 보는 극놀이를 하면서 생명체의 관점을 이해하고 소중히 여기는 마음을 가질 수 있게 한다.
3세	주변의 동식물에 관심을 가진다.	• 교실 안에 동식물을 두고 길러보게 하여 유아가 생명체에 관심을 갖도록 한다. 📌 동식물에 대해 단편적인 지식을 알려주기보다는 직접 먹이주기, 자세히 관찰하기와 같은 방법을 통해 계속 관심을 가지고 돌보기 • 교사는 생명체에 대해 관심을 기울이고 존중해 주는 모델이 되도록 한다.
3, 4세	나의 출생과 성장에 대해 관심을 갖는다.	**3, 4세 공통** 유아가 출생 후 성장하는 과정에서 변화된 부분에 대해 관심을 가질 수 있도록 유아의 성장과정에 대한 사진이나 동영상 자료를 활용한다. **3세** 📌 유아의 신생아 사진과 돌 사진, 현재의 모습을 찍은 사진을 차례로 보여주고 어떻게 달라졌는지 비교하기 **4세** 📌 유아의 키와 몸무게를 재보고 3세 때 키와 몸무게에서 어떻게 변화하였는지 시각화하여 비교하기
4세	관심 있는 동식물의 특성을 알아본다. 생명체가 살기 좋은 환경에 대해 관심을 갖는다.	• 관심을 가지고 있는 동식물을 선택하여 자세히 탐색할 수 있도록 안내한다. 📌 동식물원 견학, 동식물 전문가와 이야기 나누기, 관심 있는 동식물에 대해 인터넷 검색하기 • 생물체가 살기 좋은 환경의 중요성을 깨닫고, 주변 환경에 관심을 가지고 탐색할 수 있는 내용을 중점적으로 다루도록 한다.
5세	나와 다른 사람의 출생과 성장에 대해 알아본다. 관심 있는 동식물의 특성과 성장 과정을 알아본다. 생명체가 살기 좋은 환경과 녹색환경에 대해 알아본다.	• 어린 시절과 현재의 모습을 비교하여 변화된 부분을 논의하고, 현재의 내가 앞으로 어떻게 변화할지에 대해 이야기해 보며, 유아의 출생과 성장과정을 통해 '변화한다'라는 사실을 인식하도록 한다. 📌 유아 주변 사람들에게 관심을 확장하여 다른 사람의 출생과 성장에 대해 알아보기 • 관심 있는 동식물을 주변 환경에서 직접 경험하고, 길러보며, 성장하는 과정을 알아 볼 수 있도록 한다. • 생명체가 살아가기에 좋은 환경에 대해서 생각해 보도록 하고 실제 생활에서 실천할 수 있는 다양한 방법을 알아보도록 한다. • 우리가 살고 있는 환경의 문제점에 대해 함께 이야기를 나누고, 오염된 환경을 깨끗한 녹색 환경으로 변화시키기 위해 할 수 있는 일들을 조사해 보도록 한다. • 교사가 녹색환경에 관한 내용을 계획할 때 이산화탄소 배출로 인한 지구 온난화와 관련된 내용을 설명하게 되면 너무 추상적일 수 있으므로 유아가 생활 속에서 직접 실천할 수 있는 활동으로 계획한다. [초등학교 교육과정 연계] • 나의 성장한 모습을 통해서 미래의 모습을 예상해 보도록 한다. • 관심 있는 동식물을 주변 환경에서 직접 경험하고, 길러보며, 동식물을 보호하는 마음을 갖도록 한다.

④ 과학적 탐구하기 - 자연현상 알아보기

구분			지도 중점
3세	돌, 물, 흙 등 자연물에 관심을 갖는다.		• 주변에 있는 돌, 물, 흙과 같은 자연물을 가지고 놀이하는 경험(흙놀이, 물놀이)을 통해 자연스럽게 자연물에 관심을 가지도록 한다.
	날씨에 관심을 갖는다.		• 유아가 일상적으로 경험하는 다양한 날씨에 관심을 가지고 탐색하도록 감각을 통해 직접 다양한 날씨를 경험하도록 한다.
4세	날씨와 기후변화에 관심을 갖는다.		교사는 계절에 따른 기온의 변화, 일교차가 큰 봄과 가을, 습하고 더우며 비가 많은 여름, 춥고 건조하며 눈이 내리는 겨울과 같이 계절별로 달라지는 기후에 대해 유아가 지속적으로 관심을 가지도록 하는 것에 중점을 둔다.
4, 5세	돌, 물, 흙 등 자연물의 특성과 변화를 알아본다.	공통	주변에 있는 크고 작은 돌과 암석 등을 찾아서 모양이나 색, 크기, 질감 등에 대해 알아보고 장소나 시간의 경과에 따라 자연물의 상태가 변할 수 있음을 능동적으로 알아볼 수 있도록 한다.
		4세	⑩ 여러 가지 도구를 이용하여 체로 치는 놀이를 하면서 흙의 특성 알아가기
		5세	⑩ 흙의 종류(모래흙, 진흙, 일반 흙)에 따라 식물의 성장이 어떻게 달라지는지 지속적으로 관찰하고 탐색하기
5세	낮과 밤, 계절의 변화와 규칙성을 알아본다.		• 낮과 밤, 계절의 변화를 지속적으로 관찰해 봄으로써 변화의 규칙성을 이해하도록 한다. • 매일 아침 유아와 함께 날씨에 대해 이야기를 나누는 시간을 가진다. • 유아가 계절에 따라 봄에 나타나는 황사 현상, 여름의 태풍과 장마 현상, 가을철의 맑고 높은 하늘, 겨울의 눈 오는 현상에 대해 지속적으로 관심을 가지도록 환경을 구성한다. • 유아가 낮과 밤, 계절의 변화와 규칙성을 이해하기 위해 인과적 수준의 문제해결보다 유아의 생활과 주변 환경이 어떻게 변화했는지를 중심으로 활동을 계획한다. [초등학교 교육과정 연계] 낮과 밤, 계절의 변화를 지속적으로 관찰하면서 유아의 생활과 주변 환경이 어떻게 변화하는지를 알 수 있도록 지도한다.
	날씨와 기후변화 등 자연현상에 대해 관심을 갖는다.		

MEMO

참고 문헌

- 이명조(2015). 영유아정신건강. 동문사.
- 이소은, 권기남(2014). 아동미술. 방송통신대학교.
- 김은심, 김정희, 손미애, 유지안(2019). 유아미술교육. 학지사.
- 이원영, 임경애, 김정미, 강유진(2017). 자유표현과 심미감 중심의 유아미술교육. 학지사.
- 이숙재, 이봉선, 김경란(2005). 유아미술교육. 창지사.
- 전인옥, 이숙희(2015). 유아음악교육. 방송통신대학교.
- 심성경, 이희자, 이선경, 김경의, 이효숙, 박주희(2017). 영유아음악교육. 양서원.
- 김명순, 조경자(2002). 유아를 위한 음악 교육의 이론과 실제. 다음세대.
- 이옥주, 정수진, 윤지영(2017). 음악요소에 기초한 유아음악교육. 신정.
- Kostelnik, Soderman, Whiren, Rupiper, Gregory(2017). 영유아의 사회정서발달과 교육. 박경자, 김송이, 신나리, 권연희, 김지현 옮김. 교문사.
- 신은수 외 공저(2001). 상호작용이론에 기초한 유아교육과정의 운영 및 활동의 실제. 학지사.
- 문혁준, 이희경, 권희경, 김정희, 김혜연, 이성복, 강인숙(2016). 유아사회교육. 창지사.
- 박찬옥, 서동미, 엄은나(2015). 유아사회교육. 양성원.
- 교육부(2006). 유아의 사회성 발달을 돕는 협동활동 프로그램. 현대문화사.
- 홍순정, 김희태(2013). 유아사회교육. 방송통신대학교.
- 이은화, 김영옥(2002). 유아사회교육. 양서원.
- 곽노의(2015). 유아교육사조. 문음사.
- 김희태, 정석환(2012). 유아교육사상사. 파란마음.
- 황해익, 최혜진, 정혜영, 권유선(2017). 아동관찰 및 행동연구. 공동체.
- 정금자, 석은조, 김춘화(2014). 유아교육사상사. 정민사.
- 김영옥(2017). 부모교육. 공동체.
- 김진경, 서주현(2014). 부모교육. 방송통신대학교.
- 양옥승(2002). 유아교육 연구방법. 양서원.
- 박은혜(2018). 유아교사론. 창지사.
- 이현아(2017). 유·아동 미술교육의 이해. 태영출판사.
- 이영자·권영례(2004). 유아 교육 기관의 운영 관리. 창지사.
- 황해익, 서정현, 송연숙, 이경화, 최혜진, 정혜영, 김남희, 이혜은, 손유진, 박순호, 손원경, 남미경, 김인순, 고은미, 유수경(2016). 유아교육개론. 공동체.
- 이기숙(2002). 유아교육과정. 교문사.
- 신혜은, 고태순, 장세희(2017). 영유아 교수방법. 양서원.
- 홍순정, 김재춘(2014). 교육과정. 방송통신대학교.
- 김진경, 이순형(2014). 유아발달. 방송통신대학교.
- 정옥분(2004). 영유아발달의 이해. 학지사.
- 임부연, 김성숙, 송진영(2018). 유아교사론. 양서원.
- 홍순정, 이규미(2014). 정신건강. 방송통신대학교.
- 이숙재, 이봉선(2008). 영유아의 발달과 교육. 창지사.
- 조형숙, 박은주, 강현경, 김태인, 배정호(2015). 유아 발달. 학지사.
- 전인옥, 이경옥(2012). 유아교육개론. 방송통신대학교.
- 이경우, 홍혜경, 신은수, 진명희(2003). 유아 수학교육의 이론과 실제. 창지사.
- 류진희, 황환옥, 최명희, 정희정, 김유림(2001). 유아의 발달에 적합한 신체활동. 양서원.
- 황의명, 조형숙(2003). 탐구 능력 증진을 위한 유아 과학 교육. 정민사.
- 오종숙(2001). 유아미술교육의 이론과 실제. 양서원.
- 김경중, 류왕효, 류인숙, 박은준, 신화식, 유구종, 정갑순, 조경미, 조희숙, 주리분, 최인숙, 최재숙(2002). 아동발달심리. 학지사.
- 교육부(2005). 유아를 위한 수학교육 활동자료. 교육부.
- 박선희, 김희태, 이영애(2014). 아동건강교육. 방송통신대학교.
- 김숙이, 손수민, 고선옥, 신리행(2017). 아동건강교육. 정민사.
- 이순형(2013). 영유아 건강교육. 학지사.
- 문혁준, 권희경, 김명애, 김상희, 김정희, 김혜금, 김혜연, 안효진, 이경옥, 이윤경, 이희선(2017). 영유아 건강교육. 창지사.
- 정옥분, 정순화(2017). 부모교육(2판). 학지사.
- 유은영, 홍혜경(2014). 유아수학교육. 방송통신대학교.
- 정연희(2009). 유아수학교육. 창지사.
- 한유미(2017). 유아과학교육. 창지사.

- 조부경, 고영미, 남인석(2017). 유아과학교육. 양서원.
- 조형숙, 김선월, 김지혜, 김민정, 김남연(2017). 삶의 가치와 아름다움을 찾아가는 유아과학교육(2판). 학지사.
- 신은숙, 안경숙, 유은영, 김은정(2002). 생활과 환경 중심의 유아과학교육. 양서원.
- 권영례(2014). 유아과학교육. 방송통신대학교.
- 임영주(2002). 유아언어교육의 이론과 실제. 창조문화.
- 중앙대학교사범대학부속유치원(2017). 중앙대학교사범대학부속유치원교육과정. 공동체.
- 주디스 쉬케단츠(2004). 놀이를 통한 읽기와 쓰기의 지도. 이화여자대학교출판부.
- 황의명, 조형숙, 서동미(2017). 유아수학교육. 정민사.
- 정정희, 백경미, 최효정, 정민영, 홍희주, 정효진(2018). 유아수학교육. 양성원.
- 나귀옥, 김경희(2016). 문제 해결력을 기르기 위한 유아수학교육. 학지사.
- 황해익, 송연숙, 정혜영, 유수경(2017). 영유아 행동관찰법. 창지사.
- 정은희(2005). 쌓기 놀이의 발달적·교육적 의미 탐색. 중앙대학교 교육대학원 석사학위논문.
- 정미란(2013). 동료코칭을 통한 초등영어교사의 언어적 스캐폴딩과 상호작용 유형의 변화에 관한 사례연구. 광주교육대학교 교육대학원 석사학위논문.
- 김갑성(2014). 교원의 교직경력 개발 고찰. 한국교육개발원.
- 김동일, 조옥희(2015). 유아교육사상사. 양서원.
- 정금자, 석은조, 김춘화(2014). 유아교육사상사. 정민사.
- 팽영일(2017). 유아교육사상사. 교육과학사.
- 김희태, 곽노의, 백혜리(2014). 유아교육철학 및 교육사. 방송통신대학교.
- 이숙재(2004). 유아를 위한 놀이의 이론과 실제. 창지사.
- 유효순, 김희태(2014). 놀이지도. 방송통신대학교.
- 신은수, 김은정, 유영의, 박현경, 백경순(2018). 놀이와 유아교육. 학지사.
- 송혜린, 신혜영, 신혜원, 조혜진(2012). 놀이지도. 다음세대.
- 박찬옥, 정남미, 곽현주(2017). 놀이지도. 양성원.
- 강숙현, 김정아, 김희정, 윤숙희, 이은희(2016). 놀이지도. 학지사.
- 이은화, 김영옥(2002). 유아를 위한 부모교육. 동문사.
- 유효순, 이원영(2003). 부모교육. 방송통신대학교.
- 이원영, 이태영, 전우경, 강정원(2017). 영유아 교사를 위한 부모교육. 학지사.
- 홍용희, 이한영, 최혜로, 원영신(2003). 유아를 위한 동작 교육의 이론과 실제. 다음세대.
- 염지숙, 이명순, 조형숙, 김현주(2017). 유아교사론. 정민사.
- 김진경, 권혜진(2016). 영유아교사론. 방송통신대학교.
- 문혁준, 김경회, 김영심, 김혜연, 배지희, 서소정, 안효진, 이경열, 이미정, 이희경, 조혜정(2016). 유아교사론. 창지사.
- Rae Pica(2010). 출생부터 8세까지 유아를 위한 동작음악교육. 김은심 옮김. 정민사.
- 이순형 외 공저(2016). 아동복지 이론과 실천. 학지사.
- 정옥분, 정순화, 손화희, 김경은(2016). 아동권리와 복지. 학지사.
- 김은심(2017). 유아 동작교육의 이론과 실제. 창지사.
- 전인옥, 이영(2013). 유아동작교육. 방송통신대학교.
- 이숙희(2010). 아동 음악과 동작. 동문사.
- 오연주, 김혜옥, 이경실, 권명희(2017). 유아동작교육의 이론과 실제 - 제3차 어린이집 표준교육과정과 3~5세 누리과정에 맞춘-. 창지사.
- 박선희, 박찬옥(2016). 유아 언어 교육. 방송통신대학교.
- 이영자, 이금구(2018). 영유아 언어교육 이론과 실제. 양서원.
- 김은심, 조정숙(2016). 영유아 언어교육의 이론과 실제. 정민사.
- 이차숙(2014). 유아 언어교육의 이론적 탐구. 학지사.
- 노영희, 김창복, 전유영(2019). 영유아 언어교육. 양서원.
- 한유미, 김혜선, 권희경, 양연숙, 백은정(2017). 영유아 언어교육의 이해 - 이론과 실제-. 학지사.
- 이경화 외(2008). 유아 언어교육. 창지사.
- 김현희, 박상희(2003). 유아 문학교육. 학지사.
- 이성진, 박성수(2013). 교육심리학. 방송통신대학교.
- 박찬옥, 지성애, 조형숙, 서동미, 곽현주, 엄은나, 한진원, 김현주, 김민정, 홍찬의(2017). 유아교사를 위한 논리·창의 교육. 정민사.
- 양옥승, 나은숙, 신은미, 조유나, 황혜경(2015). 유아교육개론. 정민사.
- 홍순정, 이기숙(2012). 유아교육과정. 방송통신대학교.

참고 문헌

- 임규혁, 임웅 공저(2007). 학교학습 효과를 위한 교육심리학. 학지사.
- 양옥승, 김미경, 김숙령, 김영연, 김진영, 박선희, 서현아, 오문자, 장혜순, 조성연, 조은진, 최양미, 현은자(2003). 유아교육개론. 학지사.
- 전인옥, 이경옥(2016). 영아발달. 방송통신대학교.
- 이소현(2003). 유아특수교육. 학지사.
- 최지영(2014). 유아교육과정. 동문사.
- 박찬옥, 서동미, 곽현주, 박성희, 한남주, 홍찬의(2017). 유아교육과정. 정민사.
- 이소은, 이순형(2015). 영유아프로그램 개발과 평가. 방송통신대학교.
- 이기숙(2017). 유아교육과정. 교문사.
- 허미애(2016). 유아교사를 위한 현장교육의 이론과 실제. 공동체.
- 양옥승(2002). 유아교육 연구방법. 양서원.
- 김희태 · 백순근(2014). 유아교육평가. 방송통신대학교.
- 황해익 · 송연숙 · 정혜영 · 유수경(2017). 영유아행동관찰법. 창지사.
- 홍순정, 최석란(2013). 아동관찰 및 행동연구. 방송통신대학교.
- 황해익, 최혜진, 정혜영, 권유선(2017). 아동관찰 및 행동연구. 공동체.
- 정재경, 이봉자, 이순애, 이현아, 최지현, 현혜정(2018). 아동안전관리. 동문사.
- 권정윤, 안혜준, 송승민, 권희경(2017). 유아생활지도. 학지사.
- 조운주, 최일선(2017). 제3판 유아교육기관에서의 유아생활지도. 창지사.
- 이정욱, 임수진 공저(2003). 탐색 · 표현 · 감상의 통합적 유아미술교육. 정민사.
- 최경숙, 송하나, 정진나, 강민희(2023). 아동발달심리. 교문사.
- 이기숙, 심성경, 손순복, 김영아, 조해연, 김민정, 서지아(2023). 영유아발달. 양서원.
- 김경철(2020). 유아교육개론. 공동체.
- 이경민, 최일선, 장영숙, 김호, 이은영(2019). 유아교육개론. 파워북.
- 이은화, 이정환, 이경우, 이기숙, 홍용희, 박은혜, 김희진(2018). 유아교육개론. 이화여자대학교 출판부.
- 유주연, 김혜전, 장민영(2023). 유아교육과정. 방송통신대학교.
- 박찬옥, 서동미, 박현주, 박성희, 한남주, 홍찬의(2020). 2019개정 누리과정을 반영한 유아교육과정. 정민사.
- 이소은, 민하영(2021). 영유아프로그램 개발과 평가. 방송통신대학교.
- 유은영, 조윤경(2023). 특수교육학개론. 방송통신대학교.
- 이소현(2021). 유아특수교육. 학지사.
- 이소희, 유서현, 김일부(2020). 아동먼저! 아동권리와 아동복지. 정민사.
- 한미현, 문혁준, 강희경, 공인숙, 박보경, 안선희, 안효진, 양성은, 이경렬, 이경옥, 이진숙, 천희영(2021). 아동복지. 창지사.
- 정익중, 오정수(2021). 아동복지론. 학지사.
- 박선희, 조흥식(2020). 아동복지. 방송통신대학교.
- 성태제, 시기자(2013). 연구방법론. 학지사.
- 김희태, 유진은(2023). 교육평가. 방송통신대학교.
- 정지나, 한준아, 김지현, 김태은, 윤상인(2018). 부모교육. 양서원.
- 김진경, 서주현(2020). 부모교육. 방송통신대학교.
- 신은수, 유흥옥, 안부금, 안경숙, 김은정, 유영의, 김소향(2013). 유아교사론. 학지사.
- 박근주, 임현숙, 강경민, 이자현, 이혜원(2020). 유아&교사 상호작용의 실제. 공동체.
- 진명희, 김호현(2022). 놀이와 학습의 통합적 연계를 위한 놀이지도. 공동체.
- 신유림, 문혁준, 나종혜, 박진옥, 서소정, 신혜영, 신혜원, 이미란, 이성복, 이윤선, 한찬희(2020). 놀이지도. 창지사.
- 남효순, 신지혜, 전선영(2020). 예비 영유아 교사를 위한 놀이지도. 어가.
- 손혜숙, 김연희, 이승숙(2020). 개정 누리과정에 기초한 유아중심 놀이지도. 정민사.
- 오연주, 박애순, 최정화, 이명윤(2020). 유아중심 놀이지도. 창지사.
- 김경란, 안미숙, 신원애, 정옥경(2020). 창의성 중심 유아동작교육. 어가.
- 최지선, 이애정, 박수진(2020). 2019개정 누리과정에 기초한 유아동작교육의 이론과 실제. 양성원.
- 김정숙, 최재원, 신지혜(2023). 유아동작교육. 방송통신대학교.
- 김경철, 김인애, 박혜정, 이민경, 이성주, 최우수, 한유진(2023). 2019개정누리과정과 제4차어린이집표준보육과정을 반영한 영유아건강교육. 어가.
- 권민균, 정정희, 이순복, 이혜원, 권덕수, 신금호, 김형재(2020). 유아수학교육. 공동체.
- 김이영, 김경림, 김경아, 남궁선혜, 박병기, 박상아, 원혜경, 윤미경(2020). 유아수학교육. 양성원.
- 계영희, 하연희, 윤혜원, 현혜정(2020). 유아수학교육. 동문사.
- 김영실, 김지영, 안진경, 임양금, 최진숙(2020). 영유아수학교육. 공동체.

- 한유미(2021). 유아수학교육. 창지사.
- 이정욱, 임수진, 마혜진, 박진이, 양지애, 이소정(2019). 유아수학교육. 정민사.
- 한종화(2022). 영유아수학교육. 공동체.
- 유은영, 홍혜경(2022). 유아수학교육. 방송통신대학교.
- 김희경, 윤희숙, 이기영, 하민수, 조희형(2022). 과학교육론과 지도법. 교육과학사.
- 유은영, 조형숙(2023). 유아과학교육. 방송통신대학교.
- 이인원, 양진희, 이은진(2020). 유치원교사를 위한 교육방법 및 교육공학. 양성원.
- 서혜정, 박애경, 고지민, 이경연, 장슬하, 김의경(2020). 유아주도의 놀이와 학습으로 다가가기 유아과학교육. 공동체.
- 김태경, 김재현, 김정주, 윤은정, 이은희, 이옥순(2020). 유아과학교육. 양성원.
- 조형숙, 양수영(2020). 영유아과학교육. 창지사.
- 김정희, 문혁준, 권희경, 김민희, 우수정, 조한숙(2020). 아동과학지도. 창지사.
- 이정화, 이경선, 박정언, 성영화, 이수진(2024). 유아과학교육. 공동체.
- 이현진, 정정희, 신금호, 정효진(2023). 유아과학교육. 공동체.
- 이소희, 김경숙, 박현정, 김혜원(2023). 고마운 과학의 출발점 유아과학교육. 창지사.
- 박선희, 김현희(2020). 아동문학. 방송통신대학교.
- 김현희, 박상희(2020). 유아문학 이론과 적용. 학지사.
- 김민진(2020). 유아문학교육. 정민사.
- 서정숙, 남규(2020). 유아문학교육. 창지사.
- 김현자, 조미영, 김기웅, 노희연, 서화니, 조득현(2020). 아동문학. 창지사.
- 서소정, 문혁준, 김민희, 김정희, 이종신, 강인숙, 박경선(2020). 아동언어지도. 창지사.
- 남규, 최은영, 장석경(2020). 균형적 접근에 기초한 영유아 언어지도. 공동체.
- 김정원, 이문정, 이연규(2020). 영유아 언어교육. 창지사.
- 이지현, 마송희, 김수영, 정정희(2020). 개정누리과정에 따른 영유아를 위한 언어교육. 공동체.
- 정남미(2020). 2019개정 누리과정을 반영한 유아언어교육. 창지사.
- 신애선, 임경례(2020). 영유아언어교육. 양서원.
- 이대균, 김주영, 임자영, 박지선(2020). 영유아 언어교육. 공동체.
- 강숙현, 박해미, 이진희, 김유화, 박영숙(2020). 영유아 언어교육. 양서원.
- 이영자, 이금구(2022). 영유아언어교육 이론과 실제. 양서원.
- 박선희, 김은심(2022). 유아언어교육. 방송통신대학교.
- 노진형, 최은아(2023). 2019개정누리과정·제4차 표준보육과정을 반영한 영유아 언어교육. 공동체.
- 김영옥(2020). 유아사회교육. 양서원.
- 최현정, 이금구, 우혜진(2020). 2019개정 누리과정에 기초한 유아사회교육. 학지사.
- 안영진, 이영미, 이옥자(2020). 유아사회교육. 동문사.
- 이혜정(2020). 2019개정 누리과정에 따른 놀이중심 유아사회교육. 창지사.
- 조운주, 최일선(2020). 유아사회교육. 창지사.
- 정옥분, 정순화, 임정하(2018). 정서발달과 정서지능. 학지사.
- 서강식(2010). 피아제와 콜버그의 도덕교육 이론. 인간사랑.
- 김정원, 남규, 최성진, 최소린(2023). 유아사회교육. 창지사.
- 김희태, 김경희(2016). 유아사회교육. 방송통신대학교.
- 교육인적자원부(2005). 유아를 위한 명화감상 활동자료.
- 김영애, 이형선(2020). 유아미술교육. 양서원.
- 이소은, 권기남(2023). 아동미술. 양서원.
- 민혜영, 유은석, 임경령(2023). 유아미술교육. 공동체.
- 조성연, 문혜련, 이향희(2020). 다양한 교수방법을 통한 유아음악교육. 학지사.
- 권종애, 손은영(2020). 2019 개정누리과정 영유아 음악교육. 창지사.
- 이영애, 김영연(2024). 유아음악교육. 방송통신대학교육.
- 김영운(2020). 국악개론. 음악세계.
- 서한범(2001). 국악통론. 태림출판사.
- 서승미(2018). 예비교사를 위한 음악교육 개론서 국악실기교육의 이해. 음악세계.
- 안미숙(2023). 음악개념 중심 영유아 창의 음악교육. 공동체.

거름이
누리과정 ⑤ 자연탐구

초판인쇄 | 2024. 6. 10. **초판발행** | 2024. 6. 14. **편저자** | 하수혜

발행인 | 박 용 **발행처** | (주)박문각출판 **등록** | 2015년 4월 29일 제2019-000137호

주소 | 06654 서울특별시 서초구 효령로 283 서경 B/D **팩스** | (02)584-2927

전화 | 교재 문의 (02) 6466-7202, 동영상 문의 (02) 6466-7201

ISBN 979-11-7262-002-8 | 979-11-6987-913-2(SET)

정가 22,000원

저자와의
협의하에
인지생략